高等院校立体化创新经管教材系列

企业薪酬管理
(第3版)

王少东　褚　旋　主　编

张国霞　梁小清　副主编

U0360538

清华大学出版社

北　京

内 容 简 介

本书站在企业经营与战略管理的高度，从人力资源管理体系的角度，解释薪酬管理在现代企业中的地位及作用。考虑到目前企业对应用型和操作型人才的需求，因此本书又注重对薪酬管理实际操作技术的介绍，力图以实例的形式讲解以薪酬结构、薪酬体系设计、员工福利、薪酬预算与沟通等为核心的薪酬管理技术。

本书适合作为高等院校工商管理类专业及相关经济管理专业的教材，也可作为企业管理人员的参考用书。

图书在版编目(CIP)数据

企业薪酬管理/王少东，褚旋主编. —3 版. —北京：清华大学出版社，2021.10
高等院校立体化创新经管教材系列
ISBN 978-7-302-59288-4

Ⅰ. ①企… Ⅱ. ①王… ②褚… Ⅲ. ①企业管理—工资管理—高等学校—教材 Ⅳ. ①F272.923

中国版本图书馆 CIP 数据核字(2021)第 200453 号

责任编辑：陈冬梅
装帧设计：刘孝琼
责任校对：周剑云
责任印制：宋 林
出版发行：清华大学出版社
　　　　　网　　　址：http://www.tup.com.cn, http://www.wqbook.com
　　　　　地　　　址：北京清华大学学研大厦 A 座　　　　邮　　编：100084
　　　　　社 总 机：010-62770175　　　　　　　　　　　邮　　购：010-62786544
　　　　　投稿与读者服务：010-62776969, c-service@tup.tsinghua.edu.cn
　　　　　质量反馈：010-62772015, zhiliang@tup.tsinghua.edu.cn
　　　　　课件下载：http://www.tup.com.cn, 010-62791865
印 装 者：三河市龙大印装有限公司
经　　销：全国新华书店
开　　本：185mm×260mm　　　　印　张：16.75　　　字　数：407 千字
版　　次：2009 年 9 月第 1 版　　2021 年 12 月第 3 版　　印　次：2021 年 12 月第 1 次印刷
定　　价：49.80 元

产品编号：091976-01

前　言

本书按照高等院校工商管理类专业的教学要求，结合我国企业的实际情况编写而成，主要介绍了薪酬与薪酬管理的基本理论及方法、战略性薪酬管理、薪酬调查、薪酬体系设计、企业可变薪酬管理、员工福利管理、特殊群体薪酬管理、薪酬预算与控制、薪酬管理展望、薪酬管理常用法规等内容。为了营造一个关于薪酬管理的宽阔视野，本书从企业经营与战略的高度以及整体人力资源管理体系的角度，来阐释薪酬管理在现代企业中的地位及作用。本书不仅从管理学、经济学等多学科视角对薪酬以及薪酬管理作了理论上的阐释，而且注重薪酬管理实际操作技术的推介，尽可能地以实例的形式讲解薪酬结构、薪酬设计、薪酬奖励、薪酬调控与沟通等薪酬管理技术。本书实用性强，每章之前编有学习目的、关键概念、引导案例，每章末尾有小结、自测题、案例分析以及阅读资料，以便于学生对相关章节内容的学习和把握。本书部分章节最后附有薪酬管理企业相关实务的内容，有利于学生融会贯通地理解所学的知识。本书是为普通高等学校经济管理类专业编写的，既可作为大学专科、本科层次授课教材使用，也可供相关企业人力资源管理理论研究和实践的人士以及相关人员阅读。

《企业薪酬管理》出版十年来，赢得了数十万读者的广泛关注。他们对本书给予了高度的评价，同时针对书中存在的问题也提出了客观的批评和有效的改进建议。在此，我们衷心感谢广大读者多年来对本书的大力支持！

在对读者反映的问题、意见进行充分研究的基础上，我们结合市场调研的结果，对《企业薪酬管理》一书进行了改版。此次改版，我们将书中的部分内容进行了替换、补充和更新，以便更加符合读者的实际工作需求。

在编写本书时，我们在第1版和第2版的基础上做了如下修订。

(1) 对薪酬与薪酬管理，薪酬调查，企业薪酬体系设计，薪酬预算、控制、调整与沟通，薪酬管理常用法规及附录等内容进行了补充和更新，以使本书的内容更加完善和丰富。

(2) 对部分章节中的引导案例、案例分析以及阅读材料等内容进行了补充和更新，增强了案例的实效性与可读性，启发读者思考，强化读者对书本知识的理解与掌握。

本书总体框架结构和内容由王少东(广州农商银行)、褚旋(粤港澳大湾区产融投资有限公司)、张国霞(广州民航学院)、梁小清(南昌航空大学)和陈云川(南昌航空大学)审定。在第1版、第2版编写基础之上，本书还得到了广州农村商业银行绩效管理项目组、广州农村商业银行人力资源部、粤港澳大湾区产融投资有限公司等单位同事的大力支持。由于编者的水平有限和人力资源管理思想的迅速发展，疏漏之处在所难免，敬请广大读者不吝指正。

本书的出版得到了一些高校同事及企业管理人员的大力支持和帮助。同时还要感谢本书编写过程中所参考的原书作者，由于一些原因，一些作者的姓名无法在参考书目中一一列出，非常感谢他们的前期努力。衷心祝愿我国的人力资源管理水平蒸蒸日上！

编　者

目　　录

第一章　薪酬与薪酬管理

【学习目标】

通过本章的学习，学生应该能够全面理解薪酬的概念及其本质；掌握薪酬的构成及分类；掌握薪酬管理的含义；认识薪酬管理存在的问题及面临的变化；领会薪酬管理对于企业管理的价值和意义。

【关键概念】

薪酬(salary)　薪酬管理(salary management)　薪酬体系(salary system)

【引导案例】

花旗银行的薪酬管理

花旗银行承诺在其所有分支机构提供令人满意和在当地有竞争力的薪酬福利，设计和实施不同的薪酬策略确保各类薪酬项目——工资、福利、员工激励等——能够招募、留住和激励高素质员工。

和其他西方企业一样，花旗银行员工的薪酬由集团自主决定，在具体策略上由董事会下设的薪酬委员会决定(该委员会主要由董事会中的独立董事组成)，之后交由各业务板块下设的人力资源部具体执行和操作。

花旗银行的薪酬政策有四个基本目标：①按绩取酬；②确保在每个区域和机构内形成并保持一致和平等(即内部公平)，确保在同样的市场条件下，对工作责任、资格要求、绩效评价大致相同的员工支付水平大致相同的工资；③由各区域最高薪酬管理机构确认在本市场中保持薪酬的竞争性地位，主要通过薪酬调查完成；④薪酬成本必须可预测和可控制。

因此，员工薪酬一般要综合考虑三个方面的情况：一是在特定的劳动力市场上，同等岗位人员的报酬情况及这类人员的市场稀缺程度，主要参考三个方面，即其他公司对某职位员工一年期的薪酬水平、其他公司对该员工3~5年期的薪酬水平及变化情况、岗位的稀缺性和市场供求关系；二是要考虑公司经营业绩，主要参考四个方面，即上一会计年度财务指标增长情况、财务指标执行结果与计划指标的差异性、公司业务的市场份额及其变动情况、公司业绩与竞争对手业绩的差异；三是要考虑岗位人员自身业绩，主要参考四个方面，即岗位重要性及承担的责任、个人对公司业绩的贡献率、个人对公司长期发展产生的影响、个人对公司其他岗位提供的支持与帮助。第一类劳动力市场方面的数据一般由专门的咨询公司进行市场调查后提供，可直接应用，其余两类则由公司自行评定，所采用的技术就是人们熟知的岗位评价技术。

银行业在美国是个竞争十分激烈的行业。因此，在决定薪酬水平时，往往要多多考虑上面的第一类因素，即市场性因素，要充分考虑到竞争对手的情况。花旗银行每年在核定自身薪酬标准和调整幅度时，都要直接参考18家直接竞争对手的薪酬水平和调整动向，这18家竞争对手包括摩根大通、美国银行等。而且，由于花旗集团中还有投资银行系统，其薪酬还要和高盛、美林等投资银行比较后才能确定。由于花旗在美国金融业中处于领导地位，其总体薪酬水平尤其是关键职位和重要人才的薪酬在市场上也必须是领先的(一般职位即稀缺程度不高的职位保持在市场中位数水平)。通过这种定位方式，使银行在减少工薪成本和保持市场竞争力之间找到合理的平衡点，既能保证银行对高管人员和专业人员有足够的吸引力，又不枉多付薪酬。

花旗集团员工薪酬的基本结构包括工资、奖金、长期激励(包括股票期权计划和限制性股票计划两类)、福利(包括各种保险、养老计划、401K账户、公益性福利、其他福利措施)。应该注意的是：并不是每位员工都能得到这四种形式的薪酬，很大一部分员工，只能拿到基本工资和享受一般的福利，没有其他物质收入(如奖金和长期激励性收入)；只有很少员工能同时得到以上四种收入，但即便如此，他们的薪酬总量和具体结构的差别也非常大。一般做法是员工基本工资占收入总额的比例越高，年度奖金所占比例越少(并不一定每人都有年度奖金)；长期激励只为中高层主管设计；福利虽人人有份，但不同层次的员工按其基本工资相同的百分比获得福利(由于基本工资本身的差别，因此，体现在数量上就很不一致)，福利项目一般采用菜单模式，员工可以按自己的应得金额进行组合。

中高层管理人员的收入以长期激励为主，且越来越多的收入是依赖长期激励计划的，其中，股票期权计划和限制性股票计划奖励是两种主要形式。股票期权计划最早是作为一种避税措施设计的，但实施的结果却是把高级管理人员的长期利益同企业的长期利益捆在一起，由于它不需要花费企业的任何成本，也不影响企业资产负债表的变动，因此，它对企业财务状况具有明显优势，属于典型的"公司请客，市场买单"。根据统计，目前美国前250家最大的企业已有98%建立了股票期权制度。在股市高涨时期，股票期权计划起到了很好的激励作用，促进了企业的长期发展，吸引了很多优秀人才。花旗银行1999年用于奖励的股票占流通在外普通股票的比例为2.5%，其累计已执行或已拨备的股票奖励数量占流通在外普通股票的比例为16.9%，其中，已授予出去的占8.9%，已储备供日后使用的占8.0%。而且，花旗的股票期权计划已不仅仅授予高级管理人员，还扩大到关键岗位的专业技术人员，并有授予范围日益扩大的趋势。

限制性股票计划的基本运作原理是企业拿出一部分股票，直接奖励给高层管理人员，但是，这些获得奖励的人员不能立即将这部分股票拿走或卖出去，要出售，必须达到公司事先设定的前提条件，如时间/业绩限制。1998年，花旗银行开始实施一项5年期的限制性股票计划；同年4月，花旗银行与旅行者集团合并，组成新的花旗集团，并在公司发展战略上进行了重新定位，提出要在10年内把其客户从当时的1亿增加到10亿的目标。花旗集团董事会薪酬委员会认为，公司管理层应在5年内完成公司的重新定位，与之对应，公司普通股的价格应从1998年的120美元上升到200美元以上。因此，花旗银行的限制性股票计划规定，只有在公司的股票价格达到200美元，并在持续30个交易日内至少有10天的价格高于200美元，而且利润总额、每股收益、股本回报率、资本收益率(ROC)、资产收益率(ROA)等指标都达到董事会要求时，获得股票奖励的高级管理人员才可以出售其股票。因为限制性股票计划需要公司付出成本(是奖励给员工真实的股票)，因此，董事会在决定是否授予某人时，要求比较严格，一般只有极小比例的高级管理人员才能够享有。

如前所述，花旗银行提倡将员工的个人利益与银行整体利益密切挂钩，因此，花旗银行积极推行员工持股计划。到2001年年底，已有2/3以上员工直接持有银行股票，花旗银行确定的长期目标是将这一比例迅速提高到100%。目前，花旗银行的员工，通过股票期权计划、限制性股票计划、股票购买计划等形式，已直接持有花旗集团4.5亿股普通股。

在福利上，花旗银行为其员工提供了种类齐全的菜单，各类员工可以根据其职级等因素，按照自己所能获取的固定金额进行组合。花旗银行福利包括基本福利计划和其他福利计划，前者是为了减轻员工及其家属在疾病、退休、意外死亡等方面的负担，主要包括退休计划、遗属福利计划、医疗计划三大类，后者包括加班加点的工资、伙食补贴、交通补贴、休假等。而且，花旗银行的福利还根据各个地区法律规定的不同而设置，同时还考虑到了同一地区之间的竞争性，以确保自身为员工提供的福利具有较强的竞争力。

(资料来源：杨军. 转型之道——银行人力资源管理变革的工具和方法[M]. 北京：中国财政经济出版社，2009)

在现代市场经济中，薪酬管理是企业人力资源管理中最主要、最敏感的管理环节之一，直接影响到企业的竞争力。近年来，随着企业经营机制的逐步转换和建立现代企业制度的需要，企业内部的工资分配制度逐渐由政府行为转变为企业的自身行为。当企业真正获得了生产经营自主权之后，如何正确搞好企业利润在自我积累与员工分配之间的关系，如何客观、公正、公平、合理地报偿为企业做出贡献的劳动者，既有利于企业的发展，又能保证员工从薪酬中获得经济上的保障、心理上的满足，从而激活员工的积极性与创造性，已成为企业自身必须解决好的问题。因此，如何建立与现代企业制度相配套的适合企业自身发展的薪酬管理制度并制定分配方案，最大限度地开发企业人力资源的潜能，已成为人力资源管理者的重要研究课题。市场经济条件下，在新的薪酬管理制度取代传统工资制度、人事管理向人力资源管理演变的过程中，有必要重新认识薪酬管理及其制度，这也是树立全新的人力资源管理理念，进行现代人力资源管理不可逾越的一步。

一、薪酬的概念、本质及构成

(一)薪酬的概念

1. 报酬

报酬是一个比薪酬更新的范畴，与其他相关的范畴相比，它具有两个特点：其一，更体现现代企业薪酬的激励功能；其二，职位晋升、个人名誉、社会地位、自我价值实现等所谓精神薪酬的内容也可以包括在奖酬的范围之内。通常情况下，我们将一位员工因为为某一组织工作而获得的所有他个人认为有价值的东西统称为报酬。从这一理解中不难看出，报酬并不等于金钱或者能够直接折合为金钱，并且由于人和人之间的需求在价值观上存在差异，所以对某一员工来说属于报酬的东西，对另一员工来说却可能不算是报酬。因此，报酬这一概念并非仅仅是一种金钱或者能够折算为金钱的实物概念，它还包括一些心理上的收益。

通常情况下，报酬可以有两种分类方法。一种方法是将报酬分为经济性报酬和非经济性报酬；另一种方法就是将报酬划分为内在报酬和外在报酬。经济性报酬与非经济性报酬的划分依据是基于报酬是否以金钱的形式表现出来或者是以金钱来衡量；而内在报酬和外在报酬则是以报酬本身对工作者所产生的激励是一种外部强化，还是一种来自内部的心理强化作为划分的依据，具体划分如图1-1所示。一般来讲，经济性报酬均属于外在报酬，而非经济性报酬可能属于外在报酬，也可能属于内在报酬。比如，宽敞明亮的办公室既属于非经济性报酬，也属于外在报酬。

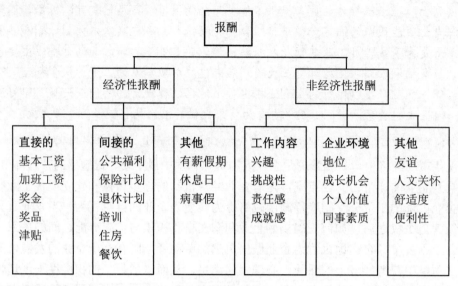

图 1-1　报酬的划分

2. 工资

工资是使用最为普遍的一个薪酬概念。它的基本含义是雇方付给被雇方合法的货币报酬。国际劳工组织在《1949 年保护工资条约》中，把工资的内涵界定为"工资"一词是指不论名称或计算方式如何，由一位雇主对一位受雇者，为其已经完成或将要完成的工作，或已经提供或将要提供的服务，可以货币结算，并由共同协议或国家法律、条例予以确定，凭借书面或者口头雇佣合同支付的报酬或收入。

劳动法中的"工资"是指用人单位依据国家有关规定或劳动合同的约定，以货币形式直接支付给本单位劳动者的劳动报酬，一般包括计时工资、计件工资、奖金、津贴和补贴、延长工作时间的工资报酬以及特殊情况下支付的工资等。"工资"是劳动者劳动收入的主要组成部分。还有一种解释认为，工资是指以小时工资为主要计量形式的劳动报酬。小时工资是劳动报酬的一种基础比例，有了小时工资，就可以计算出日、周、月工资，以及超出法定劳动时间以外的加班工资；同时，法定工资标准也是以小时工资计算的。按照这种解释，以小时为计算基础的劳动报酬，被称为工资；工资是最为狭义、内涵最为严格的劳动报酬形式。由此可见，工资可以从多角度进行定义，不同角度侧重点有所区别，但都强调了如下内涵。

(1) 工资是企业员工劳动或劳务报酬的支付形式。

(2) 工资支付的客观依据是被雇方向雇方提供了劳作或服务。

(3) 工资应以法定货币的形式，定期和直接支付给员工。

(4) 工资支付的数量标准要以符合国家法律规定有法律效力的协议、合约等为依据。

3. 薪金、薪水

薪金与工资之间的主要区别是支付对象和支付形式不同。在实际中，人们一般把以日、小时等计付的劳动报酬称为工资，将按年、月计付的劳动报酬称为薪金、薪水，或把一次性支付的报酬称为酬金等。相应地，把脑力劳动者或政府机关、事业单位工作人员的收入称为薪金，把企业职工的报酬称为工资。对这种区分的主要解释是在企业中，"蓝领"员工报酬的计算单位通常比较短，多以小时工资率计算，或以一个月，或少于一个月为时间单位支付；而企业中的"白领"员工，如技术人员、管理人员的报酬决定和报酬支付，在很多情况下与具体的劳动时数没有直接关系。换言之，薪金不以小时工资率换算。但在许多情况下，工资与薪金、薪水之间又可通用。

4. 薪资

薪资是比工资和薪金内涵更广的一个概念，它不仅指以货币形式支付的劳动报酬，还包括以非货币形式支付的短期报酬形式，如补贴、工作津贴、物质奖励等。

5. 薪酬

薪酬有广义和狭义之分，狭义的薪酬不包括福利。企业员工的全部报酬包括薪资与福利。但在大多数场合，广义的薪酬除了包括员工的货币收入、非货币收入之外，还包括一些长期或延期支付的报酬形式，如法定福利、企业分红、利润分享、股票期权等。

6. 津贴和补贴

津贴和补贴是对工资或薪水等难以全面、准确地反映劳动条件、劳动环境、社会评价等对员工身心造成的某种不利影响，或者为了保证员工工资水平不受物价影响而支付给员工的一种补偿。通常把与生产(工作)相联系的补偿称为津贴，把与生活相联系的补偿称为补贴。

(二)薪酬的本质

1. 薪酬的本质分析

第一，必须明确，劳动者与用人单位之间的薪酬关系是双方劳动关系的基本构成部分，是以雇用为前提条件的。没有雇佣关系，也就不存在薪酬关系。例如，实习行为就不具有雇佣性质，因而实习单位给予实习人员的一些补助就不属于薪酬范畴。其他像酒店服务生得到的小费、旧社会的一些学徒从师傅那儿得到的吃住条件等也不属于薪酬范畴。

第二，薪酬关系是一种交换关系。关系双方用来交换的，一方是薪酬，另一方是劳动。所以，薪酬是劳动，而非其他的报酬；薪酬所指向的物件是劳动行为，而不是劳动的结果或其他。因此，如果某种报酬指向的对象不是劳动行为而是其他，那么这种报酬就不属于薪酬范畴。比如，自由职业者取得的一些收入就不属于薪酬范畴，因为他们用以交换的不是劳动行为本身，而是劳动行为的结果，是自由职业者通过劳动形成的某种方案、设计、程序或者报告等。对于一些企业就某个科研专案资助科研人员，并要求分享科研成果的行为，如果双方对什么时间出成果、出什么标准的成果有严格约定，那么这些资助就不具有薪酬性质；如果没有约定，或者约定不严格，那么这些资助就具有薪酬性质，起码具有部分薪酬性质。

第三，既然薪酬关系是以雇佣关系为前提的，而雇佣关系又是一种约定关系，那么，薪酬关系就是劳动者与用人单位之间就劳动报酬达成约定的产物。但在双方约定薪酬时，劳动过程还没有发生，双方所约定的劳动报酬——薪酬所指向的对象，就不可能是已经发生或者已经实现的劳动，而只能是预期在未来发生的劳动行为。换言之，薪酬的物件是预期的劳动，而非现实的劳动。

第四，劳动过程本身同时也是劳动者的生命存在过程，而劳动者所选择的任何一种生命存在方式(通俗一点讲，就是一种"活法")都需要衣、食、住、行等物质资料加以保证。在以社会分工为基础的商品社会中，绝大多数劳动者获得那些保证他选择的"活法"得以实现的物质资料，是通过为雇主提供劳动，取得薪酬，再通过市场交换实现的。所以，对劳动者来说，薪酬既是劳动者的劳动报酬，又是劳动者选择某种特定"活法"的物质保证；对用人单位来说，薪酬就是用人单位为了得到劳动者未来的劳动而对劳动者选择的这种"活法"做出的物质承诺，也可以看作对劳动者因为为本单位工作而损失的其他机会成本(为其他单位劳动或者自己经营等)所做的补偿。补偿的最低限度是劳动者维持这种"活法"的最低标准。所以，各国政府规定最低工资标准符合薪酬的内在逻辑。

第五，作为一种劳动报酬，薪酬既可以是实物形态(包括货币形态)的，也可以是非实物形态的，但货币形态是其基本形态。从逻辑上来讲，凡是能够满足人们某种需要的东西都可以作为薪酬，比如，住房、食品或者带薪假期、为员工自主选择的外部培训专案提供学费资助，甚至某些体面的职务头衔等。货币形态是薪酬的基本形态。需要注意的是，在一个组织内并非所有能够满足员工需要的东西都可以被看作薪酬专案，比如单位为提高员工的岗位技能而组织的集体培训活动、优良的办公条件、在著名企业工作的优越感等。尽管这些专案确实可以满足一部分员工的需要，但它们并非劳动的报酬，只能看作员工得到的薪酬约定之外的额外"收益"。

通过上面的分析，可以为薪酬下这样的定义：所谓薪酬，就是指雇员因为雇佣关系的存在而从雇主那里获得的所有各种形式的经济收入以及有形服务和福利。

2. 薪酬的属性分析

1) 薪酬的契约属性

雇佣关系是一种契约关系，薪酬内容是雇佣契约的基本构成部分。劳动者和用人单位之间的薪酬契约(约定)主要通过三种方式来实现：一是通过在雇佣合同(劳动合同)中加注薪酬条款的书面约定方式实现；二是通过双方口头约定的方式实现；三是通过用人单位制定的薪酬管理制度、奖惩规定等"格式化合同"的方式实现。薪酬的契约属性要求用人单位的薪酬发放要按照约定进行。薪酬约定的内容，包括薪酬发放的方式、发放的标准以及劳动者未来的劳动表现等。需要指出的是：雇佣双方对薪酬的约定不是一次完成的，在整个雇佣过程中，双方对薪酬的约定是经常发生的。用人单位对某一名员工的任何一次薪资调整，都意味着双方对薪酬进行了重新约定。

2) 薪酬的风险属性

薪酬的风险属性是由薪酬在未来发生的劳动行为的不确定性决定的。由于雇佣双方在约定薪酬时，劳动过程还没有发生，所以双方的薪酬约定是根据各自对劳动者未来的劳动行为的预期做出的，而劳动者未来的劳动行为(表现)在劳动的类别、数量和质量等方面都具有很大的不确定性，所以薪酬对双方都有一定程度的风险性。对用人单位来说，如果员工在后来的实际工作中表现出的工作能力没有预期的高，或者工作中没有预期的那样积极努力，用人单位可能会觉得用这样的薪酬聘用这名员工不值。对员工来说，如果他实际从事的工作对能力、努力程度的要求超出他以前的预期，他可能觉得先前约定的薪酬太低了。

3) 薪酬关系的不对等性

在雇佣双方所形成的薪酬关系中，双方的地位是不对等的：雇佣方处于主动地位，劳动者处于被动地位。

(1) 在雇佣关系发生时，除了部分薪酬内容(如工资数额、发放周期等)劳动者可以和用人单位平等商谈外，劳动者更多地要适应或者接受雇佣方的薪酬管理模式。

(2) 在雇佣关系存续期间，薪酬专案、数额等内容的调整都是由雇佣方控制或主动做出的。

4) 薪酬的刚性

薪酬的刚性根源于薪酬的契约属性。薪酬数额是雇佣关系发生时双方约定好的，此后，薪酬的每一次发放，都是对从前的薪酬约定的进一步证实。在这种情况下，除了薪酬中按约定可以变动的部分(如绩效奖金)外，其他部分数额的任何变化都意味着有一方没有遵守约定。正因如此，即使某一名员工的劳动表现没有达到用人单位的预期要求，用人单位也不太容易能够对他做出降薪的决定；同理，即使某一名员工的劳动表现超出了用人单位的预期要求，用人单位也不可能马上给他增加薪酬，即降薪不易、增薪也不易。薪酬的刚性在实践中表现为用人单位不会经常调整员工的薪酬标准。

5) 薪酬的弹性

薪酬的弹性是指员工对薪酬的满意度相对于薪酬变化的反应程度。在一个组织内，薪酬的弹性可以从以下三个方面加以考察。一是薪酬的整体弹性，即一个组织整体薪酬水平的变化所引起的员工整体的薪酬满意度的变化大小。二是薪酬的比价弹性。薪酬的比价是指不同层次人才(比如可将人才划分为决策类人才、实施类人才、操作类人才等)的薪酬的比例关系。薪酬的比价弹性就是薪酬的比价变化所引起的员工对薪酬满意度的变化大小。三是薪酬的差价弹性。薪酬的差价是指同一层次的人才因经验、任职年限、技能水平、岗位等因素的不同而产生的薪酬差别。薪酬的差价弹性就是薪酬的差价变化所引起的员工对薪酬满意度的变化大小。从经验判断：①薪酬的整体弹性具有短期大、长期小的特点，即整体薪酬水平的小幅变化对员工薪酬满意度的影响短期较大、长期则较小；②薪酬的比价弹性较小，即员工对不同层次人才的薪酬差距变化反应较小；③薪酬的差价弹性较大，即员工对同一层次人才的薪酬差距变化反应较大。由于薪酬差价是衡量组织内部薪酬公平性的重要因素，因此，内部公平原则在薪酬管理实践中极其重要。

6) 薪酬的增长性

薪酬的增长性是指就全社会的整体薪酬水平而言，单个雇员平均薪酬的绝对额(不考虑实际购买力的名义薪酬)具有不断增长的趋势。这种增长趋势根源于以下三个原因。

(1) 随着社会生产的物质技术水平的不断提高，单位劳动所创造的价值也在不断提高。

(2) 从一个社会经济发展的历史考察，物价水平具有不断增高的趋势，薪酬作为满足大多数劳动者生活和发展需要的物质保证也会不断增长。

(3) 从用人单位内部考察，随着员工岗位任职时间的延长，其劳动技能和劳动效率也会不断提高。薪酬的增长性质，要求用人单位根据经营情况定期或不定期地适度提高员工的薪酬水平。

7) 薪酬的保障属性

薪酬的保障属性表现在以下两个方面。

(1) 薪酬是劳动者维持自身及家人生命过程的物质保证,必须及时发放,且数额不能低于满足其最基本生活需要的标准。

(2) 薪酬除满足劳动者及其家人当前的生活需要外,还要满足劳动者在患病、生育、伤残、失业、退休等不从事劳动期间的生活需要,所以薪酬应包含劳动者参加社会保险的部分。

8) 薪酬的法律属性

现代各国的劳动法规及其他法规,对薪酬的发放标准、发放方式,以及与薪酬有关的其他事项有许多规定,比如最低工资标准、社保资金的缴纳、个人所得税制度等。这就使薪酬具有了法律属性。薪酬的这一性质,要求用人单位在薪酬管理中必须严格依法操作。

(三)薪酬的构成

薪酬包括薪资、奖金、津贴、养老金以及其他各种福利保健收入。一般来讲,我们可将薪酬划分为基本薪酬、可变薪酬及间接薪酬,具体如图 1-2 所示。

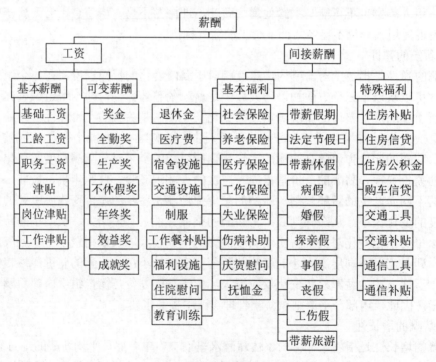

图 1-2　薪酬的构成

1. 基本薪酬

基本薪酬是指企业根据员工所承担的或完成的工作任务,或根据员工所具有的完成工作的技术和能力,而向员工支付的稳定性报酬。基本薪酬是一个员工从企业那里获得的较为稳定的经济报酬,因此这一薪酬的组成部分对员工来说至关重要。基本薪酬又被称为保障薪酬,它不仅为员工提供了基本的生活保障和稳定的收入来源,而且往往是可变薪酬的一个主要依据。大多数情况下,企业是根据员工所承担的工作本身的重要性、难度或者对企业的价值来确定员工的基本薪酬的。此外,企业对于组织中的一些特殊人员或者在整个企业均采取根据员工所拥有的完成工作的技能或能力的高低来确定基本薪酬的基础,也就是说采用技能薪酬制或能力薪酬制。

对员工来讲,基本薪酬并非一成不变,基本薪酬的变动主要取决于三个因素:①总体生活费用的变化或通货膨胀的程度;②其他雇主支付给同类劳动者的基本薪酬的变化;③员工本人所拥有的知识经验技能的变化以及由此而引致的员工绩效的变化。此外,企业所处的行业、地区以及企业所在产品市场的竞争程度等,都会对员工的基本薪酬水平产生影响。

在员工基本薪酬的变化中,最重要的一种增长方式是与员工的工作绩效有关的加薪,即根据员工的实际工作绩效确定的基本薪酬。由于这是用来承认员工过去的令人满意的工作行为以及业绩的薪酬增长方式,因此,绩效加薪往往是与企业的绩效管理制度紧密联系在一起的。比如,一些企业会在企业管理制度中规定,如果员工在过去一年绩效考核为优秀,那么下一年享受基本薪酬上升5%的待遇。对大多数月薪制的员工来说,绩效加薪是"为绩效付酬的具体体现",而"为绩效付酬"是当今薪酬管理中最重要的两大主题之一。绝大多数员工都希望企业能根据他们的工作业绩来支付报酬,而绩效加薪是实现这个期望的重要载体。因此,绩效加薪的目的是激励员工,为员工的工作业绩提供奖励,使员工的基本薪资和员工对组织的贡献、价值保持一致,而并非要区分员工的绩效差别。虽然绩效加薪会导致员工之间的薪资差别,但这种差别能反映员工业绩之间的差距,绩效优秀的员工其薪资理所应当得到增加。

值得注意的是,绩效加薪是刚性的,也就是说一旦上涨,很难降下来,因此企业较少使用,或者只针对特别优秀人才或关键岗位使用。一般而言,企业多数还是通过使用可变薪酬,例如可以设置销售奖、提成工资、绩效工资、全勤奖、质量奖、服务奖、合理化建议奖、成本控制奖、技术进步奖、管理模式创新奖、特别贡献奖等来实现对员工的激励。

2. 可变薪酬

可变薪酬是指薪酬系统中与绩效直接挂钩的部分,也被称为浮动薪金或奖金。可变薪酬的目的是在绩效和员工薪酬之间建立一种直接联系,而这种联系可以是员工个人的业绩,也可以是企业某一业务单位、员工群体、团队甚至整个公司的业绩。由于在绩效和薪酬之间建立起这种直接联系,因此,可变薪酬对于员工具有很强的激励性,对于企业绩效目标的达成起着非常积极的作用,有助于企业强化员工个人、员工群体乃至全体员工的优秀业绩,从而达到节约成本、提高产量、改善质量以及增加收益等多种目的。

在通常情况下,我们可以将可变薪酬激励划分为短期和长期两种。短期可变薪酬激励一般建立在非常具体的绩效目标的基础上,而长期可变薪酬激励的目的则在于鼓励员工努力实现跨年度或多年度的绩效目标。一般来讲,企业员工岗位不同,岗位对员工能力素质要求不同,不同岗位的员工的工作本身对企业贡献不同。因此,根据员工在企业的职位高低与贡献大小可以将企业员工分为四种类型,如图1-3所示。

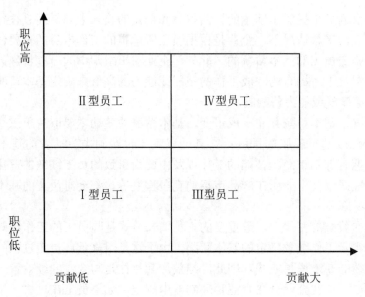

图 1-3　企业员工分类

1) Ⅰ型员工的特点和薪酬管理

在企业中，这类员工包括操作工人、清洁、环卫、后勤等人员。

从人力资本形成的过程来看，Ⅰ型员工往往只需要经过初等以上教育、短时间的职业培训，即可胜任工作。

从员工使用情况来看，Ⅰ型人力资本往往从事重复率高、体力投入大于脑力投入的劳动，很少从事创造性劳动。这类员工的产出成果易于用质量或数量指标进行定量考核，劳动过程易于监督和管理。

从劳动力市场供给角度来看，这类劳动者可代替性高，人员流动性强，这类人员在劳动力市场中非常丰富，招募和培训成本都较低。

通过以上分析，可以得出Ⅰ型员工不是影响企业生死存亡的关键要素。当前，已形成一个非常庞大的劳动力市场，通过公开招聘或同乡介绍等形式，Ⅰ型员工在全国范围内广泛流动。由于他们的流动性和可替代性都很高，因此企业与他们之间很难形成长期契约关系，往往会通过短期契约来规范双方的权利与义务。这种短期契约关系增加了企业管理的难度，因此，大量企业开始使用外包的方式来进行管理。即通过劳务公司等中介机构来提供企业所需要的Ⅰ型员工，如：目前许多公司的保安工作已委托给保安公司，清洁工作委托给保洁公司，绿化工作委托给园林绿化公司，等等。在成都市的一家大型企业中，甚至把车间内的搬运、除尘及一些技术含量低的工作全部外包，这就减少了企业非核心的事务性工作，为企业集中精力做好核心工作提供了便利条件。

根据Ⅰ型员工的特点，这类劳动者大部分是与高体力、低脑力劳动相对应的。由于这部分劳动易于监督和管理，其劳动贡献易于计量和检测，人力资本专用性低，可替代性大，人员流动频繁，因此，此类劳动者可变薪酬以短期激励方法为主，能够直接体现和度量他们的劳动成果。

2) Ⅱ型员工的特点和可变薪酬管理

Ⅱ型员工包括企业中从事生产、财务、人事、行政、采购、储运等工作的管理人员及中层经理。

从人力资本形成的过程来看，Ⅱ型员工往往需要接受中等以上教育，其工作技能需要较长时间的职业培训和积累。中层经理往往要求接受过相关专业的高等教育，具备较高的智能和知识以及分析问题和解决问题的能力，并承担一定的责任和风险。

从员工使用情况来看，Ⅱ型员工在工作过程中会面临着一些非程序化决策，要求他们在工作中进行创新。但总体来说，他们的工作职责和环境都较为稳定，其劳动成果对企业经营绩效的好坏往往起着长期的、间接的作用。

从产出角度来看，Ⅱ型员工的产出成果不能完全用质量或数量指标进行定量考核。在劳动过程中，劳动者的投入程度不容易直接观察和考核。因此，在以前的企业才会流行上班时间"一张报纸、一杯茶"的工作模式。这其实表明了Ⅱ型员工的产出时效性较差，即使投入再大、积极性再高，他们的劳动成果也不可能取得立竿见影的效果；反之，即使投入再少，他们也不可能马上影响到企业的生存和发展。

从劳动力的市场供给角度来看，这部分劳动者的流动性较低，与企业的联系更为紧密。这类员工普遍具有自我投资的能力和愿望，他们不仅着眼于当期的报酬，同时还更关注企业的发展与自身的成长。

这类员工在企业中所占比例不高，但他们是企业规范管理的基础，企业与他们之间可以形成更长期的契约关系。当然，目前也出现了非核心业务外包的趋势，有的公司将人员招聘、社保关系管理、财务核算等业务委托给中介公司，自己只从事市场开拓、产品研发等工作。这种模式对成长阶段的中小企业有着积极意义，可以帮助它们轻装上阵。但当企业规模增大，需要形成自己的价值体系和企业文化时，外包业务和本身的文化特征可能会出现不相容的情况。

根据Ⅱ型员工的特点，这类劳动者对企业的贡献是隐性的，难以准确计量，他们的工作内容相对稳定，但劳动者必须接受专业培训，具备较高的智能和知识以及分析问题、解决问题的能力，并承担一定的责任和风险。因此，这部分劳动者的流动性较低，与企业的联系更为紧密。考虑到这类员工有自我投资的能力和愿望，他们不仅着眼于当期的报酬，同时更关注企业的发展与自身的成长，因而对这类员工可以采取中期激励策略以激发他们创造更多价值。由于很难度量Ⅱ型员工对企业绩效的贡献，因此在激励时主要采取以固定激励为主、收益激励和权益激励为辅的中期激励策略，如以岗位薪资为主，加上一部分利润分享或目标分享，对其中的主要人员可采取转让、赠送股票或实行股票、期权等方式。

3) Ⅲ型员工的特点和可变薪酬管理

Ⅲ型员工的典型代表是销售人员和技术骨干。

从人力资本形成的过程来看，Ⅲ型员工的人力资本的形成与教育程度并没有严格的线性关系，但这类员工的人力资本的形成与职业培训有密切关系。他们通常要接受专业技能和技术培训，并在大量的实践中积累经验。

从员工使用情况来看，Ⅲ型员工的工作环境中充满了不确定性，随时会有新的问题需要解决和克服，工作的风险性和挑战性较大。

从产出角度来看，虽然Ⅲ型员工的劳动过程不易被监督和管理，工作的自主性高，但他们的产出成果易于用质量或数量的指标进行定量考核。

从劳动力的市场供给角度来看，这类劳动者可替代性低，但人员流动性较高，就业机会多。

销售人员的工作是执行企业的销售策略，将商品转化为货币，完成马克思所说的"惊险的一跃"。因此，他们的工作成果对企业经营有着直接的、显性的影响。技术骨干包括技术能手和研发人员，技术能手已超过一般"蓝领"的意义，他们的操作技能、维修技能甚至可以作为非专利技术，成为公司的无形资产。目前，由于前几年技术培训和教育的落后，导致技术工人出现断层，技术能手在各地人才市场都成为急缺人才，其薪酬超过了一般的"白领"。在一汽公司里，技术能手的待遇甚至超过了中层管理人员。当产品日益同质化，市场竞争日益激烈，企业之间的竞争集中于谁比谁的产品新，谁比谁的产品更新快，研发人员的工作对企业竞争力的形成和提高有着十分重要的意义。因此，III型员工是企业核心竞争力的基础，如何有效激励他们也成为企业管理的主要课题之一。

根据III型员工的特点，我们知道，他们的工作将对企业的最终绩效产生直接影响，如果他们频繁流动，不仅增加了企业的招募成本，而且还可能泄露公司的商业秘密和技术秘密，给企业造成很大损失。为了调动他们的积极性，最好将他们的收入与企业的收益结合起来。因此，可以采用以收益激励为主、固定激励和权益激励为辅的中期激励策略。如，对销售人员实行"固定激励+销售提成"的激励方式，对技术骨干实行"固定激励+项目奖金"或者"固定激励+新产品销售收入提成"等方式。

4) IV型员工的特点和可变薪酬管理

IV型员工一般是企业的高级经营管理人才和高级技术专家。

从人力资本形成的过程来看，IV型员工的人力资本的形成既需要良好的教育和职业培训，也需要他们具有相应的潜质和天赋。因此，这类人力资本的形成是很困难的，一是投资大，形成时间较长；二是个人的潜质具有很大的不确定性。

从劳动力使用情况来看，IV型员工在工作过程中面临瞬息万变、竞争激烈的市场，工作环境充满了变动和风险，他们需要做出大量非程序化决策，即需要创造性地工作。

从劳动的产出角度来看，IV型员工劳动过程很难监控，但劳动成果对企业至关重要，劳动价值的弹性很大，可能为企业带来很大价值，也可能为企业带来巨额亏损。

从劳动力的市场供给角度来看，IV型员工代表企业的核心竞争力和可持续发展的动力，劳动者可替代性低且具有较强的稀缺性，知识和技能的专用性强，流动性较小，是企业效益的主要贡献者。

在我国现有信用体系不完善的情况下，对企业而言，这类人力资本是把双刃剑，既是公司的宝贵财富，又会给公司经营管理带来极大的潜在风险。大量的私营企业就面临着这样的问题，招聘职业经理人可能为自己增加了竞争对手。许多职业经理人带着企业内部信息、产品技术、市场资料等离职，自己另起炉灶，直接和原企业竞争。因此，如何激励并约束IV型人力资本对企业的稳定发展至关重要。

根据IV型员工的特点，这类员工主要是高脑力、低体力劳动者，这种类型的员工的工作意味着高自主性、高创造性和高风险性，其劳动贡献弹性很大。高技术人才和高级经营人才均接受过大量培训，具有很高的文化素质和技能，需要经常更新知识，以求在专业领域里保持先进性，即不断追加人力资本投资。此外，他们的工作目的不仅在于取得报酬、增加财富，而且希望通过工作实现自我价值，获得成就感。因此，这类人力资本可替代性低，流动性小，边际贡献呈现递增趋势。为调动他们的工作积极性，避免出现短期行为，

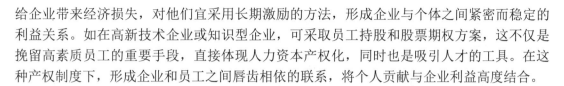

给企业带来经济损失，对他们宜采用长期激励的方法，形成企业与个体之间紧密而稳定的利益关系。如在高新技术企业或知识型企业，可采取员工持股和股票期权方案，这不仅是挽留高素质员工的重要手段，直接体现人力资本产权化，同时也是吸引人才的工具。在这种产权制度下，形成企业和员工之间唇齿相依的联系，将个人贡献与企业利益高度结合。

案例 1-1　泰斗网络公司三种岗位薪酬体系

薪酬水平及其构成是企业薪酬管理过程中需要考虑的重要因素。

泰斗网络公司是一家网络服务商，成立于 1998 年，现有员工 200 多人，许多人都是在某一领域富有专长的专家，80% 的技术人员都具有博士学位，公司新产品年更新率达到 30%。是什么样的利益回报有如此巨大的吸引力，致使大批优秀人才对泰斗网络公司投入如此大的热情呢？答案就是泰斗网络公司的薪酬水平和薪酬构成。

在泰斗网络公司有三个重要的岗位：项目管理、研究开发和系统工程。

这三种岗位总体薪酬水平都比较高，年度平均总薪酬均超过 10 万元。公司高利润在这三种从业人员的薪酬水平上得到充分体现。各岗位年薪酬总额见表 1-1。

从表 1-1 中可以看出，在薪酬总体水平比较高的基础上，不同性质的岗位，薪酬水平也存在一些差距。项目管理人员平均薪酬水平最低，系统工程人员收入相对较高，研究开发人员的薪酬最高。这也从侧面反映出了泰斗网络公司对不同岗位人员的重视程度的差异。这种薪酬差异是由该公司系统集成业的行业特点所决定的。

表 1-1　各岗位年薪酬总额　　　　　　　　　　　　　　　　单位：万元

岗位名称	薪酬范围/年
研究开发经理	23～29
系统工程经理	15～20
项目管理经理	11～14

泰斗网络公司主要靠技术服务和提供解决方案获利，因此对岗位技术水平要求的高低对薪酬有直接影响。研究开发人员，他们对企业的贡献在于通过技术研究和技术实践为公司积累技术资本，是保持企业长期、稳定发展的基础，是增强企业市场竞争力的前提。对于系统工程人员，主要通过具体的工程实施和技术支持保证工程项目的顺利执行，但往往使用成熟的技术工具，在技术上没有太多研究突破。至于项目管理人员，工作中已经包含部分行政管理的成分，技术含量最低，因此薪酬水平低于研究开发和系统工程人员。表 1-2 揭示了上述三种岗位薪酬构成的成分及其比例。

表 1-2　各岗位薪酬构成及其比例　　　　　　　　　　　　　　单位：%

岗位名称	基本现金总额	补贴总额	变动收入总额	福利总额
系统工程经理	71	2	18	9
研究开发经理	81	2	6	11
项目管理经理	80	2	10	8

从薪酬构成比例来看，不同性质的岗位差异非常明显。最突出的特点是系统工程人员的固定现金收入比例明显低于项目管理人员和研究开发人员，而变动收入比例却最高。这

是由各个岗位所承担的工作任务的不同性质所决定的。

系统工程人员的工作任务是完成整个工程的实施，工程周期可能是几周、几个月，甚至跨年度。在实施过程中可能出现种种问题，从而导致企业受到损失，企业的通用做法是减小系统工程人员的固定收入比例，加大奖励作用的变动收入比例，用来激励员工通过努力保证工程项目的顺利实施，有效降低项目执行的风险性。相反，对于研究开发和项目管理人员，工作的失败风险性比较小，因此通过增加固定收入的方法起到吸引和留住员工的作用。

(资料来源: http://www.chohr.cn/Article_Show.asp?articleid=3224)

3. 间接薪酬

间接薪酬就是大家所熟知的员工福利与服务，称它为间接薪酬，主要是因为它与基本薪酬和可变薪酬存在一个明显的不同点，即福利与服务不是以员工向企业提供的工作时间为单位计算的薪酬组成部分。间接薪酬一般包括带薪非工作时间(如年休假、承担法院陪审任务而不能工作等)，员工个人及其家人间的家庭服务(如儿童看护、家庭理财咨询、工作期服务等)，健康以及医疗保健、人寿保险、养老金等。一般情况下，间接薪酬的费用是由雇主全部支付的，但有时也要求员工承担其中的一部分。

二、薪酬的功能与结构

(一)薪酬的功能

按照传统薪酬理论，企业薪酬的功能是仅针对管理者一方而言的，即相对雇主或者企业管理者而言的作用与功能。依据现代企业管理理论，任何管理行为都是管理者和被管理者的互动过程，企业薪酬作为联结雇主和雇员劳动关系的纽带，对双方都有不可替代的作用。因此，必须从企业和员工两个角度考察现代薪酬的功能。

1. 薪酬对雇主的功能

对企业或雇主而言，薪酬具有以下几个功能。

1) 增值功能

薪酬是能够为企业和投资者带来预期收益的资本。雇用劳动力是企业或雇主从事经营和生产的前提，薪酬就是用来购买劳动力所支付的人力成本，是用来交换劳动力劳动的一种手段。显然，以工资为核心的人力成本的投入，可以为投资者带来预期的大于成本的收益。因此，薪酬是雇主雇用劳动者，对活劳动(人力资源要素)进行投资的动力所在。

2) 控制企业成本

由于企业所支付的薪酬水平高低会直接影响到企业在劳动力市场上的竞争能力，因此，企业保持一种较高的薪酬水平对于企业吸引和留住员工无疑是有利的。但是，较高的薪酬水平又会对企业产生成本上的压力，从而对企业在产品市场上的竞争产生不利影响。因此，一方面，企业为了获得和留住企业经营过程中不可或缺的人力资源不得不付出一定的代价；另一方面，企业出于产品或服务市场上的竞争压力又不能不注意控制薪酬成本。事实上，尽管劳动力成本在不同行业和不同企业的经营成本中所占的比重不同，但是对任何企业来说，薪酬成本都是一种不容忽视的费用支出。通常情况下，薪酬总额在大多数企业的总成本中要占 40%～90%。比如说，薪酬成本在制造业的总成本中很少会低于总成本的 20%，而在服务行业中薪酬总额占总成本的比例就更大，往往高达 80%～90%。通过合理控制企业的薪酬成本，企业能够将自己的总成本降低 40%～60%，由此可见，薪酬成本的可控程度是相当高的。因此，有效地控制薪酬成本支出对大多数企业的经营成功来说都具有重大意义。

3) 改善经营绩效

一方面，人和人的工作状态是企业经营战略成功的基石，也是企业获得优良经营绩效的基本保障；另一方面，不谈薪酬，我们就无法谈及人和人的工作状态。如前所述，薪酬对于员工的工作行为、工作态度以及工作业绩具有直接影响，它不仅决定了企业可以招募到的员工的数量和质量，决定了企业中的人力资源存量；同时，还决定了现有员工受到激励的状况，影响到他们的工作效率、缺勤率、对组织的归属感以及组织承诺度，从而直接影响到企业的生产能力和生产效率。薪酬实际上是企业向员工传递的一种特别强烈的信息，通过这种信息，企业可以让员工了解，什么样的行为和态度会受到鼓励，什么业绩是对企业有贡献的，从而引导员工的工作行为和工作态度以及最终的绩效朝着企业期望的方向发展。相反，不合理和不公正的薪酬则会引导员工采取不符合企业利益的行为，从而导致企业经营目标难以实现。因此，如何通过充分利用薪酬这一利器来改善企业经营绩效，是企业薪酬管理的一个重大课题。

4) 塑造企业文化

薪酬会对员工的工作行为和态度产生很强的引导作用。因此，合理的、富有激励性的薪酬制度会有助于企业塑造良好的企业文化，或者对已经存在的企业文化起到积极的强化作用。但是，如果企业的薪酬政策与企业文化或价值观存在冲突，那么就会对企业文化或企业的价值观产生严重的消极影响，甚至导致原有的企业文化土崩瓦解。举例来说，如果组织推行的是以个人为单位的可变薪酬方案(如计件工资制)，则会在组织内部起到强化个人主义的作用，使员工崇尚独立，注重彼此之间的相互竞争，结果是导致一种个人主义的文化；反之，如果薪酬的计算和发放主要以小组或团队为单位，则会强化员工的合作精神和团队意识，使整个组织更具有凝聚力，从而支持一种团队文化。事实上，许多公司的文化变革往往都伴随着薪酬制度和薪酬政策的变革，甚至是以薪酬制度和薪酬政策的变革为先导。这从一个侧面反映了薪酬制度对于企业文化的重要影响。

5) 支持企业变革

随着经济全球化的趋势愈演愈烈，变革已成为企业经营过程中的一种常态。正所谓当今世界"唯一不变的是变化"。为了适应这种状况，企业一方面要重新设计战略、再造流程、重建组织结构；另一方面，它还需要变革文化、建设团队、更好地满足客户的需求，总之是使企业变得更加灵活，对市场和客户的反应更为迅速。然而，这一切都离不开薪酬，因为薪酬可以通过作用于员工个人、工作团队和企业整体来创造出与变革相适应的内部和外部环境，从而有效地推动企业变革。首先，企业的薪酬政策和薪酬制度与重大组织变革之间是存在内在联系的。据统计，在企业流程再造的努力中，50%～70%的计划都未能实现预期目标，其中一个重要原因就是再造后的流程和企业的薪酬体系之间缺乏一致性。其次，作为一种强有力的激励工具和沟通手段，薪酬如果能够得到有效的运用，则它能够起到沟通和强化新的价值观和行为的作用，同时还可直接成为对新绩效目标的实现提供报酬的重要工具。这样，薪酬就会有利于强化员工对于变革的接受性和认可程度。从这种意义上来说，薪酬更多的是对目前以及将来的一种投资，而并不仅仅是一种成本。

6) 配置功能

薪酬是企业合理配置劳动力，提高企业效率的杠杆。企业通过报酬机制，可以将组织目标和管理者的意图传递给员工，促使员工个人行为与组织行为相融合；也可以通过薪酬结构的变动，调节各生产和经营环节的人力资源流动，实现企业内部各种资源的有效配置。

7) 竞争功能

企业薪酬水平是企业实力的体现，企业为了获得在劳动力市场上的竞争优势，需要保持高于其他企业的薪酬水平，以吸引和留住企业所需要的人才。

8) 导向功能

管理者可以将企业的政策、目标、计划和意图，通过薪酬计划和薪酬制度表达出来。薪酬不仅是企业当前管理的有效工具，也是未来管理的导向器。所谓企业薪酬的战略管理，其实质就在于此。换言之，现代企业的薪酬管理已经成为企业战略管理的一个有机组成部分，战略管理赋予企业薪酬管理以新的内涵。

2. 薪酬对员工的功能

对企业员工来讲，传统的工资主要有两种功能：满足基本物质需求的功能和满足安全保障需求的功能。现代薪酬不仅具有这两种功能，而且日益体现出对员工精神需求满足的作用。

1) 经济保障功能

交换是薪酬的主要功能。在市场经济条件下，员工通过在企业的生产和劳动行为，换取劳动收入，以满足个人及其家庭的生活需求。在市场经济条件下，薪酬仍是企业员工本人及其家庭生活费用的主要来源。

2) 满足安全需求

有保障的、稳定的报酬收入，可以使员工产生安全感和对预期风险的心理保障意识，从而增强对企业的信任感和归属感；反之，没有保障，或者不合理的薪酬制度和工资水平，则容易使员工丧失心理平衡，并对企业产生不公平感和不信任感，影响员工工作积极性的发挥。

3) 心理激励功能

从人力资源管理的角度来看，薪酬应主要体现和发挥它的激励功能。所谓激励功能，是指企业用来激励员工按照其旨意行事而又能加以控制的功能。在市场经济条件下，对员工的激励除了精神激励(员工自我价值的实现)外，主要是物质利益的激励。在现实生活中，员工一方面要追求自身的价值、主人翁感和认同感；另一方面，更重视追求实在的利益。而劳动则是员工获取收入以提高自己生活水平的基本手段。在这种情况下，企业通过各种具体工资(包括奖金)形式，把收入与员工对企业提供的劳动贡献联系起来，劳动收入(包括工资收入)就能发挥激励功能。正如美国著名比较经济学家埃冈纽伯格所指出的："不管采用什么样的激励结构，这种结构要有效，就必须同所要影响的当事人的目标函数相一致。"

在这方面应注意掌握的技巧有以下几种。

(1) 改变薪酬结构，增强激励性因素。在此薪酬可分为两类。一类是保健性薪酬(或称维护性薪酬)，如工资、固定奖金、社会强制性福利、公司内部统一的福利项目等；另一类是激励性薪酬，如奖金、物质奖励、股份、培训等。如果保健性薪酬达不到员工期望，会使员工产生不安全感，因而造成人员流失或招聘不到优秀的员工。相反，高工资和高福利能吸引并留住员工，但容易被员工认为是应得的待遇，反而起不到激励作用。因此，每个企业都应根据本企业的特点，采用不同的薪酬结构。

(2) 改变计酬方式。现代企业中，计酬方式包括计时薪酬、计件薪酬和业绩薪酬等形式。计时薪酬的激励效果最差，但能提高员工的安全感，有效地避免员工由于过分强调产量而忽视质量所产生的种种问题。计件薪酬对员工的激励作用十分明显，但仅适用于产出数量容易计量、质量标准明确的任务。

(3) 货币性计酬与非货币性计酬相结合。货币性计酬包括工资、奖金、津贴、分红等。非货币性计酬包括为员工提供的保险福利项目、实物以及公司举办的旅游、文体娱乐活动等；有些公司专门为家属提供特别的福利，比如在节假日邀请家属参加联欢活动、赠送公司特制的礼品、让员工和家属一起旅游、给孩子们提供礼物等，让员工感到特别有面子。主管赠送的两张音乐会门票、一盒化妆品，常会对员工产生意想不到的激励效果。

(4) 个体化的自助福利项目。员工福利可分为两类：一类是强制性福利，企业必须按政府规定的项目执行，比如养老保险、失业保险、医疗保险、工伤保险、住房公积金等；另一类是企业自行设计的福利项目，常见的有人身意外保险、家庭财产保险、旅游、服装、误餐补助或免费工作餐、健康检查、俱乐部会费、提供住房或购房支持计划、提供公车或报销一定的交通费、特殊津贴、带薪假期等，员工有时会把这些福利折算成收入，用以比较企业是否具有物质吸引力。

4) 社会信号和调节功能

调节功能主要是从宏观角度解释薪酬在调节社会人力资源方面发挥的作用。这是因为，在现代社会中，由于人员在企业之间甚至在地区之间频繁流动，因此在相对稳定的传统社会中用来确定一个人的社会地位的那些信号，如年龄、家族势力等，逐渐变得更加衰弱，而薪酬作为流动社会中的一种市场信号则很好地说明了一个人在社会上所处的位置。换言之，员工所获得的薪酬水平高低除了其所具有的经济功能以外，它实际上还在向其他人传递着一种信号，人们可以根据这种信号来判定员工的家庭、朋友、职业、受教育程度、生活状况甚至宗教信仰以及价值取向等。不仅如此，在一个企业内部，员工的相对薪酬水平高低往往也代表了员工在企业内部的地位和层次，从而成为对员工的个人价值进行识别的一种信号。因此，员工对这种信号的关注实际上反映了员工对于自身在社会以及企业内部的价值的关注，从这方面来说，薪酬的社会信号功能也是不可忽视的。实际上，习惯和传统的力量之所以能在薪酬决策中占据一席之地，其主要原因也是在于地位问题。

员工对薪酬高层次需求的满足是激励员工产生行为的关键，许多调查支持这一结论。例如：美国的一项民意测验根据对年度调查数据的分析发现，在各种影响员工行为的工作因素中，薪资与福利是最重要的。

3. 薪酬对社会的功能

薪酬对社会的功能体现为对劳动力资源的再配置。薪酬作为劳动力价格的信号，调节着劳动力的供求和劳动力的流向。当某一地区、部门和某一职业及工种的劳动力供不应求时，薪酬就会上涨，促使劳动力从其他地区、部门和行业向紧缺的领域流动，进而趋于平衡；反之也一样。通过薪酬的调节，可以实现劳动力资源的优化配置。此外，薪酬也调节着人们对职业和工种的评价，协调着人们择业的愿望和就业的流向，如表1-3所示。

表1-3　各类人员对薪酬看法的调查结果

重要性	管理者	专业人员	业务人员	操作人员
1	工资与收益	晋　升	工资与收益	工资与收益
2	晋　升	工资与收益	晋　升	稳　定
3	权　威	挑战性	管　理	尊　重
4	成　就	新技能	尊　重	管　理
5	挑战性	管　理	稳　定	晋　升

(二)薪酬结构

薪酬结构与企业薪酬制度密切相关，在不同的薪酬制度下，有不同的企业薪酬结构。一般来讲，主要有以下四种结构类型。

1. 以保障为主的薪酬结构

在这种薪酬结构中，基本薪酬的比例较大，浮动薪酬比例较小，企业福利水平较高。该种薪酬结构的优点是员工之间的薪酬差异较小，收入相对稳定，可以满足员工的基本生活需求；其缺点是缺乏激励性，不利于发挥差别薪酬的作用。

2. 以短期奖励为主的薪酬结构

在这种薪酬结构中，奖金和短期激励薪酬的比例比较大，基本薪酬和因工作环境因素导致的补贴比例相对较小，同时采取有差别的企业福利政策。这种薪酬结构的优点是一般可以保证员工的基本收入；其缺点是收入稳定性差，容易使员工产生不安全感。

3. 以效益为主的薪酬结构

这种薪酬制度与第二种类型基本相同，不同之处是将部分基本薪酬和福利薪酬也变成浮动部分，薪酬随员工的工作绩效而变动。这种薪酬结构对员工更具激励性，但收入差距更加扩大，员工的不安全感增强。

4. 以长期激励为主的薪酬结构

这种薪酬制度已经超越了传统的薪酬功能与运作机制，把薪酬管理作为企业制度改革和战略发展的一个重要组成部分。在新的报酬制度下，员工不以劳动付出作为获取报酬的唯一依据，其他生产要素也参与分配，企业与员工和管理者通过报酬机制的再造结成利益相关的合作伙伴。股票期权、长期福利计划及经营者年薪制等是该薪酬结构类型的主要构成要素。

企业之间薪酬形式和薪酬结构的差异，除一些外部因素的影响外，主要与企业采取的薪酬制度和薪酬管理模式有关。例如，在计划经济时期，我国主要采取的是单一的等级薪资和计时薪资的形式，这一模式决定了基本工资部分比例大，奖励和激励薪酬部分比例小，员工之间收入差异小。薪酬制度改革以后，薪酬形式的多样化，使基本薪酬比例与员工的实际劳动技能、劳动强度和劳动责任等因素紧密结合，突出了薪酬形式的灵活性和多样性。基本薪酬和各种浮动薪酬之间能够有机地组合在一起，使薪酬形式和运行机制更为科学和有效。

国外企业对薪酬结构的选择也有不同意见，有的企业倾向于以收入均等化为主的薪酬结构，有的企业则倾向于以效率为主的薪酬结构。但无论何种薪酬制度，最终目的有两个：其一，提高员工的绩效；其二，增强企业的竞争力。

三、影响薪酬的因素

各个企业的薪酬水平不会完全一样，不同员工的收入也是千差万别。影响薪酬的因素有许多，归纳起来可以简单分为三类，即企业的内部因素、企业员工的个人因素和企业外部的社会因素。

(一)内部因素对薪酬的影响

影响薪酬的企业内部因素包括以下几个方面。

(1) 企业负担能力。员工的薪酬与企业负担能力的大小存在着非常直接的关系。如果企业负担能力强，则员工的薪酬水平往往高而稳定；如果薪酬负担超过了企业的承受能力，那么势必导致企业严重亏损。

(2) 企业经营状况。企业经营状况直接决定着员工的工资水平。经营得好的企业，其薪资水平相对稳定且往往有较大的增幅；而经营状况差的企业，其薪资水平不仅较低且不具有保障性。

(3) 企业背景。企业处于行业的不同时期(导入期、成长期、成熟期、衰退期)，企业的盈利水平和盈利能力是不同的，这些差别会导致薪资水平的不同。一般来说，处于成熟期的企业的薪酬水平比较稳定。

(4) 薪酬政策。薪酬政策是企业分配机制的直接体现，直接影响着企业的利润积累和薪酬分配的关系。一部分企业注重高利润积累，一部分企业注重二者之间关系的平衡，所有这些差别都会直接引致企业薪酬水平的不同。

(5) 企业文化。企业文化是企业思想、价值观、目标追求、价值取向和制度滋生的土壤。企业文化不同，必然会引致观念和制度的不同，这些不同直接影响到企业的分配机制和薪酬设计原则，从而间接影响到企业的薪资水平。

(6) 人才价值观。企业对人才的重视程度直接影响到其愿意付出的薪酬水平。不同的企业对于"是否只有支付高薪才能吸引最优秀的人才"以及"是否要重奖优秀的人才"这种问题的回答大多不同，自然其薪酬水平也不一样。

(二)个人因素对薪酬的影响

影响薪酬的个人因素包括以下几个方面。

(1) 工作表现。员工的薪酬是由个人的工作表现直接决定的，因此在同等条件下，高薪来自高的工作绩效。

(2) 资历水平。通常资历高的员工比资历低的员工薪酬水平高，这主要是由于要对员工在学习技术时所耗费的时间、体能、金钱和机会等给予一定的报偿，而且还带有激励作用，即促进员工愿意不断地学习新技术，提高工作能力和自身素质。

(3) 工作技能。在科技进步、信息发达的今天，企业竞争已经从传统的产品战演变为行销战、策略战等全面竞争。企业之争便是人才之争，掌握关键技能的人已经成为企业竞争的利器。这类人才因此成为企业高薪聘请的对象。对既有的员工来说，企业往往愿意支付高薪给两类人：一类是掌握关键技术的专才；另一类则是阅历丰富的通才，因为通才可以有效地整合企业内高度分工的各项资源，形成综合效应。

(4) 工作年限。工龄长的员工薪酬通常高一些，主要是为了报偿员工过去的投资并减少人员的流动。连续计算员工工龄工资的企业，通常能通过年资起到稳定员工队伍、降低流动成本的作用。

(5) 工作量。不管按时计薪、按件计酬还是按绩效计酬，通常工作量较大时，薪资水平也比较高。这种现实的工作量的差别才是引致薪酬水平差异的根本原因。

(6) 岗位及职务差别。职务既包含权力，同时也负有相应的责任。权力是以承担相应的责任为基础的，责任是由判断力或决定能力而产生的。权力大，责任也重，自然需要较高的薪酬来平衡。

(三)外部因素对薪酬的影响

影响薪酬的企业外部因素有如下几个。

(1) 地区及行业差异。企业所在地区和所属行业的不同对企业的薪酬水平影响很大，企业在制定薪酬标准的时候必须参考行业特点及本地区的消费水平。一般来说，经济发达地区的薪酬水平比经济落后地区的薪酬水平高，处于行业成长期和成熟期的企业的薪酬水平比处于衰退期的企业高。

(2) 地区生活指数。不同地区的生活指数是不同的，企业在确定基本薪酬时必须参照当地的生活指数，生活指数高的地区，薪酬水平也相应比较高。

(3) 劳动力市场的供求关系。劳动力价格受供求关系的影响，劳动力的供求关系失衡时，劳动力价格也会偏离其本身的价值。在供大于求的时候，企业可以降低薪酬水平。

(4) 社会经济环境。在社会经济环境较好时，员工的薪酬水平也往往比较高。

(5) 现行工资率。国家对部分企业，规定了相应的工资率，企业在制定薪酬制度时必须参考。

(6) 与薪酬相关的法律规定。这些法律包括最低工资制度、个人所得税征收制度、强制性劳动保险以及各类费用的缴纳等。

我们对以上各类影响要素的归纳如图1-4所示。

以上三类18个要素，企业在设计薪酬体系时必须通盘考虑，但对不同的企业，各个要素的重要性和迫切性是不一样的。

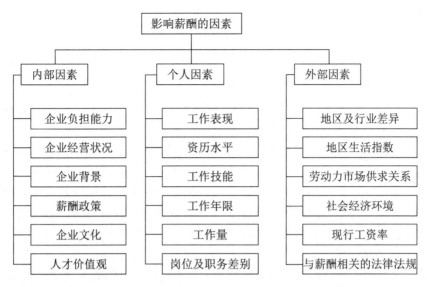

图 1-4 影响薪酬的因素

四、薪酬管理与其他人力资源管理职能之间的关系

作为现代企业人力资源管理的一个重要组成部分，薪酬管理必须与其他人力资源管理功能紧密结合才能发挥出最大效用。我们用图 1-5 来描述现代企业人力资源管理的总体思路，分析薪酬管理与企业的职位设计、员工招募与甄选、绩效管理以及人力资源培训与开发等其他人力资源管理职能之间的关系。

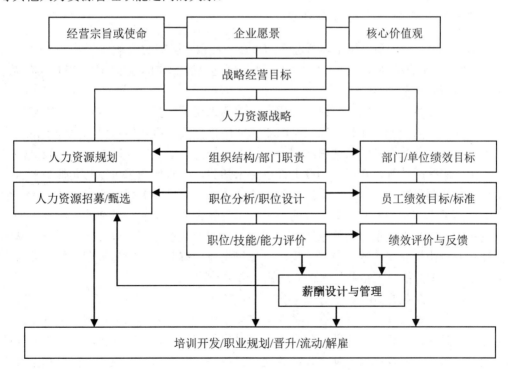

图 1-5 现代企业人力资源管理的总体思路及薪酬管理的地位

(一)薪酬管理与职位设计

由于企业经营环境的不确定性增加和员工工作灵活度需求逐渐上升，导致企业中的职位的特征开始发生很大变化，传统上那种划分过细的职位分类及范围狭窄的职位描述越来越难以适应企业的竞争需要，而界定范围较为宽泛的职位越来越多。与此相适应，员工就需要承担更多的职责和任务，从而需要具备更多、更高的技术和能力。不仅如此，在很多情况下，企业还越来越强调小组和团队的工作方式，而不是独立的个人工作和单个职位的概念。在这种情况下，企业的薪酬体系就必须进行相应的变革，以适应和支持这种新的发展趋势，并对员工的工作行为加以引导。这方面的相应改革措施可能包括建立技能薪酬体系、能力薪酬体系以及以小组或团队为单位的薪酬方案等。目前在国际上非常流行的所谓宽带薪酬结构实际上也是企业的薪酬系统对各种内外变化所作出的一种反应。

此外，职位本身的设计不合理也会给薪酬管理带来一些麻烦。比如，职位划分过细必然导致企业的薪酬等级划分过细，结果导致员工在不同职位之间的轮换变得很困难，同时，员工的双眼会紧盯着职位的等级而不是个人的绩效和能力。再如，我国很多企业中还存在这样的问题，一个职位上20%的工作任务需要一个具备硕士学位的人去做，而80%的工作任务只需要一个本科毕业生甚至大专毕业生就能够完成。这样，企业一方面必须用较高的薪酬雇用一位硕士研究生去从事这个职位的工作；另一方面，如果评价职位本身的重要性，这个职位本身的价值对企业可能并不是那么大，因此，企业在形式上就陷入了一种两难境地。但事实上，这种矛盾是由于职位本身的设计不合理造成的，矛盾的根源不在薪酬设计，而在于职位设计本身有问题。

(二)薪酬管理与员工招募与甄选

薪酬管理与企业的员工招募与甄选活动存在一种相互影响的关系。

一方面，企业的薪酬设计会对企业的招募与甄选员工工作的速度，所获得员工的数量、质量及人格特征产生影响。

首先，企业薪酬水平的高低对员工招募与甄选来说无疑是一个非常关键的因素。这是因为，尽管员工为企业工作并不仅仅着眼于企业所提供的薪酬，但是对一位尚未进入企业的准员工而言，薪酬之外的其他薪酬因素，比如良好的企业文化和同事关系、较高的管理水平、工作的挑战性等，在很大程度上都还是未知数，唯有薪酬是可以与其他企业直接进行比较的一种明显特征。因此，薪酬在员工的就业选择中是一个影响非常大的变量。通常情况下，高于市场水平的薪酬对企业的员工招募与甄选活动是非常有利的。高水平的薪酬可以较快的速度吸引大批合格的求职者，因此，企业的甄选标准也可以适当提高，从而能够保证企业较快地获得高素质员工。反之，如果企业没有其他方面的报酬支持，薪酬水平又不高，那么企业的员工招募与甄选活动就会遭遇到较大困难。

其次，通过企业的薪酬制度所传递出来的特定信息，比如企业的经济实力、等级制度、价值导向以及企业文化等特征，会在劳动力市场形成一种有效的筛选机制，从而帮助企业吸引那些与组织的需要和文化匹配的员工，同时也使那些与组织的文化和需要不匹配的劳动者通过自我选择另谋高就，从而提高企业员工招募与甄选活动的效率，缩减相关开支。比如，在总体薪酬水平相当的前提下，一家基本薪酬较高而浮动薪酬或奖金较少的企业所吸引的往往是那些不喜欢承担风险的员工，而这些员工往往会比较在意工作的稳定性，愿意在某种工作岗位上长时间地从事相同的工作。而一家采取相反薪酬策略的公司所吸引的则是那些不安于获得稳定报酬的人，他们愿意承担风险，但是也需要企业为自己所承担的这种风险支付相应的报酬。此外，直接薪酬和间接薪酬之间的比例关系对于企业所招募到的员工的类型也具有类似的影响。

另一方面，企业所要招募的员工的类型，对于准备招募与甄选的候选员工的知识、经验以及能力水平所要求的高低等，又会直接影响到企业的薪酬水平和薪酬结构：当企业要求员工能够承担较多或难度较大的职责和任务从而具备较高的任职资格条件时，往往也需要支付较高水平的薪酬；而如果希望招募到的员工是有远见、富有冒险精神、勇于创新的人，企业通常就应当在薪酬中设计较大份额的绩效奖励或奖金的成分，比较稳定和固定的基本薪酬所占的比重则应较低一些。

(三)薪酬管理与人力资源培训与开发

进入 21 世纪以后，随着全球经济一体化以及市场竞争的日趋激烈，新的技术和能力、新的行为，甚至新的价值观，都成为决定企业竞争地位的重要筹码。因此，员工的培训、开发以及职业生涯设计成为企业核心竞争力的一个重要源泉。当前，企业普遍在朝着学习型组织的方向发展，但是只有设计出与学习型组织相适应的薪酬制度和薪酬系统，对员工的学习行为尤其是学习之后的运用结果给予反馈和奖励，才能有助于推动员工与企业所倡导的这种新型文化保持一致。比如说，以技术和能力为基础的薪酬体系本身就是一种激励员工不断学习、不断提高自身能力的薪酬制度；而以团队为基础的薪酬结构也更有利于知识、经验以及技能在团队内部的分享。总之，薪酬管理对于企业的培训与开发活动能够起到很好的支持和引导作用：薪酬体系的合理设计有助于引导员工主动接受培训，努力进行自我技能开发，不断巩固和提升自身的业务素质，从而增强员工适应工作的能力，帮助组织获得更大的灵活性。

举例来说，在国内某航空公司，在国际航线出发柜台办理登记服务的值机员需要操作公司所代理的国外航空公司的计算机订座系统，但是不同国家航空公司所使用的订座系统并不相同，在这种情况下，有些优秀的值机员可能会操作 3～4 家航空公司的订座系统，而另外一些值机员却只能操作一家航空公司的订座系统，但是两类人的薪酬水平却几乎一样。这样，即使公司号召大家多掌握几种订座系统，有些人也没有积极性去学习新的技能，甚至当公司组织大家去培训时，很多人也没有积极性。但是，如果公司略微改变自己的薪酬设计，使这些值机员的基本薪酬与他们所能够操作的订座系统的种类有一定的联系，那么员工一定会比过去有更大的积极性去学习、掌握更多的新的操作系统。如果大多数值机员都能够掌握 2～3 种操作系统，那么，即使公司相应提高这些员工的薪酬水平，它也能从因此而引致的人员精简中获得成本的节约。

(四)薪酬管理与绩效管理

绩效管理是现代企业人力资源管理的一个核心内容，绩效评价指标体系的建立、绩效目标的制定、绩效监督以及绩效评价与反馈机制是任何一家现代企业得以实现目标以及持续发展的重要动力。可以说，在竞争激烈的今天，企业比过去任何时候都更需要绩效管理，尤其对我国的大多数企业来说更是如此。但是，企业的绩效管理系统要想得到管理者和员工的认可和支持，企业的绩效文化要想得到贯彻，没有相应的绩效报酬制度是很难想象的。事实上，绩效与薪酬之间的关系日益紧密化是 20 世纪 90 年代以后企业薪酬制度变革的一个重要内容。过去那种单纯以职位为基础作为报酬主要依据的薪酬系统越来越无法适应竞争的需要，企业越来越多地考虑如何在基本薪酬盯住市场的前提下，使员工个人以及员工团队的薪酬与他们的绩效挂起钩来。不仅如此，过去的绩效加薪政策也越来越多地被不具有累积性质的绩效奖励政策所取代。

从绩效管理本身来看，企业的绩效管理尤其是绩效评价，已经由过去那种一维、静态的绩效评价逐渐转变为全方位的、动态的绩效评价，企业不仅关注员工的业绩目标达成情况，同时也关注员工达成业绩的过程以及在这一过程中所表现出来的行为、态度及能力，不仅关注企业的短期绩效，更为关注企业的长期绩效。其原因在于，在一个不确定性增加的环境中，只有这样才能对员工进行更为公正和导向性更为明确的评价，同时也最有利于企业的长期发展。事实上，在这种以能力模型为中心的人力资源管理系统中，企业的薪酬管理也已经从过去主要是对绩效和薪酬之间关系的考虑，发展到不仅关心员工的业绩目标达成，而且关心员工的整体素质、所掌握的技能以及未来的提升潜力等。以技术和能力为基础的薪酬体系得到越来越多企业的应用，正是这种发展趋势的一种现实依据。

综上所述，薪酬管理是整个人力资源管理系统以及组织运营和变革过程中的一个重要组成部分，它与其他人力资源管理职能共同构成了组织远景以及公司总体战略目标得以实现的一个平台。

五、薪酬管理的基本流程和特点

很多时候，企业的薪酬管理系统是否能够正常运行、发挥正常功能，在很大程度上取决于企业薪酬管理的流程是否科学、有效。尽管不同企业的薪酬管理流程会受到多种因素的影响，如企业经营性质、业务规模、战略远景及员工的技术和能力水平等，但是从一般意义上讲，薪酬管理流程的本质差异还是存在于计划经济下的企业和市场经济体制下的企业之间。

(一)计划经济体制下的企业薪酬管理流程

计划经济是一种集权经济和中央控制经济，因此在我国传统的企业薪酬决策体制中，企业内部的薪酬管理完全服从于国家的总体工资制度和工资调整政策。一般情况下，国家在多年不变的工资制度基础上，会定期出台全国一体的总体调资方案，然后再根据国家的行业发展政策及不同地区的生活成本、企业规模等因素，分别划定不同的调资幅度。而对企业内部的劳资管理者来说，他们的主要职责就在于严格执行国家的工资政策，并且将国家的工资政策落实到每一个具体的人员身上。这种薪酬管理的流程我们可以用图1-6来表示。

由此可见，在传统的计划经济体制下，企业的薪酬管理是没有差异化的管理实践；企业的薪酬体系、薪酬结构以及薪酬水平都取决于中央的政策和规定，企业相关管理部门的能动性是很差的，薪酬系统非常僵化。当然，这种薪酬管理流程及其所反映出来的管理理念是与计划经济本身的逻辑相一致的，因此，脱离计划经济本身谈论企业薪酬体系的利弊是毫无意义的。

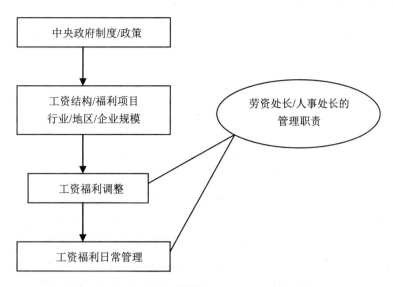

图 1-6 计划经济体制下的企业薪酬管理流程

(二)市场经济体制下的企业薪酬管理流程

从图 1-7 中不难看出,在现代市场经济条件下,企业的薪酬管理是一个市场化和个性化的过程。企业的薪酬管理立足于企业的经营战略和人力资源战略,以劳动力市场为依据,在考虑到员工所从事的工作本身的价值及其所要求的资格条件的基础上,再加上对团队与个人的绩效考核与评价,最后才会形成企业的薪酬管理系统。这种薪酬管理系统必须达到外部竞争性、内部一致性、成本有效性及合理认可员工的贡献、遵守相关法律规定等有效性标准。

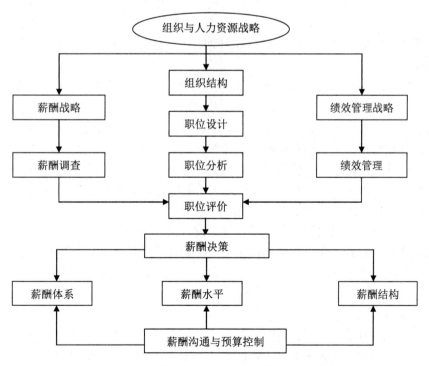

图 1-7 市场经济体制下的企业薪酬管理流程

(三)不同所有制企业的薪酬管理特点

1. 国有企业的薪酬管理特点

1) 薪酬管理制度的规范性与薪酬管理实践的随意性并存

我国国有企业改革发展的过程就是由计划经济向市场经济转变的过程。在计划经济时代，工资收入都是计划的产物，企业自主权很少；改革开放后，企业逐渐有了薪酬自主权，企业内部薪酬管理制度也开始逐步向市场化发展。目前，我国国有企业基本都建立起以岗位价值为主、考虑绩效因素的薪酬体系，国家对企业薪酬的管理也从原来的具体事务管理转到宏观管理上来。这种宏观管理主要通过两种途径对国有企业薪酬进行管理：一是对企业责任人实行年薪制；二是对企业工资总额进行控制。然而，一种不容忽视的现象是国有企业薪酬管理制度的规范性与薪酬管理实践的随意性并存。具体表现在以下几个方面。

(1) 中央企业管理相对规范，地方所属国有企业管理不到位。国务院国家资产监督管理委员会(以下简称国资委)自 2003 年组建以来，随着国有资产管理体制改革和国有企业改革的不断深化，国资委监管的中央企业负责人薪酬制度改革取得了积极进展。国资委成立以来，积极探索建立制度规范、管理严格的薪酬调控机制。和中央企业相比，各地方国资局所属企业在薪酬管理、业绩考核等方面相对滞后，尤其是部分省份，各地方国资部门对所属国有企业的薪酬管理工作不到位，存在某些国有企业薪酬监管缺位现象。

(2) 上级部门对高管薪酬管理比较规范，对普通员工的薪酬管理不够规范。对实行业绩目标责任制的国有企业而言，企业负责人的薪酬管理制度和流程比较规范，相应的措施也能够得到比较好的落实；但对于普通员工的薪酬管理，目前缺乏实质、有效的手段，一般都是由企业内部自行制定分配方案，经职工代表大会批准后交上级主管部门备案。因此，在薪酬管理实践中，如果企业基础管理水平较高，则企业薪酬管理基本能满足企业的发展要求；如果企业薪酬管理水平较低，则薪酬管理往往存在不公平、激励效应不能实现、人力成本失控等问题。

(3) 基本工资、补贴等收入管理比较规范，绩效工资、奖金等管理随意性大。对于大多数国有企业，员工基本工资、绩效工资、各种津贴补贴、奖金等是工资的主要组成部分。一般情况下，企业对基本工资、补贴的管理比较规范，而对于绩效工资、奖金的计算、发放管理就比较粗放了。某些国有企业绩效考核不能真正落到实处，因此，绩效工资不能发挥激励员工提升业绩的作用；某些国有企业奖金发放随意性大，不能起到对超额劳动或超额价值贡献的激励作用，大多数情况下，奖金采用平均主义的发放形式。

2) 国有企业收入分配中存在着多方面的不公平

国家对国有企业一般实行工资总额控制制度，这对激励企业员工积极性，同时控制企业人力成本增长，起到了非常重要的作用。大多数国有企业都实行工效挂钩的方式，即企业工资总额同经济效益挂钩。但在国有企业收入分配中，的确也存在着多方面的不公平现象，具体表现如下。

(1) 行业分配不公平。这个问题社会上有很多议论，从理论上讲，"什么是行业分配不公平"这个命题本身就是需要讨论的。如果这个行业是充分竞争的行业，对人才流入没有什么限制，那么行业收入水平高并不意味着不公平，收入高往往是因为这个行业的从业者需要掌握更多知识、具备更多技能、劳动强度更高。

然而有些企业处于垄断性行业，人才进入又存在非常多的限制，行业薪酬水平过高往往是因为垄断使企业获得了更多收益，这种现象容易遭到人们的质疑。

(2) 企业内部不公平。与行业分配不公平相对应，企业内部分配往往也存在着严重的不公平现象。

第一，有些国有企业不同层级员工收入差距很小，有些企业不同层级员工收入差距很大，这些现象在某种程度上是不公平的，也是值得研究的课题。

第二，国有企业同一层级员工薪酬差距不大，如果有差距，往往只能体现资历方面的因素(很多情况下就是与工龄相关)，不能体现岗位的价值差别，这对那些岗位责任大、劳动强度大、对任职者要求高的岗位而言是不公平的。

第三，有些国有企业员工实际收入与绩效没有关系，干好干坏、干多干少基本一个样。国有企业平均主义分配倾向是历史产物，平均主义对促进团队和谐、增强员工凝聚力是有好处的，但平均主义分配文化会扼杀创造力，对优秀人才的培养和保留是不利的，对组织的损害是长久而深远的。

第四，部分国有企业在薪酬分配中没有实现真正的岗位工资制，没能做到同工同酬，某些岗位员工由于身份差别，收入可能相差一倍以上。产生这些现象的原因也是复杂的，但其根本原因在于国有企业员工实行的薪酬制度是以资历为主要付酬因素的制度，往往会对老员工给予较高的报酬，而对合同制身份员工实行市场化薪酬。这样，同岗位不同任职者薪酬出现较大差距就是必然的。

第五，存在某些国有企业决策层领导收入不及其他高层领导收入高的现象。决策层领导的薪酬是由上级主管部门或控股公司决定的，而其他高层领导的薪酬是由决策层领导分配的，在企业效益比较好，员工人力成本总额比较多的情况下，这种问题就可能存在。

第六，新招聘员工薪酬起薪较高，薪酬晋升空间小。某些国有企业薪酬比较稳定，同一岗位、不同岗位同一层级员工薪酬尤其是各种补贴福利均保持在较高水平，因此，新招聘员工往往也会有较高的薪酬。但如果随着员工能力提高而不能给予薪酬晋级奖励，往往会造成员工不满意，导致优秀员工离职，这样的现象在国有企业薪酬管理中普遍存在。

3) 国有企业收入分配激励效应缺乏或者只有激励没有约束控制措施

(1) 有些国有企业尤其是地方国资委所属企业，没有建立起对员工尤其是高层领导的收入分配激励机制。

这是中小型国有企业普遍存在的问题。一般情况下，激励机制的缺乏必然伴随着对企业经营监管的缺失，这往往会造成严重后果。其表现形式是企业"一把手"掌控企业的命运，这样的企业往往高度集权，典型特征就是企业管理随意性大，这必然反映在薪酬管理上。

(2) 某些国有企业对中高层员工激励比较到位，但缺乏对普通员工的激励措施。某些国有企业上级主管部门或者控股公司对高管层薪酬激励措施比较到位，但对企业内部普通员工激励机制不健全，对普通员工激励力度不够，尤其是没有建立起将企业效益、部门效益与员工收入挂钩的机制，没有将企业命运和员工收入紧密联系起来，没有形成企业与员工休戚与共的利益共同体。

(3) 某些国有企业员工激励措施比较到位，但缺乏对企业经营的有效监督与过程控制。签订目标责任、明确激励措施和奖惩事项，是大多数国有企业领导需要对上级主管部门或控股公司承诺并负责完成的主要任务。但在现实操作中，由于缺乏对过程的有效监督与控制，上级主管部门对下属单位缺乏必要的支持，因此在操作中往往存在诸多问题。很多国有企业对员工强调的是激励，而没有加强与之对应的考核。只有加强过程控制，一方面避免不必要的风险发生；另一方面对员工进行实实在在的考核，激励业绩优异者，鞭策业绩低下者，才能真正发挥激励的作用。

4) 某些国有企业收入分配中业绩导向文化没有建立起来

国有企业在市场化改革过程中取得了长足进步，但总体而言，业绩导向的企业文化还没有真正建立起来。能者上、庸者下，业绩优异者得到激励和晋升机会，业绩低下者受到惩罚甚至是降职处理等，这种机制在某些国有企业还没有建立起来。其主要原因如下。

(1) 人的思想转变是最难的，而国有企业根深蒂固的论资排辈、平均主义观念还非常有市场，在这种情况下，任何触动大家利益、改变目前状态的改革尝试都很难成功。

(2) 业绩导向文化的倡导和建立需要绩效管理体系的支持，而很多国有企业还没有建立起系统的绩效管理体系、绩效考核体系。

(3) 国有企业大多是垄断行业企业，或者虽然是竞争性企业，但和竞争对手不在一条起跑线上。因此，国有企业效益还能支撑平均主义的分配方式，企业在培养、选拔一大批有责任、有能力、有胆识的管理和技术骨干的同时，也有能力一般甚至也会提拔一些溜须拍马、讨好上级者，在这种氛围下，业绩导向的企业文化很难真正建立起来。

5) 某些薪酬政策已经和当前市场经济条件不相适应

某些国有企业在薪酬制度上，仍然保留许多计划经济时代的特点，比如"上开支"工资制度、探亲假制度等。

(1) "上开支"工资制度。目前还有很多国有企业实行的是"上开支"工资制度。所谓"上开支"工资方式是指在当月发放当月工资，所谓"下开支"工资方式是指当月发放上月工资。在事业单位以及部分国有企业中，往往实行"上开支"方式，这是历史发放方式延续的结果。如果人员流动率比较低，"上开支"方式和"下开支"方式不会有多大差别；但如果人员流动率比较高，采用"上开支"方式就会发生很多问题。

一个极端的例子是，假如某个员工来企业工作六七天，但他可能拿走一个半月的工资。例如，某国有企业发薪日是5日，某员工6月30日参加工作，7月6日离职，那么他将得到6月半个月的工资，同时在7月5日得到整个7月的工资，短短6天拿走了一个半月的工资。很显然"上开支"方式对人员流动比较频繁的企业而言是不合适的。

(2) 探亲假制度。目前，有些国有企业仍然实行探亲假制度。根据1981年国务院出台的《关于职工探亲假待遇的规定》，凡在国家机关、人民团体和全民所有制企业、事业单位工作满1年的固定职工，与配偶或父母不住在一起，又不能在公休假日团聚的，可以享受探亲待遇。虽然推行探亲假制度的理由仍然存在，但在每周休息日由原来1天增为1天半，后又增至两天，全年节假日数量大幅提高，年休假制度已经推行的背景下，在现代社会通信、交通非常发达的条件下，让员工享受探亲假的确不适应现代社会的发展要求了。

2. 民营企业的薪酬管理特点

民营企业是在我国改革开放及市场经济发展过程中逐步发展起来的。目前，民营经济在我国国民经济中占有越来越重要的地位，尤其是在竞争性行业，民营企业机制灵活、管理高效的特点发挥出较大优势。除涉及国家发展战略及安全领域(如军事安全、能源安全、金融安全、信息安全、航空航天)以外，民营资本在钢铁、汽车、化工、装备制造、电力、煤炭等行业均获得了长足发展，有的行业民营经济已经形成与国有经济竞争的格局，有的行业内民营经济占有一定的地位。在房地产、设备制造、家用电器、电气电子、纺织服装等充分竞争行业，已经形成民营经济占主导地位的格局。

薪酬作为最具有激励作用的因素，对于提高民营企业员工积极性，促进民营经济快速发展起到了非常重要的作用。但在民营企业的薪酬管理实践过程中，也存在着这样那样的问题。民营企业的薪酬管理特点如下所述。

1) 充分发挥薪酬的激励作用，促进企业的快速发展

民营企业激励机制能够发挥作用，是由以下几个原因决定的。

(1) 激励内容和程度比较适合员工需求。一方面，在民营企业中，一般通过绩效工资或奖金来对员工进行较强的激励，这在中国当前社会经济发展条件下，是比较适应员工需求的。另一方面，在民营企业中，业绩导向的文化占据主流，因此能对业绩优秀者进行比较强的激励。

(2) 激励方式和时机把握准确。激励员工的方式除了工资、奖金等经济性报酬外，员工能力提高及职业发展机会增多对员工来说也是非常大的激励因素。由于民营企业人员素质起步较低，民营企业的快速发展对人才在数量和质量上都提出了较高要求，这必然给员工提供非常多的机会去锻炼、提高能力，从而获得晋升机会。

民营企业在对员工进行激励的方式选择上，有比较多的选择空间，同时民营企业机制灵活、决策效率高的特点也使员工能及时获得激励，无论是奖金激励还是岗位晋升激励，都能做到及时并有针对性。薪酬激励是最能调动员工积极性的因素，在民营企业中被广泛采用并取得了非常好的效果。

2) 某些企业在激励内容、激励方式上存在走极端的现象

(1) 过分注重经济性薪酬激励因素，忽略或轻视非经济性薪酬的作用。很多民营企业在经济性激励因素方面力度大，措施到位，这对提高员工的积极性是必要的，但不宜是唯一的方式。在加强经济性激励因素作用的同时，应该充分重视非经济性激励因素的作用，比如提供晋升机会、良好的工作环境和工作氛围等。此外，还应重视一些精神激励因素，比如定期评选先进、给予员工荣誉称号等。实际上，传统国有企业有一套非常好的精神激励机制，民营企业应该吸收、借鉴这方面的成功经验。

(2) 在经济性激励因素方面，过分注重奖金的激励作用，对基本工资以及社会保障等方面的保健功能重视不够。激励因素是提高大家积极性的重要因素，但保健因素也是非常关键的，如果保健因素不到位而引起员工不满意，那么激励因素是很难发挥效力的。在很多民营企业中，绩效工资、奖金等占有绝大部分比例，基本工资等固定收入比较少，事实上这么做是不科学的。民营企业应该合理设计固定薪酬与浮动薪酬的比例，充分重视社会保险等保健因素对员工的作用。

(3) 忽视对员工进行培训的激励作用。对员工进行培训是一种非常重要的激励方式，但在民营企业中，这方面往往做得不够。很多民营企业缺乏对员工系统的培训安排，不能结合公司人力资源战略及员工职业发展路径对员工进行有针对性的培训，岗前培训往往缺失(大部分是先上岗、边工作边培训)，在岗培训缺乏系统性，脱岗培训、外出培训等形式很少

得到民营企业的重视。

出现上述问题的原因是：一方面，民营企业人才高流动性的特点使老板不敢贸然在员工培训上投入过多资金；另一方面，人员培养是缓慢的过程，"十年树木，百年树人"，面对竞争非常激烈、外部环境变化非常迅速、企业资金实力有限的情况，部分民营企业老板没有站在长远角度对员工培训进行较大投入，也是可以理解的。

(4) 对员工岗位晋升、降职的激励随意性大。岗位晋升的正激励作用与岗位降职的负面激励作用在民营企业中得到了广泛应用，但在使用过程中，岗位晋升、降职随意现象比较常见。

员工岗位晋升、降职随意性大的危害是很严重的，用人不当会给企业带来严重损失。一方面，可能因业务发展不力出现损失；另一方面，抓不住稍纵即逝的机会也会给企业带来机会损失。更为严重的是，这种现象的后果是降低激励的效果，无论是对岗位晋升的激励还是对岗位降职的处罚，员工都不会感到那么严重，激励效应大大降低，这会给组织带来长远致命的损害。

3) 薪酬管理规范性、严肃性不够，薪酬管理随意性大

在民营企业中，往往存在薪酬制度不完善、薪酬管理随意性大等问题，具体表现在以下几个方面。

(1) 薪酬制度不健全。很多民营企业薪酬制度不健全，薪酬构成以及薪酬计算、发放没有明确说明，员工有多少薪酬全凭老板一句话，这样的管理方式肯定是无法适应企业发展需要的。

(2) 规章制度变化太快或者得不到严格执行。一方面，民营企业规章制度变化太快，原有的规章制度员工可能还没来得及理解和适应，就被新制度所代替了；另一方面，有些民营企业规章制度形同虚设，不能得到切实、有效的执行。

(3) 以领导命令代替规章制度。在民营企业中，很多情况下不是根据制度办事，而是根据老板的命令办事，在老板命令和企业规章制度存在冲突的情况下，很少有人会提醒老板遵守制度。

造成民营企业薪酬管理不规范、随意性大的原因如下。

(1) 管理者的领导风格问题，这是最根本的原因，也是最难破除的障碍。

(2) 企业内部管理不能跟上企业发展步伐，内部管理滞后。当企业发展迅速时，管理者将主要精力都放在市场开拓和公司发展上，而加强内部管理、苦练内功的行为往往会被企业决策层所忽视，待到发现存在问题可能为时已晚。

(3) 企业重视结果公平而忽视过程公平。薪酬制度建设其实质是为了实现过程公平，很多企业家不进行制度建设是因为他们坚信，他们对薪酬的发放能做到公平、合理，因此不担心内部公平的问题。但实际上，过程公平对内部公平具有非常重要的意义，如果没有过程的公平，就不会有真正意义上的结果公平。

(4) 现代薪酬管理理念、工具和方法导入不够，公司缺乏实质而有效的办法解决有关薪酬管理方面的疑难问题。

4) 薪酬成本管理工作薄弱

薪酬成本管理工作是由薪酬预算、薪酬计算支付、薪酬调整组成的循环系统。在民营企业中，这几个环节工作的重要意义往往都被忽略。

薪酬预算工作基础薄弱，很少进行人力成本的分析预测工作，不能针对企业外部环境变化以及行业薪酬变化情况对企业薪酬策略进行及时调整，企业薪酬管理停留在初级薪酬计算、发放阶段。

在薪酬计算、支付问题上，很多民营企业选择保密式薪酬发放方式。客观地说，采用这种形式是企业不得已而为之，因为在不能做到结果公平的前提下，追求过程公平不仅没有意义，往往还会适得其反。

在薪酬调整问题上，很多企业还没有建立起规范的整体工资调整和个人工资调整机制，工资调整随意性大，或者干脆从来就不进行工资调整，放弃了利用"工资晋级"对员工进行有效激励的机会。

3. 上市公司的薪酬管理特点

国有经济和民营经济的划分是改革开放的产物，随着国企改革以及民营企业的快速发展，国有资本和民营资本迅速实现了融合，其中股份制改革和发展对这种融合起到了重大促进作用，在所有制形式上，股份制表现为国有控股或民营控股。

上市公司作为股份有限公司的代表，其实质就是将国有资本、民营资本以及社会资本广泛结合，充分发挥资本的资源配置功能，增加股权流动性，实现社会财富的聚集和快速增长。

上市公司薪酬管理的特点往往与其控股股东所有制形式有非常相似的特征，因此也具备了国有企业或民营企业薪酬管理的特点。此外，上市公司薪酬管理还有以下三个主要特点。

1) 上市公司薪酬管理比较规范，基本能发挥薪酬的激励作用、实现公平目标

上市公司薪酬管理比较规范，有一系列法律法规对上市公司薪酬管理有关问题作出规定。作为上市公司，无论从公司行业地位还是管理层能力素质来讲，在国内都是比较优秀的，因此薪酬管理等基础管理水平比较高，薪酬的激励作用、公平目标基本能够实现。

2) 上市公司在长期激励机制建设上取得重大进展，但对这些激励机制还需要进一步完善

中国证券监督管理委员会、国资委及财政部对上市公司长期激励机制建设出台过多个文件，这些文件的发布对规范股票激励和股权激励方式，激励上市公司管理层和业务骨干为股东创造长期、稳定的投资回报，维护股东尤其是中小投资者的利益，起到了非常重要的作用。但目前仍然存在一些问题，比如不同行业、不同公司差距过大问题(有的年薪几千万元，有的几万元)，很多创业板上市公司业绩"变脸"问题，上市公司高管为减持辞职问题，上市公司分红过少问题，等等。这些问题的产生有着复杂的背景和原因，不能一概认为完全不合理，但这些问题会对管理层的管理行为以及投资者的投资行为产生影响，因此应引起足够的重视。

3) 以绩效考核为核心的绩效管理体系有待进一步完善

事实上，激励与约束是辩证统一的关系。只有约束没有激励就没有积极性和创造力，就不会有超额收益；只有激励而没有约束就会有失控风险，可能把老本赔光。做任何决策都是收益与风险的权衡，对应到企业管理中，就是要建立起以激励为核心的薪酬管理体系和以考核为核心的绩效管理体系。

目前，上市公司在绩效管理方面存在的主要问题如下所述。

(1) 某些上市公司以战略导向为基础,以提高组织和个人绩效为目的的绩效管理体系还没有建立起来。

(2) 对高管层的考核过分注重利润等财务指标,缺乏反映企业长远竞争力的客户满意度、员工满意度等指标的考核,缺乏对重要事项是否达成及严重失职问题的否决指标考核。此外,对高管层的考核还缺乏阶段过程控制考核。

(3) 对普通员工而言,某些上市公司系统的、全员管理的绩效管理体系、绩效考核机制还没有建立和完善。

(四)不同业务性质企业的薪酬管理特点

1. 以项目管理为核心的企业薪酬管理特点

项目管理是路桥建设、房屋建设、房地产开发、物业管理以及其他工程管理行业最核心的价值创造环节,做好对项目管理人员的薪酬激励是非常重要的。以项目管理为核心的企业薪酬管理的特殊性和难点如下所述。

(1) 项目管理的首要问题是解决总部对项目的管理控制方式。目前,比较常见的项目管理控制模式有母子公司控制、母分公司控制、事业部管理、矩阵式管理等,不同的管理控制方式对项目人员的薪酬激励有很大不同。

(2) 项目管理的最大风险是总部对项目管理风险的失控,某个项目造成的重大损失会导致整个企业经营出现问题。如何调动项目管理人员的积极性,同时强化总部的管理控制,是薪酬管理中必须着重研究的课题。

(3) 项目运作过程中,项目管理人员流动性较大。一方面,企业从整体运作考虑,会经常从项目中抽调人员;另一方面,项目内部管理人员轮换也会比较频繁,所有这些都给薪酬管理带来较大难度。

(4) 岗位绩效工资制是比较适合项目管理人员的薪酬体系。岗位绩效工资制要解决好定岗定编及人员配置问题。

(5) 项目管理人员薪酬管理的核心是解决激励、约束问题,要对项目管理人员有足够的激励,同时要对项目可能面临的风险进行控制。因此,在加强对项目最终结果考核的同时,要加强对项目过程的控制考核。

(6) 项目负责人一般习惯于简单、高效的管理方式,往往对薪酬管理、绩效管理工作不重视,如何切实推进全员绩效管理工作是企业面临的较大难题。

(7) 项目管理要加强企业核算管理工作,一方面要建立、健全公司核算体系;另一方面,企业总部要加强审计工作,使财务数据能真实反映经营成果。

(8) 项目经营目标的确定是薪酬管理的核心环节,制定的目标要有挑战性,同时还要有实现的可能。

2. 以生产管理为核心的企业薪酬管理特点

生产管理是生产制造企业最核心的价值创造环节,做好对生产人员的薪酬激励工作是非常重要的。以生产管理为核心的企业薪酬管理的特殊性和难点如下所述。

(1) 生产管理的核心问题是用最低成本及时提供符合质量要求的产品,在满足交货及时性、质量符合要求的前提下,尽量降低产品成本是企业追求的目标。

(2) 生产管理最重要的一个方面是做好成本核算，而成本核算过程中内部转移价格的确定是最关键的，如果这个环节出现问题，那么将会给公司经营带来严重的负面影响，甚至会给企业发展战略的确定带来误导。

(3) 工时定额是确定内部转移价格的基础，因此应加强基础管理，解决工时定额问题。

(4) 岗位绩效工资制是比较适合生产管理人员的薪酬体系。岗位绩效工资制要解决好岗位工资等级确定及调整问题，要使岗位工资既能进行整体调整也能进行个体调整，以保证实现薪酬的内外部公平。

(5) 企业产品市场竞争地位(以销定产、以产定销)决定着生产环节在整个价值链中的地位。如果产品是竞争性产品，企业实行以销定产政策，那么产品成本、交货及时性、产品质量是依次需要关注的问题；如果产品有较大竞争优势，那么产品质量、产品成本、交货及时性是依次需要关注的问题。

(6) 生产管理受泰勒(美国古典管理学家、科学管理理论创始人)的科学管理理论影响最大。目前生产管理领域有很多新的管理工具和实践活动，比如5S、TPS、TQM等，这些方法大都是从做事的角度来帮助企业提高生产效率，而对人的主动性和积极性挖掘不够；而薪酬管理、绩效管理的出发点，在于挖掘人的潜能，充分发挥生产管理人员的积极主动性，促进生产管理水平的提高。

(7) 绩效考核在生产管理过程中是非常重要的，也能得到广大生产管理人员的认可和重视，但大多数生产管理人员对绩效管理的认识还不是很全面，往往忽视绩效管理其他各环节(如绩效计划制订、绩效辅导沟通、绩效考核结果应用等)的作用。

3. 以服务经营为核心的企业薪酬管理特点

服务经营管理是烟草行业、石油石化、电力供应、供水供气、仓储运输、批发零售、旅店餐饮、电信及增值服务、金融保险、商业连锁等行业最核心的价值创造环节，做好对服务经营管理人员的薪酬管理工作是非常重要的。以服务经营为核心的企业薪酬绩效的特殊性和难点如下所述。

(1) 服务经营管理涉及领域众多，但都有一个重要特点，即服务的对象都是广大消费者，垄断优势以及服务质量是企业的长远核心竞争力，大多数企业能形成区域竞争优势，大多数行业企业具有连锁经营的特点。

(2) 垄断优势的获得可能是政策进入限制、技术进入限制或市场进入限制等，不同的垄断因素对薪酬管理有不同的影响，对于面临市场进入限制的企业(比如商业连锁)，如何充分调动员工积极性、加强激励效应是尤为关键的问题。

(3) "连锁经营"是这些企业的普遍特征，因为连锁经营一方面能迅速扩大规模，另一方面能快速降低成本——制造成本、采购成本和运营成本。

(4) 大多数具有全国垄断优势的企业具有连锁经营的特征，每个地区由子(分)公司负责当地区域的市场发展、服务提供，大多数企业实行母子公司、母分公司管理体制，在信息化管理手段支持下，加强总部管理控制是很多企业的发展方向。

(5) 如何加强总部管理控制，同时给予分(子)公司足够的自主权，是需要解决的问题。总部管理涉及对业务运作的管理，对人、财、物的管理，对公司发展战略以及经营目标的管理，不同的管理控制模式(如运营管控、战略管控、财务管控等)对各要素的管理控制程度各不相同。

(6) 对实行母子(分)公司管理控制模式的企业来说，实现绩效管理的战略导向是最关键的。对母公司而言，首先要明晰母公司发展战略，根据企业发展战略确定分(子)公司的绩效考核指标，绩效考核指标一定要体现公司的发展战略导向。

(7) 对于分(子)公司而言，如何根据母公司下达的考核指标理解企业发展战略导向是很关键的，同时根据考核的战略导向对下属单位下达考核指标是最重要的。

(8) 对于母公司而言，为下属分(子)公司制定绩效目标是非常必要的。很多企业虽然形式上制定了绩效目标，但实质上没有意义。比如，很多企业在制定激励方案时，员工实际受到的激励只和完成的指标值有关系，和制定的目标值没有任何关系。

(9) 绩效标准的制定是最困难的环节，如何对不同的分(子)公司制定绩效目标是最棘手的问题，制定的目标要有挑战性，同时要有实现的可能。绩效目标的制定不能各分(子)公司"一刀切"，应该考虑不同业务性质、不同业务发展阶段、不同区域市场环境差别及各自的历史发展因素。只有综合考虑上述因素，绩效目标的制定才能体现内外公平性，从而发挥薪酬的激励作用。

六、有效薪酬管理的特点

薪酬管理是一项长期的、复杂的系统工程。企业所处的外部环境如此纷繁复杂，一成不变的薪酬制度迟早会成为企业前进的障碍。只有随时关注业内动态，虚心学习优秀管理制度的长处，并结合自身实际进行及时调整，薪酬体系才能真正起到激励作用，从而推动企业的良性发展。

可以说，没有任何一个企业的薪酬体系是绝对完美的，也不可能有一个企业的薪酬管理能做到尽善尽美。但总结出有效的薪酬管理的特点，至少可以为企业指出努力的方向和发展目标。有效的薪酬管理大多具备以下六大特点。

1. 合理且有竞争力的薪酬水平

一个企业的人力成本不能一味地提高。太高，必然会对企业和企业的核心竞争力造成影响；太低，企业又招不到需要的人才。所以，薪酬的制定必须看市场。首先要看劳动力市场，其次要看竞争对手，最后要看本公司的效益水平，视自己企业的情况确定工资中固定和变动的比例关系。按照一般规律，企业的后勤支持和管理部门，比如人力资源、财务、行政部门等人员的薪酬中固定部分或薪酬比例较大；而生产、销售人员的薪酬中变动部分或薪酬比例较大。

2. 以绩效为引导的工资

在过去老的国企或者行政性单位中，员工在企业的时间越长，工龄越长，评定职称、分房、工资就越有优势。而年轻人什么都要等，导致他们即使有能力也不想发挥，因为一切"好处"都要论资排辈。现在的企业自主地参与市场竞争，薪酬发放主要看贡献，不论年龄大小。年轻人靠自己先进的知识结构做贡献，年老的人则靠丰富的经验出业绩。在绩效面前人人平等，高绩效者高薪酬。

3．合理的薪酬数量等级结构

过去的企业用等幅式工资浮动结构的比较多，每两个级别之间的差距都一样。现在的企业多用连续曲线型结构，就是在比较低的级别区域内，岗位之间的薪酬是平缓的直线；在进入管理岗位区域后，呈加速曲线，与相邻岗位差距较大，表明企业对高级技术人员和管理人员的贡献的肯定和激励。

4．有效的薪资的沟通

这一点也就是强调在企业，对薪酬应做到公开、透明。在管理科学的公司、工资评定体系完善的公司，都极力突出薪酬的透明度，让员工明白自己岗位的薪酬是怎么来的，为什么拿这份工资。现在看来，外企的工资级别都是公开的，每级的范围也是公开的，这样做没有产生任何负面影响，而是有积极作用。员工心里清楚自己拿眼下这份工资，是因为自己做了哪些工作；如果付出更多努力，将会成长到哪个级别，享受何等待遇。或许受中国传统思想的影响，国企和行政事业单位大多显得过于含蓄，管理者往往认为，如果薪酬公开，可能会有人因为几十块钱闹得不愉快，所以干脆搞成"背靠背"的模式。事实上，随着时代的进步和人们思想的日益开化，增加透明度反而会减少猜疑和不满；薪酬数额不妨保密，但薪酬制度和评定办法一定要公开；否则，员工连努力的方向都不明确，就更谈不上被激励了。

5．同岗位不同酬

尽管同样一个岗位对员工的基本技能要求是一样的，但一份工作由不同的人去做，结果可能大不一样。在达到了最低岗位要求的前提下，素质较高和能力较强、接受过良好培训的员工肯定会将工作做得更好些，这样的员工理应得到更高的报酬。举例来说，出纳岗位的最低学历和技能要求是中专的财会专业毕业，企业中同时有一个中专毕业生、一个在读本科生和一个经验丰富的本科毕业生在该岗位工作，如果三者的工资拿得一样，无疑是在让经验丰富的本科毕业生走人。同工同酬在这里的微观表现应该是同工不同酬，这样才能体现公平。

6．薪酬——多方矛盾的解决

薪酬分配的目的绝不是简单的"分蛋糕"，而是通过"分蛋糕"使企业今后的蛋糕能做得更大。薪酬分配在很大程度上体现了一种战略思考。企业要持续发展，必须解决好薪酬分配中的各类矛盾，具体包括以下几个方面。

(1) 现在与将来的矛盾。为了刺激员工的当前贡献，通过短期激励的方法就可以强化员工的行为。典型的做法是以成败论英雄，使每个员工都关注眼前的结果。但这样必然会忽视有些重要的，但不易很快见到效果的工作，如新市场的开拓、新技术的开发、经营创新与管理变革等，正是这些工作对于企业长远发展有决定性的影响，但工作成果往往在短时间内难以体现。如果一个公司过分地强调当前结果，必将有了今天就没有了明天；但如果不追求当前成果，企业就会活不过今天。因此，有效的薪酬分配必须促使企业发展，并且能持续发展。

(2) 老员工与新员工的矛盾。为了激发新员工的工作激情，企业往往会描绘未来的美景，给员工承诺一个金色的世界。当企业发展起来后，新老员工的利益冲突日益显示出来。老员工由于历史的贡献分享今天的成果，甚至一些企业的初始出资者始终保持公司剩余价值的独享权，这样，外部的优秀人才进入公司后往往会感到被老员工剥削。一个公司如果不能不断地吸收外部优秀人才并激发其创新的激情，公司的机能必将逐步退化，并最终导致公司的死亡。因此，一个有效的薪酬分配机制必须既能安抚好老员工，又能不打击新员工的积极性。

(3) 个体与团体的矛盾。为了强化激励的效果，企业往往过分强调对员工个人的评价与激励，但如果过分强调个人的作用，必将影响员工之间的协作精神，从而影响组织整体的运作能力，最终导致企业经营管理链条的断裂；反之，过分强调团体的利益，必将导致员工吃大锅饭思想。因此，一个有效的薪酬分配机制应当把个人激励与团队激励相结合。

现代人力资源管理特别推崇的一句话是："人是成本，但同时是可增值的资本，他给企业创造的价值更大。"因此，一个好的薪酬体系可以在有效控制人力成本的前提下，既让员工满意，也让企业满意，最终使利润最大化。

本 章 小 结

本章主要讲述薪酬的分类，让读者对薪酬组成有清晰的认识。薪酬的功能主要有对企业和员工个人两方面的内容，对员工来讲，经济保障功能、满足安全保障需求、心理激励功能、社会信号和调节功能是薪酬的主要功能；对企业来讲，增值功能、控制企业成本、改善经营绩效、塑造企业文化、支持企业变革配置功能、竞争功能、导向功能等是其主要功能。目前，企业的薪酬结构包括以保障为主的薪酬结构、以短期奖励为主的薪酬结构、以效益为主的薪酬结构、以长期激励为主的薪酬结构四大类。影响薪酬的因素则包括企业内部因素、员工个人因素和社会因素。随着企业对薪酬管理的进一步重视，现代企业的薪酬管理比传统薪酬管理有了很大进步。

自 测 题

1. 什么是薪酬？简述薪酬的类型。
2. 目前国有企业薪酬管理过程中普遍存在哪些问题？
3. 你认为薪酬在人力资源管理过程中的意义是什么？

案例分析

内容见二维码。

IBM 的薪酬管理.docx

阅读资料

内容见二维码。

阅读资料 1.docx

第二章　战略性薪酬管理

【学习目标】

通过本章的学习，学生应该能够认识到战略性薪酬管理与企业经营战略之间的关系，掌握战略性薪酬管理的基本内容，了解战略性薪酬管理与组织文化的联系，理解战略性薪酬的特点及其对人力资源管理部门的要求。

【关键概念】

战略性薪酬管理(strategic compensation)　企业战略(enterprise strategy)　全面薪酬战略(total compensation strategy)

【引导案例】

难题：企业转型路上"薪"事重重

薪酬不是万能的。如果把薪酬管理作为一项完全引导员工行为的工作来做，我们就等于在退步。

"转型过程中，虽然我们薪酬的管理原则是不变的，但在处理问题的时候，需要时时根据市场的变化、行业的变化来做调整，其中确实存在很多难题。"李军林先生所在的企业为食品饮料行业的佼佼者，经历了国有企业到民营企业再到现在的上市股份制企业的转型过程，对"薪"难题深有体会。

转型是2002年中国最大的国情。转型过程中薪酬难题积聚的迷雾正困扰着企业和经理人：薪酬缺乏市场竞争性，涨幅低于经济增长速度；金手铐生锈；绩效薪酬难考核……这些与薪酬有关的问题让其显得"薪"事重重。

难题一：年薪缺乏竞争性令优秀人才却步

南方某城市曾组织30多家大型国企公开招聘，推出包括公司副总裁、总经济师等60多个高职位置，然而招聘出人意料遭遇尴尬，与主办者的初衷大相径庭，应聘者寥寥。尽管不少企业都许诺有大量浮动薪金，但年薪不高是让人却步的主要原因。

企业在转型的过程中需要引进各类优秀的经理人，但很显然中国职业经理人得到的基薪部分在全球甚至亚洲偏低。用友请一个职业经理人用500万元年薪，中国一般企业的经理人一年拿几十万元已经非常不错了。出现这种问题，是因为中国经理人大部分处于低端市场，供过于求，而高端的受过很好教育的，特别是有跨国公司经验的，极其短缺。

"你给他20万元，觉得已经非常不错了，但人家那个地方给他40万元，你就招不到这个人。这是个供求的反映，外企凭借雄厚的资金、科技优势和国际背景，对优秀人才开出丰厚的年薪、股票期权、培训学习、出国旅游等优厚条件，我们怎么办？"李先生激动地说。

一流的人才应有一流的回报，使他们的贡献与收入相平衡。每个人在市场的价值，好似一个铜板的两面，一面是学历、背景、努力、能力等；另一面则是薪资价值。若铜板的一面重于另一面，市场就会借着自然淘汰或自然流失，来改变这种差异。

优秀人才"高回报"已经无法回避，薪酬制度改革不仅在民营企业，同时也将在国有企业内展开。企业最高管理者的基本薪资必须具有市场竞争力。这要求基本薪资与其拥有的其他机会一致。向企业最高管理者提供基准水平的工资通常是正确的策略，可问题有没有这么简单？因为不同管理者具有不同情形：有些管理者所具有的专业技能并不适用于其他企业或行业；有些管理者的工作经验适用性则较强，能胜任各种企业的管理岗位。因此，企业在制定薪酬战略时，必须留出充分的灵活性以适应不同情况。

难题二：原有薪酬制度的条条框框

大部分改制前的企业，尤其是传统行业的大企业，往往已经在薪酬方面有自己独特的制度，一直以来按照流程像公式一样做，薪酬体系比较僵化。某合资家电企业从事人力资源工作的张小姐讲述了这样一件事："一个部门经理，他的直接上司对他的薪酬不满意，要求为他加薪，但按照我们原有薪酬制度的条条框框是违规的。我们人力资源部门和他的直接上司都无法打破这个规矩，最后为了这几百块钱，一直申请到亚太区的总裁，问题才得到解决。这件事情让我们意识到薪酬体系非常僵化，在那种环境中，人的思维会变得现实一些，因为按照规章，如果你要有所改变，你就要上到那样一个高层去，让亚太区总裁来解决几百块钱的问题。"

张小姐所提到的现象在很多企业仍然存在。在企业发展的同时，薪酬制度也要相应地发展，薪酬的目的就是给员工激励，合理的薪酬制度是企业成功发展的重要因素。在企业转型发展的过程中，高层应时时对薪酬制度进行反思。

在电信行业从事管理工作的张先生也表达了自己的烦恼："有时感觉企业转型期改变的力度挺大的，但怎么在薪酬制度方面还是老一套？我们感觉工作模式和管理风格等各方面都在变，但薪酬制度却没什么变化，拿工资的感觉还像几年前一样，在什么位置什么级别拿什么工资，没劲透了。"中国人民大学劳动人事学院院长曾湘泉教授指出，目前中国企业在薪酬制度上，主要存在两个问题："一是事实上是品位分类，而不是职位分类，是身份工资，而不是职位定价。二是结构问题，企业中最大的问题是结构问题，如住房、养老、医疗，很多东西都不算工资，结果呢，开着公家车，有很多待遇。其实，你一折算，你跟外企相比，不一定比外企低。把工资结构调整以后，它就变了。所以薪酬水平并不比外企低，但薪酬结构的设计不合理。"

难题三：不重视"内在薪酬"，员工缺乏价值取向

薪酬结构包括两部分，即内在薪酬和外在薪酬。外在薪酬表现为工资、奖金、福利；内在薪酬表现为能不能给他挑战性、成就感、更有趣的工作、自由度、文化。

很多企业高层经常疑惑：企业人均收入都较高，但企业里面哪有业绩的概念？哪有成就导向、业绩导向文化，向上的精神？为什么？不是因为外在薪酬低了，根本上是内在薪酬的问题。光重视外在薪酬，而忽略内在薪酬，员工往往表现为缺乏价值取向和企业精神。

作为分管行政人事的副总经理，李军林也强调："在企业转型时，尤其要注意内在薪酬的提升，因为企业的理念、文化都在随着转型而发生很大变化，如何让员工接受和认同企业的新理念新文化，是非常重要的，因为一旦员工的价值取向和企业的价值取向不一致，就会阻碍企业转型的脚步。"

虽然我们强调内在薪酬，但也要注意不要把它完全和外在薪酬割裂开来。一个企业有向上的文化，组织凝聚力强，有挑战性，但这个企业的外在薪酬也需要支持，空洞地讲内在薪酬是没有意义的。比如说，你连他基本生活都保障不了，却对他说，这个地方有挑战性，这是没有意义的。

在业绩稳定，有固定现金流，但业绩没有多大改善空间的企业，其薪酬结构中往往可变薪酬所占比例远远小于固定薪酬。这种薪酬构成，往往会抑制员工的创新精神，形成不思进取的企业文化。

而在转型企业中，情形恰恰相反，企业能给员工更大改善空间，这就使可变薪酬的比例需要提升，加大可变薪酬的比例虽然会给管理者带来更多风险，但也向管理层提供了获得更高奖金的机会。此外，它的一个显著的作用是鼓励管理者进行明智的冒险和不断寻求改善。

陈小姐所在的生物科技企业今年加大了可变薪酬的比例，比例甚至超过固定薪酬，她的经验是："我们认为这样能吸引更多的创业者和创新家加盟企业，它可以将企业人力资源引入良性循环。我们通过可变薪酬结构赢得学习、创新声誉，吸引来优秀人才；这些优秀人才又能增强企业竞争力，而后吸引来更多人才。而这些对于转型中的企业是难能可贵的。"

在薪酬战略中，薪酬构成方式占有很重要的位置。企业要根据自己的阶段情况平衡好薪酬结构中固定薪酬与可变薪酬的比例，寻找适合各阶段的平衡点，让薪酬能更好地推动企业转型。

难题四：金手铐生锈，如何激励高管？

当前世界上企业的薪酬激励方案主要是风险年薪制和持股期权激励机制。转型中的企业因为不停地处于改制和变化中，自然比较重视长期激励机制。但期权是 2008 年一年最大的丑闻，在经济不景气的今天，有 60% 的人手中的股权大大缩水。"城门失火，殃及池鱼"，安然等企业巨人的倒塌，股价的下跌让更多的股票持有者开始持怀疑态度。

昔日的"金手铐"已经生锈，如何更好地对高管进行激励？

持有不少股票期权的梁先生认为："期权有个好处就是让你和企业的利益捆在一起，企业觉得你更能够随着企业一起发展，这个出发点是好的。但有个考验就是，你的企业是不是一个很有信用的企业，是否让大家觉得真正放心。不要让大家觉得企业对自己没有任何回报。"

调查中我们发现，一些知名度高的外资企业和民营企业的高管并没有采用股票期权的方式。原因是员工看重实现的问题。年轻的员工比较看重当期利益，对比较成熟的员工来讲，期权是一种很好的激励方式，但前提条件就是你能够兑现。现在的市场环境，股票大跌，虽然原来有很多价值的股权，却不能享受到，从这一点来看，的确起不到激励作用。在国外企业都用期权激励的方式，但在国内，考虑到法律、法规方面的不成熟，所以一直在考虑，但在短期内没有实施计划。

戏称自己"一直走在转型路上"的蔡先生是广州一个家电集团公司的负责人，他说："转型期间，整个企业的股权结构也在不停地调整和改变，采用期权激励会带来一些困难。所以除了期权，我们会主动地给管理者一些空间，开放一块业务给管理者去经营，入股到公司来，让他寻找一些与公司捆绑在一起的方式。要解决长期激励的问题，必须建立一种利益驱动模式，使员工的报酬跟公司的股东价值挂钩并保持一致。"

国家经贸委有关负责人近日提到，要通过试点逐步形成包括年薪制、持有股权、股票期权等多种形式的企业家激励制度。这将会让经理人的激励制度走向规范化，更有保障和实际意义。

难题五：薪酬制度如何艺术地实施？

在一场球赛中，如果一方球队输掉比赛，很多人的第一个疑问是是否教练战术安排有问题。如果答案是否定的，战术没错，那么第二个疑问往往会随之产生：球场中球员执行战术是否有问题？

的确，不同的实施情况将会产生伟大和平庸两种截然不同的结果。

调查表明，转型企业薪酬实施过程主要有四个难点。

意识问题：对薪酬的变革能解决什么问题并不清楚。其实，它要解决的是人力资源的战略问题，不是定工资的问题。不是说科学不科学，它是从完成组织的目标来考虑的。

体制问题：像激励机制的问题。

万能问题：人力资源并不能解决所有问题，薪酬制度也一样，它解决问题的能力也是有限的，它是个性化的，不能无限夸大。

缺乏专业人才问题：它需要一批专业化、职业化的薪酬人员来实施。

"对于大部分转型企业，薪酬实施还是个理念问题，对人力资源管理，包括从CEO开始，对直线经理，到底下的员工，都没有理解这个问题，因为利益的冲突，难以认同。特别是直线经理，对这些理念方法并不是很清楚，因为过去没有人跟他讲过这个东西。"曾湘泉教授一针见血地指出问题所在。"有些民营企业也一样，基本上没有实施的概念，定工资也是随机性地定，你看到在招聘时，50万元、100万元，这些很大部分是做广告，炒作的。"李军林一边指着一则"百万年薪聘英才"的广告一边对记者说："真正实施了没有？如何去实施？这是个问题。"

正如在外资企业从事薪酬设计工作的谢小姐所说："薪酬的实施过程是一门艺术，我们要不断去想，不同的阶段、不同的工作环境，然后综合考虑，把薪酬福利最大化，这是我们最终的目标。"

优秀的管理者将流向报酬丰厚、能够发挥才能的企业，同样，僵化的企业体制和薪酬制度将难以吸引到优秀人才。

正确的薪酬理念要求企业管理层平衡好以下三个相互冲突的目标：向管理者提供有效激励，以鼓励其实现杰出业绩；在坏年头，减少管理者由于不满薪酬而跳槽的风险；在好年头，控制投资者的薪酬支出。

薪酬不是万能的。薪酬只是人力资源管理中的一个手段，如果把薪酬管理作为一种完全引导员工行为的工作来做，我们就等于在退步。困扰转型中企业的薪酬难题摆在我们面前，如何越障而行，不断制定和调整切合企业发展的薪酬制度才是最重要的。

"以前很容易有这样的观念，就是什么事情都有'对'和'不对'两种答案，但现在无论企业还是行业，变化很快，没有什么对和不对，只有适合和不适合。"李军林显得若有所思，"时时反思薪酬政策，不断地根据转型期企业的变化建立适当的薪酬制度，才能让薪酬作为一个好的管理工具，真正推动企业转型的进程。"

（资料来源：http://www.cjzlk.com/weiku/HTML/6361.html）

一、企业战略与人力资源战略

战略性薪酬管理是企业薪酬系统设计及管理工作的行动指南，是实现企业人力资源发展战略的保证。通过制定和实施适合企业的薪酬战略，企业可以充分利用薪酬这一激励杠杆，向员工传递企业的战略意图，调动员工的积极性。企业的薪酬战略必须有针对性，与企业所处的发展阶段、企业的战略、企业的组织结构及企业的文化匹配，并对其起到支持作用，如图 2-1 所示。因此，战略性薪酬管理的设计是直接关系到薪酬激励系统成败的关键性问题。

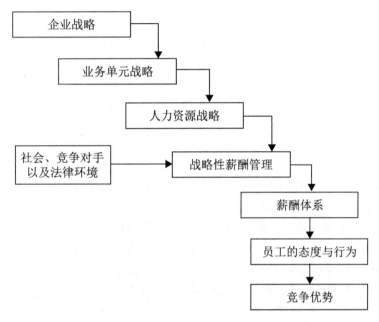

图 2-1　战略性视角

(一)企业战略

1．企业战略的概念

企业战略是指企业根据环境的变化、本身的资源和实力选择适合的经营领域和产品，形成自己的核心竞争力，并通过差异化在竞争中取胜。随着世界经济全球化和一体化进程的加快和随之而来的国际竞争的加剧，对企业战略的要求越来越高。

企业战略是设立远景目标并对实现目标的轨迹进行的总体性、指导性谋划，属宏观管理范畴，具有指导性、全局性、长远性、竞争性、系统性、风险性六大主要特征。

企业战略是对企业各种战略的统称，其中包括竞争战略、营销战略、发展战略、品牌战略、融资战略、技术开发战略、人才开发战略、资源开发战略等。企业战略是层出不穷的，例如信息化就是一个全新的战略。企业战略虽然有多种，但基本属性是相同的，都是对企业的策略，都是对企业整体性、长期性、基本性问题的计谋。例如：企业竞争战略是对企业竞争的策略，是对企业竞争整体性、长期性、基本性问题的计谋；企业营销战略是对企业营销的策略，是对企业营销整体性、长期性、基本性问题的计谋；企业技术开发战略是对企业技术开发的策略，是对企业技术开发整体性、长期性、基本性问题的计谋；企业人才战略是对企业人才开发的策略，是对企业人才开发整体性、长期性、基本性问题的计谋。以此类推，都是一样的。各种企业战略有同也有异，相同的是基本属性，不同的是谋划问题的层次与角度。总之，无论哪个方面的计谋，只要涉及企业整体性、长期性、基本性问题，都属于企业战略的范畴。

2．企业战略形态

战略形态是指企业采取的战略方式及战略对策，按表现形式，可以分为拓展型、稳健型、收缩型三种形态。

1) 拓展型战略

拓展型战略是指采用积极进攻战略的战略形态，主要适合行业龙头企业、有发展后劲的企业及新兴行业中的企业选择。具体的战略形式有以下几种。

(1) 市场渗透战略。其是指实现市场逐步扩张的拓展战略，该战略可以通过扩大生产规模、提高生产能力、增加产品功能、改进产品用途、拓宽销售渠道、开发新市场、降低产品成本、集中资源优势等单一策略或组合策略来实施，其战略核心体现在两个方面，即利用现有产品开辟新市场实现渗透、向现有市场提供新产品实现渗透。

市场渗透战略是比较典型的竞争战略，主要包括成本领先战略、差异化战略、集中化战略三种最有竞争力的战略形式。成本领先战略是通过加强成本控制，使企业总体经营成本处于行业最低水平的战略；差异化战略是企业采取的有别于竞争对手经营特色(从产品、品牌、服务方式、发展策略等方面)的战略；集中化战略是企业通过集中资源形成专业化优势(服务专业市场或立足某一区域市场等)的战略。一般来说，成本领先战略、差异化战略、集中化战略被称为"经营战略""业务战略"或"直接竞争战略"。

(2) 多元化经营战略。其是指一个企业同时经营两个或两个以上行业的拓展战略，又可称"多行业经营"，主要包括同心多元化、水平多元化、综合多元化三种形式。同心多元化是利用原有技术及优势资源，面对新市场、新顾客增加新业务实现的多元化经营；水平多元化是针对现有市场和顾客，采用新技术增加新业务实现的多元化经营；综合多元化是直接利用新技术进入新市场实现的多元化经营。

多元化经营战略适合大中型企业选择，该战略能充分利用企业的经营资源，提高闲置资产的利用率，通过扩大经营范围，缓解竞争压力，降低经营成本，分散经营风险，增强综合竞争优势，加快集团化进程。但实施多元化战略应考虑选择行业的关联性、企业控制力及跨行业投资风险。

(3) 联合经营战略。其是指两个或两个以上独立的经营实体横向联合成立一个经营实体或企业集团的拓展战略，是社会经济发展到一定阶段的必然产物。实施该战略有利于实现企业资源的有效组合与合理调配，增加经营资本规模，实现优势互补，增强集团竞争力，加快拓展速度，促进规模化经济的发展。在工业发达的西方国家，联合经营主要是采取控股的形式组建成立企业集团，各集团的共同特点是由控股公司(母公司)以资本为纽带建立对子公司的控制关系，集团成员之间采用环行持股(相互持股)和单向持股两种持股方式，且分为以大银行为核心对集团进行控制和以大生产企业为核心对子公司进行垂直控制两种控制方式。在我国，联合经营主要是采用兼并、合并、控股、参股等形式，通过横向联合组建成立企业联盟体，其联合经营战略主要可以分为四种类型，即一体化战略、企业集团战略、企业合并战略和企业兼并战略。

第一种，一体化战略是由若干关联单位组合在一起形成的经营联合体，主要包括垂直一体化(生产企业同供应商、销售商串联)、前向一体化(生产企业同销售商联合)、后向一体化(生产商同原料供应商联合)、横向一体化(同行业企业之间的联合)。该战略的优点是通过关联企业的紧密联合，以实现资源共享，降低综合成本。其缺点是管理幅度加大，不利于资源调配与利益关系的协调。

第二种，企业集团战略是由若干个具有独立法人地位的企业以多种形式组成的经济联合组织。组织结构层次可分为集团核心企业(具母公司性质的集团公司)、紧密层(由集团公司控股的子公司组成)、半紧密层(由集团公司参股企业组成)、松散层(由承认集团章程并保持稳定协作关系的企业组成)。紧密层、半紧密层同集团公司的关系以资本为纽带，而松散层同集团公司的关系以契约为纽带。集团公司同紧密层组合就可以构成企业集团，集团公司与企业集团的区别在于集团公司是法人，企业集团是法人联合体，不具有法人资格；集团公司内部各成分属紧密联合，企业集团各成分属多层次联合。

第三种，企业合并战略是指参与企业通过所有权与经营权同时有偿转移，实现资产、公共关系、经营活动的统一，共同建立一个新法人资格的联合形式。采取合并战略，能优化资源结构，实现优势互补，扩大经营规模，但同时也容易吸纳不良资产，提升合并风险。

第四种，企业兼并战略是企业通过现金购买或股票调换等方式获得另一个企业全部资产或控制权的联合形式。其特点是被兼并企业放弃法人资格并转让产权，但保留原企业名称成为存续企业。兼并企业获得产权，并承担被兼并企业债权、债务的责任和义务。通过兼并可以整合社会资源，扩大生产规模，快速提高企业产量，但也容易分散企业资源，导致管理失控。

2) 稳健型战略

稳健型战略是采取稳定发展战略的战略形态，主要适合中等及以下规模的企业或经营不景气的大型企业选择，可分为无增长战略(维持产量、品牌、形象、地位等水平不变)、微增长战略(竞争水平在原基础上略有增长)两种战略形式。该战略强调保存实力，能有效控制经营风险，但发展速度缓慢，竞争力量弱小。

3) 收缩型战略

收缩型战略是采取保守经营战略的战略形态，主要适合处于市场疲软、通货膨胀、产品进入衰退期、管理失控、经营亏损、资金不足、资源匮乏、发展方向模糊的危机企业选择，可分为转移战略、撤退战略、清算战略三种战略形式。转移战略是改变经营方式、调整经营部署、转移市场区域(主要是从大市场转移到小市场)或行业领域(从高技术含量向低技术含量的领域转移)的战略；撤退战略是通过削减支出、降低产量，退出或放弃部分地域或市场渠道的战略；清算战略是通过出售或转让企业部分或全部资产以偿还债务或停止经营活动的战略。收缩型战略的优点是通过整合有效资源，优化产业结构，保存有生力量，能减少企业亏损，延续企业生命，并能通过集中资源优势，加强内部控制，以图新的发展。其缺点是容易荒废企业部分有效资源，影响企业声誉，导致士气低落，造成人才流失，威胁企业生存。调整经营思路、推行系统管理、精简组织机构、优化产业结构、盘活积压资金、压缩不必要开支是该战略需要把握的重点。

微软、惠普和麦卓尼三家公司整体薪酬的战略角度比较如表 2-1 所示。

表 2-1　微软、惠普、麦卓尼三家公司整体薪酬的战略角度

	微　软	惠　普	麦卓尼
薪酬的意义与目的	支持企业目标,支持招聘,激励和保留微软的人才,保留微软的核心价值	不断地吸引具有创造性和热情的员工,确保公平,反映已做出的贡献	支持企业使命和战略,表明核心价值观,吸引、保留、激励一流员工
内部一致性	整合微软的文化,支持微软以绩效为驱动力的文化,与企业是基于技术的组织相一致	反映惠普的方式,支持跨职能工作,支持惠普员工职业生涯发展	反映企业目标,使职位和履行的工作相一致
外部竞争性	总体薪酬领先,基本薪酬较低,在奖金、期权上领先	给予领导者高薪,走惠普之路	与其经济效益相一致,绩效工资反映市场价格
员工贡献回报	基于个人绩效的奖金和期权	业绩增加和利益共享,基于个人绩效	支持绩效和主人翁的文化,强调基于绩效的奖金、期权和所有权
薪酬管理	开放、透明的沟通,集中管理,由软件支持	开放的沟通	简单、清楚的理解,宽松管理,开放,员工自主选择

3. 企业战略特征

企业战略是设立远景目标并对实现目标的轨迹进行的总体性、指导性谋划,属宏观管理范畴,具有指导性、全局性、长远性、竞争性、系统性、风险性六大主要特征。

1) 指导性

企业战略界定了企业的经营方向、远景目标,明确了企业的经营方针和行动指南,并筹划了实现目标的发展轨迹及指导性的措施、对策,在企业经营管理活动中起着导向作用。

2) 全局性

企业战略立足于未来,通过对国际、国家的政治、经济、文化及行业等经营环境的深入分析,结合自身资源,站在系统管理高度,对企业的远景发展轨迹进行全面规划。

3) 长远性

"今天的努力是为明天的收获""人无远虑、必有近忧"。首先,企业战略必须着眼于企业长期生存和长远发展的思考,在兼顾短期利益的同时确立远景目标,并谋划实现远景目标的发展轨迹及宏观管理的措施和对策。其次,围绕远景目标,企业战略必须经历一个持续、长远的奋斗过程,除根据市场变化进行必要的调整外,制定的战略通常不能朝令夕改,要具有长期的稳定性。

4) 竞争性

竞争是市场经济不可回避的问题,也正是因为有了竞争才确立了"战略"在经营管理中的主导地位。面对竞争,企业战略需要进行内外环境分析,明确自身的资源优势,通过设计适体的经营模式,形成特色经营,增强企业的对抗性和战斗力,推动企业长远、健康的发展。

5) 系统性

立足长远发展，企业战略确立了远景目标，并须围绕远景目标设立阶段目标及各阶段目标实现的经营策略，以构成一个环环相扣的战略目标体系。同时，根据组织关系，企业战略必须由决策层战略、事业单位战略、职能部门战略三个层级构成一体。决策层战略是企业总体的指导性战略，决定企业的经营方针、投资规模、经营方向和远景目标等战略要素，是战略的核心。本书讲解的企业战略主要属于决策层战略。事业单位战略是企业独立核算经营单位或相对独立的经营单位，遵照决策层的战略指导思想，通过竞争环境分析，侧重市场与产品，对自身生存和发展轨迹进行的长远谋划。职能部门战略是企业各职能部门，遵照决策层的战略指导思想，结合事业单位战略，侧重分工协作，对本部门的长远目标、资源调配等战略支持保障体系进行的总体性谋划，比如策划部战略、采购部战略等。

6) 风险性

企业做出任何一项决策都存在风险，战略决策也不例外。市场研究深入，行业发展趋势预测准确，设立的远景目标客观，各战略阶段人、财、物等资源调配得当，战略形态选择科学，制定的战略就能引导企业健康、快速地发展。反之，仅凭个人主观判断市场，设立目标过于理想或对行业的发展趋势预测偏差，制定的战略就会对管理产生误导作用，甚至给企业带来破产的风险。

(二)人力资源战略

人力资源战略是指企业为实现其战略目标而制定的一系列有关人力与人才资源开发与管理的总体规划，是企业发展战略的重要组成部分，是抓住组织的战略目标和目的，并将它们转化为前后一致的、整体化的、完善的员工管理计划和政策，是"从人力资源的'质'和'量'入手，评估目前人力资源的质量与企业目前及未来发展变化所需之间的差距，并能够满足这些要求的过程"。

1. 人力资源战略的五个需求层次

人类已经进入知识经济时代。这个时代的市场竞争归根结底是人才的竞争，因此企业的人力资源战略核心应该是以人为本。所谓以人为本就是要符合人的本性需求。马斯洛把人的需求分为五个层次，即生理、安全、归属、自尊和自我实现。因此，现代企业的以人为本人力资源战略就应该充分考虑人的需求层次，并通过各种渠道去满足不同层次的需求，只有这样才能真正地吸引人才、留住人才。事实上，任何一个层次的需求我们都不能忽略。

1) 生理需求

首先在生理需求方面，员工对食物、水、空气和住房等需求都是生理需求，这类需求的级别最低。如果员工还在为生理需求而忙碌，那么员工所真正关心的问题就与他们所做的工作无关。所以公司要努力满足员工的生理需求来激励他们，主要是物质奖励，如改善劳动条件、给予更多业余时间、提高福利待遇等，使员工能安心工作。体现在公司的人力资源战略上就是要建立合理的薪酬、福利待遇体系，使员工寝食无忧，只有这样他才能够全身心地投入工作。沃尔玛的人力资源战略就非常重视员工生理需求的充分满足，并将此种需求与企业利益挂钩，实现双赢。

2) 安全需求

人们在满足了基本的生理需求后，就会产生新的需求——安全需求，主要包括安全、稳定、依赖，免受恐吓、焦躁与混乱的折磨，对体制法律、秩序、界限的依赖，等等。

那么具体体现在人力资源战略中，就是要为员工建立一个相对安全、稳定的工作大环境，这个大环境既包括物质环境也包括精神环境。例如，公司的各种安全防护措施要完善，工作环境要尽量保证员工的身体健康；制度的建立与实施要考虑到员工的感受；保持一支相对稳定的员工队伍，频繁裁人的公司会让员工失去稳定感，从而诱发主动跳槽，等等。

3) 归属的需求

现代社会中各方面压力的增大加剧了人们对于归属感的渴望，人们希望能够真正团结起来，共同应对外来危险，共同面对同一件事情，人们会在别人对自己的协助中获得满足。广大的足球迷在观看比赛中所表现出的巨大热情、同仇敌忾的凝聚力，正是现代人追求归属感的有力证据。

那么，作为企业的人力资源战略，要想最大限度地激发员工的工作热情，就必须通过各种方式让员工在企业中找到归属感。例如，丰田公司建立的"公司内的团体活动"就使员工找到了归属感。它设立的"亲睦团体"使同学、同乡或具有相同兴趣爱好的人加入其中，为了避免机构庞大，它还按照各种条件分成更小的团体，这样可以使参加者更加随意，亲近地接触，这增加了员工的归属感，培养了团队意识。每个人都可以同时属于多个团体，为了这种聚会，公司建造了体育馆、集会大厅、会议室等设施，供自由使用。在这种团体中领导人是互选的，且采取轮换制。这些团体都有一个共同的特征，那就是把这些团体作为会员相互之间沟通亲睦、自我启发、有效地利用业余时间和不同职务的会员相互交流的场所。这些团体都认识到，通过企业的繁荣，"公司内团体"才有发展，才能增强员工的归属感。

4) 尊重的需要

社会上绝大多数人都渴望受到尊重，包括外界对自我的尊重和自己对自我的尊重。

外界对自我的尊重来源于地位、声望、荣誉或一种良好的、相互尊重的人际关系，企业的人力资源战略应努力地营造这种氛围。例如，在沃尔玛管理人员和员工之间是良好的合伙关系。公司经理人员的纽扣上刻着"我们关心我们的员工"字样，管理者亲切对待员工，尊重和赞赏他们，对他们关心，认真倾听他们的意见，真诚地帮助他们成长和发展。合伙关系在沃尔玛公司内部处处体现出来，它使沃尔玛凝聚为一个整体。

而自尊需要的满足是指由于实力、成就、适当、优势、用途等内在因素而形成的个人面对世界时的自信、独立。企业的人力资源战略应通过各种方式提高员工的自尊感。例如：沃尔玛建立的终身培训机制，重视对员工的培训和教育，建立了一套行之有效的培训机制，并投入大量资金予以保证。各国际公司必须在每年的 9 月与总公司的国际部共同制订并审核年度培训计划。培训项目分为任职培训、升职培训、转职培训、全球最佳实践交流培训和各种专题培训。在每一个培训项目中又包括 30 天、60 天、90 天的回顾培训，以巩固培训成果。培训又可分为不同的层次，有在岗技术培训、专业知识培训、企业文化培训等，更重要的是沃尔玛根据不同员工的潜能对管理人员进行领导艺术和管理技能培训，这些人将成为沃尔玛的中坚力量。

终身培训机制使员工的能力不断得到提升，使员工对自己时刻充满自信，为员工的自我实现提供了充分条件，这是一种高层次需求的满足。

5) 自我实现的需要

"自我实现"也就是一个人使自己的潜力得到发挥，成为自己所希望成为的那种最独特的个体。一个人在其他基本需要都得到满足以后，自我实现的需要便开始突出。这时候他会很乐意去工作，对他而言，这时候的工作不是生活所迫，不是为了金钱，也不是为了荣誉，而是一种兴趣。而不同的个体满足这一需要所选择的途径方式大不相同，在这一层次上，个人的独特性表现得淋漓尽致。从这一点上来说，企业需要切实地了解和关心员工，知道他们想要什么，为他们搭建自我实现的舞台。例如，有的员工希望展现自己的领导才能，希望通过自己的努力为公司创造价值，那么企业就应该提供这种机会，比如，经过 6 个月的训练后，如果员工表现良好，具有管理员工的能力，公司就可以给他们一试身手的机会，先做助理经理或去协助开设新店，如果干得不错，就有机会单独管理一个分店。量体裁衣，给员工提供自我实现的舞台，是企业人力资源战略的高层次体现。

总之，员工是企业的主体，建立以人为本的人力资源战略体系，满足员工不同层次的需求，真正地尊重员工，与员工形成利益共享的伙伴关系，最大限度地挖掘员工的创造潜力，让每一位员工充分实现个人的价值，在各项工作中达到卓越的境界，这样才能真正使企业站在较高的起点上，实现跨越式发展。

2. 人力资源战略目标

人力资源战略作为一种最重要的职能战略受公司战略支配，并反作用于公司战略。在企业集团管理模式下，人力资源战略规划应当实现如下目标。

(1) 根据企业集团战略目标，确定人力资源战略。

(2) 深入分析企业人力资源面临的内外部环境，发现问题和潜在风险，提出应对措施。

(3) 合理预测企业中长期人力资源需求和供给，规划和控制各业务板块人力资源发展规模。

(4) 规划核心人才职业生涯发展，打造企业核心人才竞争优势。

(5) 规划核心/重点专业/技术领域员工队伍发展，提高员工综合素质。

(6) 提出人力资源管理政策和制度的改进建议，提升整体管理水平。

因此，人力资源战略应该包括以下几个基本要素。

(1) 基于企业战略的需要，企业需要多少人力？要重点获得并储备哪些人才资源？如何平衡各种人才资源的比例关系以确保经营有序正常地进行？

(2) 基于企业战略的实现需要，员工应该具备什么样的核心专长与技能？

(3) 企业将如何提升利用现有人力资源的能力？采取什么政策处理好员工关系，激活企业现有人力资源的潜能，提高现有员工的士气？

二、战略性薪酬管理的基本认识

(一)传统薪酬体系存在的问题

随着组织经营环境的变化，使已建立的传统的薪酬体系逐渐暴露出一些问题。由于这些问题没有得到重视，传统的薪酬体系已不能有效地支持企业的经营战略。概括地看，这些问题可以分为以下几个方面。

1. 缺乏弹性，激励效果不佳

尽管传统薪酬体系在理论上可以促进业绩的改善，事实上效果却不佳。企业价值的增加通常在所有的受薪雇员中分配，且与业绩本身几乎没有关系，表现出众者与表现不佳者之间仅有细微差别。这是因为大多数公司中传统薪酬的目的不是针对业绩改善的奖励，而是要被用来调整总体薪酬结构以适应劳动力市场的变化及通货膨胀的加剧。结果是潜在的价值增加中相当大的比例几乎全部被分配给所有雇员。

传统薪酬体系对业绩促进的失败也部分归因于主观评估业绩的固有困难及许多管理者在评价下属时的沉默。比如，对典型的小时工来说，很少实行业绩奖励。这些雇员以同样比率获得薪水而不考虑其对公司绩效的贡献，因此也就不能激励雇员自主地改善其工作表现。

此外，新的竞争环境要求企业不断改善绩效和劳动生产率，改善产品或服务的质量，同时改善员工的工作和生活质量。而传统薪酬战略的激励性和灵活性却较差，尽管其中也有绩效加薪的成分，但是加薪的幅度很多时候仅仅维持在3%～4%这种几乎接近生活成本加薪的水平上，所以对员工和组织绩效的影响实际上并不明显。不仅如此，在传统薪酬系统中，除了福利部分之外，其他部分为员工带来的价值增值是停滞的或者是下降的，这对追求生活质量的新一代劳动者来说也非常缺乏吸引力。所以传统的薪酬体系缺乏弹性，不能获得很好的激励效果。

2. 缺少凝聚力，不利于团队合作

没有组织中各个阶层员工的承诺和参与，企业是无法在严酷的竞争环境中生存下来的。这种意识导致管理发生了根本性变化。传统的独裁式管理正在逐渐地被一种以团队为基础的、参与性更强的管理体制所代替，而传统的薪酬制度不足以支持这种转变。与业绩相关的薪酬往往是针对个人的，它对于强调稳定性和一致性的职能组织来说是非常适用的。但是这种把基本薪酬与特定的、单个的职位紧紧地联系在一起的做法，对于强调流程和速度的组织来说却不适用。因为这种组织所依赖的是要求团队成员共同扮演工作角色的跨职能团队，而对这种团队来说，强调单个职位价值的薪酬系统显然是不适用的，它会鼓励雇员使自身利益达到最大而不顾组织中其他人所付出的代价，结果是个人与群体之间缺乏协调与合作，有利于其他人的信息被隐藏起来，组织的业绩达不到最优。

3. 阻碍企业的发展战略

一个组织的薪酬体系是一股强大的力量，这不仅因为它促进业绩，而且也传达了有关企业经营重心的信息。传统薪酬战略往往将目标界定在"吸引、激励和保留"员工方面，所采取的"战略"通常是支付市场化薪酬工资这种竞争性目标。由于不同的企业在目标以及结构方面存在很大差异，因此仅仅说薪酬能够吸引、保住、激励员工，是无法保证薪酬战略成为企业的经营战略、财务战略及人力资源管理战略的一种直接延伸。其结果往往是无法在组织中保持目标的一致性，使薪酬体系成为对竞争对手进行简单复制的一种行为。此外，传统薪酬战略下的薪酬系统大多以利润最大化为单一目标，只关注劳动生产率和市场占有率等一些可量化的指标，在处于激烈竞争环境当中，对于需要达成多元目标的现代

企业来说存在很大的局限性。

4. 不适应组织的扁平化

20 世纪 90 年代以后，企业的组织结构开始从原来的金字塔状职能型结构向扁平型结构转变。而传统薪酬战略的基本薪酬部分所强调的却是保障性和职位的持续晋升，显然，这种薪酬导向是不符合扁平型组织要求的。这是因为在扁平型组织中，员工向上垂直流动或晋升的机会是非常有限的。个人和组织的成功也主要取决于绩效和员工的"横向成长"，即新的技能和能力的获得，而不是职位的晋升。

(二)战略性薪酬管理的作用与内涵

所谓战略性薪酬管理就是以企业发展战略为依据，根据企业某一阶段的内部、外部总体情况，正确选择薪酬策略，系统设计薪酬体系并实施动态管理，促进企业战略目标的实现。其基本类型如图 2-2 所示。

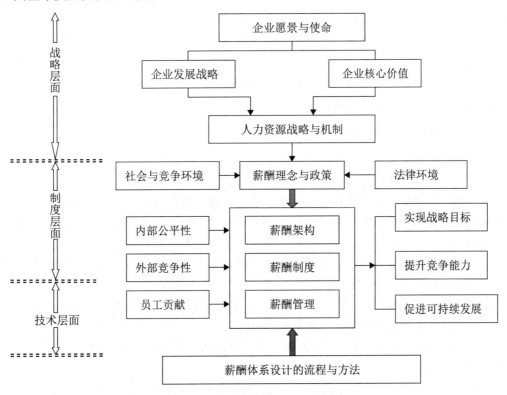

图 2-2 战略性薪酬管理的基本模型

1. 战略性薪酬管理的必要性

为什么要提出战略性薪酬管理的问题？薪酬及有效的薪酬管理对于一个组织具有诸多有利的方面：激励个人、团队从而使组织总体绩效得到改善；强化企业的核心价值观和组织文化；推动和方便组织变革的实现；有效降低企业的管理成本；解决员工对薪酬制度的不满，减少矛盾冲突；等等。或许正是因为薪酬及薪酬管理在企业中占据如此举足轻重的地位，因此几乎所有企业都在这上面投入了大量精力。然而，很多时候企业却往往因为过于关注细节问题而使薪酬管理活动流于技术层面,最终把对技术本身的检验和评价当成了薪酬管理的目的。在现实中,这种现象的主要表现是在涉及薪酬问题时,很少有企业会真正去考虑这样一些问题:"这些薪酬管理技术可以使我们达到什么样的目的?""它是否有助于我们战略目标的实现?""它是否会支持我们的组织文化?"在这种情况下,企业很容易将薪酬管理的目的和手段两者混淆,错把手段当成目的。其结果是许多企业发现,自己在薪酬方面花费了大量的人力和金钱,但是对于企业的经营目标的实现却没有起到太大作用,甚至会出现占用了不少组织的资源却费力不讨好的问题。

事实上,在我国企业改革的进程当中,企业内部的收入分配制度即薪酬制度的改革一直是一个不变的主题。可以说,从1979年恢复奖金制度,到后来的承包制和租赁制,再到后来的岗位技能工资制、岗位工资制、谈判工资制,包括前一段时间非常红火的员工持股等,我国企业改革的进程总是离不开企业薪酬制度的改革。然而,尽管企业如此重视薪酬设计与薪酬制度改革,我们却经常会发现,许多企业的薪酬制度改来改去仍然是麻烦一大堆,员工对薪酬的总体满意度也高不起来,常常是老的问题没有解决,新的问题又产生了。其中一个重要的原因,就是许多企业在进行薪酬制度的改革与设计时,都不是从企业的总体战略和人力资源战略出发来改革薪酬的,而是就薪酬论薪酬,把公平、合理地分配薪酬本身当成了一种目的,而不是关注什么样的薪酬制度会有利于企业战略和人力资源战略的实现。换言之,正是由于企业在薪酬管理方面缺乏战略眼光,所以导致它们在薪酬管理方面花的心思不少,但却收效甚微。

2. 战略性薪酬管理的内涵

战略性薪酬管理实际上是看待薪酬管理这一管理职能的一整套崭新理念。它的核心是做出一系列战略性薪酬决策。通常情况下,企业需要首先做出一系列根本性决策,即确定企业的战略:应该进入并停留在什么行业?靠什么赢得并保持在本行业或相关产品市场上的竞争优势?企业的整体人力资源政策应该如何设计?一旦企业的战略确定下来,企业需要接着回答的一个问题就是:我们如何才能依靠薪酬决策来帮助企业立于不败之地。这些关于如何帮助组织赢得并保持竞争优势的相关薪酬决策就是我们所说的战略性薪酬决策,它主要需要回答以下几个问题。

(1) 薪酬管理的目标是什么?即,薪酬如何支持企业的经营战略?当企业面临着经营和文化的压力时,应该如何调整自己的薪酬战略?

(2) 如何达成薪酬的内部一致性?即在本企业内部,如何对不同职位和不同的技能或能力支付不同的薪酬?

(3) 如何达成外部竞争性?即相对于企业的竞争对手,企业在劳动力市场上的薪酬水平应该如何定位?

(4) 如何认可员工的贡献?即基本薪酬调整的依据是什么:是个人或团队的绩效,还是个人的知识、经验增长以及技能的提高?是否需要根据员工的不同表现及其业绩状况制定不同的绩效奖励计划?

(5) 如何管理薪酬系统?对所有的员工而言,薪酬决策的公开和透明程度应该是怎样的?应该由谁来设计和管理薪酬体系?

(6) 如何提高薪酬成本的有效性?即如何有效控制薪酬成本?如何提高薪酬的成本有

效性等？

关于战略性薪酬管理与企业经营战略、人力资源战略、员工的态度与行为表现、企业经营业绩、企业竞争等要素之间的关系，我们可以用图 2-3 来表示。关于薪酬管理与其他人力资源职能之间的战略匹配性问题，我们可以用图 2-4 来表示。

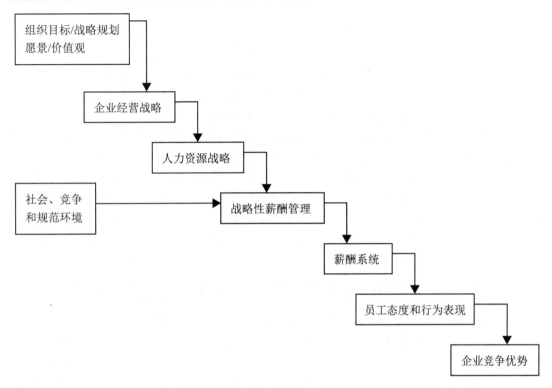

图 2-3　战略性薪酬管理与经营战略及企业竞争力之间的关系

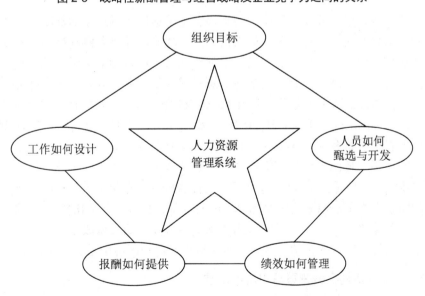

图 2-4　薪酬管理与其他人力资源管理职能之间的战略匹配关系

在当今这种变革激烈的经营环境中,薪酬管理早已不再只是人力资源管理体系中的一个末端环节或者仅仅充当一种保健因素,它的作用和影响已经超越了人力资源管理乃至企业管理框架的局限,直接影响到企业的经营战略本身。在实践中,越来越多的企业在探讨如何通过加强薪酬战略与组织的战略目标之间的联系,使企业的经营变得更为有效。以微软公司为例,作为一家在计算机软件领域占据绝对优势的高科技公司,它的经营战略和组织文化都极其强调员工的绩效表现、创新能力及组织承诺。因此,在薪酬方面,微软在劳动力市场上采取了基本薪酬滞后而浮动薪酬和股权所占比例较大的结构性薪酬战略:在进入公司的初期,员工需要接受低于市场平均水平的基本薪酬;作为一种补偿,他们有可能在以后的日子里得到丰厚的可变薪酬、绩效加薪、收益分享以及股票选择权等。当然,这些收益都以他们杰出的绩效表现和对组织高度承诺为前提。

综上所述,企业必须从战略的层面来看待薪酬以及薪酬管理,必须清醒地认识到,尽管薪酬与薪酬管理对于员工以及企业都具有重大的影响作用,但是薪酬本身并不能领导企业的变革过程,不能界定应当进行何种变革,也不能决定应当建立何种价值观,更不能取代有效的领导。因此,在大多数情况下,薪酬制度和薪酬政策应当是服从于而不是领导企业的总体经营战略以及与之相关的其他人力资源管理政策。作为企业赢得竞争优势的一个重要源泉,薪酬及薪酬管理必须能够支持企业的经营战略,与企业的文化相容,并且具有对外界压力做出快速反应的能力。

(三)战略性薪酬管理对企业人力资源管理的要求

与事务性和管理型传统薪酬管理实践相比,在实行战略性薪酬管理的企业中,人力资源管理部门以及薪酬管理人员的角色也要发生相应的转变。具体来说,应当满足以下几个方面的要求。

1. 与组织的战略目标紧密联系

企业的竞争实力很大程度上取决于其是否制定了适应市场环境的战略、是否具备实施这种战略的能力以及是否有足够多的员工认同这一战略。而当薪酬战略与企业的战略相适应时,它就能有效地实现对员工的激励,增强他们对组织目标的承诺,促使他们帮助组织成功地实现这种经营战略。因此,战略性薪酬管理的第一要义就是在薪酬战略和组织目标之间建立起一种紧密的联系。蓝色巨人IBM公司的变革过程就很好地体现了企业薪酬战略与组织战略调整之间的匹配关系。在20世纪80年代末之前的很多年里,在大型计算机主机市场上近乎居于垄断地位的IBM公司的薪酬体系所强调的是内部一致性,职位等级细分,薪酬等级分明,员工按照严格的等级次序在薪酬等级中循序渐进地攀升,绩效奖励和风险性薪酬的比重很小。但是到了80年代末期,当计算机行业发生巨大变化的时候,IBM公司几乎是转瞬间就丧失了它原来的竞争优势。面对外部市场的变化,IBM公司重新调整了自己的战略和竞争策略,同时,公司的薪酬体系也相应地开始强调成本控制、风险分担以及以客户和市场为导向的报酬哲学,最终企业从举步维艰的困境中重新步入正轨。

2. 减少事务性活动在薪酬管理中所占比重

从薪酬管理的活动内容及其性质来看,薪酬管理活动可以划分为常规性管理活动、服务与沟通活动以及战略规划活动三种类型。在那些传统组织中,薪酬管理人员往往把他们

2/3 以上的时间消耗在一些常规性管理活动上，比如更新职位说明书，分析劳动力市场供求状况，分发、填写以及汇总绩效评价表格，收集、分析、汇报薪酬数据，等等。在这种情况下，他们能够用来向员工提供个性化服务、就薪酬系统进行沟通以及制定薪酬战略规划的时间可谓少之又少。而在战略性薪酬管理的思路之下，薪酬管理人员的时间将会重新分配，用于常规性管理活动所占的比重下降，而在服务与沟通活动以及战略规划活动方面所花费的时间则有所上升。在传统组织中，常规性管理活动、服务与沟通活动以及战略规划活动三者之间所花费的时间比重大约是 70%、20%和 10%；而在实行了战略性薪酬管理的组织中，三者之间的时间比重则转变成为 20%、50%和 30%左右。

3. 实现日常薪酬管理活动的自动化

在战略性薪酬管理理念下，高效率组织往往把有关职位、能力、角色、员工及市场的数据整合到同一个计算机系统当中，在相当大的程度上实现自动化管理。事实上，常规性薪酬管理活动的自动化和系统化，是确保人力资源管理部门以及人力资源专业人员减少日常管理活动时间消耗的一条主要途径。以编制职位说明书和完成工作评价这项工作为例。传统的做法是职位说明书通常首先由直线管理人员负责完成，他们先把初稿送至主管工作分析的人力资源管理专业人员处征求意见，再由后者将其呈报到工作评价委员会集中对职位的价值进行审查和评价。最后，经过几个星期甚至几个月的时间之后，经过审定的职位说明书终稿以及职位的相应薪酬等级才会被返回到直线管理者处。而在自动化管理的条件下，管理者只需要把相关数据输入并保存在计算机当中或者直接通过在线的专业人力资源管理软件，就可以很轻松地得到严格合乎规范、经过专家认可的职位说明书，而工作评价的任务也可以通过在线操作来实现。

不仅如此，很多薪酬管理软件早已超越了对工作进行对比、编写工作说明书、记录薪酬数据等功能，一些先进的薪酬管理软件还可以建立组织的薪酬模型，对不同员工和职位进行薪酬比较，从而协助管理者做出最优的薪酬决策。

4. 积极扮演新的人力资源管理角色

在传统组织中，薪酬管理者包括其他人力资源管理者在企业中所能够发挥的作用都并不是很大，尤其是许多业务部门的人将人力资源管理部门看成一个专业狭窄、跟不上变革、功能失常的破落机构，而人力资源的管理者大都是一帮知识面极窄而又目光短浅的人。造成这种状况的主要原因是：企业中的人力资源管理者包括薪酬管理者不能迅速地感知组织内外环境和经营策略发生的变化，不了解企业的经营和任务流程，因而提不出对企业的战略实现能够产生支撑和推动作用的建议，结果只能是从本职工作出发而不是从企业的战略出发来做人力资源管理工作包括薪酬管理工作，消耗了大量的精力和时间，因而难以超越事务性的工作去进行战略性的思考，所以总是与处于业务一线的其他管理人员显得格格不入。

而在战略性薪酬管理这一全新管理理念之下，对薪酬的管理与组织的其他所有管理职能都实现了整合，薪酬管理并不仅仅是那些所谓的薪酬专家的专利，直线管理者甚至普通员工都参与其中，企业让薪酬管理者能够及时、准确地获知组织中所发生的所有变化(而并不仅仅是薪酬方面的变化)，同时把他们从繁杂的管理事务中解脱出来，使他们由官僚体制的捍卫者转变为真正可以提供好建议的、具有全局眼光的专业领域人士。

(四)如何实现战略性薪酬管理

1. 通过战略性薪酬管理增强执行力

1) 明确思路

即从企业科学管理体系着眼，找出薪酬管理系统与执行力系统的相交环节，理顺二者的关系，调整完善薪酬管理制度，着力解决突出问题，增强执行力。

2) 理顺二者关系

一是从企业科学管理体系着眼，了解把握战略性薪酬管理系统与执行力管理系统、竞争力管理系统在企业科学管理体系中的位置。二是了解这三个系统各自的构成。三是将三个系统相交环节的建立健全有机结合起来。执行力系统的目标与薪酬系统的策略应衔接，即薪酬策略应服从企业发展战略和执行目标，根据战略和执行目标的要求选择薪酬策略；执行力系统的组织结构与薪酬系统的组织结构应一致，即根据企业战略、流程优化组织结构，以此作为增强执行力和建立薪酬制度的基础；执行力系统的结果评估反馈改进系统与薪酬系统的绩效管理制度应一致，即二者的评估对象、评估标准、反馈改进措施应一致，以此作为评估执行结果和实际发放薪酬的共同依据。

3) 有针对性地调整改进薪酬制度，促进增强执行力

一是将薪酬系统的有关组成部分与执行力系统的激励系统对接，首先将薪酬分配功能发挥环节与执行力激励系统对接，使其功能作用与执行力的结果好坏相一致；然后将薪酬制度与形式的确定、薪酬关系的调整、薪酬的实际发放和薪酬体系的完善与执行力激励系统衔接起来，按其要求进行相应调整。二是根据执行力系统的需要确定薪酬管理的重点。即围绕执行程序，梳理执行中存在的问题，寻找出在哪一个或几个环节存在问题，并对问题轻重排出顺序。三是对问题相关人员及其薪酬分配制度等进行分析，看执行力受影响的原因是由于哪一部分人的积极性、主动性未调动所造成的，其薪酬制度、形式等方面存在什么问题，应如何解决，或者全体人员及其分配制度存在什么问题，应如何解决。如是执行基础、程序、手段方面存在的问题，则与薪酬分配关系不大，应从其他方面考虑解决问题的办法。四是解决相关薪酬分配问题，增强执行力。将薪酬管理与执行力衔接，主要是解决薪酬发放与完成绩效的关系问题，尤其要关注员工的实际贡献大小和业绩好差，也即执行的结果。为此，要把薪酬分配与绩效考核紧密挂钩，根据绩效结果实际发放薪酬；同时要根据绩效结果对执行力的作用大小，相应调整薪酬支出的额度，使之形成正相交关系；此外，还要改进分配形式，提高分配的时效性，使薪酬分配向对执行力起作用大的岗位、人员倾斜。

2. 通过战略性薪酬管理提升企业竞争力

1) 明确工作重点

竞争力包含执行力，而核心竞争力以竞争力为基础，更强调创新力。通过战略性薪酬管理提升竞争力，主要是在采取薪酬激励措施提升知识力、开发创新力上下功夫。它与增强执行力的重点不同，后者主要关注并解决当期或短期薪酬激励问题，关注劳动效率、劳动成果和实际贡献，关注物化劳动形态及流动形态；前者主要关注并解决中长期薪酬激励问题，关注企业全体人员知识与技能的提高、潜能的开发和创造性的调动，关注潜在的劳动形态和流动的劳动形态。

2) 理顺二者关系

一方面，要了解把握战略性薪酬管理系统与竞争力系统各自的构成要素。其中，战略性薪酬管理系统前边已讲述过；竞争力系统由四个部分组成，核心竞争力系统由八个部分组成。另一方面，要了解这两个系统的某些部分或方面与战略性薪酬管理系统的某些环节是相互交叉、重叠的。

在厘清关系的基础上，将相关环节的建立健全有机结合起来。薪酬策略的选择要充分考虑竞争力的环境因素、资源因素和执行力因素，做出适当选择；薪酬框架的构建要考虑执行力因素有关情况；薪酬制度、形式要适应执行力、知识力、创新力的需要；薪酬关系的调整要适应执行力、知识力、创新力的需要；薪酬分配功能的发挥要关注对知识力、创新力提升的作用；薪酬体系的完善要考虑执行力、知识力、创新力的需要；在相应的核心竞争力与竞争力的相应关系方面也应与薪酬管理系统有关环节对接。

3) 有针对性地调整改进薪酬制度、促进提升竞争力

一是确定管理、技术、知识、信息等生产要素作用大的观念。通过宣传、培训，确定新观念，为贯彻落实各种生产要素按贡献参与分配的原则打好思想基础；研究提出考核认定管理、技术、知识、信息等生产要素作用的办法，将其纳入能力评价体系和绩效管理体系。二是建立健全适合管理、技术等生产要素分配的制度。即从全面薪酬体系建设的角度，在抓好当期、短期薪酬激励机制建设的同时，探索建立中长期激励机制。年薪制、股权激励、特定福利待遇、特定保险计划等都可试行，并将其与管理、技术、知识等要素紧密联系起来；分配形式上知识工资、宽带薪酬等均可探索，着眼并立足于促进知识力、创新力的建设。三是分配向关键、重要岗位以及高素质、高技能、高贡献人员倾斜。要以岗位评价、能力评估、创新力评估等为基础，合理拉开差距，分配向管理、技术、知识等决定企业核心竞争力的要素倾斜，开发全体人员的潜能，激发大家的创造性，从而逐步提升企业的竞争力和核心竞争力。四是把薪酬分配的短期激励、中长期激励有机结合起来。建设全面薪酬体系，实行战略性薪酬管理，把按劳分配与按其他生产要素分配结合起来；把现金性报酬和非现金性报酬结合起来；把物质鼓励和精神鼓励结合起来，发挥好薪酬的激励作用，全面提升企业的执行力和竞争力。

(五)战略性薪酬管理的四大误区

1. 没有薪酬沟通环节

一般企业的薪资方案在设计的过程中很少有不同层面的员工代表参加，基本是老板一言堂，缺乏公平性的基础。而事实上信任比合约更重要，参与薪酬设计过程跟薪酬高低结果一样重要。

2. 高薪就是高激励

高薪不等于高激励，一味加薪的最大恶果是破坏公司文化和机制，调整薪酬结构是建立优秀人才体系的关键。现实中有很多企业没有科学的薪资管理方法，没有明确的加薪标准，但每年定期加薪，在激烈的市场竞争中加大了企业的负担。

3. 加班加点不加钱

在很多企业，加班加点已成家常便饭。加班加点无法创造增加值，多数企业不相信人

力资源管理能给企业带来效益，靠加班加点、克扣员工工资赚取微薄的利润。你竞争什么，就把竞争的要素量化成关键考核指标，建立创造价值的绩效系统能够促进工作效率和劳动价值的提升。

4. 盲目开展培训

培训不是提高中高层能力的关键，很多企业盲目开展培训活动，效果很不理想却不知道原因是什么，多归罪于员工不努力、工作不好、不懂感恩。

案例2-1　康贝思公司成长之痛

康贝思公司是一家在20世纪90年代中期创办成立的集研发、生产和销售为一体的民营家电企业。主要产品为燃气用具、厨房电器、家用电器等家电产品。自成立以来，公司抓住市场机遇，以高科技为先导，高起点、高标准引进吸收国内外先进的燃具生产技术和工艺，严格按照质量标准组织生产，通过建立自有营销网络进行产品销售。经过10余年发展，公司现有员工1000多人，总资产8亿元，净资产3亿元，年销售额达到10多亿元。

近年来，由于燃具行业竞争的不断加剧、技术的快速更新、政府法规的严格管制，以及不断变化的、多样性的客户需求等因素，康贝思公司所处的经营环境发生了巨大变化。因此，公司进行了公司愿景规划——不断追求创新的方法来改进所提供产品和服务的质量；不断优化和培植公司的员工队伍，伴随着公司的发展不断成长；在公司的员工、供应商和客户之间体现一种团队精神，以使公司在竞争中处于优势；以公司的产品和服务，使公司的客户享受美好生活。基于公司愿景，重新制定了公司战略——以颇具竞争性的价格，为公司的客户提供最优的产品和服务；超越同比市场增长，在5年内使公司市场份额进入行业前三名，以使公司股东和员工获得合理回报；在公司内部建立系统运营管理平台和塑造团队协作精神，为公司可持续发展奠定坚实基础。但最近一年多以来，公司出现产品开发跟不上消费者需求变化以及开发周期过长、向客户提供产品不及时、生产成本与竞争对手相比居高不下、销售业绩停滞不前等问题。为了应对新环境对公司产生的影响，康贝思公司和当前大多数企业一样，也推行了业务重组、流程优化、组织精简等变革措施，以期提升企业的经营业绩。然而，迄今为止，令人遗憾的是公司付出的这些努力都没有取得预期的效果。

最近，公司在内部进行了一次员工民意调查，调查结果清晰地反映出几个主要问题：除了高层管理者外，员工大多数不清楚公司愿景和战略，更不知公司如何有效实施战略，不知公司战略和自己有什么关系；公司在实施变革后，员工工作责任发生了变化，但薪酬还是老样子；员工薪酬的升降只与职务等级有关；员工的薪酬获取虽说以绩效考核确定，但绩效考核既没有显示与公司战略的衔接又缺乏相应的客观标准，基本上全由上级说了算等。虽然调查结果不能令管理层满意，可管理层看到了问题所在，这有利于他们采取有针对性的措施来改变现状。

（资料来源：姚凯. 企业薪酬系统设计与制定[M]. 成都：人民出版社，2008）

问题：

1. 为什么该公司的薪酬管理没有发挥预期的作用？
2. 如何做好以企业战略为导向的薪酬管理？

三、企业战略、竞争战略与薪酬战略

在不考虑具体的职能战略的前提下，企业战略通常可以划分为两个层次：一是企业的发展战略或公司战略，二是企业的经营战略或竞争战略。前者所要解决的是企业的扩张、稳定以及收缩等问题；后者所要解决的则是如何在既定的领域中通过一定的战略选择来战胜竞争对手的问题。公司战略通常包括成长战略、稳定战略和收缩战略三种，而竞争战略则可以被划分为创新战略、成本领先战略和客户中心战略三种。企业所采取的战略不同，企业的薪酬水平不同，薪酬结构也必然存在差异。

(一)企业战略与薪酬战略

1. 成长战略

成长战略是一种关注市场开发、产品开发、创新以及合并等内容的战略。它又可以被划分为内部成长战略和外部成长战略两种类型。其中前者是通过整合和利用组织所拥有的所有资源来强化组织优势的一种战略，它所注重的是自身力量的增强和自我扩张。而后者则是试图通过纵向一体化、横向一体化或者多元化来实现一体化战略，这种战略往往通过兼并、联合、收购等方式来扩展企业的资源或是强化其市场地位。

对追求成长战略的企业来说，它们所强调的重要内容则是创新、风险承担及新市场的开发等，因此与此相联系的薪酬战略往往是企业通过与员工共同承担风险，同时分享企业未来的成功来帮助企业达成自己的目标，同时使员工有机会在将来获得较高的收入。这样，企业需要采用的薪酬方案就应当是在短期内提供水平较低的固定薪酬，但是同时实行奖金或股票选择等计划，从而使员工在长期能够得到比较丰厚的回报。比如，IT 行业中许多企业都采取这种报酬战略。此外，成长型企业对于灵活性的需要是很强的，因此它们在薪酬管理方面往往比较注意分权，赋予直线管理人员较大的薪酬决策权。同时，由于公司的扩张导致员工所从事的工作岗位本身在不断变化，因此，薪酬系统对于员工的技能比对他们所从事的具体职位更为关注。

当然，内部成长战略和外部成长战略之间的差异决定了两者在薪酬管理方面也存在一定的不同，其中，采用内部成长战略的企业可以将薪酬管理的重心放在目标激励上，而采取外部成长战略的企业却必须注意企业内部薪酬管理的规范化和标准化。

2. 稳定战略

稳定战略或集中战略是一种强调市场份额或者运营成本的战略。这种战略要求企业在自己已经占领的市场中选择自己能够做得最好的部分，然后把它做得更好。采取稳定战略的企业往往处于较为稳定的环境之中，企业的增长率较低，企业竞争力的关键在于是否能够维持自己已经拥有的技能，从人力资源管理的角度来说，主要是以稳定已经掌握相关工作技能的劳动力队伍为出发点。这种企业对于薪酬内的不一致性、薪酬管理的连锁性以及标准化有较高的要求，因此在薪酬管理方面，薪酬决策的集中度比较高，薪酬的确定基础主要是员工所从事的工作本身。从薪酬的构成上来看，采取稳定战略的企业往往不强调企业与员工之间的风险分担，因而较为稳定的基本薪酬和福利的成分比较大。就薪酬水平来说，这种企业一般追求与市场持平或略高于市场水平的薪酬标准，不会有太大的增长。

3. 收缩战略

收缩战略或精简战略通常会被那些由于面临严重的经济困难因而想要缩小一部分经营业务的企业所采用。这种战略往往是与裁员、剥离以及清算等联系在一起的。由于采用收缩战略的企业本身的特征特性，我们不难发现，这种企业对于将员工的收入与企业的经营业绩挂钩的愿望是非常强烈的。除了在薪酬中降低稳定薪酬部分所占的比重之外，许多企业往往还力图实施员工股份所有权计划，以鼓励员工与企业共担风险。此外，像我们在后面所要讨论的斯坎伦计划这样的收益分享计划，也是那些面临财务困难的企业率先开始实行的。

(二)竞争战略与薪酬战略

1. 创新战略

创新战略是以产品的创新以及产品生命周期的缩短为导向的一种竞争战略，采取这种战略的企业往往强调风险承担和新产品的不断推出，并把缩短产品由计划到投放市场的时间看成自身的一个重要目标。这种企业一个重要经营目标在于充当产品市场上的领先者，并且在管理过程中常常会非常强调客户的满意度和客户的个性化需要，而对于企业内部的职位等级结构以及相对稳定的工作评价等则不是很重视。因此，这种企业的薪酬系统往往非常注重对于产品创新和新的生产方法和技术的创新给予足够的报酬和奖励；其基本薪酬通常会以劳动力市场上的同行水平为基准并且会高于市场水平，以帮助企业获得勇于创新、敢于承担风险的人才。同时，这种企业会在工作描述方面保持相当的灵活性，从而要求员工能够适应不同环境的工作需要。

2. 成本领先战略

所谓成本领先战略，实际上就是低成本战略，即在产品本身的质量大体相同的前提下，企业可以以低于竞争对手的价格向客户提供产品这样一种竞争战略。因此，追求成本领先战略的企业是非常重视效率的，尤其是对操作水平的要求很高，它们的目标则是用较低的成本生产较多的产品，因此对于任何事情，它们首先要问的是，"这种成本的有效性如何"。为了提高劳动生产率，降低成本，这种企业通常会比较详细具体地对员工所从事的工作进行描述，强调员工工作岗位的稳定性。在薪酬水平方面，这种企业会密切关注竞争对手所支付的薪酬状况，本企业的薪酬水平既不能低于竞争对手，最好也不要高于竞争对手，宗旨是在适当的范围内控制薪酬成本支出。在薪酬构成方面，这种企业通常会采取一定的措施提高浮动薪酬或奖金在薪酬构成中的比重。这一方面是为了控制总成本的支出，不致由于薪酬成本的失控导致产品成本上升；另一方面也是为了鼓励员工降低成本，提高生产效率。

3. 客户中心战略

客户中心战略是一种以提高服务质量、服务效率、服务速度等来赢得竞争优势的一种战略。采取这种战略的企业所关注的是如何取悦于客户，它希望自己以及员工不仅能够很好地满足客户所提出来的需要，同时还能够帮助客户发现一些其尚未明晰的潜在需要，而且设法帮助客户去满足这些潜在需要。客户满意度是这种企业最为关心的一个绩效指标，为了鼓励员工持续发掘服务于客户的各种不同途径，以及提高对客户需要做出反应的速度，这类企业往往会根据员工向客户所提供服务的数量和质量来支付薪酬，或是根据客户对员工或员工群体所提供服务的评价来支付奖金。

四、从传统薪酬战略到全面薪酬战略

(一)全面薪酬战略的产生

全面薪酬战略是目前发达国家普遍推行的一种薪酬支付方式，它源自 20 世纪 80 年代中期的美国。当时美国公司处在结构大调整时期，许多公司将相对稳定的、基于岗位的薪酬战略转向相对浮动的、基于绩效的薪酬战略，使薪酬福利与绩效紧密挂钩。"全面薪酬战略"的概念也在此基础上产生。

公司给受聘者支付的薪酬分成"外在"的和"内在"的两大类，两者的组合，被称为"全面薪酬"。外在的激励主要是指为受聘者提供的可量化的货币性价值。比如：基本工资、奖金等短期激励薪酬，股票期权等长期激励薪酬，失业保险金、医疗保险等货币性的福利，以及公司支付的其他各种货币性开支，如住房津贴、俱乐部成员卡、公司配车等。

内在的激励则是指那些给员工提供的不能以量化的货币形式表现的各种奖励价值。比如，对工作的满意度、为完成工作任务而提供的各种顺手的工具(比如好的计算机)、培训的机会、提高个人名望的机会(比如为著名大公司工作)、吸引人的公司文化、相互配合的工作环境，以及公司对个人的表彰、谢意等。

外在的激励与内在的激励各自具有不同的功能，它们相互补充，缺一不可。在过去的计划经济体制下，企业只强调精神的作用而在物质报酬上"吃大锅饭"，伤害了员工的工作积极性。在市场经济的条件下，又往往忽视了精神方面的激励，一切都想用钱来解决问题，动辄扣奖金，同样会伤害员工的积极性。

(二)全面薪酬战略的内涵

全面薪酬战略是指公司为实现组织战略目标奖励做出贡献的个人或团队的战略。它关注的对象主要是那些帮助组织实现组织目标的行动、态度和成就，它不仅包括传统的薪酬项目，也包括对员工有激励作用的能力培养方案、非物质的奖励方案等。"全面薪酬战略"的关键就在于设计正确的奖酬计划组合，将传统的薪资项目和新型的奖酬项目结合起来，最大限度地发挥薪酬对于组织战略的支持功效。

(三)传统薪酬战略与全面薪酬战略

由于传统的薪酬战略无法适应企业和员工的需要，因此，必须根据新的经营环境和企业战略制定新的薪酬战略，即全面薪酬管理战略。全面薪酬战略摒弃了原有的科层体系和官僚结构，以客户满意度为中心，鼓励大胆创新精神和持续的绩效改进，并对娴熟的专业技能给予奖励，在员工和企业之间营造出一种双赢的工作环境。因此，在全面薪酬战略下，不同的薪酬构成要素所扮演的角色和发挥的作用也出现了变化。

1. 基本薪酬

在企业支付能力一定的前提下，尽量使基本薪酬水平紧密地与竞争性劳动力市场保持一致，以保证组织能够获得高质量的人才——利用基本工资来强调那些对企业具有战略重要性的工作和技能。同时，基本薪酬还起着一个可变薪酬平台的作用。

2. 可变薪酬

全面薪酬战略非常强调可变薪酬的运用。这是因为与基本薪酬相比，可变薪酬更容易通过调整来反映组织目标的变化。在动态环境下，面向较大员工群体实行的可变薪酬能够针对员工和组织所面临的变革和较为复杂的挑战做出灵活的反应，从而不仅能够以一种积极的方式将员工和企业联系在一起，为在双方之间建立起伙伴关系提供便利，同时还能起到鼓励团队合作的作用。此外，可变薪酬一方面能够对员工所达成的有利于企业成功的绩效提供灵活的奖励；另一方面，在企业经营不利时还有利于控制成本开支。事实上，集体可变薪酬、利润分享、一次性奖励以及个人可变薪酬等多种可变薪酬形式的灵活运用，以及由此而产生的激励性和灵活性，恰恰是全面薪酬战略的一个重要特征。

3. 福利

全面薪酬战略之下的福利计划也是针对企业的绩效制定的，并且非常强调经营目标的实现，而并非像过去那样单纯地为了追随其他企业。全面薪酬战略强调为迎接未来的挑战而创新性地使用福利计划，要求企业必须重视对间接薪酬成本进行管理以及实行合理的福利成本分担。必须认识到，间接薪酬只是作为全面薪酬管理的核心要素即基本薪酬和可变薪酬的一种补充，而不是其替代者。因此，在全面薪酬战略的引导下，许多企业的收益基准制养老金计划已经被利润分享计划或缴费基准制的养老金计划所代替，原有的许多针对性不强的福利计划也逐渐被弹性福利计划所取代。

总之，与传统薪酬战略相比，全面薪酬战略强调的是外部市场敏感性而不是内部一致性；是以绩效为基础的可变薪酬而不是年度定期加薪；是风险分担的伙伴关系而不是既得权利；是弹性的贡献机会而不是工作；是横向的流动而不是垂直的晋升；是就业的能力而不是工作的保障；是团队的贡献而不是个人的贡献。

(四)全面薪酬战略的特性

1. 战略性

全面薪酬管理的关键就在于根据组织的经营战略和组织文化制定全方位薪酬战略，它着眼于可能影响企业绩效的薪酬的方方面面，它要求运用所有各种可能的"弹药"——基本薪酬、可变薪酬、间接薪酬——实现适当的绩效目标，从而力图最大限度地发挥薪酬对于组织战略的支持功效。

2. 激励性

全面薪酬管理关注企业的经营，是组织价值观、绩效期望及绩效标准的一种很好的传播媒介，它会对与组织目标保持一致的结果和行为进行补偿(重点是只让那些绩效足以让组织满意以及绩效优异的人得到经济回报，对于绩效不足者，则会诱导他们离开组织)。实际上，关注绩效而不是等级秩序是全面薪酬战略的一个至关重要的特征。

3. 灵活性

全面薪酬战略认为，并不存在适用于所有企业的所谓最佳薪酬方案，甚至也不存在对一家企业来说总是有效的薪酬计划。因此，企业应当根据不同的要求设计出不同的薪酬应对方案，以充分满足组织对灵活性的要求，从而帮助组织更加适应不断变化的环境和客户的需求。

4. 创新性

与旧有薪酬制度类似，全面薪酬管理也沿袭了比如收益分享这样一些传统的管理举措；但在具体使用时，管理者却采取了不同于以往的方式，以使其应用于不同的环境，并因时因地加以改进，从而使它们更好地支持企业的战略和各项管理措施。全面薪酬战略非常强调的一点，是薪酬制度的设计必须取决于组织的战略和目标，充分发挥良好的导向作用，而不能机械地照搬原有的一些做法，或者简单地复制其他企业的薪酬计划。

5. 沟通性

全面薪酬战略强调通过薪酬系统将组织的价值观、使命、战略、规划以及组织的未来前景等信息传递给员工，界定好员工在上述每一种要素中将要扮演的角色，从而实现企业和员工之间的价值观共享和目标认同。此外，全面薪酬战略非常重视制定和实施全面薪酬管理战略的过程，这是因为它把制订计划的过程本身看成一种沟通的过程，企业必须通过这样一个过程使员工能够理解，组织为什么要在薪酬领域采取某些特定的行动。

(五)全面薪酬战略的构成

1. 奖酬激励

1) 谈判工资制度

谈判工资制度是指在市场经济条件下，以企业、雇主或其组织为一方，以雇员或工会组织为另一方，双方就工资分配问题通过谈判后签订合同。它是兼顾双方利益的体现，既能充分反映知识型员工的自身价值，调动其工作积极性并提高其对企业的忠诚度，又有利于维护企业的利益。由于工资既是劳动力的价格，又是知识型员工价值的重要组成部分，因此，谈判工资制度承认了人力资本的价值，并从制度上确立了对人力资本的补偿。在此种制度下，劳资双方可以结成"利益共同体"，形成稳定和谐的劳动关系，共同努力，发展生产，促进企业目标的实现。

2) 项目奖金激励

项目奖金是指为了激励员工及时超额完成工作任务或取得优秀工作成绩而支付的额外薪酬。这项激励制度有两个好处：一是可以促进员工抓紧项目进度；二是可以提高项目的质量和水平。因为奖金的发放是根据部门和企业效益、团队业绩和个人工作业绩综合评定的。但是运用这项激励办法必须注意：要信守诺言不能失信于人，否则就会给激励增加许多困难；不能搞"平均主义"，奖金金额要使员工感到满意；要把奖金的增长与企业的发展挂钩，要使员工清楚地意识到只有企业的利润不断增长才能使自己获得更多奖金。

3) 股票期权激励

股票期权也称为认股权证，它是指公司赋予员工(主要是高级管理人员和技术骨干)的一种权利，期权持有者可以凭此权力在一定时期内以一定价格购买公司股票，这是公司长期盈利能力的反映，也是股票期权的价值所在。而股票期权至少要在一年以后才能实现，所以要求经营者努力改善公司的经营管理，以保持公司价值长期稳定增长，这样股票期权持有者才能获得利益。正因为股票期权的这些特点，才使其具有长期激励的功能，能较好地解决所有者与经营者之间的利益矛盾。

也有些企业采取在所有者和知识型员工之间达成一种协议，在完成或超额完成经营目标的前提下，允许"知识型员工"在未来某个时间以当前的市场价或更低的价格买进一定数量公司股票的方法。由于股票价值会随企业的经营业绩而变化，只有使企业具备长期的盈利能力，股票才会升值，知识型员工的财富才会增加，从而形成对"知识型员工"的长期激励。由于股票期权激励的种种优点，它注定会成为今后选择激励方式的重要方向。

2. 福利激励

1) 强制性福利

强制性福利是指为了保障员工的合法权利，由政府统一规定必须提供的福利措施。它主要包括社会养老保险、失业保险、医疗保险等基本保险。强制性福利是员工的基本工作福利，也是员工权益的重要组成部分，其激励作用不大，却是员工(包括知识型员工)必不可少的保健因素。

2) 菜单式福利

菜单式福利是指由企业设计出一系列合适的福利项目，并平衡好所需费用，然后由知识型员工根据自己的需要进行选择，这样会增大员工选择的余地和满意度，福利项目的激励作用也会增强。此种福利主要包括非工作时间报酬(假日、带薪休假、探亲假等)、津贴(交通津贴、服装津贴、住房津贴等)、服务(体育娱乐设施、集体旅游、节日慰问等)。

3) 特殊性福利

特殊性福利是指企业中少数特殊群体单独享有的福利，这些特殊群体其成员往往是对企业做出特殊贡献的"知识型员工"。此种福利主要包括提供宽敞住房、提供专车接送、发放特殊津贴、享受全家度假等。特殊性福利通过差异化的方式可使知识型员工获得额外利益，为员工带来心理上的自豪与满足。

3. 成就激励

1) 职位消费激励

职位消费是指担任一定职位的"知识型员工"在任期内为行使经营管理职能所消耗的费用。主要包括办公费、交通费、招待费、培训费、信息费及出差费等。职位消费的标准往往是"知识型员工"表明自己身份和地位的一种象征，也是对员工成就的承认和补偿，因此也是一种重要的激励手段。

2) 荣誉感激励

对"知识型员工"的荣誉感激励主要包括正面表扬、嘉奖、鼓励、授予荣誉称号。"知识型员工"由于受教育程度较高，有很强的社会责任心和荣誉感。企业在运用荣誉感激励方式时应注意：要有明确的奖励标准，多种奖项的设计要合理，等级分明；要适当对知识

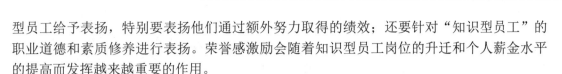

型员工给予表扬，特别要表扬他们通过额外努力取得的绩效；还要针对"知识型员工"的职业道德和素质修养进行表扬。荣誉感激励会随着知识型员工岗位的升迁和个人薪金水平的提高而发挥越来越重要的作用。

3）参与激励

创造和提供一切机会让员工参与管理，可以形成员工对企业的归属感、认同感和成就感，可以进一步满足自尊和自我实现的需要。而且员工的参与也可以使企业的决策、经营方略更加完美。

4．组织激励

1）个体成长和职业生涯激励

通过个体成长和职业生涯激励，一方面可以带动知识型员工职业技能的提高，从而提升人力资源的整体水平；另一方面，可以使同组织目标方向保持一致的员工脱颖而出，为培养组织高层经营、管理或技术人员提供人才储备。只有当员工个人需要与组织需要有机统一起来，员工能够清楚地看到自己在组织中的发展前途时，才有动力为企业尽心尽力地贡献自己的力量，才能与组织结成长期合作、荣辱与共的伙伴关系。

2）自我管理式团队(SMT)创新授权激励

SMT 创新授权激励是指通过独立战略单位的自由组合，挑选自己的成员、领导，确定其操作系统和工具，并利用信息技术来制定他们认为最好的工作方法。这种组织结构已经日益成为企业中的基本组织单位，许多国际知名大公司都采用这种组织方式。

SMT 的基本特征是工作团队做出大部分决策，选拔团队领导人，团队领导人是"负责人"而非"老板"；沟通是在人与人之间直接进行的；团队将自主确定并承担相应的责任；由团队来确定并贯彻其工作计划的大部分内容。SMT 使组织内部的相互依赖性降到了最低限度，知识型员工既可充分发挥自身潜能和创造力，又要与团队成员相互合作，发挥知识的协同效应。由于该激励形式对"知识型员工"的知识能力与协作能力具有极大的挑战性，满足了员工的高层次需要，所以能起到很好的激励作用。

在知识经济时代，如何有效利用和保留企业的知识生产力已成为企业日益关注的问题，对知识型员工的激励也已成为热门话题，"全面薪酬战略"以其特有的优势正逐渐成为企业所采取的激励方式中的主流。

案例 2-2　朗讯的薪酬设计

朗讯的薪酬结构由两个部分构成：一块是保障性薪酬，跟员工的业绩关系不大，只跟其岗位有关；另一块薪酬跟业绩紧密挂钩。在朗讯非常特别的一点是朗讯中国企业所有员工的薪酬都与朗讯全球企业的业绩有关。这是朗讯在全球执行 GROWS 行为文化的一种体现。朗讯专门有一项全球业绩奖。朗讯的销售人员其待遇中有一部分专门属于销售业绩的奖金，业务部门根据个人的销售业绩，每一季度发放一次。在同行业中，朗讯薪酬中浮动部分比较大，朗讯这样做是为了将企业每个员工的薪酬与企业的业绩挂钩。

两大项考虑

朗讯在执行薪酬制度时，不仅仅看企业内部的情况，还将薪酬放到一个系统中去考虑。朗讯的薪酬政策有两种考虑，一是保持自己的薪酬在市场上有很大竞争力。为此，朗讯每年委托一家专业的薪酬调查机构进行市场调查，以此来了解人才市场的宏观情况。这是企业在制定薪酬标准时的通常做法。二是人力成本因素。综合这些考虑之后，人力资源部会根据市场情况给企业提出一条薪酬的原则性建议，指导劳资工作。人力资源部将各种调查汇总后会告诉业务部门总体的市场情况，在这种情况下每个部门有一个预算，主管在预算允许的前提下对员工的待遇做出调整决定。人力资源部必须对企业在 6 个月内的业务发展需要的人力情况非常了解。朗讯在加薪时做到对员工尽可能透明，让每个人知道他加薪的原因。加薪时员工的主管会找员工谈话，告诉他们根据当年的业绩可以加多少薪酬。每年的 12 月 1 日是加薪日，企业加薪的总体方案出台后，人力总监会和各地做薪酬管理的经理进行交流，然后告诉员工当年薪酬的总体情况，内容包括市场调查的结果是什么，今年的变化是什么，加薪的时间进度是什么，企业每年加薪的最主要目的是保证朗讯在人才市场保持一定的竞争力。

学历淡出

朗讯在招聘人才时比较看重学历，贝尔实验室 1999 年招了 200 人，大部分是研究生以上学历，"对于从大学刚刚毕业的学生，学历是我们的基本要求"。对其他市场销售工作，基本的学历是要的，但是经验就更重要了。到了企业之后在比较短的时间内就淡化了学历的重要性，员工无论是做市场还是做研发，待遇、晋升和学历的关系慢慢消失。在薪酬方面，朗讯是根据工作表现决定薪酬。进了朗讯以后，薪酬和职业发展跟学历工龄的关系越来越淡化，基本上只跟员工的职位和业绩挂钩。

薪酬的悖论

一方面，高薪酬能够留住人才，所以每年的加薪必然也能够留住人才。另一方面，薪酬不能任意上涨，必须和人才市场的行情挂钩，如果有人因为薪酬问题提出辞职，很多情况下是让他走或者用别的方法留人，所以薪酬留人本身是一个悖论，这里面有些讲究，人力资源部在这方面一般很"抠"。要解决好薪酬的悖论需要做细致的工作。朗讯的薪酬结构中浮动的部分根据不同岗位会不一样。浮动部分的考核绝大部分和一些硬指标联系在一起，比如朗讯企业当年给股东的回报率，如果超额完成，每个人会根据超额完成多少得到一个具体的奖励数。对销售人员则看每个季度的销售任务完成情况如何。对待加薪必须非常谨慎，朗讯每年在评估完成后给员工加薪一次，很少中途加薪，除非有特殊贡献或升职。

也有因薪酬达不到期望而辞职的员工，朗讯一定会找辞职的员工谈话，他的主管经理和人事部也会参与，朗讯非常希望离职的员工能够真实地谈出自己的想法，给管理者提出一个建议。朗讯注重随时随地的评估，对于能力不强的员工，给他一个业绩提高的机会，改进他的工作，如果达不到要求，朗讯会认为这个工作你没有效率，只好另请人来做。

薪酬在任何企业都是一个非常基础的东西。一个企业需要具有一定竞争能力的薪酬来吸引人才，还需要有一定保证力的薪酬来留住人才。如果和外界的差异过大，员工肯定会到其他地方找机会。薪酬会在中短期内吸引员工的注意力，但是薪酬不是万能的，工作环境、管理风格、经理和下属的关系都对员工的去留有影响。员工一般会注重长期的打算，企业会以不同的方式告诉员工发展方向，让员工看到自己的发展前景。朗讯企业的员工平均年龄 29 岁，更注重自己的发展……

(资料来源：阎大海. 薪酬管理与设计[M]. 北京：中国纺织出版社，2007)

本 章 小 结

一个企业要发展必须制定自己战略发展规划，其中自然少不了人力资源战略规划，而薪酬战略规划又是保证这些计划实现的基础。传统的薪酬体系的缺点主要在于缺乏弹性，不能起到很好的激励作用；传统的薪酬体系不能加强团队合作与参与的企业文化；传统的薪酬体系不支持企业发展战略；传统的薪酬体系不能适应组织扁平化。而战略性薪酬管理实际上是一种看待薪酬管理这一管理职能的一整套崭新理念。它的核心是做出一系列的战略性薪酬决策。战略性薪酬管理对企业人力资源管理的作用主要在于与组织的战略目标紧密联系，减少事务性活动在薪酬管理中所占比重；实现日常薪酬管理活动的自动化和积极扮演新的人力资源管理角色。因此，如何实现战略性薪酬管理主要在于通过战略性薪酬管理增强执行力和通过战略性薪酬管理提升企业竞争力。

全面薪酬战略是目前发达国家普遍推行的一种薪酬支付方式，它源自 20 世纪 80 年代中期的美国。当时美国公司处在结构大调整时期，许多公司将相对稳定的、基于岗位的薪酬战略转向相对浮动的、基于绩效的薪酬战略，使薪酬福利与绩效紧密挂钩。

自 测 题

1. 什么是战略性薪酬管理？战略性薪酬管理与企业战略之间的关系怎样？
2. 战略性薪酬管理与企业不同竞争战略之间的匹配关系是怎样的？
3. 简述实施战略性薪酬的意义。
4. 简述全面薪酬战略的主要特征和构成。

案例分析

内容见二维码。

爱克公司与爱立信公司的薪酬管理.docx

阅读资料

内容见二维码。

阅读资料 2.docx

第三章 薪酬调查

【学习目标】

通过本章的学习，学生应该能够认识到薪酬调查的目的、意义和作用，了解薪酬调查的基本内容，掌握薪酬调查的工作步骤和基本方法，满足人力资源管理部门对薪酬调查的要求。

【关键概念】

薪酬调查(compensation　survey)

【引导案例】

机械行业薪酬调查报告

机械行业近年来取得了较大发展，尤其是在改革开放后，我国开始大量引进国外先进装备，机械行业也成为最早对国外企业开放的行业之一。那么，目前机械行业的企业的薪酬策略与福利制度是什么，员工配置情况如何，行业薪酬特点是什么，高级管理人员薪酬标准为何……针对这些问题，北京德翰管理咨询公司联合机械英才网、机经网在对行业进行企业层面薪酬调查的基础上，又针对员工层面进行了问卷调查，并进行研究与分析，发现了以下几个问题。

问题一 总经理总现金收入接近 50 万元

本次调查的结果显示，总经理的总现金收入超过了 40 万元，接近 50 万元，高于医药、化工行业的平均水平。通过对市场数据的分析发现，总经理的收入与企业的业绩相关性并不大。

那么影响企业薪酬的外部因素到底都有哪些呢? 进一步分析发现，总经理的薪酬收入在行业相同的情况下，受地区收入差异的影响较大，其次受企业性质的影响。但是这与影响企业平均薪酬的因素是一致的，不同的是，企业的平均薪酬高低受销售收入的影响，但是总经理薪酬水平与销售收入的相关性也不大。

目前，多数企业的总经理已采用年薪制，目的是更好地与企业经营业绩挂钩，但是普遍存在的与经营业绩不挂钩的问题并不利于对总经理的激励与考核。此外，总经理的薪酬高低不仅是一个企业的问题，也是一个社会收入平衡的问题。定得过高，会产生企业内部乃至社会的收入不公; 定得过低，将产生对总经理的奖励不公。

问题二 薪酬级差达到 16%，内部薪酬差距为 12 倍

在目前的薪酬体系中，随着职位等级的增加，薪酬增长的额度在增大，对机械行业而言，薪酬级差是 16%，即薪酬级别每增加一个，薪酬的额度在上一级别的基础上增长 16%。

行业的内部薪酬差距平均值是 12 倍，这个数据远远低于医药行业，虽然一些企业的内部薪酬差距达到了 23.5 倍，但是，从行业整体来看，薪酬并未拉开差距。企业之间薪酬差

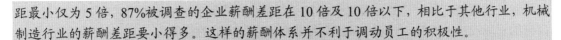

距最小仅为 5 倍，87%被调查的企业薪酬差距在 10 倍及 10 倍以下，相比于其他行业，机械制造行业的薪酬差距要小得多。这样的薪酬体系并不利于调动员工的积极性。

问题三　生产制造人员占员工总数的 69%，薪酬级差小于行业平均级差

机械行业生产制造人员的投入非常多，占员工总数的 69%。而且员工学历都相对较低，学历在大专以下的占到总数的 79%，这主要是因为机械行业属于劳动密集型产业，有大量高素质低成本的劳动力。

同时，将生产制造类人员的薪酬水平与各类人员的薪酬水平进行比较，发现了两个问题：一是总体来看，生产制造类人员的薪酬水平基本上处于行业中各职类的中间水平，略高于采购、物流系统，但是略低于技术研发类，而且随着职位等级的升高，与技术研发类的差距越来越大。二是低等级的生产制造类人员高于同样等级的其他类别员工，而高级生产制造类人员的薪酬水平反而与其他类员工持平，甚至还要低于其他类员工，即生产制造类人员薪酬的级差小于行业的平均水平。

问题四　不同部门薪金相差无几

调查显示，机械类企业在不同部门同级别职位的横向差距并不明显。很多企业对于岗位名称在同一级别上的员工采取同等待遇，如各个部门的"经理级""主管级"员工。

在采购、人力资源、财务、市场、制造、质量控制、研发七个部门中，部门经理的年度总现金收入基本持平。其中研发部与生产部的水平略高，质量控制部年薪最低，但也仅仅相差 5 万元左右。既没有体现出不同职位的人员价值差异，也没有体现出不同部门的岗位价值差异。

在行业发展的前提下，领导层和高级人才的薪金水平还有上升的余地，而现在机械制造行业的薪酬管理还需要很大的提升与改进，各个部门之间无论分工轻重，工资待遇几乎一样，这样很不利于调动职工特别是有能力的人才的积极性，更无法吸引高水平人才。薪酬管理仅仅是人力资源领域的一部分，而非全貌。但是仅仅从这一点来看，机械行业的人力资源水平不容乐观。

(资料来源：http://www.china-weldnet.com/chinese/information/2006110000300000000000002.htm)

一、薪酬调查的必要性

大多数企业在做出自己的薪酬水平决策、确保薪酬的外部竞争性时，都是以市场薪酬调查数据为依据的。所谓薪酬调查，是指通过各种正常的手段，获取相关企业各职务薪酬水平的信息，并对该信息进行统计和分析，为企业的薪酬管理决策提供参考。这样，相关企业就可以根据调查结果来确定相对于竞争对手自己当前的薪酬水平在既定劳动力市场上的位置，从而根据自己的战略定位来调整自己的薪酬水平甚至薪酬结构。薪酬调查是薪酬设计中的重要组成部分，重点解决的是薪酬的对外竞争力和对内公平性问题。薪酬调查报告能够帮助企业达到个性化和有针对性地设计薪酬的目的。因此，企业在设计薪酬体系之前，大都会进行薪酬调查。

另外，薪酬调查还是出于企业要想全方位公平地了解行业相关薪酬状况，单靠四处探询得到的支离破碎的信息是不能满足企业薪酬体系建立的要求的，同时也不科学与规范，甚至会有误导的可能。所以积极参加由中间机构发起的薪酬调查活动，本身就是一件具有

积极意义的事情，是一件对行业对企业自身双方有益的事情。从小处看，有利于加强企业自身的管理；从大处看，可以有效提高行业在国际市场上的竞争力。

一般来说，企业薪酬调查主要有以下几个目的。

(1) 帮助制定新参加工作人员的起点薪酬标准。

(2) 帮助查找企业内部工资不合理的岗位。

(3) 帮助了解同行业企业调薪时间、水平、范围等。

(4) 了解当地工资水平并与本企业比较。

(5) 劳资双方沟通的依据。

(6) 保持企业竞争地位。

(7) 了解工资动态与发展潮流。

为达到薪酬调查的目的，企业进行薪酬调查时主要应了解以下内容。

(1) 了解企业所在行业的工资水平，是薪酬调查的一项重要内容。

(2) 还要了解本地区的工资水平，不同地区因为生活费用水平、生产发展水平不同，工资水平可能差别较大。

(3) 调查工资结构。

二、薪酬调查的实际操作

薪酬调查就是通过各种正常的手段，获取相关企业各职务的薪酬水平及相关信息。对薪酬调查的结果进行统计和分析，使其成为企业薪酬管理决策的有效依据。

(一)薪酬调查实操原则

1. 被调查者同意原则

由于薪酬管理政策及薪酬数据在许多企业属于企业的商业秘密，不愿意让其他企业了解，所以在进行薪酬调查时，要由企业人力资源部门与对方人力资源部门，或企业总经理与对方总经理直接进行联系，本着双方互相交流的精神，协商调查事宜，在被调查企业自愿的前提下获取薪酬数据。

2. 准确原则

由于很多企业对本企业的薪酬数据都守口如瓶，所以有些薪酬信息很可能是道听途说得来的。这些信息往往不全面，有些甚至是错误的，准确性较差。另外，在取得某岗位的薪酬水平的同时，要比较一下该岗位的岗位职责是否与本企业的岗位职责完全相同，不要因为岗位名称相同就误以为工作内容和工作能力要求也一定相同。总之，调查得到的数据、资料一定要准确可靠。

3. 更新原则

随着市场经济的发展和人力资源市场的完善，人力资源的市场变动会越来越频繁。企业的薪酬水平也会随企业的效益和市场中人力资源的供需状况而变化，所以薪酬调查的资料要随时注意更新，如果一直沿用以前的调查数据，很可能做出错误的判断。

(二)薪酬调查流程

薪酬调查只有借助薪酬市场数据的调查与分析才能实现薪酬外部竞争力，从而达到企业吸引并留住人才的目的。人才是企业获取核心竞争优势的源泉所在，对于要建立竞争优势的企业而言，薪酬的市场竞争力可以帮助企业获得具有创造优势的优秀员工。但是，薪酬水平过高既会阻碍公司产品的市场灵活性(因薪酬是产品成本的一部分)，也会限制企业在人力资源其他方面的投入——培训、开发(因钱总是有限的)；而薪酬水平过低则不利于公司对人才的吸引和保留。解决二者之间平衡关系的现实方法就是借助薪酬数据的调查与分析，如图 3-1 所示。

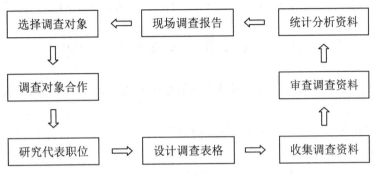

图 3-1　薪酬调查流程

企业确定进行薪酬调查工作后，企业的人力资源部门就可以与相关企业的人力资源部门进行联系，或者通过行业协会等机构进行联系，促成薪酬调查的展开。若无法获得相关企业的支持，可以考虑委托专业机构进行调查。具体的调查形式普遍采用的是问卷法和座谈法(也称面谈法)。如果采取问卷法，要提前准备好调查表。如果采取座谈法，要提前拟好问题提纲。当然，做什么工作都需要先制定一个计划，薪酬调查也不例外，在进行正式工作前，制定薪酬调查计划书是一项必不可少的工作，如图 3-2 所示。

1. 薪酬的战略性分析，决定被调查对象

在正式进行薪酬市场调查之前，必须对企业薪酬所面临的环境进行分析，以确定企业外部薪酬市场调查对象。进行战略分析首先应明确企业处于什么行业或细分行业，清晰鉴定企业所处行业，可以明确哪些企业在和本企业争夺客户和相关资源。例如：航空和汽车两个行业就明显不同，而汽车行业中生产小汽车和生产卡车所面临的产品客户也存在显著区别。

企业外部环境分析，主要是对行业状况、竞争状态、产品市场需求、劳动力状况等进行分析。行业状况是把握其基本特征——行业的技术水平、行业对人才的需求趋势等，以供企业决定是否为提升员工能力而采用能力付酬措施，或为人才配置战略提供相应的薪酬水平。竞争状态是企业对竞争对手来讲处于什么市场地位，采用什么市场策略——低成本或是创新策略，为有利于企业市场竞争策略的实施，企业应采用何种薪酬制度和薪酬水平。

产品市场需求是分析产品市场的发展趋势和产品需求弹性，如产品市场需求强劲意味着企业将有更多销售收入，企业就可以提供较高的薪酬水平，而如果这种强劲的需求只是昙花一现，那么，企业就不能提高整体薪酬水平，而只能采用可变薪酬策略进行处理。产

品需求弹性越大，企业越不能提供超过竞争对手的薪酬水平，除非企业的生产效率有大幅度的提高，因为，如果成本提高导致产品价格提高一点，销售量就会大幅度地降低。

薪酬调查计划书

一、调查目的：为制定符合公司发展目标，以及构建对员工富有激励性，对内具有公平性，对外具有竞争性的薪酬体系做调查准备。

二、调查计划实施时间：××月—××月(×月开始准备)。

三、调查计划实施人：人力资源部、相关咨询公司。

四、调查对象：某地区相同行业里具有同样性质，同样岗位的企业。

五、调查步骤：

确定目标、确定范围、调查选择、调查实施、数据分析、评估反馈。

六、项目细分：

1. 确定目标：分析公司内、外环境；发展规划与趋势预测；企业经营阶段与策略分析。

2. 确定范围：具体定岗(职位分析、工作评估)。

3. 调查选择：咨询公司信息收集；联系沟通；选择；确定。

4. 调查实施：调查情况了解。

5. 数据分析：数据比较；薪酬定位(设计薪酬结构、薪资等级以及定薪)；计算人力成本。

6. 评估反馈：调查总结；薪酬制度完善；薪酬体系改进。

七、分工与时间：见责任分工图。

八、费用预算：(按照需要调查的职位条件进行计算，目前因为条件不明确，暂时无法估计费用总额)职位条件=地区数×职位数×行业数(一般职位条件为 500 元/个)。

九、其他。

图 3-2　薪酬调查计划书

劳动力状况调查主要是分析其质量和数量，即企业能否在劳动力市场中招募到企业所需的、合适的人选。行业企业对同类型劳动力需求越大，其薪酬水平就越高，企业要参与人才争夺，就必须提供至少不能低于竞争对手的薪酬水平。

企业内部环境分析，主要是对核心职能、现有薪酬、经济承受能力、成本结构等进行分析。核心职能是依据企业经营战略保持竞争优势的职能，如高科技企业的核心职能是研究开发，贸易或销售企业的核心职能是市场营销，而其他企业可能是制造等。在进行薪酬水平定位时，针对竞争对手，核心职能将得到优先考虑。

现有薪酬是指企业现有薪酬的水平、薪酬结构和薪酬项目组合等，如薪酬与业绩计划的关联、薪酬是否鼓励员工能力增长等，只有薪酬的激励满足企业经营需要才能发挥作用。经济承受能力意味着企业是否有能力满足具有市场竞争力的薪酬水平。成本结构是指企业人力资源成本占总成本的比例，比例越小，其薪酬调节的灵活性就越大。

通过对企业薪酬所处的环境进行分析，就可以决定企业市场薪酬调查的对象，同时被调查的对象企业还必须满足四个要求：①应该是行业中的竞争对手；②使用相似的生产技术；③具有类似的人员规模；④有被调查的基准岗位。基准岗位的特征是工作内容是大家熟知、长期相对稳定和被员工认可的；是很多不同员工都从事的工作；能代表公司被评价的一系列工作；被劳动力市场广泛地用来确定薪酬水平。

2．确定薪酬调查方式

确定薪酬的调查方式是企业如何进行调查，包括调查渠道、调查方法的选择和调查问卷的设计。薪酬调查渠道有企业自我调查和第三方调查两种。企业自我调查是企业依据企业薪酬目标自行设计问卷，进行调查、数据收集和分析。第三方调查是企业委托外部中介机构进行调查，如咨询公司，它可以是定制调查，即依据企业实际情况有针对性地开展调查；也可以是直接从第三方购买行业薪酬数据。

薪酬调查方法有公开资料、书面问卷、电话访谈、个人面谈等，不同的调查方法对企业来讲其成本、效率和质量大不一样。收集公开薪酬信息成本最低、效率最高，但其针对性的质量难以保证，国内各个地方政府，以及中人网等机构每年定期发布薪酬数据，都可以作为参考。个人面谈是成本最高、最耗时间的调查方法，却能获得最有效的薪酬信息。而企业自身常用的调查方法主要是书面问卷和电话访谈两种，这两种方法相比较而言，具有比较经济、耗时合理、调查面比较大、信息可靠等特点。

如果企业自行进行薪酬调查，设计一份合适的调查问卷也将是调查的关键。由于前面已经对行业情况进行了充分把握，因此调查问卷应包括以下方面：企业员工规模和工作时间、薪酬支付政策、新员工起薪、有偿假期、病假、保险福利、业绩计划、基准岗位任务说明和薪酬等。

3．展开调查

在进行调查以前，企业应准备一份有关调查的封面信，封面信至少应包括以下内容：调查目的、希望回复的日期、调查大致内容、保密保证、共享调查结果的承诺、对参与者的感谢等。待这些准备妥当以后，企业就可以进行薪酬调查了，如采用电话调查，还应提前进行预约。

1) 选择调查企业对象

在选择调查对象时，应本着与企业薪酬管理有可比性的原则，一般地说，可供调查的对象有五类，通常在10家以上企业。同时争取调查对象的企业合作。一般来说，争取调查对象合作，需要遵循以下原则。

(1) 资料严格保密。

(2) 分享调查结果。

(3) 明确调查目的。

(4) 高层局部接洽。

2) 确定具有代表性的职位

一般来讲，具有代表性的职位应满足如下条件：①具有可比性，即选择的岗位其工作责权、重要程度、复杂程度与本企业需要调查的岗位具有可比性；②岗位稳定性，不要选择一些具有临时性工作的岗位，如岗位评估领导小组组长岗位；③等级界限较明显，如总经理助理岗位在一些单位是高管层，而在另一些单位是个虚职，这样等级模糊的岗位不要选择；④数量恰当，如果选择只是一家或少数几家企业有的岗位搞薪酬调查肯定得不到好

企业薪酬管理(第3版)

的结果。岗位调查样表如表 3-1 所示。

表 3-1　岗位调查样表

序　号	岗位名称	所属部门	岗位主要职责	任职资格
1				
2				
3				
4				
5				
6				
7				

如果企业确实需要通过薪酬调查才能达到自己薪酬设计的目的，要做的是确定到底调查哪些职位，是某些类型的职位，还是所有各种类型的职位。比如，如果企业的兴趣在于管理人员的薪酬，那么只要将公司高层和部门经理一级的职位包括进来就可以了。如果企业想要了解的是专业或技术类职位的薪酬，那么就需要将在相关职能领域中的整个职位体系都包括到调查范围中来，因为这类职位之间的薪酬差异往往不是体现在工作内容本身，而是更多地体现在它们所要求具备的专业或技能层次的差异上。然而，即使企业已经确定了准备调查的职位的范围，企业也仍然必须选择在调查中所使用的典型职位，这是因为考虑到调查的时间和费用，是不可能对所有职位都展开调查的，而只能是对其中的典型职位进行调查，然后再将调查数据运用到其他非典型职位。

在选定被调查职位时，调查者必须提供最新的总体职位描述，只有这样，才能确保被调查企业将本企业的职位与调查者所提供的职位匹配起来。这是因为，即使是不同的企业采用同一种职位名称，它们的组织结构和工作安排也是会有差异的，名称相同的职位在不同的企业中可能是在从事内容不同的工作，有时候甚至是从事几乎截然不同的工作，这种差异在大企业和中小企业之间存在的可能性是最大的。

在职位调查中所使用的这种职位说明书必须采用比较常见的或者是被普遍使用的职位名称，首先用一两句话描述某一职位的主要职责或目标，然后再以简明扼要、通俗易懂的语句列举出该职位最为重要的一些职能。对职位的描述应当注意不要太紧扣发起调查企业自己的特殊情况，而应当具有一定的普遍适用性。此外，从职位描述的详细程度上来看，在理想状态下，这种职位描述最多不要超过一页半纸；否则，被调查企业可能会不容易集中注意力。当然，描述的篇幅太少也不好，因为如果提供的信息不充分或不准确，那么，会影响被调查企业的判断从而影响最终调查数据的质量。当然，有两种情况属于例外，一是被调查的职位属于企业的最高经营层或者首席执行官之类的职位；二是被调查职位属于行业内几乎标准化的职位，例如房地产管理员或者超级市场收银员等。因为这两类职位的工作内容在不同的组织中几乎是相同的。

最后，为了提高调查的精确性，调查者还可以在调查问卷中附上一张与调查职位相关的简要组织结构图，这将有助于被调查者做好基准职位与本企业职位之间的匹配。

案例 3-1　某岗位工作说明书

某企业公司工作说明书

一、岗位资料

岗位名称：<u>办事处行政主任</u>　　　岗位编号：

岗位人数：<u>　　　</u>　职位等级：<u>　　　</u>

所属部门/科室：<u>办事处</u>　　　直属上司职位：<u>办事处经理</u>

临时替代岗位：<u>办事处经理</u>

可轮调岗位：<u>其他办事处主任</u>

可升迁岗位：

二、岗位在组织中的位置

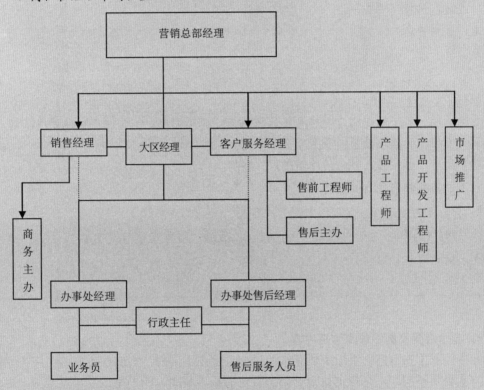

三、汇报程序及督导范围

直接汇报对象：<u>办事处经理</u>

直接督导__个岗位，共__人。

间接督导__个岗位，共__人。

四、岗位职责

1. 协助办事处经理对本部门进行管理。

2. 参与销售目标与销售计划的制订。

3. 负责 CRM 相关工作的实施。

4. 负责办事处行政事务及后勤工作。

5. 制订费用使用计划，并监督实施。

6. 协助办事处经理贯彻执行公司各项制度、销售政策。

7. 负责收取维修费及零配件销售收入。

8. 协助办事处经理对员工考核，负责员工考勤。

9. 对办事处合同进行管理。

10. 接待办事处有关客户的来电、来访及回复相关问题。

五、权限范围

● 督导办事处人员遵守制度与行为规范之权力。

● 监督控制办事处销售费用使用之权力。

六、使用设备

计算机 电话 传真机

七、任用资格

受教育程度: 大专

年龄: 23 岁以上

经验: 3 年以上相关工作经验

基本技能: 文字处理能力、计算机使用能力、组织能力、管理能力、业务洽谈能力

基本素质: 敬业、诚信、忠实可靠

特殊要求: 对公司资料、商务情况保守秘密

八、业务接触对象

公司外(部门外): 客户

公司内(部门内): 分公司内部所有人员、销售部、财务部、人力资源部、售后服务部

九、绩效考核标准

3) 选择所要收集的薪酬信息内容

同样的职位在不同的组织中所获得的价值评价是不同的，它们在不同的组织中获得的报酬方式也是不同的，有些企业给予某个职位的基本薪酬可能不是很高，但是奖励性的浮动薪酬或者福利却可能会很好。因此，薪酬调查中如果仅仅包括基本薪酬部分，那么调查所获得的薪酬数据最后实际上是无法反映市场一般状况的。所以，在选定了调查对象以及拟调查的职位之后，调查者还必须确定应当将哪些薪酬组成部分纳入调查范围。在通常情况下，薪酬调查所涉及的薪酬信息包括以下几个方面。

(1) 了解调查对象的基本薪酬及其结构。询问被调查对象在某一具体日期时的基本薪酬水平。为了减少数据处理的负担，应当指明要求被调查者填写的基本薪酬水平到底是年薪、月薪还是小时工资。不过，在通常情况下，企业不可能对于在同一职位上工作的所有员工都支付同一种工资率，也就是说，即使大家处在相同的职位上，但是由于工作绩效以及工作经验等方面的差异，不同的在职者所获得的基本薪酬也是有差异的。因此，单纯获得一

项平均的基本薪酬数据是不足以搞清楚其他企业是如何构建企业内部的薪酬结构的。为了全面掌握目标企业的基本薪酬支付情况，可以考虑要求被调查者填写被调查职位的薪酬浮动范围，即薪酬跨度的最低值、最高值及中间值。这有助于确认被调查企业所提供的基本薪酬数据是否准确，因为从理论上讲，基本薪酬既不能低于薪酬浮动范围的下限，也不应高于其上限。

(2) 了解调查对象的年度奖金和其他年度奖金支付。许多企业都会向员工提供年终奖，这种年终奖通常是与企业的经营业绩挂钩的，但是有时也会以年底双薪或者是相当于几个月薪水的方式发放。然而有些企业却不提供这种年底奖励。因此，在薪酬调查中调查者必须向被调查企业询问它们在过去的一个财务年度中对某一职位上的人所支出的实际奖金数量。不过，要强调所要填写的必须是年度的平均数值，以避免将一些在年中才调入的员工的奖金作为年度奖金数据来提供。此外，除了具体的奖金数量之外，最好是再询问被调查者所支付的奖金占该职位基本薪酬的百分比或者是其中间值。这些信息都有利于调查者做更为详细的验证和分析工作。

除了传统的年终奖之外，还有越来越多的企业在采用利润分享、收益分享以及一次性加薪等各种现金奖励支付方式，因此，在调查中要确保将所有这些可能出现的年度现金支付形式都涵盖进来，否则就会导致对一些企业的某些职位的薪酬水平低估。

(3) 了解调查对象的股票期权或影子股票计划等长期激励计划。随着股票市场的发展以及企业管理实践的变化，股票期权等长期激励手段在过去的20年中得到了迅速的发展，尤其是在企业的高级管理人员和高级技术人员当中，长期激励计划已经成为一种越来越重要的报酬方式，股票期权已经逐渐占据了与基本薪酬和短期绩效奖励相同的重要地位。因此，在薪酬调查中绝不能忽视这类报酬要素。此外，在很多企业还实行了员工持股计划，员工所持有的股份数量在很多时候与员工所承担的职位也是有一定关系的。因此，即使是对于一些普通的职位，可能也需要询问被调查者是否实施了股票所有权计划。

当然，不能遗忘调查对象的各种补充福利计划。在福利方面，许多企业已经在国家法定的福利项目之外为员工提供各种补充福利，比如补充养老保险、健康保险、人寿保险、伤残保险及休假福利等。这些福利支出对员工来说也是一种收入形式，尽管不是以现金形式表达，但是却可以转化为具体的现金金额。在福利较为优厚的企业和福利较少的企业，员工的基本薪酬很可能会有一定的差异。所以，收集福利开支方面的信息对于完整理解企业的薪酬水平也是很重要的。此外，如果调查的职位属于高级经营管理职位，像乘坐头等舱旅行、使用公司的专机和汽车、公司提供的家庭保安服务、公司支付的俱乐部成员资格以及公司提供的家庭理财咨询等特权或者福利，尽管在这些职位上的人的收入中所占的比重不会很大，但是仍然被看成非常重要的薪酬成分。

(4) 薪酬政策等方面的信息也不能忽视。除了直接薪酬和间接薪酬信息之外，调查者还可以考虑是否应当询问一些关于薪酬政策和管理实践方面的信息。其中包括被调查企业的加薪时间以及加薪百分比的信息，公司的加班政策、轮班政策、试用期长短、新毕业学生的起薪、薪酬水平的地理差异掌握、员工异地调配时的薪酬处理以及兼职员工的薪酬管理等。

在薪酬调查中，如果所调查的职位属于高层、中层管理职位或者是监督类的职位，那么询问被调查者关于某一职位的权限范围的信息(管辖的人员数量及其类型、所支配的预算金额等)也是非常重要的，因为这些信息有助于判断某一职位在企业中的地位。当然，在大多数情况下，被调查者乐于提供的是某一职位所管辖的员工数量的数据，至于一些财务方面的信息，比如某一职位所负责的资产规模或者负责完成的销售额大小等方面的信息，被调查者通常是不愿意提供的。因此，调查者可以考虑避开比较敏感的信息，让被调查者提供一些有助于数据分析但是又不太敏感的信息，比如在房地产行业询问某职位所负责管理的平方米数，在医疗行业中询问某一职位所负责的病床床位数量等。

4) 设计薪酬调查问卷并实施调查

在前几个步骤完成之后，调查者就可以开始设计调查问卷了。调查问卷的内容通常包括企业本身的一些信息，如企业规模、所在行业、销售额或者销售收入等；各种薪酬构成方面的信息；职位范围方面的信息；任职者的一些信息；以及一些国际性的信息；等等。

案例3-2　某公司薪酬调查问卷(节选)

一、一般信息

1. 公司名称：_____
2. 联系方式：第一联系人：_____　　　第二联系人：_____
　　　　　姓名：_____
　　　　　职位：_____
　　　　　电话：_____
　　　　　传真：_____
　　　　通信地址：_____
　　　　E-mail 地址：_____
3. 行业类型：

○银行业　　　　　　　　○石油/化工/能源业
○建筑业　　　　　　　　○医药保健业
○消费品行业　　　　　　○零售业
○跨行业集团企业　　　　○电信业
○高科技行业　　　　　　○交通业
○保险业　　　　　　　　○贸易
○制造业　　　　　　　　○房地产业

○其他行业(请注明)：_____
4. 公司主要股东及其所占份额：_____
5. 中国本土员工数量：　　　北京　　　　　上海　　　　　广东
　　　　　　　○管理人员　　_____，　　_____，　　_____
　　　　　　　○非管理人员　_____，　　_____，　　_____
　　　　　　　○操作人员　　_____，　　_____，　　_____
6. 除上述员工外，公司雇用的其他类型员工
包括：回归华侨_____，香港雇员_____，外派员工_____

二、奖励性支付

	管理人员	非管理人员	操作人员
1.有保障的奖金 相当于多少个月的基本薪酬	○有 ○没有 _____个月	○有 ○没有 _____个月	○有 ○没有 _____个月
2.浮动奖金 过去 12 个月支付的浮动奖金相当于多少个月的基本薪酬	○有 ○没有 _____个月	○有 ○没有 _____个月	○有 ○没有 _____个月
3.销售佣金 你公司是否有销售类员工? 你公司销售人员是否有销售奖金或销售佣金? 如果年度销售目标完成,则销售人员可获得的目标佣金大约是多少? 在过去的 12 个月中实际获得的年度销售佣金为多少	○有 ○没有 ○____个月基本薪酬 ○____RMB ○____个月基本薪酬 ○____RMB ○____个月基本薪酬 ○____RMB	○有 ○没有 ○____个月基本薪酬 ○____RMB ○____个月基本薪酬 ○____RMB ○____个月基本薪酬 ○____RMB	○有 ○没有 ○____个月基本薪酬 ○____RMB ○____个月基本薪酬 ○____RMB ○____个月基本薪酬 ○____RMB
4. 股票期权 有资格享受股票期权的员工类型 期权授予频率	○有 ○没有 ○请说明 ○一年一次__年_月 ○一年两次__年_月 ○无固定模式_年_月 ○其他_____	○有 ○没有 ○请说明 ○一年一次__年_月 ○一年两次__年_月 ○无固定模式_年_月 ○其他_____	○有 ○没有 ○请说明 ○一年一次__年_月 ○一年两次__年_月 ○无固定模式_年_月 ○其他_____

作为一种数据收集载体,薪酬调查问卷的设计应当尽量考虑被调查者的使用方便。无论最终的调查是以书面问卷的形式进行还是以磁盘或者电子文件的形式进行,都是如此。为了确保所有调查参与者都能够以相同的方式回答问题,最好是准备一份详细的问卷填写说明。当调查者采用邮寄调查方式来完成问卷的收集工作时,这种标准化的操作流程尤为重要。此外,如果调查者准备直接将书面问卷上的数据录入计算机,还应当考虑问卷格式的设计能够尽量避免数据录入的错误。

从时间的角度来看,调查者最好是在与调查参与者初次接触之后的 2～4 周内将问卷邮寄给被调查者。作为一种常见的规则,如果调查的职位在 10 个左右,那么应当给被调查者提供 2～3 周的时间来回答问卷;如果调查的职位涉及 35 个左右,那么,要给被调查者留出 4～6 周的时间来回答问卷。如果调查的时间恰逢联系人休假或者是其他假期比较集中的时间,还要留出更多时间。

设计薪酬调查问卷的一些技巧包括确保问卷易读、易懂、易回答;将问题和每一页纸都标上页码；以有利于将来以数据分析的方式来组织数据的收集格式；为回答者留出充足的书写空间；每一个问题只提问一个信息；在问卷结尾留下一个开放式问题；在关键字句下加横线或者加黑；提供调查者的联系方式以便被调查者有问题的时候可以联系；如果调查将会再次重复进行，则可以请求被调查者对调查的内容和方式等提出意见和建议，以便下次调查时进一步改善。

在问卷设计完成之后，最好先做一次内部测试，调查者可以将自己的数据试着填写一遍，或者请不参与调查的其他企业试着填写一遍，以发现需要改进的问题。最后，在实施调查的过程中，调查者还需要与被调查者保持联系，以确保回收足够的问卷。

当然，在薪酬调查的过程中，调查者还可以采取问卷调查之外的其他方式来收集信息，其中包括电话访谈、派出调查人员实地访谈(例如美国劳工统计局每年都派出大量调查人员实施调查)，以及集体访谈等。

显然，问卷调查的方式对于有关数据的保密是最有利的。因此，当企业进行的调查要涉及很多不同的行业和领域时，都会采取这种邮寄问卷的方法。不过，尽管这是一种最常见的方法，但在确保职位的可比性和薪酬数据的质量方面仍然具有一定的局限性，它要求调查者在制作问卷和定义概念的时候必须格外小心。如果问卷调查再配以专业人员面谈，则问卷调查法的效果会更好。这是因为在薪酬调查中，确保职位的可比性往往是数据收集时最重要的一个问题，而专业调查人员与企业中的薪酬管理专业人员的直接面谈无疑有助于提高数据的质量和有效性。在双方面谈的情况下，他们比较容易对不同企业间的相应职位进行比较，调查者能够就一些特殊问题直接征求被调查方的看法。电话调查的目的主要在于获取有关薪酬政策、薪酬管理实践方面的信息，当通话双方都是专业的薪酬管理人员时，他们也有可能就部分职位的具体薪酬信息进行交流。在那些运营规范、职位具有很强可比性的行业里，这种做法比较常见；但在这种行业之外，采取电话访谈的形式往往不会有太好的效果。此外，一些薪酬调查，尤其是在地方上进行的小规模调查，也会采用群体访谈的形式。这种做法看上去比邮件法更为直接，成本也较个人访谈法低，但它同时也存在一些较大的问题。举例来说，在有着成百上千个职位的大型企业里，即使是很熟悉情况的专业人员也无法就各职位的可比性做出令人满意的回答。

4．薪酬调查结果分析

1) 检查核对数据

在调查问卷被回收上来以后，调查者首先要做的是对每一份调查问卷的内容作逐项的分析，以判断每一个数据是否存在可疑之处。这是因为，尽管薪酬调查者做了许多工作包括提供职位描述等来确保被调查者提供真实准确的信息，但是被调查的企业未必完全明了调查者的意图，因此，还应该根据实际职位与基准工作职位之间的匹配程度来调整薪酬调查数据，以确保数据的有效性。比如，调查者需要检查企业所提供的薪酬浮动范围与其报告的职位实际薪酬水平之间是否存在不一致的现象。再比如，企业所提供的职位的工作报告关系也有利于调查者分析某企业的某一个职位所承担的责任比基准职位描述中的内容是更多还是更少。对于发现的疑点，需要给接受调查的公司打电话来询问和核对数据，并且了解某一职位的薪酬为什么会高或者低得不正常。

当然，即使是工作内容基本相同的同种职位，在不同的企业中所获得的报酬也有可能出现很大差距，不能指望通过调查所得到的某一职位的多个薪酬数据是高度集中的。这主要与以下几个方面的因素有关：职位在不同的企业中对企业的价值或贡献大小不同；特定企业的薪酬哲学、文化不同；在职者在该职位上工作的时间长短不同；在职者在该职位浮动范围之中的哪一个点上是不确定的；不同的行业有不同的惯例；不同企业所处的地理位置和劳动力市场存在差异；等等。

2) 数据整理分析

对薪酬调查数据进行收集、整理和分析的最大目的就是确定被调查基准岗位的市场薪酬水平，以利于企业内部的薪酬水平决策。

(1) 绘制表格对收集整理的每个基准岗位的薪酬数据进行统计，在统计的基础上计算市场薪酬数据的中心趋势、差异状况和其他，如有偿假期、业绩薪酬计划、保险福利等采用企业的比例。

(2) 确定市场薪酬中心趋势——平均值或中位值。中心趋势是用一个数字来表示该组数据的典型数据值，有两种数据指标与薪酬相关——算术平均值和中位值。平均值就是将表中的数据相加，然后除以数据个数。这里企业就可以利用这个平均值来判断其薪酬水平是高于还是低于市场薪酬水平。由于在计算平均值时每个数据都被纳入其中，如数据变化异常，即某一个数据特别大或特别小时，可能是代表市场薪酬水平的平均值没有代表性。因此，我们更多地采用中位值作为数据指标。

中位值是指把所有数据按从小到大的顺序进行排列，位于数据列中间的数值。如所有数据的数目是奇数，那么中间的数据刚好是中位值；如所有数据的数目是偶数，那么就将处于中间的两个数据相加，求其平均值。由于中位值不受每个数值大小的影响，因此，用中位值取代算术平均值将更有代表性。

(3) 进行薪酬差异分析。薪酬差异分析主要是分析薪酬数据的离散程度，常用标准差、四分位数和百分位数进行分析。标准差是指每一个薪酬数据和平均数之间的差别的平均数。运用标准差既可以确认企业员工的薪酬是高于还是低于市场薪酬水平，也可以表明大多数员工的工资范围——以平均值加减标准差来判断本企业的薪酬范围是否与市场薪酬范围接近。

(4) 还有一些其他项目分析，如新员工起薪、有偿假期、病假、保险福利等，企业可以比较行业竞争性企业在工资之外还采用了哪些福利保障措施来支持和服务于其薪酬策略。

总之，只有通过对企业薪酬市场定位影响因素的调查与分析，企业才能清晰地制定出有利于自身经营战略的薪酬市场策略，从而保证企业薪酬在市场上有力竞争，而又不必付出过高代价。

(三)薪酬战略确定

1．建立薪酬架构

通过对所收集薪酬资料的分析，企业可以根据自身情况建立或修改公司内部薪酬结构。

1) 确定薪酬战略

在确定薪酬战略时，一般需要对以下问题进行思考。

(1) 是否有利于我公司进行人才竞争？

(2) 公司整体，或特定岗位的薪酬水平应处于市场的什么水平上？

(3) 公司整体，或特定岗位的薪酬各组成部分的比例应分别是多少？

在考虑薪酬市场定位和薪酬组合时，必须参考调查报告中的同地区同行业数据部分。该部分数据一般包括以下三部分内容。

(1) 行业市场薪酬整体定位。

(2) 职能序列市场薪酬比较。

(3) 市场薪酬构成。

通过参考这三部分信息，可以根据企业薪酬定位理念，确定企业相应职位等级的薪酬水平。其中，如果需要对某些特定部门和岗位制定单独的薪酬政策时，也可以从报告中找到相应的参考信息。在确定部门整体薪酬组合时，可以参考"市场薪酬构成"部分数据。

2) 职位匹配

在参考市场信息的时候，如果需要确定基准岗位与企业内部岗位的对应关系，就需要进行职位匹配的工作。在进行职位匹配时，应先详细阅读有关的职位描述以及该信息提供的本职位通常的工作内容和职责，然后详细审核自己公司的职位内容，最终确定是否与市场标准职位匹配。一般而言，如果企业内部职位与基准岗位有约 70%的内容是相似的，即可以认为达成了较好的匹配。

3) 对比分析

在确定了薪酬战略和职位匹配之后，可以将公司实际薪酬水平与市场水平进行比较，从而发现与期望达到的市场水平的差距。

4) 市场定位

10%分位至90%分位分别代表了市场薪酬水平由低到高的排列情况，也代表了企业在选定这些分位点时使自身的薪酬水平在市场上所具有的竞争力由低到高的排列情况。在用薪酬调查报告信息来调整公司内部薪酬结构时，企业需要根据公司人力资源战略确定公司希望加以比对的市场薪酬水平。一般来讲，薪酬水平高的企业应注意 75%点处甚至 90%点处的薪酬水平，薪酬水平较低的企业应注意 25%点处的薪酬水平，一般企业应注意中点处的薪酬水平。表 3-2 显示的是以会计岗位为例的一组数据。

表 3-2　某地区会计岗位调查数据

企业名称	平均月薪酬/元	排　列
A	2500	1
B	2200	2　90%点处=2200 元
C	2200	3
D	1900	4　75%点处=1900 元
E	1700	5
F	1650	6
G	1650	7
H	1650	8　中点处或50%点处=1650 元
I	1600	9
J	1600	10
K	1550	11

续表

企业名称	平均月薪酬/元	排　列
L	1500	12　25%点处=1500 元
M	1500	13
N	1500	14
O	1300	15

5) 架构设计与薪酬调整

企业可以将每个职位等级的薪酬水平设计为一段区间。这种设计方式的优点是可以为客户企业利用薪酬工具进行人才的吸引、保留和激励，以及为控制薪酬成本提供更大的灵活度。对于薪酬水平落在此区间之外的岗位，建议可以采用以下方法来对其薪酬水平进行调整。

对于薪酬水平小于此区间最小值的岗位，为保持客户企业在其岗位的薪酬水平上的竞争力，一般可将岗位的在岗人员的薪酬水平提升到区间最小值或以上。若考虑提升薪酬所产生的成本问题，可以考虑使用分阶段提高薪酬水平的方法。对于企业希望重点加以保留的优秀员工，应当尽快提升其薪酬水平，否则将可能使人才流失。对于薪酬水平大于此区间最大值的岗位，可以考虑以较小的幅度提升在岗者的薪酬水平。对于那些薪酬处于较高水平而又具有很好工作表现的员工，可以考虑将其晋升到较高的职位上去。

2．确定特定岗位的薪酬水平

在招聘员工、进行薪资调整或设计薪酬架构时，企业可能需要了解特定岗位的市场薪酬水平。对此可以利用调查数据进行各职位薪酬福利分析来获取相关信息，分析各职位在不同市场水平下的薪酬水平，这可为企业制定特定岗位薪酬水平，建立对内公平、对外有竞争力的薪酬体系提供充足的市场信息。

3．设计福利及劳动政策

员工福利和劳动政策是薪酬的重要组成部分，对吸引、保留和激励员工起着十分重要的作用。利用行业福利情况分析成果，企业可以获得丰富的行业市场福利信息。这些信息能够帮助企业制定出科学、合理的福利和劳动政策，使这些政策在人力资源管理中发挥更为积极有效的作用。

三、企业薪酬调查类型及注意事项

(一)企业薪酬调查类型

为制定出企业的薪酬战略和体系，了解市场薪酬行情，适当参考社会薪酬调查，是应当并且必要的。由于中国从计划经济向市场经济转轨的时间并不长，因此，人力资源理论和实践的积累还很幼稚，其中薪酬管理更是如此。目前中国的薪酬调查有些乱，好像谁都可以做，谁都敢向社会公布。我们经常发现，在同一地区同一时间不同的调查，其数据往往有相当大的差异，让人无所适从。其实作为社会调查的一种，薪酬调查并不是如此简单，更不是抽 100 个人的数据，加起来再除以 100 就是平均的薪酬水平了。目前，社会上比较流行的薪酬调查类型如下所述。

1. 政府部门薪酬调查

目前主要是由劳动部门定期公布地区的薪酬"指导价"。作为政府部门，可以通过行政手段收集数据，因此，这种调查的范围比较广泛，取样多，所以比较全面。但缺点也是明显的，因为它的取样主要来自各种报表，企业在向上申报时非常可能留一手。比如，工资水平不可能申报得太高，因为工资水平可能会涉及企业的工资总额及税收等。所以劳动部门公布的工资调查，明显低于其他调查机构的数据。

2. 专业薪酬调查公司

目前，专业薪酬调查公司主要是国外独资或合资的公司。一般来说，能进入中国并有效开展业务的外资调查公司都比较大，运作比较规范，数学模型比较成熟。但是这种公司的商业味道太浓，调查对象的选择缺乏普遍性。比如，美国某薪酬调查公司在上海的分公司，每年都要公布一套几本所谓的《中国薪酬调查报告》，但仔细看，根本不能代表中国的薪酬数据，因为它们对被调查的公司，要收取非常贵的费用，所以参与调查的都是财大气粗的大公司，且以外资为主。因而由此得到的调查数据就明显偏高。当然，这些外资调查公司除了开展一年一度的基本调查活动外，也接受客户单独要求的调查，比如要求调查某地区某行业的薪酬水平等。这样的调查针对性强，数据也比较可靠，但费用很高。因为这种调查是不向社会公开的，只向委托单位收费，而不像上面所说的基本调查，调查报告向社会出售(一本 200 页的报告就可能要千余元美金)。"半官方"专业调查主要是指由政府部门创办的专业调查机构开展的调查活动，比如一些地方的城市调查队。它接受政府或其他单位的委托进行专题调查，其中包括对各种不同类型对象、目的的薪酬调查。相对来说，这种调查的手段和方法比较先进，对当地社会比较熟悉，调查水平也比较高。同时因为有"半官方"的特殊身份，能得到官方资料，因此数据也较可靠。但这些调查机构毕竟不是专业的薪酬调查机构，运用的不一定是专门设计的薪酬调查模型，分析解读数据就没有薪酬调查机构专业。

3. 人才服务机构调查

这里所说的人才服务机构主要有两种：一种是人才交流服务机构，比如人才服务中心；另一种是人才服务招聘网站。由于这些人才服务机构与人才市场的供求双方有着密切的联系，特别是网站的超时空特点，所以调查可以随时进行。但这类调查随意性非常强，取样并不科学，谁愿意接受调查就算作样本。而且这种调查，没有任何约束，基本上"拿到篮里都是菜"，调查对象提供的数据真实性较差。比如同样的销售经理，可能是一个"六七个人，七八条枪"的小公司，也可能是数千人，甚至排进世界 500 强的顶级公司，这两者根本不是同一个级别，因此就没有可比性。由于这些人才服务机构缺乏专业的调查人才，因此，它们的样本选择、数据采集、数据分析都不专业。

了解了目前主要薪酬调查的类型及其利弊，企业对薪酬调查结果就可以选择性地加以利用，既不能不信，也不能全信，特别是不能被那些"路透社"的"马路消息"牵着鼻子走。

(二)企业薪酬调查注意事项

公司在制定薪酬体系时，一般都会直接或间接地使用薪酬调查结果。目前，一些专业机构在近几年开始进行薪酬调查，并为企业提供薪酬调查结果。各种各样的薪酬调查结果充斥媒体，令人眼花缭乱。但这些调查结果良莠不齐。有些调查公司的操作比较规范，所得结果比较科学合理；有些调查公司所得的结果则值得怀疑，它们在进行薪酬调查时往往忽略一些细节问题，从而使调查的结果偏离了最初的目标。那么，如何保证薪酬调查结果的真实客观性呢？这需要企业与调查人首先在沟通上做到各自领会对方的意图。企业要尽全力配合调查人员完成所有环节，而调查人员应本着对企业负责的态度做好每一步的工作，并且在各个阶段向企业汇报工作成果。同时，双方还应注意如下几个方面的问题。

1．企业薪酬调查时间选择

薪酬调查时间选择是很多企业所关注的问题。因为，现阶段进行薪酬调查还是一个不小的项目，从涉及的人员和占用的时间来看对企业都是一笔不小的投入，而且调查公司还会收取相应的费用。所以企业主要在以下三种情况发生时考虑引入薪酬调查。

(1) 每年进行调薪的时候，对当前市场薪酬水平进行了解。

(2) 企业结构重组，产生某些新的岗位时，参考市场数据确定新岗位的薪酬水平。

(3) 遇到特定的问题，如招募有困难时，或某些岗位出现较高流失率时，通过了解市场数据，合理运用薪酬战略，以达到吸引、保留、激励人才的目的。

2．对职位的描述是否清楚

在进行薪酬调查时，必须对所调查的职位进行明确而清楚的描述。内容应包括每一职位的名称；职位目的，也就是该职位对公司的主要价值和贡献；职位职责，即该职位所从事的主要活动；任职者基本素质要求，即该职位对任职者的知识、学历、经验、能力等方面的要求。因为同样的职位名称，可能其工作内容相差特别大，或者其对任职者的基本素质要求有很大差别。尤其是国内企业的职位体系比较混乱，如同样是"行政部经理"，在有些单位可能主要从事后勤、保安等工作，而在有些单位可能还从事人事工作。在进行薪酬调查时，一定要注意所调查职位的职位描述，有职位描述的薪酬调查所获得的结果会比没有职位描述的薪酬调查结果要准确可靠得多。并且，应将调查所提供的职位描述与公司相应的职位进行比较，只有当两者的重叠度达到 70%以上时，才能根据所调查职位的结果来确定公司相应职位的薪酬水平。

3．职位层次是否清晰

某些职位族可能包括不同层级的职位，比如人力资源职位族就有可能包括人力资源总监、人力资源经理、人力资源专员等职位。每个公司可能会有不同的职位族，即使是同样的职位族，其内部所包括的职位层级可能也不一样。薪酬调查所包括的职位层级数极有可能与公司的职位层级数不一致，也许调查问卷将人力资源分为 3 个层级，而公司有 4 个层级。即使两者的职位层级数相同，每一层次职位的职位描述也有可能不一样。在实际操作过程中，一定要注意薪酬调查报告对职位层级的说明。如果薪酬调查所包括的职位层级与公司的职位层级不完全一致，应与咨询公司协商来确定每一层级职位的薪酬水平。

4. 调查数据是否最新

从调查的策划、实施、数据处理到最后向市场推出薪酬调查结果，需要一段时间。这段时间的长短与调查人员的专业水平和能力密切相关。时间越长，受到外界环境变化的影响，数据的有效性就越值得怀疑；时间越短，相对来说数据就越有效。因此，在进行薪酬调查时，要特别注意调查的时间，以最合理的时间完成高质量的薪酬调查是合格调查人员的责任。如果调查人员能提供不同时间段的薪酬调查结果，然后根据这些数据进行分析，以使企业获得更为理想的数据，那是再好不过的了。

5. 劳动力市场是否合适

职位的劳动力市场决定了薪酬调查的地域和行业。对低层级的职位来说，比如文员、一般技术人员和半技术人员，所调查的区域应该是和公司在地理位置上比较接近的地方。对中高级职位而言，比如市场部经理、人力资源副总等，所调查的区域应该更大。如果公司在北京，要了解秘书等职位的薪酬情况，最好就在北京进行调查，而不是在上海、深圳等地进行调查；而如果要了解高级管理人员的薪酬情况，则最好同时在北京、上海、深圳等地进行调查。同样，调查所包括的行业也是应该考虑的一个问题，对低层级的职位来说，行业之间的差别并不大；而对中高级管理人员和技术人员来说，最好是选择可能与公司竞争人才的行业。

6. 确定参与薪酬调查的公司

从理论上说，参与调查的公司最好是本公司在人才、产品和市场等方面的竞争对手。在调查中包括与本公司竞争人才的公司，可以了解市场同类职位的薪酬水平，确保公司的薪酬方案具有外部竞争力。在调查中包括本公司在产品和市场方面的竞争对手，可以确保本公司的薪酬方案与这些公司保持同步，同时也可以了解这些公司的劳动力成本。但是，一般调查人员所调查的公司不可能完全与企业的期望一致。这是因为不可能所有满足条件的目标公司都能够被邀请到参与薪酬调查，并且为了保证所调查数据的样本点数能够进行后期的处理，所以调查人员一般会提出一些候选公司参与调查。

此外，大多数公司一方面希望通过填写薪酬调查问卷而获得调查公司所提供的薪酬调查结果，另一方面又担心泄露本公司的薪酬信息，所以在填写时总是特别谨慎，这就会使调查结果大打折扣。因此，在采用薪酬调查结果时，一定要了解哪些公司参与了调查，咨询公司也应谨慎地解释薪酬调查的结果。

7. 注意数据处理方法

对于同样的数据，采用不同的统计处理方法，得到的结果可能不一样。在采用调查人员所提供的薪酬调查结果时，一定要特别注意数据的统计处理方法，比如对于明显不符合常规的异常值是怎么处理的，对由于被调查者没有填写而造成的默认值又是怎么处理的，是怎么对数据进行分组处理的。对于不能提供最终数据处理方法的调查公司，最好不要相信其调查结果。

8. 了解数据收集方法

数据收集是薪酬调查中的重要一环，采用不同的数据收集方法可能会得到不同的结果。

在薪酬调查过程中，常用的方法有问卷调查法、访谈法或直接通过档案管理部门获得等。问卷调查法相对来说实施起来更容易，成本更低，但是由于不同的人对不同的问题可能有不同的理解，使调查结果受到影响。访谈法实施难度大，成本高，相对来说数据更可靠，但是数据的可靠性有可能受到访谈员的影响。不管采用什么方法收集数据，都应在调查报告中附上调查问卷或者访谈提纲。在采用薪酬调查结果时，应通过调查问卷或访谈提纲来了解调查人员调查了哪些信息，是通过什么方式来获取这些信息的，进而判断其薪酬调查结果的准确性和可靠性。

9．明白平均数、25P、50P 和 75P 之间关系

一般的薪酬调查结果都应该报告薪酬的平均数、25P、50P、75P。所谓 25P、50P、75P，是指如果调查了 100 家公司，将这 100 家公司的薪酬水平从低到高排序，25P、50P、75P 分别代表排名第 25 位、第 50 位、第 75 位的薪酬水平。通过检查平均、25P、50P、75P 的关系可以让我们对调查结果有一个初步的了解。一般情况下，平均数和 50P 应该比较接近，25P 与 50P 的差别应该与 75P 与 50P 的差别比较接近。如果其差距超过 5%时，就应该认真检查有关的统计数据，以保证这种偏差不是由于数据收集和统计处理等人为因素所造成的。

10．确保每年参加调查对象的一致性

在某些专业机构的薪酬调查中，所调查的公司基本比较稳定。这样，可以对历年数据进行分析，找出薪酬的发展趋势。而如果参加调查的公司变动特别大，就无法得出薪酬的发展趋势。一般来说，参加调查的公司实力越强的会越稳定。也有些薪酬专家通过分析多家公司提供的多年的薪酬调查数据，推测薪酬的发展趋势。这种方法在一定程度上能降低由于参加调查公司的不同所带来的误差。

薪酬调查是一门复杂的科学，尤其是当调查的内容涉及企业的整个薪酬体系时就变得更为复杂。在我国，由于一些企业的工资尚未完全市场化，"工资"的概念比较模糊，致使薪酬调查难度加大，所得结果的准确性就更值得怀疑。因此，在进行薪酬调查时，一定要注意与比较权威的机构合作，同时尽可能获得比较准确的、全面的相关信息。在薪酬调查结果的使用过程中，一方面可以借鉴上面几个问题来帮助企业正确地使用薪酬调查结果；另一方面，企业必须根据自己的经验和智慧来进行合理的推测，同时考虑本公司的实际情况，只有这样才能构建科学合理的薪酬体系。

四、薪酬调查结果应用

(一)薪酬调查结果的四大主流应用

通过薪酬市场调查，企业能够获得劳动力市场各类企业(包括自己的竞争对手)员工薪酬水平及结构等方面的真实信息。通过这些市场调查信息，企业不仅可以明确自己当前的薪酬水平以及在目前劳动力市场上所处的位置，而且可以根据人力资源发展战略的要求，及时地调整自身的薪酬结构和水平。具体说来，薪酬调查结果的应用如表 3-3 所示。

表3-3　薪酬调查结果的应用

薪酬调查结果应用	相关说明
制定薪酬政策	企业薪资政策的内容涉及薪资体系、薪资结构、福利和保险政策。薪资调查报告可以清楚地显示目前本地区不同性质、不同行业的企业所执行的薪资政策。如薪资调查报告表明当前市场中通行的薪资体系有年工资体系、职务工资体系和职务职能工资体系。薪资结构呈现多元化倾向，企业应根据自己的基本管理模式、行业经营特点以及企业发展需要，确立最适合自己的薪资政策体系
确定薪酬总额标准	企业计算薪酬总额的主要依据是企业的支付能力、员工基本生活的需要及现行的市场行情。企业在确定薪酬总额标准时，可以参照薪酬报告中当前本地区同类型、同行业企业的有关指标，如平均薪酬总额、平均基本薪酬水平等，与企业实际支付能力及员工基本生活费用状况相结合考虑，兼顾企业与员工的利益，确定一个合理的薪酬总额标准
薪酬结构分析	不同的薪酬结构对员工具有不同的行为导向作用。如高比例的奖金通常具有绩效导向特征，高津贴则突出对技能的重视。通过薪酬调查，企业能够获得竞争企业薪酬结构的相关信息，对完善本企业薪酬结构、提高薪酬的激励水平大有裨益
年度工资调整	薪酬报告的另外一个作用是指导企业进行年度工资调整。大多数企业每年会对员工工资进行一次统一调整。调整的比例要参考三个因素，即物价指数、市场值和公司的运营状况。其中，市场值来源于参加调查的公司所提供的年度工资调整的预计比率

(二)应用薪酬调查结果需注意的六个问题

企业人力资源工作者和薪酬管理人员在应用薪酬调查结果时应注意以下六个问题。

(1) 对职位的描述是否清楚。进行薪酬调查，必须对所调查职位进行明确而清楚的描述。在应用调查结果时，应将调查所提供的职位描述与公司相应的职位进行比较，当两者的重合度较高时，其参考价值相对较高。

(2) 调查数据是否最新。

(3) 劳动力市场选择是否合适。

(4) 哪些公司参与了薪酬调查。参与调查的公司最好是本公司在人才、产品和市场等方面的竞争对手，这样既可以了解市场同类职位的薪酬水平、确保公司的薪酬方案具有外部竞争力，又可以大体了解同行业的劳动成本支出情况。

(5) 是否报告了数据处理方法。对同样的数据采用不同的统计处理方法，得到的结果可能不同。因此，在应用薪酬调查结果时必须明确其数据分析方法。

(6) 是否报告了数据收集方法。数据收集是薪酬调查中的重要一环。在应用薪酬调查结果时应了解该报告是通过什么方式来获取信息的，进而大体判断其薪酬调查结果的准确性和可靠性。

本 章 小 结

本章首先对薪酬调查及相关概念进行了界定，指出薪酬调查的构成因素及过程，并阐述了薪酬调查的基本方法。在对薪酬调查的工作步骤和常用方法进行描述的基础上，概述了薪酬调查的基本应用性。最后指出了薪酬调查应用中应注意的问题及提高调查有效性的途径。

自 测 题

1. 什么是薪酬调查？薪酬调查有何重要作用？
2. 简述薪酬调查的基本过程。
3. 如何正确处理调查问卷？

案例分析

内容见二维码。

案例 1：员工薪酬调查问卷
案例 2：2006 年薪酬调查报告分析

阅读资料

内容见二维码。

阅读资料 3.docx

第四章　企业薪酬体系设计

【学习目标】

通过本章的学习，使学生了解企业薪酬设计的原则、薪酬结构及水平策略，掌握基于3P的薪酬体系设计原理及方法并进一步掌握宽带薪酬体系设计方法。

【关键概念】

薪酬体系(compensation system)　薪酬结构(compensation structure)　薪酬水平(compensation level)　宽带薪酬(compensation broadband)

【引导案例】

戴尔企业的绩效考核与薪酬

绩效管理其实并不是什么新鲜的管理手段，它早已经被众多管理正规的IT企业运用在自己的人力资源管理工作中。不过，只要稍稍转换一下思路，你就会发现，即使是对于传统的绩效管理来说，其仍然还有很多潜力可挖。

绩效评估时，主管代表企业与员工讨论职业生涯规划，填写个人发展计划，这些满足了员工对长远发展的需要，但员工还需要实际的激励，这就是薪酬和奖励体系。员工应该为自己的努力和创新得到激励，包括加薪、奖金、销售提成甚至是企业奖励的旅游。这样的奖励和认可远远超过普通的金钱奖励。

并非任何企业刚进入市场的时候，都采取像戴尔一样的策略。戴尔凭借全球的技术、资金、品牌和独特的经营模式的优势，采取了积极的薪酬策略。

此时，戴尔希望能够找到业界顶尖企业的最优秀的销售人员，当时的薪酬定位是提供更高的薪酬以获得最优秀的人才。

在企业高速发展的时候，企业需要补充管理人员，这些人员最好从内部提拔，因此绩效考核的周期也缩短到每个季度，只要表现出众，很快就可以获得提升和加薪并承担更多的责任。一旦企业增长放缓，薪酬体系也要渐渐发生变化。一段时间后，戴尔的市场份额已经进入全国前三名，此时销售额已经不可能高速增长了，因此企业更注重利润和费用的控制。并且市场已经开拓出来，也不需要对销售人员要求那么高了。因此，企业调整薪酬定位为保持有竞争力的薪酬。绩效考核和加薪恢复到正常的以年度为周期，加薪幅度也大幅降低。招聘新员工的策略也发生了变化，不从竞争对手那里高薪抢夺人才，而是建立良好的培训体系，招聘年轻的销售人员并进行培养。随着老员工渐渐离开，薪酬水平大大降低。

奖金体系也与企业战略紧密相关，当企业希望在市场上获得较强的竞争力时，往往设置较高的奖金额度。奖金一般有提成和工资奖金两种形式。提成是激励程度更强的奖金方式，对于中小企业，在企业高速发展的时候，经常采用提成的方法。当市场趋于稳定时，企业的奖金比例就会适当下降。

积极的薪酬定位

- 期望业绩高速成长。
- 绩效管理周期短，迅速选拔人才。
- 以业界一流的薪酬体系吸引一流的顶尖人才。
- 年度平均薪酬的增幅较高。
- 奖金占收入的比例高。
- 中小企业的奖金采用提成方式。

稳健的薪酬定位

- 期望企业业绩平稳增长。
- 绩效管理周期长，员工发展以转职为主。
- 从社会或者学校招聘年轻、有潜力的员工，建立培训体系培养销售人员。
- 年度企业平均的薪酬增幅较低。
- 奖金占收入的比例低。

重赏之下必有勇夫

企业应该根据自身的实际情况，设计不同的薪酬和奖金体系。

1998年，戴尔计算机进入中国市场，为谋求高速扩张，企业采用了积极的激励策略。

首先，企业的销售部门采取与企业其他部门不同的薪酬体系，通过猎头企业重金从 IBM 和惠普这类业界领先的企业招聘进大量优秀的销售人才；其次，建立了非常积极的奖励体系，奖金以基本工资的30%计算，为了鼓励员工超额完成任务，超出100%部分的奖金以工资的两倍计算。

经过一年的高速增长，销售增长开始持平，企业挑选了新的总经理直接负责企业的销售业务。在他的第一个季度任期内没有完成任务，按照企业不成文的潜规则，如果第二个季度还完不成任务，他就只能自己去找工作了。这位总经理此时显示出了不同凡响的勇气。

他的前任也曾经面临同样的局面，当时采取的措施是控制费用、压缩开支，甚至将每个销售人员的通信费用的报销标准压缩一半，寄希望于达成费用指标和利润指标，但结果还是功亏一篑。

这位总经理顶住压力，不但不去削减销售成本，反而决定加大企业的奖励力度，以刺激销售团队的积极性。他提出从未有过的奖励计划：大抽奖。

企业承诺，当季度完成销售任务的员工就有机会抽取宝马轿车。企业提供的奖品共有两辆宝马轿车，十几辆帕萨特和赛欧轿车，以及一些劳力士手表。每个销售人员每超出业绩目标的1%就可以换取一张奖券，季度结束时，每个员工都可以凭借手中累计的奖券进行抽奖。他还先买回一辆宝马车，将这辆车放在企业的大门口，每个人每天都可以看见，这个奖励计划让所有的销售人员深受鼓舞和刺激，开始了疯狂的销售。

结果证明了他的智慧和勇气，在第二个季度里，他大大超额完成了任务。这位总经理不仅得到了员工的信赖，亚太区和全球的管理层也为他的魄力所折服。在他的带领下，戴尔在中国取得了满意的成绩。

薪水制度不能变，业绩怎么办？

缩短评估周期，加速对业绩优秀者的提升速度，就会起到意想不到的激励作用。

2000 年，总部派来了一位印度裔美国人 Rajeev 担任销售总监。第一次开会的时候，他拿出了一份销售报表。报表显示：戴尔中国企业的外部销售人员每个季度的人均销售额只有大约 700 万元人民币，而在戴尔美国企业，同样指标时大约 250 万美元，中方销售人员的人均销售额仅是美国销售人员的 1/3。

"我希望在两年内将人均季度销售额提高到 150 万美元。"会议结束时，他提出了要求。

"可是，一个美国销售人员的薪水至少是我们的五倍。"一位销售经理提出。

"好，如果从现在开始，将你们的薪水提高五倍，你们可以每个季度做到 250 万美元吗？"

"不可能，我们使用的是中国的薪水表，这不能变。"企业的薪水策略是保持在同类企业的前三名，戴尔委托咨询企业通过市场调查得出了薪水表，现在的薪水体系已经非常有竞争力了，不需要付更多的薪水。

"既然不能改变薪水，我们可以改变提升优秀员工的速度。" Rajeev 眼珠一转，想出了新主意。

企业通常是在年底进行行业绩计划和评估，现在，则不用等那么久。销售人员只要每个季度完成销售任务，并得到能力的认证，他就可以被提升。以一位最初级的销售人员为例，他的月薪是 5000 元，每个季度的销售任务是 500 万元，职务是销售代表。如果他在一个季度内完成了销售任务并且能力达到要求，就可以获得晋升。职位被晋升至高一级的客户经理，薪酬随之提高 40%，达到了 7000 元。同时，他的销售任务也要增加 30%，达到 650万元。

此后，每个季度都有一批销售人员获得提升、获得嘉奖和加薪，并开始承担更大的销售任务。这样就形成了一种良性的循环，销售人员提高销售业绩，得到企业认可，然后承担更大的任务。此外，企业加强了员工的能力培养和能力考核，每个季度都进行技术知识和销售技巧的考核。当然，还有更加强化的销售过程的管理。

(资料来源: 阎大海. 薪酬管理与设计[M]. 北京: 中国纺织出版社, 2007)

一、企业薪酬体系设计流程与原则

企业薪酬设计导向反映了企业的分配哲学，即主要依据什么原则确定员工的薪酬。组织的薪酬设计主要包括两个方面：一是设计薪酬的纵向结构，即确定组织内各个不同职位、不同能力员工的薪酬等级和标准；二是设计薪酬的横向结构，即确定构成员工薪酬的各种薪酬形式，如基本薪酬、薪酬激励、福利津贴的比例等。

(一)薪酬体系设计流程

一般来讲，企业薪酬体系设计可以划分为七个基本步骤。

(1) 制定薪酬策略。首先是明确企业的总体战略。这也是企业文化的一部分内容，是以后诸多环节的前提，对以后的各项工作起着重要的指导作用。它包括对员工本性的认识(人性观)、对员工总体价值的评价、对管理骨干及高级专业人才所起作用的估计等这类核心价值观，以及由此衍生的有关薪资分配的政策和策略，如薪资等级间差异的大小、薪资及奖励与福利费用的分配比例等。

(2) 市场薪酬调查。主要指地区及行业的调查。这项活动主要需研究两个问题，即调查什么；怎样去调查和收集数据。调查的内容，当然首先是本地区、本行业，尤其是主要竞争对手的薪资状况。参照同行业或同地区其他企业的现有薪资来调整本企业对应工作的薪资，以保证企业薪资制度的外在公平性。

(3) 职务分析与工作评价。职务分析又称工作分析，其任务是进行组织结构设计并编写职务说明书；工作评价则是确定薪酬因素，选择评价方法，大多数观点把这两块分开表述。这是薪资制度建立的依据，这一活动将产生企业的组织机构系统图及其中所有工作说明与规格等文件。这是上述过程中保证内在公平的关键一步，要以必要的精确性，以具体的金额来表示每一职务对本企业的相对价值，此价值反映了企业对各工作承担者的要求。需要指出的是，这些用来表示工作相对价值的金额，并不就是各个工作承担者真正的薪资，那是经过五个步骤，融入了外在公平性后，在第六个步骤"薪资分级与定薪"完成的。

(4) 薪资结构设计。经过工作评价这一步骤，无论采用哪种方法，总可得到表明每一项工作对本企业相对价值的顺序、等级，分数或象征性的金额。工作的完成难度越高，对本企业的贡献也越大，对企业的重要性也就越大，就意味着它的相对价值越大。使企业内所有工作的薪资都按同一的贡献律原则定薪，便保证了企业薪资制度的内在公平性。但找出了这样的理论上的价值后，还必须据此转换成实际的薪资值，才能有使用价值。这便需要进行薪资结构设计。所谓薪资结构，是指一个企业的组织机构中各项职位的相对价值及其对应的实付薪资间保持着什么样的关系。这种关系不是随意的，是服从以某种原则为依据的一定规律的。这种关系和规律通常多以"薪资结构线"来表示，因为这种方式更直观、更清晰，更易于分析和控制，也易于理解。

(5) 薪资分级和定薪。确定薪酬水平，主要内容是薪酬范围级数值的确定。这一步骤是指在工作评价后，企业根据其确定的薪资结构线，将众多类型的职务薪资归并组合成若干等级，形成一个薪资等级(或称职级)系列。通过这一步骤，就可以确定企业内每一职务具体的薪资范围，保证职工个人的公平性。

(6) 薪资制度的控制与管理。企业薪资制度一经建立，如何投入正常运作并对之实行适当的控制与管理，使其发挥应有的功能，是一个相当复杂的问题，也是一项长期的工作。

案例 4-1　XX 公司的薪酬设计

××公司是一家合资公司，成立于 1995 年，目前是中国最重要的中央空调和机房空调产品生产销售厂商之一。公司现有员工 300 余人，在全国有 17 个办事处，随着销售额的不断上升和人员规模的不断扩大，企业整体管理水平也需要提升。

公司在人力资源管理方面起步较晚，原有的基础比较薄弱，尚未形成科学的体系，尤其是薪酬福利方面的问题更加突出。在早期，人员较少，单凭领导一双眼、一支笔倒还可以分清楚给谁多少工资，但人员激增后，只靠过去的老办法显然不灵，这样做带有很大的个人色彩，公平性、公正性、对外的竞争性就更谈不上了。因此，管理层聘请某企业就其薪酬体系进行系统设计。

分析：

某企业管理顾问经过系统的分析诊断就公司现在的薪酬管理所存在的问题进行整理，认为该公司在这方面存在的主要问题有：一是薪酬分配原则不明晰，内部不公平。不同职位之间、不同个人之间的薪酬差别，基本上是凭感觉来确定。二是不能准确了解外部特别是同行业的薪酬水平，无法准确定位薪酬整体水平。给谁加薪、加多少，老板和员工心里都没底。三是薪酬结构和福利项目有待进一步合理化。固定工资、浮动工资、奖金的比例到底如何？如何有效地设立保险和福利项目？这些需要细化。四是需要制定统一的薪酬政策。

某企业管理顾问认为，解决薪酬分配问题，需要一系列步骤：首先需要有职位说明书以作为公司人力资源管理的基础。其次，在职位说明的基础上，对职位所具有的特性进行重要性评价，依据国际上被广泛使用的最权威的评估方法之一对公司的职位等级进行评定，最终形成公司职级图。再次，委托专门的薪酬调查公司就同行业、同类别、同性质公司的薪酬水平进行调查，获得薪酬市场数据。另外，依据公司职级图、薪资调查的数据、公司的业务状况以及实际支付能力，对公司的薪酬体系进行设计，此项工作内容包括确定薪酬结构、制定不同人员的薪酬分配办法和薪酬调整办法、测算人力成本等。最后形成公司可执行、公布的薪酬政策。经过双方的紧密配合以及积极务实的工作方法，公司领导对最终形成的方案十分满意，因为其再也不用为每月发工资这件事头疼了，薪酬分配政策的公平性，也消除了员工之间的猜疑，增强了其工作热情。

(资料来源：http://www.ehr800.com/Article/view.asp?cid=7&vid=2104)

(二)薪酬设计原则

一个合理的薪酬体系不但可以充分体现岗位要求和员工价值，还可以起到良好的激励、督促作用，有助于企业更有效地实现战略目标。企业进行薪酬设计时要考虑组织外部和内部各种环境因素的影响，在设计的过程中必须遵循一定的原则，具体表现为以下几个方面。

1. 公平原则

企业员工对薪酬多少以及薪酬发放是否有公正的认识与判断，是建立薪酬制度必须考虑的因素。公平不是绝对的，它与人的主观感受相关。因此公平不仅仅是结果的公平，更要关注过程的公平。

一般而言，薪酬制度的公平性体现在以下三个方面。

(1) 外部公平性。它强调企业在建立薪酬制度时必须考虑到同行业薪酬市场的薪酬水平和竞争对手的薪酬水平，保证企业的薪酬水平在市场上具有一定的竞争力，能充分吸引和留住企业发展所需的关键性人才。因此，有效的薪酬制度必须保证能够吸引、维系一支高质量的员工队伍，否则就会导致员工素质下降，流动率增加，工作积极性下降，甚至会影响企业的兴衰成败。

(2) 内部公平性。即员工之间的薪酬公平，同一组织中不同职务所获薪酬有一个匀称的比例关系，体现为不同员工之间所获薪酬与其贡献和绩效成正比。内部公正性原则是斯密公平理论在薪酬设计中的运用，它强调企业在设计薪酬时要"一碗水端平"。员工关注一家企业内部不同工作之间的薪酬对比问题，其会将自己的薪酬与比自己低的级别、高的级别、不同技能类别及不同职能部门相同级别的薪酬进行对比。内部公平性会影响到员工之间的合作、员工的工作态度及对企业的忠诚度。

(3) 个人公平性。员工会将自己所获得的薪酬与其自身在工作中付出的努力相比较。如果企业支付的薪酬与员工个人的努力及其工作结果相关性很小，那么那些积极工作、有着良好表现和较高工作绩效的员工就会产生不公平感，挫伤他们的积极性，甚至会导致离职率的增加。因此，有效的薪酬设计应同员工的绩效及个人能力等联系起来，不要刻意追求公平。绝对公平是不存在的，这就要求企业努力营造出相对公平的环境，同时，不断完善薪酬制度，使之更好地体现公平性。

公平理论可以较好地解释员工如何感觉薪酬制度设计公平与否的心理过程。从下面的公式中可以看出，当员工感觉不公平时，会以"比较对象"的工作方式为"模范"，即工作上表现为减少对工作的投入，降低个人的工作效率，采取消极抵制的工作态度。当员工感觉公平时，员工满意感增强，对企业的忠诚度也会随之增强，工作行为表现为热情高效，积极乐观，富于团队合作与奉献精神。

$$K_1 = \frac{\text{IP(员工对自身收入的感受)}}{\text{OP(员工对自身工作投入的感受)}}$$

$$K_1 = \frac{\text{IO(员工对比较对象收入的感受)}}{\text{OO(员工对比较对象工作投入的感受)}}$$

说明：K_1——投入与收入心理平衡比，比例越大，心理越满意；

K_2——对比心理平衡比，数值为 1 时，心理感觉最公平。

$K_1 = K_2$　感觉公平；

$K_1 > K_2$　多报酬，不公平；

$K_1 < K_2$　少报酬，不公平。

2. 竞争原则

当今企业之间的竞争不再是单纯的设备的竞争，亦包括人才的竞争。人才的竞争已经成为市场竞争的焦点。薪酬制度设计的目的之一就是为本企业吸引到优秀的人才，促进企业的发展。为此，企业的薪酬制度必须具有足够的竞争力和吸引力，以战胜竞争对手，招聘到宝贵的人才，并长久地留住他们。

企业要想拥有真正的人才，必须制定出一套对人才具有吸引力并在行业中具有竞争优势的薪酬制度。如果企业制定的薪资水平太低，那么必然在与其他企业的人才竞争中处于劣势，甚至连本企业的优秀人才也会流失。亚当·斯密在很早以前就强调以市场力量来影响薪酬结构。早期的理论侧重于从劳动力供给方面考虑薪酬结构。19 世纪后期，面对日益提高的薪酬水平，新的理论开始研究劳动力需求，著名的边际生产力理论便是其中之一。影响薪酬结构的市场因素包括市场薪酬水平、市场人才供给与需求情况、竞争对手的薪酬政策与薪酬水平、企业所在市场的特点与竞争态势等。

企业究竟要付出多大的成本才能制定出具有竞争力和吸引力的薪酬制度，要视企业财力、市场人才供需状况等因素而定。一般来说，企业的薪酬标准至少要等于或高于市场行情，才能具有一定竞争力去吸引优秀人才。

3. 激励原则

有效的薪酬制度能够刺激员工努力工作，提高绩效。由于各职务对企业的重要性、任职资格条件及工作环境等不同，因而较为平均的分配会影响某些重要岗位员工的工作积极性。如果企业内部员工的薪酬与个人努力、个人对企业的贡献之间的匹配性不强，没有起到很好的激励作用，就会引起员工不满的情绪。因此，要反对平均主义分配，薪酬分配应适度向高职位、关键人才及市场供给短缺人才倾斜，同时，要适当地拉开薪酬差距，对绩效高的员工提供更高的薪酬。

薪酬设计必须适应组织的人力资源政策并为之服务，如实行以职位晋升作为激励手段的政策，就要求保持薪酬等级有足够的差距；如实行以不断提高技能作为激励手段的政策，则要求提高技能工资的比例。这里涉及企业薪酬(人力资源投入)与激励效果(产出)之间的比例关系，企业在设计薪酬策略时要充分考虑各种因素，使薪酬的支付能获得最大的激励效果。

一方面，激励性原则要求企业在薪酬设计的时候在结构上尽可能地满足员工的实际需要。由于不同的员工其需求不同，相同的激励措施获得的激励效果也不尽相同。即使同一位员工，在不同的时间或环境下，也会有不同的需求。另一方面，激励原则要求企业在内部各类、各级别的薪酬水平上要适当拉开差距，真正体现按能力、按绩效分配原则。

4. 经济原则

薪酬设计的经济原则强调企业设计薪酬时必须充分考虑企业自身发展的特点和支付能力。它包括两个方面的含义：从短期来看，企业的销售收入扣除各项非人工费用和成本后，要能够支付企业所有员工的薪酬；从长期来看，企业在支付所有员工的薪酬及补偿所用非人工费用和成本后要有盈余，这样才能支撑企业追加和扩大投资，获得可持续发展。

人力成本还与企业的成本构成以及所处的行业性质有关。在人力成本占企业总成本比例较高的劳动密集型企业，经济原则对企业薪酬超标准的制约力量较强，以控制企业产品的成本处于一个较低水平；而在人力成本占企业总成本比例较低的一些资本密集型、技术密集型企业，适当提高员工的薪酬水平对企业总体经营压力的影响并不大，而且，这些企业的生存和发展也通常比劳动密集型企业更依赖于核心人力资源的工作积极性和创造性。

经济原则与竞争原则和激励原则三者是对立统一的关系。当三者同时作用于企业时，竞争原则和激励原则是受到经济原则制约的，因为管理者所考虑的不仅仅是薪酬系统的吸引力和激励性，也会考虑企业财力大小、承受能力大小等问题。

提高企业的薪酬标准，虽然可以提高竞争力，增强激励性，但同时不可避免地会导致人力成本的上升。要降低人力成本，需要合理配置劳动力资源。劳动力资源数量过剩或资源配置过高，都会导致人力成本的上升。一般来讲，劳动力资源配置存在以下三种形态，企业需要的是配置合理状态。[①]

$$A_1=A_2,\ E_1=E_2 \qquad 配置合理经济$$
$$A_1>A_2,\ E_1>E_2 \qquad 配置过高,资源浪费不经济$$
$$A_1<A_2,\ E_1<E_2 \qquad 配置过低,资源紧张不经济$$

说明：A_1——劳动力资源的数量需求；

A_2——劳动力资源的数量配置；

E_1——劳动力资源的能力需求；

E_2——劳动力资源的能力配置。

---

① 资源来源：杨剑，白云，朱晓红，等. 激励导向的薪酬设计[M]. 北京：中国纺织出版社，2002

5．战略导向原则

薪酬设计的战略导向原则，是指将企业薪酬体系的构建与企业发展战略有机地结合，使薪酬成为实现企业发展战略的重要杠杆。它强调企业设计薪酬时必须从企业战略角度进行分析，构建的薪酬结构要能体现企业发展战略的要求。所以，在进行薪酬制度设计的过程中，一方面要时刻关注企业的战略需求，要通过薪酬制度设计反映企业的战略规划；另一方面要把企业战略转化为对员工的期望和要求，并进一步转化为对员工的薪酬激励。

企业设计薪酬时，必须分析哪些因素重要，哪些因素不重要，并通过一定的价值标准，赋予这些因素一定的权重，同时确定它们的价值分配即薪酬标准。依据薪酬设计的战略导向原则，企业可以为核心人力资源设计较高的薪酬水平，也可以单独把这类员工纳入一个专门的薪酬体系，实行与其他系列不同的薪酬政策。

企业在薪酬设计时必须充分考虑自身的发展战略，这与战略导向原则是一致的。薪酬设计还必须结合企业自身的发展阶段，不同的阶段对薪酬策略的要求是不一样的。

在创立期，企业的薪酬政策关注的是易操作性和激励性，表现为非常个人化的随机性报酬，在薪酬评价上以主观为主，总裁拥有较大的决策权；处于高速成长期的企业，在制定薪酬政策时，必须考虑到薪酬的激励作用，这个时候设计的薪酬中工资较高，奖金也相对非常高，长期报酬和福利水平也比较高；但如果企业处于平稳发展期或者衰退期时，制定薪酬政策就又不一样了。制定薪酬策略，应从企业总体发展战略出发，根据企业文化、不同的发展战略、不同的市场地位和发展阶段，选择不同的薪酬策略，达到有力地支持企业总体发展的目的。薪酬策略与企业发展战略的关系如表 4-1 所示。

表 4-1　薪酬策略与企业发展战略的关系

发展战略	企业发展阶段	薪酬策略	薪酬水平	薪酬结构类型	
				性　质	薪酬结构
以投资促进发展	合并或迅速发展阶段	以业绩为主	高于平均水平的薪酬与高、中等个人绩效奖相结合	高弹性	以绩效为导向
保持利润与保护市场	正常发展至成熟阶段	薪酬管理技巧	平均水平的薪酬与中等个人、班组或企业绩效奖相结合	高弹性	以绩效为导向
				高稳定	年功工资
				折中	以能力为导向 以工作为导向 综合薪酬
收获利润并向别处投资	无发展或衰退阶段	着重成本控制	低于平均水平的薪酬与刺激成本控制的适当奖励相结合	高弹性	以绩效为导向
				折中	以能力为导向 以工作为导向 组合薪酬

6．合法原则

合法原则是指企业的薪酬制度必须符合现行的法律。薪酬制度要遵守国家相关政策、法律法规和企业一系列管理制度。如果企业的薪酬系统与现行的国家政策和法律法规、企业管理制度不相符合，则企业的薪酬制度是无法实施的。

(三)企业薪酬体系设计应注意的问题

建立现代薪酬管理制度是一项艰巨而又复杂的系统工程，除了要对现代企业薪酬制度有全面深入的了解外，还要掌握一套科学有效的方法。不同企业薪酬管理的特点不同，同一企业在不同的发展阶段，薪酬管理也各有不同之处。但任何企业，在其发展的任何一个阶段，薪酬管理体系设计都应注意以下几个方面的问题。

(1) 薪酬管理策略可驱动企业战略目标的实现。现代企业必须根据不同发展阶段和内外部环境制定竞争战略，而企业竞争战略的实现则依赖于包括人力资源、营销、研发、生产以及财务管理等在内的各职能战略目标的实现。企业的薪酬管理是人力资源管理的重要组成部分，企业薪酬管理策略应根据企业在某个特定发展阶段的人力资源管理战略目标制定。有效的薪酬体系必须能够驱动人力资源管理战略目标的实现，从而使企业薪酬制度成为实现企业整体战略目标的成功因素之一。因此，企业战略目标的分解应作为考核员工薪酬激励的重点，企业实现战略目标应具备的关键因素要与企业薪酬制度联系起来。

(2) 薪酬结构应具有可控性。薪酬结构指员工薪酬的各构成项目及各自所占的比例。企业员工的薪酬构成一般可分为基本工资、绩效工资、津贴、福利等，薪酬的构成项目及各自所占的比例不同，即使总量一样，也会对员工产生不同的激励作用，并且对企业也会产生不同的功效。这是因为薪酬具有差异性和刚性。就薪酬的差异性而言，不同员工之间基本工资和绩效工资的水平差异明显高于津贴和福利；就薪酬的刚性而言，基本工资和福利主要属于企业的固定人力成本，一般缺乏弹性，而绩效工资和部分津贴属变动人力成本，其刚性较低。因此，企业应根据实际情况，考虑企业特点来进行选择。同一企业在不同的发展阶段，其薪酬构成项目和比例可以有所不同；同一企业内从事不同性质工作的员工或同一企业内岗位等级不同的员工，其薪酬构成项目和比例也可以有所不同。

(3) 薪酬体系运作的过程应公平。薪酬体系运作过程的公平，与依赖薪酬结果来体现公平性的比较方式不同。过程是否公平很大程度上影响到一个企业薪酬体制能否具备公平性，会直接对薪酬结果的公平性起作用。如果薪酬体系公平运作，将会对薪酬结果的公平性起到弥补性作用，而不公平的运作对薪酬结果的公平性则会起到负面的削弱作用。企业薪酬体系运作过程的公平性，与企业的企业文化、薪酬体系的公开程度、管理者与员工之间的沟通、薪酬决策中员工的参与、员工上诉体系等密切相关。企业的企业文化是薪酬机制所依赖的运作环境，薪酬机制的公开性往往有利于企业的薪酬达到预期的目的，薪酬设计人员主动地从员工那里获得信息、员工参与薪酬决策、建立不公平申诉机制等都对薪酬体系公平性起到一定的促进作用。

二、企业薪酬结构模式和薪酬水平模式

(一)企业薪酬结构模式

薪酬策略以一定的结构为基础，薪酬结构从宏观上讲，主要是指企业总体薪酬中固定部分薪酬(主要指基本工资)和浮动部分薪酬(主要指奖金和绩效薪酬)所占的比例。比例大小不同，所体现的薪酬设计策略也有很大的差异。一般来说，薪酬结构模式可以根据差异性

和稳定性来进行分类，详见图 4-1 所示。

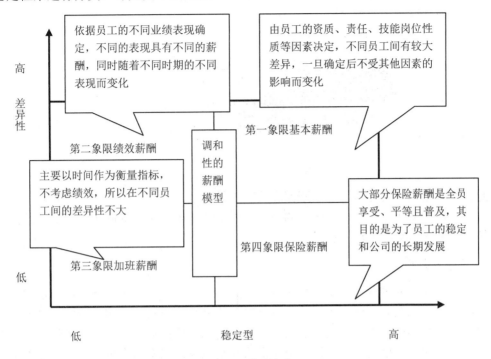

图 4-1　薪酬方格

1. 高弹性薪酬模式

这种模式中激励薪酬是主要组成部分，基本薪酬等处于次要的地位，所占比例非常低，如图 4-2 所示。由于激励薪酬占比较大，一定时期内员工的薪酬变化可能较大，员工能获得多少薪酬完全依赖于工作绩效的好坏，当员工的绩效非常优秀时，薪酬非常高；而当绩效非常差时，薪酬则非常低甚至为零，因此这种薪酬模式激励性很强。但此种薪酬结构的设计偏向于低刚性和高差异性组合，固定人力成本支出低，但员工收入波动大，员工对组织缺乏安全感和寄托感，易产生短期行为。企业在选择高弹性薪酬模式时应该根据员工的特点，根据他们对风险的偏好程度有针对性地选用。

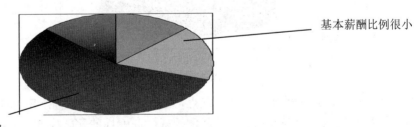

图 4-2　高弹性薪酬模式

2. 高稳定薪酬模式

这是一种稳定性很强的薪酬模型，基本薪酬是这种薪酬结构模式的主要组成部分，激励薪酬等处于非常次要的地位，所占的比例非常低(甚至为零)，如图 4-3 所示。即薪酬中固定部分比例比较高，而浮动部分比较低。在这种薪酬模型下，员工的收入非常稳定，几乎不用努力就能获得全额的薪酬。

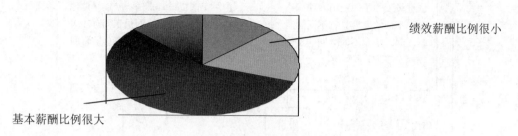

绩效薪酬比例很小

基本薪酬比例很大

图 4-3　高稳定薪酬模式

此种薪酬结构的设计偏向于高刚性和较高差异性的组合，员工的安全感和对组织的忠诚度较强，员工队伍较稳定，但薪酬的激励功能较低，组织承担的固定人力成本较高，已不太符合薪酬管理发展的时代潮流。

3. 折中薪酬模式

这是一种既有激励性又有稳定性的薪酬模式，绩效薪酬和基本薪酬各占一定的比例，如图 4-4 所示。当两者比例不断调整和变化时，这种薪酬模式可以演变为以激励为主的模式，也可以演变为以稳定为主的薪酬模式。此种薪酬结构的设计偏向于适度弹性和适度差异性，薪酬分配中注重员工的业绩、个人资历和组织经营状况的有机统一。合理确定薪酬结构中基本薪酬、激励工资、保险福利和津贴的组合比例，在激励工资中，把长期的激励形式与短期的激励形式结合起来，使薪酬结构既有较强的激励功能，又有相对的稳定性，使员工既有安全感，又能从自身利益出发关注自己的工作业绩和组织的长远发展，它结合了前两种模式的优点，因此为大多数企业所钟爱。但要同时达到这两点，并不是简单地调整各组成部分所占的比例就能实现的，有时需要增加薪酬的绝对数量，而这会使企业成本增加。同时，这种薪酬方案的设计和管理也需要花费较大的精力和财力。

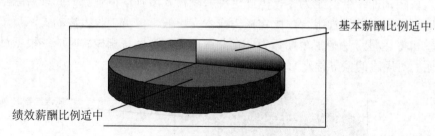

基本薪酬比例适中

绩效薪酬比例适中

图 4-4　折中薪酬模式

由于各种薪酬结构模式都有其优缺点，适用的人群也不尽相同，如收入水平较低、家庭负担较重的员工可能偏爱稳定性的薪酬模式，高弹性的薪酬模式不但不能起到应有的激励作用，相反还可能使员工缺乏安全感，产生离开企业的念头；而富于挑战，追求自我展现和自身价值实现的员工可能偏爱高弹性的薪酬模式。所以，企业应该根据不同员工的特点决定其模式的采用。同时，在选择薪酬模式时，企业还应考虑本企业自身的特点和所处的发展阶段。

三种薪酬模式的比较见表 4-2。

表 4-2　三种薪酬模式的比较

	高弹性薪酬模式	折中模式	高稳定薪酬模式
特点	绩效薪酬是薪酬结构的主要组成部分，基本薪酬等处于次要的地位，所占的比例非常低(甚至为零)	绩效薪酬和基本薪酬各占一定比例	基本薪酬是薪酬结构的主要组成部分，绩效薪酬等处于次要的地位，所占的比例非常低(甚至为零)
适用条件	企业员工工作热情不高，员工流失率较大，绩效提升空间较大的岗位	适用面比较广泛	企业员工工作热情较高，人员流动率不大，绩效提升空间较小的岗位
优点	对员工的激励性很强，员工的薪酬完全依赖于其工作绩效的好坏	对员工既有激励性又使之有安全感	员工收入波动很小，安全感很强
缺点	员工收入波动大，缺乏安全感及保障	必须构建科学合理的薪酬系统	缺乏激励功能，容易导致员工懒惰

(二)企业薪酬水平模式

薪酬水平是指企业内部各类职位和人员平均薪酬的高低状况，它反映了企业薪酬的外部竞争性。薪酬水平反映了企业薪酬相对于当地市场薪酬行情和竞争对手薪酬绝对值的高低。它对员工的吸引力和企业的薪酬竞争力有着直接的影响，其数学公式为薪酬水平=薪酬总额/在业的员工人数。

1. 领先型薪酬策略

领先型薪酬策略是采取本组织的薪酬水平高于竞争对手或市场薪酬水平的策略。这种薪酬策略以高薪为代价，在吸引和留住员工方面都具有明显优势，并且可将员工对薪酬的不满降到相当低的程度。

2. 跟随型薪酬策略

跟随型薪酬策略是力图使本组织的薪酬成本接近竞争对手的薪酬成本，使本组织吸纳员工的能力接近竞争对手吸纳员工的能力。跟随型薪酬策略是企业最常用的策略，也是目前大多数组织所采用的策略。

3. 成本导向型薪酬策略

成本导向型薪酬策略是采取本组织的薪酬水平低于竞争对手或市场薪酬水平的策略。采用成本导向型薪酬策略的企业，大多处于竞争性的产品市场上，边际利润率比较低，成本承受能力很弱。受产品市场上较低的利润率所限制，没有能力为员工提供高水平的薪酬，是企业实施成本导向型薪酬策略的一个主要原因。当然，有些时候，成本导向型薪酬策略的实施者并非真的没有支付能力，而是没有支付意愿。

4. 混合型薪酬策略

所谓混合型薪酬策略，是指企业在确定薪酬水平时，是根据职位的类型或者员工的类型来分别制定不同的薪酬水平决策，而不是对所有的职位和员工均采用相同的薪酬水平定位。比如，有些公司针对不同的职位族做出不同的薪酬决策，对核心职位族采取市场领袖型的薪酬策略，而在其他职位族中采用市场跟随型或相对滞后的成本导向型基本薪酬策略。

总而言之，对企业里的关键人员如高级管理人员、技术人员，提供高于市场水平的薪酬，对普通员工实施跟随型薪酬政策，对那些在劳动力市场上随时可以找到替代者的员工提供低于市场价格的薪酬，这种薪酬结构体系比较常见。此外，有些公司还在不同的薪酬构成部分之间实行不同的薪酬政策。比如，在总薪酬的市场价值方面处于高于市场的竞争性地位，在基本薪酬方面处于稍微低一点的落后地位，同时在激励性薪酬方面则处于比平均水平高很多的领先地位。

案例4-2　福特企业的减时增薪

加薪、减薪或者改变劳动时间而不增加薪酬都属于薪酬调整的方式。薪酬支付也随着薪酬的调整而变化。薪酬支付是随着员工个人事业生命周期和企业生命周期的演进与互动而改变的。薪酬系统是否有效取决于薪酬支付的变化是否足够灵活。

"汽车大王"福特是如何做出减时加薪的决策的呢？

福特汽车企业自1908年10月上市的T型车，到1913年为止，共计生产了近20万辆，全部销售一空，而市场依然供不应求，T型车成了市场上的抢手货。

1914年年初的一个周末下午，亨利·福特由他刚满20岁的独生子埃德赛尔·福特陪着，到工厂巡视，因为工厂在不断地扩大生产规模，努力提高产量，员工们连星期天也照常上班。

出了工厂，埃德赛尔无限忧虑地对父亲说："爸爸，工人们看您的眼神好像不太对劲。您常与他们沟通吗？"福特经儿子一提醒，忽有所觉，"我也有点奇怪。只是现在工作太忙，我很少与他们交谈了。工人们有什么反应吗？"

埃德赛尔顿了顿："虽然T型车十分畅销，但是员工们的情绪低落了，毕竟员工们不是机器，机器也要时时加油。他们都有家庭、老婆、孩子，但为了生存，他们不得不把时间花在工厂里，难免对工厂的劳动制度有所不满。"

"有所不满？难道激进分子也潜入工厂，准备起来闹事了吗？"因为当时正是员工反对剥削而纷纷起来罢工、游行的高峰期，福特不得不十分警惕。

"不是的，但您最好问问主管人苏伦森。"埃德赛尔说。

苏伦森是个工作狂，他一周干6天，白天不休息，晚上还要熬至深夜，星期天、节假日也很少休息。他要求员工们也如此，经常武断地要求员工加班加点。员工们对这种夜以继日的劳动制度早已不满，在这生产的高峰期里，工人们快到了无法忍受的地步。

尽管苏伦森在福特眼里是一个十分出色的管理人员，但一想到这里，福特真的意识到问题的严重性了。

第二天是星期天，福特突然做出决定：所有管理人员停止休假，召开紧急会议。

人员到齐后，福特首先问苏伦森："现在工厂的平均工资是多少？"

"一天2美元。"苏伦森随口说道。

"上个星期的利润超过很多，红利达到20000%(股东资金的200倍)，这个你知道吧！需要把工资提高些。"

"那么……2.5 美元吧！够高的。"苏伦森说。

"太少，不行。"福特双手叉腰，若有所思地说。

然后，苏伦森把工资定在 3 美元上。这时，与会者议论纷纷，有的赞成，因为高薪能买来平安，使工人安心工作，继续不断扩大福特企业规模，着眼点在长远；有的表示反对，因为高薪会引起同行们的反感，弄不好会弄巧成拙。

最后，福特说话了："从明天起，福特企业的最低薪资上升为每天 5 美元！""5 美元！"许多人张大了嘴巴："您是想把今年所得利润一半分给员工？""是的，把股东红利拿出一半来，这事只谈到这里，我们再讨论一下工时改革，每天工作 10 小时强度太大，我想尝试一下 8 小时工作制，怎么样？"这个意见得到一致赞同。两个决定很快实施了。

第二天，《纽约时报》上登载了这样一段话："亨利·福特提出日薪 5 美元的最低薪资，同时提出一天 8 小时工作制……这是美国工业史上的大革命，这个革命风暴势必对欧洲产生很大的影响……"

而《纽约时报》社长欧克斯讽刺地说："福特这个乡巴佬恐怕是疯了！说明一天 5 美元！现在是产业革命时代，他这么做，简直是疯了！"

许多人也在底特律市发起了几百人的集会，指责福特采取的日薪 5 美元的做法是一种欺骗性策略，目的不是保护劳动，而是避免罢工……

面对铺天盖地的指责，福特仍义无反顾地实行他的日薪 5 美元、8 小时工作制。

不仅如此，他还积极改善员工的福利待遇，把全厂 15 000 名员工看作一个大家庭成员，给予每个人生活上的关心照顾。工人们自然非常感激企业，更加努力地工作。

正是由于福特果断地减时增薪，使福特企业的业务如日中天。

（资料来源：阎大海. 薪酬管理与设计[M]. 北京：中国纺织出版社，2007）

(三)企业生命周期与薪酬水平策略

企业生命周期理论将企业发展过程划分为若干个阶段，一般要经历创业、高速增长、成熟平稳、衰退和企业再造阶段。在薪酬管理过程中，企业如何根据这一规律选择薪酬水平策略，直接影响着企业的生存和发展。

1. 创业阶段薪酬水平策略选择

企业在创业阶段，员工人数少，企业利润少，员工这时不会有什么过高的要求，唯一的愿望是企业能够生存下去。国家对处于创业阶段的企业管理也很宽松，各地区都在鼓励创业，所以受政府政策的影响也很小，谈不上最低工资和工资歧视等问题，更没有企业工会的谈判要求。所以，创业阶段的企业可以采用低于标杆企业薪酬水平的薪酬水平滞后策略，尽量降低人力成本，将有限的资金用于扩大生产经营。实际操作中，在处理作为薪酬核心部分的基本薪酬、奖金和福利三个板块时，福利和基本薪酬由于所具有的特性而应尽量降低，而奖金应尽量与市场持平，且宜采用长期激励的方式，而不宜采用短期激励的方式，因为短期激励一是占用企业有限的发展资金，二是起不到相应的作用，反而可能会导致员工过早地关注自身利益。企业应以精神激励为主，鼓励大家"向前看"，且许以相应的承诺。

2.高速增长阶段薪酬水平策略选择

高速增长阶段是企业最易出现问题的阶段，这时企业已有一定的经济实力，已挖到了第一桶金，有了相当的利润和经济效益，创业者的享乐主义开始滋生，员工也不会再像创业阶段那样不求索取只讲贡献了，正如马克思所说："人们奋斗所争取的一切，都同他们的利益有关。"这时，企业应选择薪酬水平领先策略，支付高于标杆企业的薪酬，以激励员工和吸引所需的大量高素质人才，而高素质人才是高投资形成的，他们需要更高的投资回报。在实施过程中，基本薪酬由于其所具有的刚性，应与标杆企业薪酬水平持平。奖金因灵活性较大，企业可以采用更高的奖金，并让员工享有较好的福利，从而使企业的薪酬水平高于市场竞争对手。

3.成熟平稳阶段薪酬水平策略选择

企业一旦度过最容易出问题的"山穷水尽"阶段，迎来的就是"柳岸花明"的"春天"。当企业处于成熟平稳发展阶段时，员工考虑更多的是长远、稳定的工作和由此带来的长期收益，而不像企业高速增长阶段的不确定性给员工收益带来的难以预测的风险性，使员工更注重短期的薪酬收入。所以，成熟平稳阶段的企业，可以选择薪酬水平跟随策略，与市场竞争对手薪酬水平相当，以保证企业员工享受与标杆企业员工同等的待遇。处于企业生命周期成熟平稳阶段的企业，确定了选择薪酬水平跟随策略后，在进行薪酬结构管理时，基本薪酬仍然应保持与市场持平水平，而奖金绩效激励薪酬可以调整到适当偏低或与市场竞争对手薪酬水平持平状态，保持较高的员工福利薪酬水平，以增加员工的企业认同感和归属感。企业应着重处理好员工薪酬的内部公平性，调动员工的积极性，提高企业生产率，维持企业健康发展，尽量减少人力成本，创造更多的利润。

4.衰退阶段薪酬水平策略选择

人有生、老、病、死，企业同样有产生、发展、衰退的过程，不同的是无论什么人采取什么办法，都不会长生不老，而企业毕竟是一个人造系统，它同生物体有所区别，企业可以根据内外环境的变化进行相应的变革，从而避免衰退和死亡，重新焕发青春，做成"百年老店"。衰退阶段的企业，产品滞销，利润下降，企业应遵循事物发展规律，不应再花更大的精力来维持已经无法回天的产品。企业应尽可能让员工知道企业所面临的处境，争取员工的理解和认同，选择薪酬水平滞后策略。奖金仍沿用成熟平稳阶段的薪酬水平，这样会自然地降低企业的奖金支出，从而使企业薪酬水平降低。从长远、大局出发，争取员工自觉地与企业"同舟共济"，接受企业的薪酬水平调整策略，以适应企业经营战略目标的快速转移。

5.再造阶段薪酬水平策略选择

企业的再造可以说是企业的第二次创业，与初次创业不同的是企业再造阶段已经有相当规模和实力，已经有了第一次创业后的各种积累。为使企业尽快重新焕发青春，在选准战略转移方向后，相当于其他人力资源管理作用总和的薪酬作用应再一次体现出来。企业应及时调整薪酬水平策略，提高员工薪酬水平，选择薪酬水平领先策略。在恢复员工基本薪酬和福利与市场水平持平的前提下，还应增加奖金激励薪酬，从企业外部吸引企业再造阶段所急需的人才，同时激发老员工的积极性和创造性，以实现企业新的战略目标，保证企业可持续发展。

图 4-5 所示是企业生命周期与薪酬水平策略的一般模型。

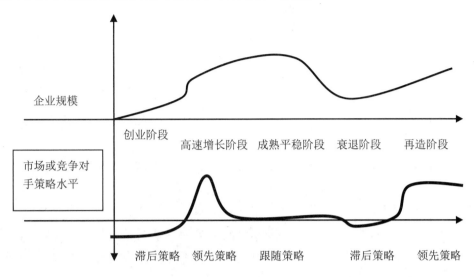

图 4-5　企业生命周期与薪酬水平策略的一般模型

　　企业薪酬水平策略的选择是一个动态发展过程，不可能一劳永逸。企业在薪酬水平策略宏观调控下，不仅要考虑不同薪酬部分的高低组合，还应综合考虑企业岗位和员工的实际情况，确定不同岗位和员工薪酬水平高低结构，以保证企业薪酬作用的充分发挥，从而促进企业健康快速发展。

　案例 4-3　XX 公司的薪酬结构及薪酬水平

(一)薪酬结构

　　第一条　为全面提升××设备制造有限公司(以下简称公司)薪酬管理工作，建立留住人才和吸引人才的机制，形成公平合理的分配机制，发挥薪酬的激励作用和约束作用，充分调动员工的积极性，促进公司的持续发展，特制定本制度。

　　第二条　适用范围：本制度适用于公司所有正式员工、试用期员工，但不适用于兼职员工、实习学生。

　　第三条　薪酬体系设计考虑岗位价值、任职者能力、业绩表现和人力资源市场价格等因素并坚持以下原则。

　　稳定性原则：薪酬结构和薪酬水平的设计充分考虑公司历史及现状，以薪酬绩效变革不会给公司业务带来冲击，同时充分调动员工积极性为原则。

　　激励性原则：通过绩效考核，使员工的收入与公司业绩、部门业绩以及个人业绩紧密结合，激发员工工作积极性。

　　公平性原则：员工的实际收入应体现内部公平和外部公平，体现岗位的价值，体现多劳多得的原则。

　　经济性原则：公司人力成本的增长幅度与公司收入增长幅度匹配，用适当人力成本的增加引发员工创造更多的经济增加值，提高投资者的收益，实现可持续发展。

　　第四条　公司工资体系包括以下四种不同的类型。

●　适用于各级管理人员、业务人员以及工人的岗位绩效工资制。

- 适用于工人的计件工资制。
- 适用于业务人员的提成工资制。
- 适用于特聘人员的工资特区制度。

第五条　薪酬包括工资、补贴、保险及其他福利。

第六条　岗位绩效工资制工资结构：由基本工资、绩效工资、激励工资等构成。岗位工资是该岗位的工资标准，是指正常完成该岗位工作任务时应得的工资报酬总和。

基本工资：是岗位工资中的固定部分，按月固定发放。

绩效工资：是岗位工资的变动部分，由团队和个人绩效考核结果确定，经考核后按月发放。

激励工资：是岗位工资的变动部分，年末考核后发放。激励工资从奖励基金中列支，不足部分由公司补足。

(二)岗位工资等级

第七条　岗位工资等级是整个工资体系的基础，从员工的岗位价值和技能因素等方面体现了员工的贡献。岗位工资分为六个职等，每一职等分为20个职级，不同职等职级岗位工资数额如表4-3所示。

表4-3　岗位工资数额

职级 ＼ 职等	一职等	二职等	三职等	四职等	五职等	六职等
1	1020	1350	2190	3650	6 300	9 500
2	1060	1400	2280	3800	6 600	9 900
3	1100	1460	2370	3950	6 800	10 300
4	1140	1520	2470	4110	7 100	10 700
5	1190	1580	2560	4270	7 400	11 100
6	1230	1640	2670	4440	7 700	11 500
7	1280	1710	2770	4620	8 000	12 000
8	1330	1780	2880	4810	8 300	12 500
9	1390	1850	3000	5000	8 700	13 000
10	1440	1920	3120	5200	9 000	13 500
11	1500	2000	3240	5410	9 400	14 000
12	1560	2080	3370	5620	9 700	14 600
13	1620	2160	3510	5850	10 100	15 200
14	1690	2250	3650	6100	10 500	15 800
15	1750	2340	3800	6300	10 900	16 400
16	1820	2430	3950	6600	11 400	17 100
17	1900	2530	4110	6800	11 800	17 800
18	1970	2630	4270	7100	12 300	18 500
19	2050	2740	4440	7400	12 800	19 200
20	2130	2850	4620	7700	13 300	20 000

第八条　不同层级岗位员工职等如表4-4所示。

表4-4　不同层级岗位员工职等

级　别	职　等
总经理	六
副总级	五
部长、车间主任、高级技术人员	四
部长助理、职能主管、业务主管、技术部室主任、中级技术人员、车间主任助理	三
员级管理岗位、员级业务岗位、技术工人	二
操作工人	一

第九条　岗位工资基准等级是岗位的基准工资等级，试用期满合格员工一般就定在这个等级；对于新增设岗位，由公司人力资源部用对比法确定新增设岗位的岗位工资基准等级，经总经理批准后执行。公司各个岗位基准工资等级如表4-5所示。

表4-5　各个岗位基准公司等级

序号	级　别	岗位名称	基准工资等级		数额/元
			职等	职级	
一	总经理	总经理	六	7	12 000
二	总监	营销总监	五	10	9 000
		行政总监、生产总监、总工程师	五	8	8 300
三	总监助理 部长、车间主任、 高级研发人员	生产总监助理	四	12	5 620
		外销部部长、内销部部长、生产部部长、技术部部长	四	11	5 410
		PMC 部部长、采购部部长、品管部部长、财务部部长、人资部部长、企管部部长	四	10	5 200
		车间主任、高级研发工程师	四	2	3 800
四	车间主任助理、部门主管级、中级研发人员	研发工程师、电气工程师、燃气工程师、品质工程师、模具技师	三	16	3 950
		计划主管	三	15	3 800
		外销部经理助理、主管税务会计	三	14	3 650
		主管总账会计、售后主管、成本会计	三	12	3 370
		采购业务主管、内销业务主管、外销业务主管	三	10	3 120
		车间主任助理、内销业务员、总经理秘书、人事主管、材料仓主管、税务会计、物控主管	三	8	2 880
		成品仓主管、行政主管	三	6	2 670

续表

| 序号 | 级 别 | 岗位名称 | 基准工资等级 | | 数额/元 |
			职等	职级	
五	员级岗位(生产系列)	研发助工、研发技术员、计划员、工艺技术员、工装技术员、物控员、工艺员、燃气测试员、电气测试员	二	12	2 080
		生产部跟单员、编程员	二	10	1 920
		品管员	二	6	1 640
		仓管员、生产部统计员、ERP 录入员、技术部资料员、品管部文员	二	4	1 520
		理货员、车间统计员、发料员、收货员、输单员	二	2	1 400
		图纸管理员	二	1	1 350
		采购员、稽核员	二	14	2 250
		网络管理员、ERP 维护员	二	12	2 080
		商检员、外协员、外贸跟单、应收会计、应付会计	二	10	1 920
		后勤管理员、保安队长	二	8	1 780
		采购文员	二	6	1 640
		人事专员	二	4	1 520
		会计文员、销售文员、售后文员、出纳	二	2	1 400
		前台	二	1	1 350
		高级焊工	二	20	2 850
五	员级岗位(生产系列)	中级焊工、高级燃气装配工	二	15	2 340
		模具工、维修技师、机修工、电修工	二	11	2 000
		数控冲(激光)、压型、机加工、装配电工、技术部试制工	二	10	1 920
		剪板、售后服务维修工、打磨、碰焊、划线、初级焊工、冲床、装配工、剪角、钻孔、厨师、弯管、初级电工	二	9	1 850
		初级装配工、收尾、切割、打线、打砂、喷漆、打毛刺、塞棉、撕胶	一	12	1 560
		销售部司机、生产部司机、PMC 部叉车司机	一	12	1 560
		PMC 部包装工、保安员	一	9	1 390
		领料员	一	8	1 330
		厨工、清洁工、采购部清洁工、电梯工、门卫	一	1	1 020

第十条　确定任职者岗位工资等级的原则：以岗位工资基准等级为主，同时适当考虑任职者能力素质、资历等因素。

第十一条　兼任两个或多个岗位的人员，岗位工资以高者确定。

（资料来源：赵国军. 薪酬设计与绩效考核全案(第三版)[M]. 北京：化学工业出版社，2020）

三、基于"3P"的薪酬体系设计

薪酬管理一直是企业管理的重要内容。薪酬管理理论随着企业管理实践的发展而不断发展。从工业革命对早期工厂制度带来冲击开始,到今天知识经济引发的管理变革,薪酬理论和实践经历了一个演变的过程。对薪酬管理理论的发展脉络进行分析,了解其演变的逻辑过程,对企业薪酬管理具有十分重要的意义。

(一)"3P"薪酬设计的理念和模式

1. 传统薪酬管理思想的变迁

从工业革命时期到20世纪中期,传统薪酬管理大致经历了三个阶段。

1) 早期工厂制度阶段

在前工业革命时期,企业主为了把工人固定在工厂中工作,总是尽量压低工人的工资,使工人刚刚能够维持生计。在当时相当长的一段时间里,企业主信奉的观念是"最饥饿的工人就是最好的工人"。但是,随着生产的发展,企业主对熟练技术工人的需求越来越大,为了吸引那些熟练的技术工人,企业主又不得不为他们提供较高的工资。为了在两者之间实现平衡,企业主采取了一些物质激励方法。在这一时期,工厂的薪酬激励主要是采用简单的计件工资制。在一些劳动力密集型的工厂里,工资激励被广泛采用,劳动报酬与个人表现紧密相关。为了更好地发挥工资激励的作用,巴比奇等管理者还提出了利润分享计划作为工资的补充。按照巴比奇的利润分享计划,工人的部分工资要视工厂的利润而定,工人如果能提出改进建议也能获得奖金。应该说,在工厂制度逐步成熟的过程中,企业主已经意识到薪酬在管理中的地位和作用。

2) 科学管理阶段

在科学管理时代,以高工资提高生产率,降低产品单位成本的理论得到了发展。企业的薪酬政策主要围绕工作标准和成本节约而展开。当时的企业主认为,最好的方法是把劳动报酬和劳动表现联系起来。利润分红能鼓励工人以更低的成本生产更多的产品。弗雷德里克·泰勒(Frederick Taylor)不赞同当时实行的利润分享计划。他认为,利润分享计划并不能激励工人每天都付出最大的努力,因为不管个人贡献的大小,所有人都可以参与利润分享。1895年,泰勒提出了差别计件工资制。他通过工作观察和分析确定工作标准,达到工作标准的熟练工人获得较高的工资率,不能达到工作标准的工人只能获得较低的工资率。

在此基础上,甘特发明了团队奖励计划,以达到泰勒制所无法达到的鼓励工人相互合作的目的。根据这个制度,工人小组如果在规定的时间内完成工作任务,他们除了获得规定的报酬外,还能获得一笔奖金。如果所有工人都达到了工作标准,工长还能获得额外的奖金。甘特认为,额外奖金可以促使工长把精力用于帮助能力差的工人达到工作标准,提高整体生产率。

可以看出,科学管理时期完成了从低薪刺激向高薪刺激的根本转变。"最饥饿的工人是最好的工人"的观点逐渐被"最廉价的劳动力是得到最好报酬的劳动力"的观点所取代。这样"高工资、低成本"的观点在企业中得以确立。

3) 行为科学阶段

人际关系学派的管理学家认为，薪酬制度应当适应员工的心理需求。工人并不是彻底的理性动物。他们有感情，他们希望感到自己的工作被别人认为重要。工资的多少并不是工人关心的主要问题，他们其实更关心工资能否反映他们工作的相对重要性。管理学家威廉斯认为，从工人的角度来看，工资是相对的，重要的不是一个人获得的绝对工资而在于他与其他人比较所得到的相对工资。后来，亚当斯等人的公平理论发展了这种观点，即工资的公正是社会比较的结果。他们认为，劳动者对薪酬的感觉至少来自两种比率：一种是自己所得与他人所得的比率，另一种是其投入与产出的比率。管理者在制定薪酬制度时应当充分考虑到薪酬对员工心理的影响。

2. 现代薪酬理念

20 世纪中期以来，随着战后经济的高速增长，企业已经发生了深刻的变化，劳动分工越来越细，工作岗位间的差别越来越大，知识和技术对企业的作用越来越显著。企业薪酬管理理论也有了很大的发展，由关注生产工人为主的传统薪酬管理逐步演变为针对企业内部各类群体，设计多样化的薪酬方案。

企业在设计薪酬方案以前，应该先确定自己的薪酬理念，并在薪酬理念的指导下进行设计工作。薪酬理念作为薪酬体系的指导思想，需要反映企业对于价值创造、价值评价和价值分配的观点。现代薪酬管理理念认为，薪酬本质上是对员工为企业所创造价值的回报，同时还兼有满足员工内在需求、激励员工工作积极性、传递组织价值观等功能。薪酬体系设计的目标是在参照外部劳动力市场价格的基础上，根据员工对企业的价值和贡献进行薪酬分配。员工对企业的价值和贡献可以归结为员工的绩效，而绩效的产生则可以用一个投入产出模型来概括，如图 4-6 所示。

图 4-6　绩效产生的过程

从这个模型中可以看出，员工的价值可以用其工作绩效来衡量，这就形成了基于绩效的薪酬体系。但由于绩效往往受到许多外在因素的影响，员工无法完全控制，而且有很多工作的绩效难以直接衡量，因此完全以绩效来决定员工的薪酬在实践中难以操作。如果以工作所承担的职责大小来衡量员工的价值，就形成了基于职位的薪酬体系。绩效产生的投入是员工的知识、技能和能力，如果以这些因素来衡量员工的价值就形成了基于能力的薪酬体系。在这三种现代薪酬模式中，基于职位的薪酬体系和基于绩效的薪酬体系在过去几十年中被企业广泛采用，已成为成熟的薪酬模式。以上三种模式可以用薪酬设计的 3P 模型来概括，如图 4-7 所示。

3. 薪酬设计模式

根据布朗德薪酬设计——价值因素分析四叶模型，企业在设计薪酬时必须考虑四个价值因素，并通过评估确定相应因素的薪酬支付标准，四叶模型如图 4-8 所示。

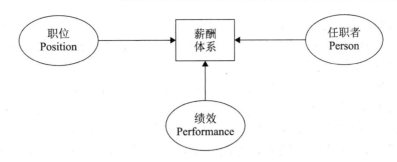

图 4-7 薪酬设计的 3P 模型

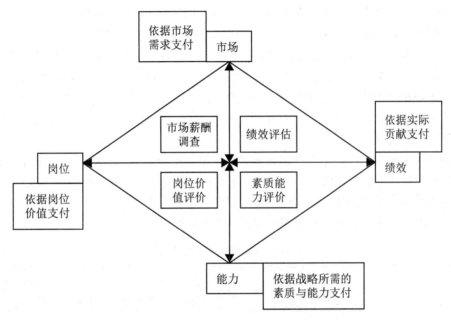

图 4-8 四叶模型

四叶模型中，市场因素表明企业在薪酬设计时离不开对人才市场的分析判断，市场人才供大于求时，可以付给较低的薪酬水平；反之，则付给较高的薪酬水平。第二个必须考虑的因素是岗位因素，即薪酬支付对象所在岗位职责的大小和相对重要性，并通过岗位评价制定相应的岗位薪酬标准。第三个必须考虑的因素是能力因素，即薪酬支付对象身上所承载的企业发展所需的知识、能力、经验的多少和相对重要性，并通过能力评估来制定相应的能力薪酬标准。最后一个必须考虑的因素是绩效因素，即薪酬支付对象为企业创造业绩的多少和相对重要性，并通过绩效考核和评估确定相应的绩效薪酬标准。

1) "3P" 薪酬设计之为职位付薪

"3P" 薪酬设计之为职位付薪(Pay for Position)，即基于职位的薪酬模式，是在国内外企业中广泛应用、比较成熟和稳定的一种传统的薪酬模式。这种薪酬模式的付酬依据是员工所处岗位的重要性，即岗位在企业中的相对价值。以职位为基础的薪酬理论认为，员工对企业的贡献主要体现为其职位价值。因此，可以根据员工所承担的职位职责大小、工作内容的复杂程度、工作难度等因素评价职位价值，并根据职位价值评价的结果确定员工的工资。此种薪酬模式有利于激发员工的工作热情和责任心，缺点是无法反映在同一岗位上工作的员工因技术、能力和责任心不同而产生的贡献差别。实施这种薪酬体系要求员工的工作范围和内容比较固定，从而能够对职位价值进行准确的评价。采用这种薪酬体系的企业组织结构通常为金字塔形，越到上级人员越少，但岗位价值越大，薪酬也就越高。

2)"3P"薪酬设计之为绩效付薪

"3P"薪酬设计之为绩效付薪(Pay for Performance)，即基于绩效的薪酬模式，是指员工的薪酬随着个人、团队或者组织绩效某些衡量指标的变化而变化的一种薪酬体系。由于薪酬是建立在对员工行为及其实现组织目标的程度进行评价的基础之上的，因此此种薪酬模式有助于强化组织规范，激励员工调整自己的行为，并且有利于组织目标的实现。

3)"3P"薪酬设计之为能力付薪

"3P"薪酬设计之为能力付薪(Pay for People)，即基于能力的薪酬模式，强调以人付酬的理念，它不是根据职位价值的大小来确定员工的报酬，而是根据员工具备的与工作有关的知识、技术和能力的高低来确定其报酬水平。此种薪酬模式的思想基础是员工的能力是组织能力的基础，只有具有高能力的员工构成的组织在市场中才具有竞争力，并且以组织整体方式呈现出来的竞争力是内化于每个员工的，其他企业难以模仿和获得。为了达到增强自身竞争力的目的，企业必须鼓励员工不断提高自己的能力，并将员工的能力差异作为向其支付报酬的基础。

在能力薪酬体系中，决定薪酬的因素是实现高绩效所需的绩效行为能力(Competency)。它不仅包括知识和技能，还包括行为方式、个性特征、动机等因素。这些对实现高绩效至关重要的能力构成了薪酬支付的基础。因此，能力薪酬模式是建立在素质模型(Competency Model)基础上的。薪酬设计三种模式的比较如表4-6所示。

表4-6 薪酬设计三模式的比较

	职位薪酬体系	绩效薪酬体系	能力薪酬体系
薪酬基础	市场价格和工作职位	市场价格和工作结果	市场价格和能力程度
价值评价对象	工作要素	工作结果	能力水平
薪酬决定机制	职位价值评价结果	绩效考核结果	能力评价结果
薪酬提升	职位晋升	绩效结果改善	能力水平的提高
管理者关注的重点	职位分析 员工与职位的匹配度 员工的晋升	绩效目标的确定 绩效结果的完成	能力分析 有效利用能力 能力培训和开发
员工关注的重点	寻求职位的晋升	寻求绩效结果的改善	寻求能力的提高
关键流程	职位分析 职位评价	确定绩效目标 实施绩效考核	能力分析 能力评价
优点	根据工作价值支付薪酬 明确职位路径 管理方便	根据工作结果支付薪酬 较强的激励作用 有利于成本控制	组织核心能力的培育和提升 员工灵活性的提高 利于组织结构扁平化
缺点	官僚主义 灵活性不足 激励作用不强	关注结果而忽略过程 绩效评价困难	实施成本较高 能力评价困难

(二)职位付薪模式

目前，从世界范围来看，使用最多的是基于职位的薪酬模式。这种薪酬模式是对每个职位所要求的知识、技能以及职责等因素的价值进行评估，根据评估结果将所有职位归入不同的薪酬等级，每个薪酬等级包含若干综合价值相近的一组职位。然后根据市场上同类职位的薪酬水平确定每个薪酬等级的工资率，并在此基础上设定每个薪酬等级的薪酬范围。

职位薪酬模式是以职位，或者说是以具体的工作本身为基础而建立的一种薪酬结构，它所蕴含的逻辑产生于 20 世纪 30 年代以泰勒(Taylor)为代表的科学管理思想。组织中的每一个员工都被赋予一系列的工作任务，并且被要求在一定的时间内完成。因此，决定薪酬模式的第一个步骤，就是衡量和确定各个职位在组织中的相对价值。职位薪酬模式便是基于此而诞生的。它主要依据不同职位在组织内的不同相对价值为员工支付薪酬。职位相对价值高，所获得的薪酬水平就高；反之薪酬水平就低。随后，基于不同的职位，员工的薪酬水平都被确定在一个特定的薪酬等级之内，而具体的薪酬也是由该等级的范围来确定的。

职位薪酬体系的设计步骤主要有六个：其一是收集关于特定工作性质的信息即进行工作分析。其二是按照工作的实际执行情况对其进行确认，界定以及描述即编写职位说明书。其三是对职位进行价值评价。职位价值评价是通过一套标准化的评价指标体系，对各职位的价值进行评价，得到各职位的评价点值。评价点值就成为决定该职位基础工资的主要依据。职位价值评价的方法主要包括排序法、分类法、因素比较法、计点法等。其中计点法和分类法是目前企业中运用最多的职位评价方法。其四，薪酬调查。在职位价值评价之后，还需要对各职位进行外部市场薪酬调查，并将外部薪酬调查的结果和职位评价的结果相结合，形成各职位平均市场价值的市场薪酬线。其五，确定公司薪酬政策。公司薪酬政策主要反映公司的薪酬水平和外部市场的薪酬水平相比较的结果。企业可以根据自己的薪酬政策对市场薪酬线进行修正，并得到企业的薪酬线，从而将职位评价点值转化为具体的工资数目。其六，建立薪酬结构。企业在参照各职位平均工资的基础上，可以根据从事相同工作员工间的绩效差异决定不同的薪酬。也就是建立起每个职位的中点工资、最高工资和最低工资，从而形成薪酬结构。职位薪酬体系设计过程如图 4-9 所示。

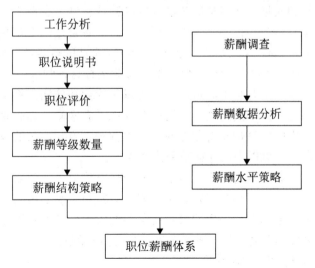

图 4-9 职位薪酬体系设计流程

1. 工作分析与职位说明书的编写

工作分析是指对组织中各种工作的性质、任务、责任和相互关系以及任职人员的知识、技能、条件进行系统性调查和研究分析，以科学系统地描述并进行规范化的记录。工作分析的主要成果是形成职位说明书，职位说明书包含两方面的内容：一是对工作的规定，即职位描述；二是对任职者的规定，即职位规范。职位说明书既是员工工作的指南，也是企业确定人力资源规划、绩效管理、薪酬管理等的依据。

2. 职位评价

职位评价是指在工作分析的基础上，充分收集工作岗位各方面的信息，为确定一个职位相对于其他职位的总体重要性或价值所进行的正式、系统的比较，其结果是形成某一职位与其他职位的相对价值，最终形成某一企业内部的职位相对价值体系，反映各职位对企业所做贡献的相对比率。按照科学的职位评价方法形成薪酬比率支付员工薪酬，能客观地反映各工作职位的相对价值，起到内部公平性的平衡作用。职位评价作为确定薪资结构的一种有效的支持性工具，可以清楚地衡量职位之间的相对价值。职位评价的目标是建立一种公正、平等的工资结构，使员工在工作中体现的能力、绩效与努力程度可以在收入上得到相应的回报。在通过职位评价得出职位等级之后，就可以确定职位工资的差异了，体现出同工同酬的思想。随着经济全球化的发展，矩阵式组织结构为许多组织所采用，它通过成立虚拟和临时的项目组来为客户提供专门的定制服务，这种方式尤其在提供高科技技术与智力服务的 IT 行业以及研究院所被广泛采用。随着矩阵式组织结构的广泛应用，员工职位与薪酬动态管理日显重要。

(三)绩效付薪模式

绩效工资制度的前身是计件工资，但它不是简单意义上的工资与产品数量挂钩的工资形式，而是建立在科学的工资标准和管理程序基础上的工资体系。它的基本特征是将雇员的薪酬收入与个人业绩挂钩。业绩是一个综合概念，比产品的数量和质量内涵更为宽泛，它不仅包括产品数量和质量，还包括雇员对企业的其他贡献。企业支付给雇员的业绩工资虽然也包括基本工资、奖金和福利等几项主要内容，但各自之间不是独立的，而是有机地结合在一起。根据美国 2003 年《财富》杂志对 500 家企业的排名，75%的企业实行以绩效为基础的工资制度，而在 10 年以前，仅有 7%的企业实行这种制度。

这种制度的特点：一是有利于雇员工资与可量化的业绩挂钩，将激励机制融于企业目标和个人业绩的联系之中；二是有利于工资向业绩优秀者倾斜，提高企业效率和节省工资成本；三是有利于突出团队精神和企业形象，增大激励力度和雇员的凝聚力；四是绩效工资占总体工资的比例在 50%以上，浮动部分比较大。

基于职位的薪酬体系只考虑了职位对于企业的静态价值，而忽略了员工实际工作绩效对企业的动态价值。为了把薪酬与绩效联系起来，鼓励员工更加努力地工作，已有多数企业采用了基于绩效的薪酬体系。绩效薪酬是将员工的收入与绩效水平挂钩的薪酬制度。它来源于由科学管理之父泰勒创造的一种激励性计件工资报酬制度。

绩效薪酬设计方法如图 4-10 所示。

1. 绩效薪酬的设计流程

绩效薪酬的计量基础是员工个人的工作业绩，如果业绩评估没有说服力，那么整个绩效工资制度将毁于一旦，因此，业绩评估是绩效薪酬制度的核心。业绩评估手段可以分为正式体系和非正式体系。非正式体系主要是依据管理人员对员工工作的个人主观判断；正式体系建立在完整的评估体系之上，强调评估的客观性和公正性。

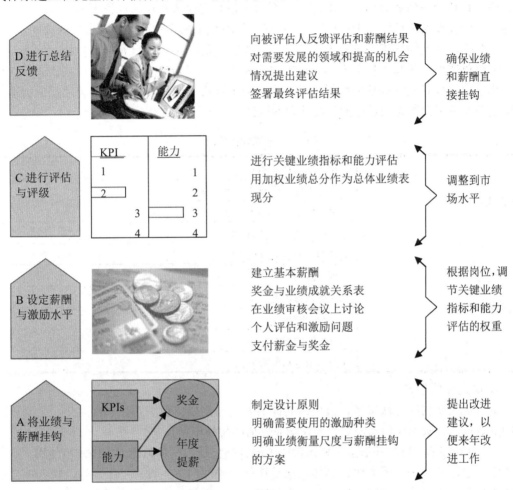

图 4-10 绩效薪酬设计方法

1) 评估目标及其制定原则

业绩评估的目的不仅是为付给员工合理的劳动报酬提供依据，更重要的是发挥员工个人的能力和创造性，使员工个人发展目标与企业发展目标保持一致。因此，制定切实可行的评估目标是建立绩效薪酬制度的基础。评估目标的确定要遵守以下原则。

(1) 评估目标一定要为员工所接受、认可，业绩评估目标一定要在上下级之间、主管与员工之间充分交流的基础上制定。

(2) 业绩测量手段要客观、可靠和公正，评估后要将规划业绩和实际业绩的差距及时反馈给被评估者，听取被评估者的意见，和被评估者进行充分交流。

(3) 对非业绩优秀者，要帮助和督促被评估者制定完善的计划，根据计划有针对性地进行培训，或提供改进条件，使员工迎头赶上。

(4) 对业绩优秀者，不仅要给予外在奖励，还要给予内在奖励，如提供晋升和发展机会等，从内外两个方面激励优秀者为企业做出更大的贡献。

2) 确定业绩要点

业绩评估要选择一些有代表性的业绩要点，这些要点能够全面、客观地反映被评估者的业绩，有利于评估者做出公正的评价。不同的企业在业绩要点的选择上侧重点不同，现推荐英国伦敦收入资料局 1989 年做的一项研究，将使用频率较高的业绩要素筛选如表 4-7 所示。此外，在业绩要素的选择上还要注意：①特定的评估方式只允许选择特定的业绩要点；②避免选择一些与工作关系不大，纯属个人特点和行为的要素；③营造关注业绩评估的文化氛围，尽管业绩评估的结果与员工收入或工资直接联系在一起，但业绩评估的最终目标是激发员工实现企业目标的积极性和创造性，而不仅仅局限于薪酬发放。

表 4-7　业绩评估要点

一级要点	1.相关知识技能和能力
	2.工作态度、进取心、责任感
	3.工作质量及其努力程度
	4.工作数量及其努力程度
二级要点	1.处理问题能力及创新精神
	2.领导能力
	3.业务熟练程度
	4.出勤守时情况
	5.对目标的把握能力
	6.劳动卫生和安全意识

3) 确定评估方式

企业业绩评估的方法很多，但先进的评估方法一是要体现规范化和程序化；二是要注重评估效果，打破为评估而评估、为报酬而评估的传统框架。

(1) 自我评估。自我评估是一种比较民主的评估方法，在我国企业中经常被使用。这种方法比较强调业绩指标的量化，具体做法是评估主管部门首先设计一张表格，将各项自我评估指标列在表格上，包括出勤率、工作效率、工作质量、安全操作、合作精神以及责任感等；其次，被评估者自己填写表格，评定分值；其次，评估主管者根据评估表与被评估者交换意见。自我评估方式易于上下级之间的交流和信息反馈，也节省了繁杂的评估所耗费的人力、物力和时间；缺点是需要对评估结果进行检查和再评定。

(2) 图解化评分法。图解化评分法主要采取分析和指标对比的方法，具体操作步骤为：首先，确定一些与业绩相关的要素，包括工作质量、知识技能、合作精神、诚实性、守时性及主动性等个人品质要素；其次，根据这些要素，为被评估者逐个评分，例如，采取 5 分制或 100 分制的方法，最高分代表最佳值；最后，将每一个分值累计加总，得出一个综合分值。

图解化评分法的实质是一种"行为针对性评分"方法，它主要是对评分系列中每一个与级别对应的行为分别进行描述，每一个工作岗位都有相关的行为系列，通过员工的业绩要素与特定行为的链接，既可以明确在特定岗位上的员工的行为标准，也可以断定员工实际达到的业绩水平，或者说达标程度。

图解化评分法在使用时要针对不同岗位的员工制定不同的评定标准，业绩要素的规定和组合要有区别。例如，对管理者，要侧重评估"领导能力""开创精神""合作精神"等要素；对一般员工，要侧重评估"专业技能""诚实守时""勤奋努力"等要素。

(3) 多人比较法。多人比较法不是针对某一员工的业绩进行评估，而是在多人之间进行比较，对不同业绩进行排名，根据名次进行分配和奖励。常用的排名方式有个人排名、小组排名等。个人排名是将所有的被评估者从好到差排序，按照名次评定等级；小组排名是将被评估者按照业绩归类，各类别代表不同的业绩层次。例如，将 60 名被评估者分成若干类，前 20 名为第一类，21～40 名为第二类，41～60 名为第三类，以此类推。业绩最佳者在顶级小组，业绩最差者在底层小组。

(4) 评估报告法。评估者以书面的形式对被评估者做出全面、客观、具体的评价，评价的主要内容是被评估者的主要优点和缺点，评估期的主要业绩，被评估者的未来发展潜能，能够表现为评估者能力、素质的一些重要事件、成绩和失误等。

评估报告法多是上级对下级员工的评估，采取自上而下的操作方式，这种方法有利于员工的集中管理，但是评估的有效性依赖于评估体系和评估者的公正和客观。在国外的一些企业中，这种评估方式也被用于下级对主管上级的评估，即采取下属为上属打分的形式评定管理者的工作业绩。目的是使下级拥有对上级的优缺点和工作绩效进行评价的机会，同时也有利于企业全面掌握各级主管人员的工作绩效。

自上而下的方法与自下而上的方法一样，都需要具备一些基本的前提条件，例如良好的企业文化支撑，员工和主管之间能做到诚实、公正和公开的积极交流，特别是要避免一些员工出于害怕上级的心理不敢袒露真言，或者有意避开评分级别中的两极，选择中间分数等。

4) 选择合适的绩效薪酬表现形式

绩效薪酬制度的前身是计件工资制，但它不是简单意义上的工资与产品数量挂钩的工资形式，而是建立在科学的工资标准和管理程序基础上的工资体系。它的基本特征是将员工的薪酬收入与个人业绩挂钩。业绩是一个综合概念，比产品的数量和质量内涵更为宽泛，它不仅包括产品数量和质量，还包括员工对企业的其他贡献。企业支付给员工的业绩工资虽然也包括基本工资、奖金和福利等几项主要内容，但各自之间不是独立的，而是有机地结合在一起。根据支付基础的不同，绩效薪酬可分为组织绩效薪酬、团队绩效薪酬和个人绩效薪酬。

(1) 组织绩效薪酬。组织绩效薪酬是根据组织的整体绩效来确定发放标准的薪酬计划。组织通常会根据关键绩效指标的完成情况来确定整个企业的绩效薪酬发放额度。在确定了薪酬额度后，企业再确定发放对象和分配方式。通常，这项绩效薪酬主要是针对那些对企业整体业绩产生重大影响的人员，如中高层管理人员、专业技术人员、市场营销人员等。组织绩效薪酬的优点是能将薪酬与企业整体绩效紧密联系在一起，引导员工关注企业整体利益。同时企业可以根据经营状况来调整薪酬的多少，不致产生太大的财务压力。

企业通常的做法是根据企业利润指标完成情况确定组织绩效薪酬的基数，然后根据其他几个关键指标的完成情况确定能够实际发放的薪酬比例。比如：某公司在年初制定的利润目标为 5000 万元，如果该企业在年终完成了利润目标，全体员工就可分享公司利润的 10%，将这 500 万元的利润作为组织绩效薪酬的基数。然后该公司根据其成功关键因素提炼出了其他几个关键指标，包括销售计划完成率、安全责任事故的控制率、产品优良率等。如果这几个关键业绩指标的考核结果达到了 S 等(远远超过绩效期望)，那么全体员工就能完全获得 500 万元的绩效薪酬，如果达到了 A 等(超过绩效期望)，那么全体员工就能获得这 500 万元的 90%。随着考核结果的下降，薪酬发放比例逐步减少。绩效薪酬分配有几种不同的方式。

第一种方式是根据参与人员的职位评价点数进行分配，即人员 A 所获得的绩效薪酬=(绩效薪酬总额/参与人员总的职位评价点数)×A 所在职位的职位评价点数。

第二种方式是根据参与人员的职位等级来进行分配，比如：参与人员分布于三个职位等级，其分配的相对比例为 1.2∶1∶0.8。那么，先用薪酬总额除以总的分配人数，可以得到平均薪酬，三个职位等级人员分别得到平均薪酬的 1.2 倍、1 倍和 0.8 倍。

第三种方式是根据参与人员的绩效水平来进行分配。比如：参与人员的绩效水平分布于 S、A、B、C、D 五个等级，其分配的相对比例为平均薪酬的 150%、120%、100%、80% 和 60%。

上述三种方式中，前两种主要考虑参与人员的职位和工作性质不同所造成的贡献差异，第三种方式则主要考虑参与人员的绩效差异所造成的贡献差异。

(2) 团队绩效薪酬。团队绩效薪酬是根据团队或部门的绩效来确定发放标准的薪酬发放的计划。团队绩效薪酬有多种形式，主要包括利润分享计划和收益分享计划。利润分享计划是将公司或某个利润中心所得利润的一部分在员工之间进行分配的计划。一方面，它可把员工薪酬与企业总体财务绩效联系在一起，有助于促使员工关注企业的整体经营成果，而不是仅仅关注个人行为和工作结果。另一方面，利润分享计划也可使企业在薪酬方面拥有更大的灵活性，企业可以根据利润的高低来调整薪酬的发放。收益分享计划是企业让员工分享因生产率提高、成本节约、质量改善所带来收益的团队激励计划。著名的斯坎伦计划、拉克计划等都属于这一计划。员工按照设计好的收益分享公式，根据团队或部门的工作绩效而获取薪酬。收益分享计划是由部门或团队的工作绩效所决定的，相比利润指标而言，成本、质量、生产率等指标更容易被员工看成可由自己的行为所控制。员工更清楚自己的努力与获得薪酬之间的关系，因而它比利润分享计划的激励作用更强。而且，员工分享的收益是员工自己节约出来的收益，并不会对企业整体利益产生影响。但是，收益分享计划依然没有将个人绩效与薪酬联系起来，可能导致"搭便车"等现象发生，团队中工作出色的优秀成员的积极性可能受挫。

(3) 个人绩效薪酬。个人绩效薪酬计划是根据员工个人的工作绩效决定其薪酬的数量。个人绩效薪酬主要有两种形式：一种是由个人工作成果直接决定薪酬的模式，如销售员的佣金制和生产人员的计件工资制；另一种是由绩效考核的结果决定薪酬的模式。个人绩效薪酬可根据员工之间个人绩效的差异来决定薪酬的数量，有利于激励员工努力工作提高绩效以获得更多的报酬。但是个人绩效薪酬计划同样有很大缺陷：一是员工个人的绩效往往难以准确衡量。工作的完成通常是分工合作的结果，准确衡量每个人的贡献十分困难。二是个人奖励计划可能导致员工之间的激烈竞争，破坏团队合作，影响部门或组织的整体绩效。三是员工可能只关注那些可以增加报酬的短期绩效，而忽略学习新的知识和技能，也不愿创新和冒险，这将影响员工和组织的长远发展。个人绩效薪酬制度主要包括三种基本形式，即计件制、计效制和佣金制。

① 计件制。一种是简单计件制，这种方法易于掌握，计算过程非常简便，因此得到普遍采用。其公式为应得工资=完成件数×每件工资率。

这种方法将报酬与工作效率相结合，可以激励员工的工作表现，产品数量多的员工收入比较多，可以使员工更加勤奋地工作，减少员工偷懒现象。

另一种是梅克里多计件制。这种计件制将工人分成了三个等级，随着等级变化工资率递减10%。中等和劣等的工人获得合理的报酬，而优等的工人则会得到额外的奖励。

还有一种是泰勒的差别计件制。这种计件制首先要制定生产标准，然后根据员工的生产进度有差别地计算工资额度。

② 计效制。由于计件制侧重产品数量而相对忽视产品质量，因此在其后又出现了计效制。计效制也有多种形式。

A．标准工时制。

这种奖励制度以节省工作时间的多少来计算应得的工资。当工人的生产标准要求高时，按照超出的百分率给予不同比例的奖金。

B．哈尔西50～50奖金制。

哈尔西50～50奖金制的特点是工人和公司分享成本节约额，通常进行五五分账，若工人在低于标准时间内完成工作任务，可以获得的奖金是其节约工时工资的一半，其计算公式为

$$E=T×R+P×(S-T)×R$$

其中：E 为收入；R 为标准工资率；S 为标准工作时间；T 为实际完成时间；P 为分成率，通常为1/2。

下面我们用一个例子来说明这种计效制。若某工人工资率为25元/工作时，预计用4个工作时间可完成工作任务，但他在3个工作时内完成了工作任务，则他的收入是

$$E=25×3+(1/2)×(4-3)×25=87.5(元)$$

而且我们还会发现，$P×(S-T)×R$ 部分即奖金有可能大于 $T×R$ 部分即日薪，只要 $P×(S-T)>T$，即 $S>3T$，也就是当工人的实际工作时间是预计标准时间的1/3时，他的奖金会超过日薪。

C．罗恩制。

罗恩制的薪酬水平不固定，依据节约时间占标准工作时间的百分比而定，其计算公式为

$$E=T×R+[(S-T)/S]×T×R \ 或 \ E=T×R×[1+(S-T)/S]$$

下面举例加以说明，某工人完成工作任务的实际时间为6个工作时，标准时间为8个工作时，每个工作时的工资率为20元，那么该工作的工资是

$$E=20×6+[(8-6)/8]×20×6=150(元)$$

当实际工作时间相当于标准工时的一半时，所获薪酬与哈尔西计效制相同。

③ 佣金制。

A．单纯佣金制。

对销售人员而言，单纯佣金制是一种风险较大而且挑战性极强的制度，其计算公式为

$$收入=销售产品数×每件产品单价×提成比率$$

例如，小王在以单纯佣金制计工资的 A 公司推销产品，提成比率为 3.5%，若销出 180 件单价为 100 元的产品，则小王的收入=180×100×3.5%=630(元)。

B．混合佣金制。

对小王来说，每个月都推销那么多产品简直太难了，于是他跳槽到有 300 元底薪的 B 公司，B 公司推销员的工资计算公式为

$$收入=销售产品数×每件产品单价×提成比率+底薪$$

尽管提成率略低，仅为 2.5%，但每月能保证 300 元人民币，同样销出 180 件单价是 100 元的产品，小王的收入=180×100×2.5%+300=750(元)。

C．超额佣金制。

C 公司的产品卖得很红火，其推销员的薪酬计算公式为

$$收入=(销售产品数-定额产品数)×每件产品单价×提成比率$$

即必须完成一定的定额才能有收入，按 3 月份销售的平均水平来看，100 元的产品平均每人销售 600 件，定额销售总额为 200 件，提成比率也是 2.5%，因此收入=(600-200)×100×2.5%=1000(元)。

从以上三种佣金制我们不难看出，根据产品销售数量不同，应制定不同的员工激励制度，只有这样，才能保证在最少薪酬支出的基础上获得最大的激励效果。佣金制的优势是由于薪酬明确地同绩效挂钩，因此销售人员为得到更多的工资报酬，会努力扩大销售额，促进企业市场份额的迅速增长。另外，佣金制由于计算简单，易于为销售人员所理解，所以管理和监督成本也比较低。这种工资支付制度的缺陷是会导致销售人员只注重扩大销售额，而忽视培养长期顾客，不愿推销难以出售的商品。而且由于市场的风险性，使企业风险转嫁到销售人员的身上，有可能造成销售人员收入的忽高忽低。

2．绩效薪酬体系实施中存在的问题及解决措施

绩效薪酬是一种有效的激励机制，与职位薪酬制度相比，它具有很多的优势。如有利于员工薪酬与可量化的业绩挂钩，将激励机制融于企业目标和个人业绩的联系之中；另外，由于有明确的绩效目标，它能够把员工的努力集中在组织认为重要的一些目标上，从而有利于组织通过灵活调整员工的工作行为来实现企业的重要目标；且由于薪酬支付实际上成了一种可变成本，它的实施减轻了组织在固定成本方面开支的压力，有利于组织根据自身的经营状况灵活调整自己的支付水平。尽管如此，绩效薪酬体系也有其固有的不完善之处，主要包括以下几点。

(1) 容易产生对绩优者激励有方，对绩差者约束欠缺的现象，而且在绩优者奖励过大的情况下，容易造成员工瞒报业绩的行为，因此对员工业绩的准确评估和有效监督是绩效薪酬实施的关键。

(2) 可能导致员工关注结果而不注重形式。此种薪酬体系有可能导致员工之间或是员工群体之间的竞争，而这种竞争可能会忽视公司的整体利益。在执行的过程中还可能增加管理层和员工之间的摩擦，对企业文化产生一定的负面影响。

(3) 可能不利于团队合作。在组织实现一定的绩效目标时，其绩效总额通常是一个固定数值，员工所能分享到的份额不仅取决于个人绩效，还取决于其绩效在组织中的相对水平。

因此，绩效薪酬这种对以自我为中心的个人努力进行激励的做法，往往会造成在需要员工进行团队合作时却出现员工之间的过度竞争，从而影响组织整体目标的实现。

由于绩效薪酬体系有很多的优点，所以很多企业都在使用它，但这种薪酬模式的缺点也使企业在实施过程中必须慎重，具体要做好以下几点。

(1) 建立科学客观的绩效考核体系。这种薪酬制度是以员工、群体甚至组织整体的业绩作为薪酬支付的基础，如果没有公平合理、准确完善的绩效考核系统，绩效薪酬就难真正发挥作用。要使绩效薪酬制度发挥作用，必须首先做好绩效考评工作，保证绩效考评的客观性和准确性。对于真正为企业做出贡献的员工给予合理回报，必须充分拉开差距，在企业内形成有效的激励机制。总之，良好的绩效考核指标可以明确员工奋斗的方向和目标，检查工作中存在的错误及不足，实行奖惩分明的薪酬管理，从而建立基于激励机制的薪酬体系，激励所有的员工为企业的长期战略目标而奋斗。相反，一套存在种种缺陷的指标体系，轻则会使企业的绩效考核成为一项流于形式的例行工作，重则会导致员工对企业的忠诚度降低，工作积极性不高，目标不明确，从而阻碍企业的发展。

(2) 绩效薪酬制度必须与组织战略及其文化价值观保持一致。实现企业战略目标或经营目标以及维护企业的价值规范是实行绩效薪酬制度的主要目的，但是如果组织价值观和战略目标不清晰或者员工对其不理解，就很可能发生企业所激励的行为和结果与组织目标相背离的情形。

(3) 绩效薪酬体系应保持一定的动态性。绩效薪酬是围绕企业经营目标、企业外部的经营环境以及员工的工作内容、工作方式等要素的变化而不断变化的，因此要取得绩效薪酬体系实施的成功需要不断地修正组织的经营目标，并对原有的考核计划进行调整，保持一定的动态性。

(4) 平衡各成员的关系。在一些具有特殊企业文化的公司中，绩效薪酬制度的推行可能会破坏工作气氛，打击员工的士气。可行的弥补措施是以团队为单位进行绩效考核，然后将绩效工资在各成员之间平均分配。但这样可能会导致团队中业绩优秀的员工不满，甚至促使其离开团队或公司。因此，在重视团队合作的经营环境中，平衡各成员的关系显得非常重要。

案例 4-4　给营销团队做一次"外科手术"

株洲电力机车厂是一家国有企业，成立于 1936 年，目前是我国轨道电力牵引装备的主要研制基地，国家大型一类企业，中国工业 500 强之一。近年来，随着销售额的不断上升和人员规模的不断扩大，市场营销处的责任和负担也越来越大，因此营销处的整体管理水平也需要提升。

营销处在人力资源管理方面起步较晚，原有的基础比较薄弱，尚未形成科学的体系，尤其是薪酬福利方面的问题比较突出。在早期，单凭领导一双眼、一支笔倒还可以分清楚给谁多少工资，但随着市场化程度的深入、人员的激增、业务的扩大，只靠过去的老办法显然不灵，这样做带有很大的个人色彩，公平性、公正性、对外的竞争性就更谈不上了。由于没有有效的薪酬方案体系导致企业中有能力的员工感到自己的劳动成果不能得到及时承认，从而使一部分员工情绪低落，工作热情不高；还有一些员工虽然努力工作，但他们仅仅把现在的工作当作一种锻炼，待到一定时候就会打包走人。

案例分析

营销处团队建设项目组经过系统的分析诊断就公司现在的薪酬管理所存在的问题进行了整理，认为该公司在这方面存在的问题一是薪酬分配原则不明晰，内部不公平。不同职位之间、不同个人之间的薪酬差别，基本上凭感觉确定。二是不能准确了解外部特别是同行业的薪酬水平，无法准确定位薪酬整体水平。给谁加薪、加多少，领导和员工心里都没底。三是薪酬结构和福利项目有待进一步合理化。固定工资、浮动工资、奖金的比例到底如何？如何有效地设立保险和福利项目？这需要细化。四是需要建立统一的薪酬制度。因此在薪酬设计方案中一定要消除这些问题。

营销团队薪酬方案的设计

(一)薪酬设计方案体现的理念

1.业绩的理念；2.整体理念；3.客户理念；4.个性化理念。

(二)适用范围

营销处内各项目组所有成员。

(三)薪酬的组成

员工薪酬=(基本工资+奖金+自助性福利)+柔性薪酬+其他部分

1. 基本工资：基本工资对员工来讲是基本生活保障部分，它包括以下几项。

(1) 岗位工资。

薪酬体系的第一部分为岗位工资。

首先，依据"合适的人在合适的职位上"的原则，将企业的人力资源进行合理有效的配置。

其次，在职位分析的基础上，对职位的价值进行科学有效的评价，通过科学的手段和科学的工具评价出各个职位在企业中的价值，确立职位的薪资水平，即为职位工资，它是一个有上下限的区间。

然后，根据任职资格体系确立员工的个人价值，即不同的员工在同一个职位上工作其价值是不同的，根据员工所掌握的知识、技能、经验的层次确定该员工在职位工资中的具体值，这个环节我们称为员工价值。

因此，岗位工资因不同的人在不同岗位和个人价值而不同，如表4-8所示。

表4-8　岗位工资

	主管级以上	主管或特殊岗位	一般业务员
基准工资	A	B	C
最低档	0.8A	0.8B	0.8C
最高档	1.2A	1.2B	1.2C

(2) 工龄工资。

工龄工资按企业规定发放。

(3) 岗位工龄调剂工资。

岗位工龄调剂工资按企业规定发放。

(4) 职称工资。

聘任的职称津贴标准按企业规定发放。

2. 奖金：也就是绩效工资。绩效工资是指通过对员工的工作业绩、工作态度、工作能力等方面的考核评估结果，确立员工的绩效工资增长幅度。因此，绩效工资应该是基本工资的一个百分数，基本工资是不变的，所要变动的是绩效工资的增幅。绩效工资的增幅应根据员工的绩效评价分数和其在工资结构中的位置确定。员工的绩效考核分数可从"优秀"到"差"分为四档，具体划分如下(以满分100分为例)：A类(90～100分)、B类(75～89分)、C类(60～74分)、D类(60分以下)。对于A类员工除发放基本工资外，全额发放绩效考核奖金。对于有突出表现的员工(绩效分数在100分以上的)视情况发放浮动工资。对于B类员工，扣除绩效考核奖金的10%～15%；对于C类员工扣除绩效考核奖金的30%～40%，对于D类员工不发放绩效考核奖金。如果部门希望引进高技术人员，而现有的薪酬体系不能满足人员的需求，也可以采取特殊人员适用个别薪酬的方法。等到人员基本稳定后，结合原有薪酬体系和个别薪酬制定新的薪酬体系。员工的绩效工资在工资结构中的位置可由四分位数来表示，具体如表4-9所示。

表4-9 绩效工资在工资结构中的位置

个人绩效等级	原工资区段		
	S_1	S_2	S_3
A	$+P_3$	$+P_3'$	$+P_3''$
B	$+P_2$	$+P_2'$	$+P_2''$
C	1	$+P_1'$	$+P_1''$
D	0	$-P_0$	$-P_0'$

如果新员工的业绩优秀，在调薪时给他一个加速度，则会鼓励新人以更快的速度发展，同时鞭策老员工要不断进步，否则老员工的工资只能原地踏步。

其中：P为调薪幅度，$P_X > P_X' > P_X''$，$S_3 > S_2 > S_1$

上表4-9表示了员工个人工资调整的方法。假设两位员工Y1、Y2的绩效评价都为A，而Y1原工资区段在S_1，而Y2在S_3，尽管他们两人的绩效都是A，但Y1的调薪幅度为$+P_3$，大于Y2的调薪幅度$+P_1$。因为Y2的工资已高于Y1，既然两人的绩效都是A，就应该给Y1较大一些的增幅，以减少二者工资的不公平性。这种调薪公式的思想是充分激励员工促使其做出杰出业绩。

因为重视团队合作的营销部门在考核个人绩效的同时，要结合团队、部门、个人绩效确定个人绩效工资，所以在这里团队绩效奖金为项目组绩效奖金＝项目组绩效工资基数×项目组绩效系数×营销处绩效系数；员工的绩效工资为员工的绩效工资＝绩效工资基数×个人绩效系数×项目组绩效系数×营销处绩效系数。另外，当营销处效益明显下降时，员工的工资也可以下调，这就是说工资可以两头伸缩，随着营销处与项目组的经营业绩上下浮动。

3. 柔性薪酬：薪酬激励中除了物质激励以外，还包括精神激励，对于员工来说，不同的工作经历可以积累丰富的经验，因此可以根据员工个人和工作实际需要对员工实行岗位互换。还可以根据员工个人需求给他们设计个性化的教育培训计划，员工对于企业提供的培训机会的重视已经超过对晋升的重视。所有这些都会增强员工对部门的认同和感情。

(四)效益考核及工资升降程序

1. 月(季)考核，即每月(季)由上一级领导进行考核评分，以确定下月(季)应发工资的绩效部分。

2. 季(或半年)考核，针对主管级及主管级以下员工工资升降问题，结合本季每月评分成绩依次排序，按20%升、20%降的比例调整。

(1) 在季考核20%升的人员中，若其所在团队评分低于80分，不可升级。

(2) 平均分为65分以下的团队，集体降一级。

3. 半年(或全年)考核，针对主管级以上领导进行工资升降，按10%的比例进行工资调整；主管级及以下员工进行职位升降，结合半年来的考核成绩依次排序，按10%的比例进行调整。

4. 全年考核，针对主管级以上领导进行职位升降，结合一年来的考核成绩依次排序，按5%的比例进行调整。以上升降中，升到最高档时，仅当成绩达95分以上才可继续上升，下降至最低档时，结合具体情况实行末位淘汰制度。

(资料来源：王少东. 给营销团队做一次"外科手术"[J]. 人力资源开发与管理，2005(1))

(四)能力付薪模式

随着市场竞争的加剧，人力资源管理工作已经不仅仅是一个支持服务性的部门，而是已经成为企业的战略合作伙伴。基于职位及绩效的薪酬体系的问题也越来越突出，为了弥补传统职位薪酬体系和绩效薪酬体系的缺陷，基于能力的薪酬体系应运而生。企业管理者和薪酬专家开始将薪酬的基础从职位及绩效转向一个个具有不同特点的员工个体。每个企业应当清楚，企业战略的实现必须依赖企业的核心竞争力，而核心竞争力最本质的源泉并不是资本和机器，因为这些外在的东西其他任何一个竞争对手都有可能获取，核心竞争力最根本的源泉是具有竞争力的员工，员工所拥有的知识、技能、经验、素质和学习能力等才是企业长久发展和竞争最稳定、最本质的基础。在国外，已经有越来越多的企业将能力作为为员工支付报酬的依据。尤其是那些处于激烈竞争的市场、具有创新精神、勇于变革的企业，它们在发展中不断寻求提升企业核心竞争力的方法。

在美国一项对700家美国企业和300家欧洲企业的调查中，16%的美国企业已经构建了基于能力的薪酬体系，有78%的企业表示正在考虑构建基于能力的薪酬体系；20%的欧洲企业构建了基于能力的薪酬体系，超过一半的企业表示基于能力的薪酬体系是未来优先考虑的薪酬体系之一。在被调查的美国和欧洲企业中，有45%的企业明确表示其构建基于能力的薪酬体系的目标是提高员工的能力。

有许多快速发展和以知识为基础的领域的公司都构建了能力薪酬体系，比如惠普、摩托罗拉等。实际上，许多拥有大量专业人员的研究性组织在很长时间以前就已经在根据员工的能力支付薪酬。

1. 能力的定义

关于什么是能力，在理论界上有许多争论，不同的学者从不同的角度阐述了自己对能力的定义，所以基于能力的薪酬也是起源于许多不同的理论基础。由于能力定义的模糊性，有些组织避免使用能力一词，而是使用其他词语代替，比如：才能(capabilities)、价值(Values)、技能(Skills)和行为(Behaviors)等。

在引入基于能力的薪酬体系时，各个组织也根据自己对能力的理解以及企业的要求，对"能力"做出了自己的阐述。比如，三菱公司负责人力资源的副总裁爱特·芝特克(Art Zintek)认为，"能力"就是指那些"可观察、可衡量的，对于个人和公司绩效具有重要作用的技能(Skills)、才能(Abilities)和行为(Behaviors)"。

在本书中，所谓的能力是指绩效行为能力(Competency)，而不是一般意义上的能力(Ability)。绩效行为能力又称素质、胜任能力，它是指与实现高绩效的行为有关的各种素质和能力，包括知识、技能、行为方式、价值观、个性特征和动机等要素。员工的这种能力不仅与高绩效的工作密切相关，还可以从一种工作带到另一种工作中去。故能力薪酬也称为胜任力薪酬，它是根据员工具备的与实现高绩效相关的知识、技能、行为方式、个性、动机等素质或能力的高低来决定工资水平的薪酬方案。它主要适用于从事复杂工作和创造性工作的知识型员工。进入 21 世纪以来，企业对员工的要求越来越高，员工不仅要掌握知识和技术，更需要那些无法显性化的能力，如团队协调能力、实现特定目标的能力、创造性解决问题的能力、理解并满足客户需要的能力等。正是这些能力构成了企业向员工支付薪酬的基础。由于基于能力的薪酬方案更加关注员工本身，因此它又被称为以人为本的薪酬(Person-focused Pay)。

2. 能力薪酬体系的设计流程

能力薪酬体系的设计主要包括以下步骤。

1) 分析组织能力，建立科学的任职资格体系

不同的企业所需的组织能力不尽相同，即使同一企业在不同发展阶段所需的组织能力也不相同。企业采用能力薪酬方案的目的就是激励员工不断发展自己的能力，以保持组织能力的持续提升，从而实现企业战略，获取竞争优势。因此，企业在进行能力薪酬设计之前应当首先明确组织的战略是什么，组织赖以生存和发展的关键能力是什么。这些问题构成了能力薪酬设计的基础。

在明确了组织能力之后，企业还必须把组织能力分解落实到员工的具体工作能力上。实现这一过程通常有以下两种方式。

(1) 对于一些小规模的企业，如咨询公司和科技开发公司等，员工人数较少，工作差异不大，组织能力可以直接等同于员工的能力。那么组织可以建立一套涵盖组织能力的通用素质模型，并把它作为员工能力的要求标准和决定能力薪酬的基础。

(2) 对于更多的大型组织而言，组织能力难以直接分解落实到员工身上。这时组织必须首先考虑与组织能力密切相关的是哪些部门或职类，这些部门和职类需要具备哪些能力才能支撑组织的能力。在对各职类进行能力分析之后，就可以建立各职类的素质模型，再用它作为衡量员工能力的标准和决定薪酬的依据。比如，一家从事日用消费品生产和销售的公司对市场类员工的能力要求包括制定销售渠道战略；建立销售基础设施；客户开发计划的制定和实施；供应链管理、经销商管理。而公司对人力资源管理专业人员的能力要求包括制定人力资源战略；人力资源规划与开发、组织结构设计、招聘管理、绩效管理、薪酬管理。

总之，进行组织能力分析的目的是确定哪些能力是支持组织战略、为组织创造价值的，

从而为具备这些能力的员工支付报酬。

2) 建立员工素质模型

相比其他薪酬体系，能力薪酬体系是新兴的尚未完全成熟的薪酬体系。能力薪酬体系是建立在素质模型基础上的，素质模型包括通用素质模型和专用素质模型。通用素质模型是企业所有员工都应具备的一系列素质组合。专用素质模型是某职类员工应当具备的一系列素质组合。素质模型是区分员工能力高低的一套标准体系，它包括员工应当具备的各项能力以及每项能力的等级层次。素质模型的开发应遵循以下各项原则。

(1) 基于战略的原则。企业在开发素质模型时必须高度关注战略。素质模型包含的能力不仅要满足企业目前运作所需，还应有一定前瞻性以满足企业未来发展的需要。

(2) 源于工作的原则。素质模型标准体系的内容应该从工作分析的基础上推演产生，保证与工作内容密切相关。当工作内容和工作要求发生变化时，还应及时修订。

(3) 牵引导向的原则。素质模型应对员工的工作和学习具有指导意义。它应为员工提供明确的努力方向，指导员工的日常工作，促进员工不断学习和提高。

素质模型的建立过程包括以下几个步骤。

(1) 选择职类职种。企业通常并不需要对所有职位都建立素质模型，并实施能力薪酬方案，而只需选择少数对保持组织核心能力起关键作用的职位实施能力薪酬方案。在进行职位筛选后，可以把那些工作内容相似的职位归入某一职类或职种，再针对这些职类或职种建立素质模型。这样做不仅是为了减少建立素质模型的工作量，而且还能够引导员工拓展自己的能力而不是拘泥于自己目前的工作。比如，公司可以将职位划分为管理类、研发类、营销类、生产类。在管理类职位内部还可以细分为人力资源管理、财务管理等职种；在研发类职位内部还可以细分为软件研发、硬件研发等职种。

(2) 确定各职类职种的能力等级。确定各职类职种的能力等级往往需要部门主管、业务专家以及资深员工的参与。在确定能力等级时主要应考虑两方面的因素：一是要深入分析专业人员成长的自然规律，每类专业人员在成长过程中会出现某些能力特征明显的阶段，可以把这些阶段设置为几个能力等级。二是要保证有区分度，如果划分的级别过少，可能导致大量员工被归入同一等级，区分不出员工间的能力差异，从而损害素质模型的实用价值；如果等级设置过多又会导致管理过程过于麻烦。一般而言，设置4～6个能力等级比较合适。

(3) 典型人物分析。典型人物分析是为了确定各个能力等级的具体评价标准。这一过程同样需要部门主管和业务专家的参与，分析的能力要素应包括知识技能、行为方式、专业经历和成果等方面。在划分知识技能的等级时可以根据工作的实际需要从两方面来考虑：一是根据知识技能的深度来划分等级，让掌握知识技能更深的员工获得更高的等级；二是根据知识技能的宽度来划分等级，让掌握更多知识技能的员工获得较高的等级。在划分行为方式的等级时，应对各个级别的典型人物的工作活动进行排序，选取其中最重要的3～5项活动的情况纳入素质模型中。划分专业经历及成果时，主要应考虑任职者的从业年限、专业经历以及取得的专业成果等。对于知识型员工而言，专业经历及成果可以在很大程度上体现他的工作能力。

(4) 素质模型的评审和修订。通过对典型人物的分析，企业可以初步建立各职类职种的素质模型。在此基础上，人力资源部门应组织相关部门主管、业务专家以及核心员工对素质模型进行评审和修订，以保证素质模型的有效性和可操作性。素质模型的评审应主要关注以下几点。①素质模型的整体构架是否合理，能力要素的界定和划分是否准确。②素质模型的内容是否完整，有无重要的能力要素被遗漏，素质模型是否反映了公司未来的人才培养方向。③素质模型在应用时的可操作性如何。如果在评审时发现素质模型中存在不合理的地方应当及时进行修正。

3) 员工能力评价流程

员工能力评价是实施能力薪酬方案的关键步骤。能力评价可为确定员工的能力薪酬提供依据。此外，能力测试和评价还可以引导员工的行为符合企业的要求，促进员工自我完善，不断提高自身能力，以取得更高的工作绩效。这里需要再次强调的是，我们所要评价的员工能力不是那些宽泛、抽象的一般能力(Ability)，而是那些目前和未来工作所需的与实现高绩效密切相关的绩效行为能力(Competency)。只有对能力进行明确的界定，才能对能力进行客观评价，能力评价的工作才有实际意义。为确保能力评价的客观公正，能力评价应遵循以下原则。①工作导向的原则。评价的能力一定是与工作紧密相关的能力。②公平公开的原则。能力评价必须对员工公平公开，不能采取"暗箱操作"的方式进行。企业还应公开排名前50%员工的评价结果，以保证评价结果的透明度。③测试与评议相结合的原则。能力评价采取标准化测试和小组评议讨论相结合的方式，以求最大限度保证能力评价结果的客观公正。

在能力评价之前，应首先成立能力评价小组，评价小组通常由5～7人组成，成员包括人事测评专家、业务专家、部门主管、人力资源管理者等。能力评价的主要过程如图 4-11 所示。

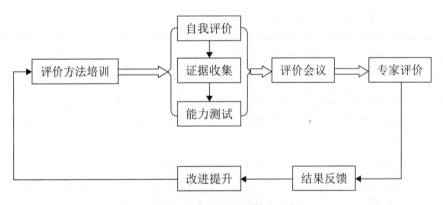

图4-11　能力评价的基本过程

(1) 评价方法培训。在能力评价时，人力资源部应对所涉及的员工进行培训。通过培训使被评价者能正确理解能力标准的内容和要求，掌握能力评价的过程和方法。另外，培训还能向员工阐明能力评价的目的，消除员工对能力评价的抵触情绪。

(2) 自我评价与证据收集。被评价人首先对照素质模型确定的能力标准进行自我评价，填写自评表并收集整理相关证据资料。证据收集和整理是能力评价的关键环节。证据是员工在典型工作活动中的行为记录。通过证据收集和整理，员工可以按照能力标准体系回顾和展示自己的工作过程，证明自己的工作能力。员工需要收集的材料包括工作文件、关键事件、第三方意见等方面。

第一，工作文件。工作文件是员工根据公司要求，在工作过程中产生的规范书面资料。它主要包括工作报告，如项目策划报告、市场规划报告等；工作计划与工作总结；工作成果以及其他业务技术资料。工作文件必须是员工过去工作的真实记录，能够反映员工典型的工作活动，并且可以证明员工是否符合能力标准的要求。只有符合这些条件的工作文件才能作为能力评价时的证据。

第二，关键事件。关键事件是员工过去工作中的一些客观事实和数据，而非个人的主观感受和判断，它反映了员工的工作或活动过程。员工在进行关键事件描述时应尽量使用行为动词描述自己工作上的行为，注意避免一些主观感受和判断的描述，如积极主动、认真负责等。对关键事件的描述要尽量全面深入，除描述工作行为外，还应描述事件的原因、当时的情境、事件的结果等。

第三，第三方意见。第三方意见是由员工的周边同事和内部外部客户对其日常工作行为的评价。在收集第三方意见时可以采取灵活多样的形式，如对第三方进行访谈，让第三方提供书面说明，让第三方直接参加能力评价会等。

(3) 能力测试。在通常情况下，能力测试以知识考试为主。通过知识考试可以检验员工专业知识的水平。知识考试应由人力资源部组织各业务部门编制考卷进行考试。考试每年进行 1～2 次，以考试成绩作为评价知识水平的主要依据，考试成绩当年有效。有条件的企业还可根据需要，在完成证据收集和能力测试以后，人力资源部组织被评价人参加能力评价讨论会。在评价会上，被评价人对关键事件进行陈述，并回答评价小组成员的提问。评价小组成员在核实证据和参考能力测试结果的基础上，经过充分讨论，最终确定被评价人的能力等级。

(4) 结果反馈。能力评价结果确定后，人力资源部应及时向被评价人反馈评价结果和改进意见，让被评价人知道自己的成绩和不足，并制定相应的改进措施，以继续提高能力和工作绩效。

4) 员工能力评价方法

能力评价小组在获得有关被评价者各方面数据和资料的基础上，可以着手进行员工能力评价，从而确定员工能力等级。员工能力评价的具体方法主要有两种：一是定性评价法，二是定量评价法。

(1) 定性评价法。定性评价法是企业最常用的能力评价方法。在进行定性评价时，企业必须建立一套以员工素质模型为基础的能力评价标准体系。能力评价标准体系通常包含 4～6 个能力等级，它详细规定了每个能力等级必须具备的知识、技能、经验、行为方式等能力要素，然后根据每个被评价者的实际情况，按照能力评价标准"对号入座"，从而确定员工的能力等级。比如，某企业可能采用如下能力评价标准体系，如表 4-10 所示。

表 4-10 A 公司的员工能力评价标准

能力级别		具体要求
一级	知识与技能	1. 具备初级深度的电信网络知识； 2. 掌握设备硬件基本规范
	专业经验	1. 至少参加过一次工程施工； 2. 参加工程勘测不少于一次

续表

能力级别		具体要求
一级	行为方式	1. 能主动解决工作中的问题； 2. 具备基本的团队合作能力
二级	知识与技能	1. 掌握中等深度的电信网络知识； 2. 能够按照工程设计文件，独立完成两种设备的硬件安装
	专业经验	1. 至少协同完成一个重点工程的施工任务； 2. 独立完成工程勘测不少于一次
	行为方式	1. 具备较强的团队合作能力； 2. 主动为客户、同事提供帮助
三级	知识与技能	1. 熟悉公司各类产品基本原理、产品配置和组网原则； 2. 熟悉工程施工流程及常规设备安装工艺
	专业经验	1. 至少独立完成或主持过重点工程的施工工作； 2. 至少完成一次员工或客户的设备维护培训工作任务
	行为方式	1. 具备很强的团队合作能力； 2. 坚持不懈，不轻易放弃任何机会； 3. 发掘客户潜在需求
四级	知识与技能	1. 熟悉公司主要产品的设计依据、各重要参数的意义； 2. 能够负责策划重难点工程的设备安装、调试、开通等工作
	专业经验	1. 至少独立完成或主持过两个重点工程的施工任务； 2. 至少有过一份产品改进报告，并得到研发部门的肯定和认可
	行为方式	1. 设立具有挑战性，但可达成的目标； 2. 极具团队精神，愿为团队利益牺牲一些个人利益； 3. 能够激励团队其他成员的士气

(2) 定量评价法。定量评价法的基本思路是首先确定需要评价的能力要素，并建立能力评价的指标体系；然后运用层次分析法(AHP)确定各指标的权重；再按照各指标的评价标准，由评价小组的专家对被评价者的各项指标进行评级；最后运用模糊综合评价法对员工能力进行综合评价并确定能力等级。定量评价法的主要流程如图 4-12 所示。

下面举例说明如何运用定量评价法进行能力评价。

比如某公司的员工能力要素包括业务能力、经验成果、行为方式三方面，建立了 3 个一级指标和 6 个二级指标的能力评价指标体系，如图 4-13 所示。

第一步，运用层次分析法确定指标权重。

(1) 采用 Saaty 的 1～9 标度法反映指标间的相对重要性，从而得到判断矩阵，如表 4-11 所示。

(2) 计算每层因素间的相对权重值，并进行一致性检验，具体步骤如下所述。

① 计算判断矩阵每一行元素的乘积：

$$M_i = \prod_{j=1}^{N} a_{ij} \quad i=(1,2,\cdots,n)$$

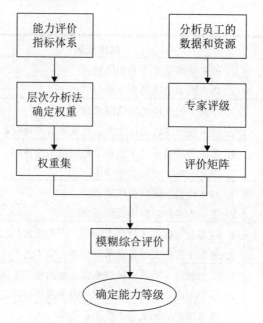

图 4-12 定量评价法的主要流程

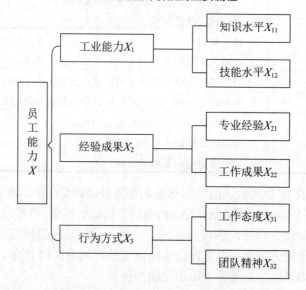

图 4-13 某公司的能力评价指标体系

表 4-11 Saaty 的 1～9 标度法

标度 a_{ij}	定 义
1	因素 i 与因素 j 同等重要
3	因素 i 比因素 j 稍微重要
5	因素 i 比因素 j 明显重要
7	因素 i 比因素 j 强烈重要
9	因素 i 比因素 j 极其重要
2，4，6，8	以上两判断之间的中间状态

② 计算 M_i 的 n 次方根：

$$\overline{w_i} = \sqrt[n]{m_i} \quad i=(1,2,\cdots,n)$$

③ 对 $\overline{w_i}$ 标准化：

$$w_i = \frac{\overline{w_i}}{\sum\limits_{i=1}^{n} \overline{w_i}} \quad i=(1,2,\cdots,n)$$

④ 计算最大特征根：

$$\lambda_{\max} = \frac{1}{n}\sum\limits_{i=1}^{n}\frac{\sum\limits_{j=1}^{n}a_{ij}\times w_i}{w_i}$$

⑤ 一致性检验：

若 $CI = \dfrac{\lambda_{\max} - n}{n-1} < 0.1$，可以判断矩阵具有满意的一致性。

按照以上方法，经过评价小组专家讨论，各级指标的判断矩阵如下所述。

一级指标判断矩阵：

X	X_1	X_2	X_3	W_i
X_1	1	1/3	3	0.258
X_2	3	1	5	0.637
X_3	1/3	1/5	1	0.105

$\lambda_{\max} = 3.044$　$CI = 0.022 < 0.1$，判断矩阵的一致性是可以接受的。

X_1 的二级指标判断矩阵：

X_1	X_{11}	X_{12}	V_{1j}
X_{11}	1	1/3	0.250
X_{12}	3	1	0.750

$CI = 0 < 0.1$，判断矩阵的一致性是可以接受的。

X_2 的二级指标判断矩阵：

X_2	X_{21}	X_{22}	V_{2j}
X_{21}	1	1/3	0.250
X_{22}	3	1	0.750

$CI = 0 < 0.1$，判断矩阵的一致性是可以接受的。

X_3 的二级指标判断矩阵：

X_3	X_{31}	X_{32}	V_{3j}
X_{31}	1	3	0.750
X_{32}	1/3	1	0.250

$CI = 0 < 0.1$，判断矩阵的一致性是可以接受的。

通过以上分析可以得到各指标综合权重，如表 4-12 所示。

表 4-12　各指标综合权重

	X_1	X_2	X_3	W_i
	0.258	0.637	0.105	
X_{11}	0.250			0.065
X_{12}	0.750			0.194
X_{21}		0.250		0.159
X_{22}		0.750		0.477
X_{31}			0.750	0.079
X_{32}			0.250	0.026

因此，得到各指标的权重矩阵：$A=(0.065, 0.194, 0.159, 0.477, 0.079, 0.026)$

第二步，运用模糊评价法进行综合评价。

(1) 构建模糊评价矩阵。假设企业能力评价小组由 10 名专家组成，每位专家按照各项指标的评价标准对被评价者进行评级，评价等级分为"优""良""中""差"四等级。假设对员工 A 的指标 X_{11} 进行评价时，有 4 人评价为"优"，5 人评价为"良"，1 人评价为"中"，无人评价为"差"，则员工 A 的 X_{11} 指标评价为(0.4, 0.5, 0.1, 0)。同理，对员工 A 的每项指标评级后可得 A 的模糊评价矩阵。

$$E(A) = \begin{vmatrix} 0.4 & 0.5 & 0.1 & 0 \\ 0.5 & 0.3 & 0.1 & 0.1 \\ 0.4 & 0.4 & 0.2 & 0 \\ 0.5 & 0.4 & 0.1 & 0 \\ 0.4 & 0.4 & 0.1 & 0.1 \\ 0.4 & 0.3 & 0.2 & 0.1 \end{vmatrix}$$

(2) 模糊综合评价。用指标权重矩阵乘以模糊评价即可得模糊综合评价结果。员工 A 的评价结果为

$$D(A) = A \times E(A) = (0.065, 0.194, 0.159, 0.477, 0.079, 0.026) \times \begin{vmatrix} 0.4 & 0.5 & 0.1 & 0 \\ 0.5 & 0.3 & 0.1 & 0.1 \\ 0.4 & 0.4 & 0.2 & 0 \\ 0.5 & 0.4 & 0.1 & 0 \\ 0.4 & 0.4 & 0.1 & 0.1 \\ 0.4 & 0.3 & 0.2 & 0.1 \end{vmatrix}$$

$$= (0.467, 0.384, 0.119, 0.030)$$

根据最大隶属度原则，员工 A 的能力综合评价为"优"，对应能力等级为四级。重复以上过程可以得到每位评价者的能力等级。

定性评价法和定量评价法是企业进行员工能力评价的主要方法，两者相互补充，企业可以根据自身实际情况灵活选用。

5) 确定能力薪酬体系

为确保公司给员工支付的薪酬具有外部竞争力，在设计能力薪酬方案时同样需要进行薪酬调查。在进行薪酬调查时，如果企业直接调查某些能力在市场上的工资价格会相当困难。因为与实施职位薪酬体系的企业相比，实施能力薪酬体系的企业并不普遍，要找到合适的参照对象并不容易。另外，不同的组织对能力的衡量标准并不相同，难以进行横行比较。所以，企业在进行薪酬调查时，最好把能力水平对应到相应的职位上，再按照通常的薪酬调查方法进行调查。如果对所有的能力等级进行薪酬调查比较困难，可以只调查最具代表性的能力级别的市场薪酬水平，然后以此为基准，通过内部比较，推算其他能力级别的市场薪酬。

企业在建立能力薪酬体系时，首先要考虑是建立一套适合于所有员工的能力薪酬体系，还是根据职类的不同分别建立几套能力薪酬体系。一般而言，对于人数较少的小型公司或公司内的某些项目小组和工作团队，如果员工工作性质大致相似，就可以建立一套能力薪酬体系。如果企业需要在几个工作差别较大的部门应用能力薪酬方案，就应该分别建立几套能力薪酬体系。建立能力薪酬体系主要包括以下步骤。

(1) 确定薪酬等级数量。在确定薪酬等级数量时一般可以参照素质模型中的能力等级数量。尽量保证每一个能力等级都对应一个薪酬等级。通常，设置4～6个薪酬等级比较合适。

(2) 确定每个等级内部的薪酬区间。确定薪酬区间包括确定每个等级的最高值、中间值和最低值。设置薪酬区间的目的是反映能力基本相同的员工在绩效、经验等方面的差异，激励员工在工作中充分发挥自己的能力。在确定中间值时要首先考虑市场薪酬水平，再考虑每个等级的人数和可供发放的工资总额。在设置薪酬区间跨度时要考虑两方面的因素：一是能力跨度，如果晋升到更高等级的难度越大，则该等级的薪酬区间也应越大；二是员工人数，如果进入同一等级的人数越多，则该等级的薪酬区间越大。

(3) 确定等级间的薪酬交叉。不同等级间的薪酬交叉为员工提供了一段薪酬缓冲的区间。由于不同等级间的薪酬存在一定程度的重叠，员工在能力等级变动后，薪酬并不会立即发生较大变化，这样就可以大大减少人事摩擦。更重要的是，等级间的薪酬交叉可以激发每个等级内员工的工作积极性。避免员工在能力等级晋升后立即获得大幅加薪，从而失去继续努力的动力。确定等级间薪酬交叉的原则是越低的等级间薪酬交叉越少，越高的等级间薪酬交叉越大。比如，某公司一研发类人员可以采用如图4-14所示的能力薪酬体系。

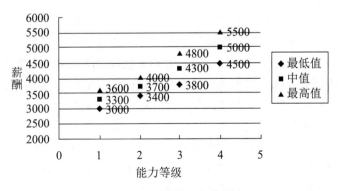

图 4-14 能力薪酬体系示例

3. 能力薪酬体系在实施中的问题及解决措施

尽管能力薪酬体系有广阔的应用前景，并且已经在一些西方国家的企业中成功实施，然而它并非一套完美无缺的薪酬解决方案。与职位薪酬体系和绩效薪酬体系一样，它自身也存在一些缺点和不足，并可能导致实施这一方案的企业无法获得预期效果。美国洛杉矶的劳动力有效性中心(The Center for Workforce Effectiveness in Los Angeles)对 50 家应用能力薪酬体系的美国公司调查后发现，40%的公司应用这一薪酬体系并不成功，主要原因是成本上升的影响。因此，企业必须认识到能力薪酬体系可能带来的一些问题，并采取相应的对策措施来解决问题，实现企业的既定目标。

1) 实施能力薪酬体系可能遇到的问题

能力薪酬体系的实施有相当大的难度。从国内外企业目前的应用情况来看，实施这一薪酬体系还存在以下难题。

(1) 实施能力薪酬体系可能会大大增加企业成本。首先，由于工资具有刚性的特点，组织实施这一薪酬体系往往意味着人力成本的增加。随着时间的推移，员工掌握的技能和能力不断提高，企业面临的加薪压力会越来越大。其次，为了保证技能与能力薪酬方案的顺利实施，企业需要为员工提供大量的培训机会以满足员工不断增长的培训需求。培训费用的增加，以及员工参加培训对本职工作的影响都会在短期内增加企业的成本。最后，能力薪酬体系的引入、维持和更新是一个费时费钱的过程，它通常会导致管理成本的大大增加。如果成本的增加超过了企业收益的增长，影响了企业的利润，企业很可能无法继续坚持采用这一薪酬体系。美国的一项研究显示，成本是导致能力薪酬体系失败的主要因素，企业采用能力薪酬体系后，工资成本平均上升了 15%，而培训成本上升超过 25%。如何克服成本增加带来的负面影响，已成为实施这一薪酬体系必须解决的重要问题。

(2) 能力薪酬体系在推行过程中可能受到抵制。许多历史较长的组织在思想意识和管理制度上比较保守和僵化，对企业变革有本能的抵制倾向。从原有的长期实施的薪酬方案转向这种新的薪酬方案的过程必然会带来组织内部的冲突和摩擦。从群体角度而言，能力薪酬方案可能会影响一些部门或群体的利益，这些原有的既得利益集团很可能竭力抵制这一薪酬方案的实施。从个人角度而言，薪酬方案的改变会带来员工收入的变化，在方案实施初期，员工不能确定自己收入是否下降，因而可能抵制这种具有不确定性的薪酬方案。另外，该方案更有可能受到那些能力成长空间不大的员工的反对，因为，新方案不会给他们带来太多薪酬增长的机会。

(3) 员工在实际工作中难以应用自己的全部能力。企业如何有效利用员工所掌握的能力是能力薪酬体系面临的另一个现实问题。如果企业无法为员工提供应用能力的机会，员工依然长期从事与过去相同的工作，那么企业将无法实现实施这一薪酬体系的目标——通过激励员工不断学习来改善工作绩效，提高企业适应力和竞争力。知识、技能和绩效之间并没有必然的因果关系，虽然绩效的提高需要相应的技能和能力的支撑，但是技能的增多、能力的增强并非一定能导致绩效的提高。因此，企业在实施能力薪酬方案时必须解决好能力有效利用的问题，否则它会导致企业成本大大增加而获得的收益很少。

(4) 能力的评价比较困难。对员工的技能和能力进行评价是实施能力薪酬方案的核心环节，也是企业在操作过程中最大的难题。技能与能力并不像收入、成本、生产率这些指标那么容易进行定量分析，它的评价涉及较多定性甚至主观的因素。尤其对于能力评价而言，它不仅要包括对容易观察的知识、技能的评价，还要包括对行为方式、个性特征甚至动机等难以观察的因素进行评价。能力的评价有相当大的难度，评价过程费时费力，评价结果可能难以被所有员工接受，容易导致冲突和矛盾。能力评价是对企业相当大的挑战，这也是一些企业对能力薪酬体系望而却步的原因。

(5) 能力的薪酬体系实施过程比较复杂。企业在实施能力薪酬方案时会涉及众多的环节。这一薪酬方案在引入之前需要做大量的基础工作，如工作分析、技能分析等，在引入之后需要外部专家、部门主管和员工的充分合作。这一薪酬体系的建立通常需要 1～2 年的时间，建立以后还需要持续地维护和更新。企业要不断丰富能力评价要素，及时更新评价体系，对员工的能力定期进行重新评价等，这些要求都是对企业人力资源管理的挑战。

2) 解决问题的思路及措施

为解决上述难题，成功实施能力薪酬方案，企业应做好以下几方面的工作。

(1) 判断组织是否适合采用能力薪酬体系。虽然能力薪酬方案具有诸多优势，但它并非放之四海而皆准的灵丹妙药。组织的性质、组织的战略、组织结构以及组织的发展阶段等因素对实施这一薪酬方案的效果有很大的影响。一般而言，适合采用能力薪酬方案的组织具有如下特征。

第一，涉足高新技术产业或新型服务业的知识型组织通常迫切需要员工不断学习新的知识和技能，以增强组织核心能力，适应环境的变化。

第二，组织实行差异化的竞争战略。实施差异化竞争战略的组织，更加强调创新文化对实施这一薪酬方案具有重要的作用。只有具有这种文化的组织才能为能力出众的员工提供充分施展自己才华的机会，才能营造出不断学习积极迎接挑战的氛围。相对而言，那些处于传统行业，奉行低成本战略，采用机械式组织结构的企业并不适合采用这一薪酬体系。

(2) 先建立基于能力的人力资源管理系统，再实施这一薪酬方案。能力薪酬体系本身是企业以能力为基础的人力资源管理系统的一部分，它只是以人为本而非以职位为本的新型人力资源管理思想在薪酬领域的运用。如果企业在人力资源管理的各个环节如招募、培训、晋升、绩效管理等方面都实行了基于能力的管理方式，那么在薪酬领域实施能力薪酬体系就是水到渠成的事。反之，如果企业没有建立基于能力的人力资源管理系统，能力薪酬体系就会失去基础，即使勉强推行，实际效果也往往不佳。因此，企业不应将能力薪酬体系与人力资源管理的其他方面分割开来，最好在以能力为基础的人力资源管理系统比较成熟之后再实施能力薪酬方案。

(3) 合理选择能力薪酬方案的实施对象。

企业中员工的工作往往是千差万别的，如果对所有员工都实施能力薪酬方案，不仅费时费力，而且没有必要。企业应当考虑员工的工作特点，合理选择实施对象。企业在实施对象选择时，主要应考虑以下两方面的因素。

第一，员工的能力与企业核心能力之间的关系。如果员工的能力与企业核心能力之间的关系十分密切，员工能力的高低直接影响着企业的竞争力，那么这些员工就是企业的核心资源，有必要对他们采用能力薪酬方案。

第二，员工工作的性质。如果员工是从事知识密集型工作，工作内容灵活多变，而且工作绩效在短期内难以评价，那么可以考虑对这些员工实施能力薪酬方案。

在通常情况下，适合实施技能与能力薪酬方案的员工有以下几类。

- 高科技公司的研究开发人员。
- 生产制造类专业技术人员。
- 管理咨询公司的咨询师以及金融机构的金融分析师等。

能力薪酬方案并不太适合企业内工作内容比较稳定的普通行政管理人员和销售人员。对他们而言，职位薪酬体系和绩效薪酬体系更加适合。

(4) 解决好能力培养和能力利用问题。能力薪酬体系要求员工不断提高自己的能力以适应未来工作的需要，因此员工的培训需求必然大大增加。如果企业的培训体系无法满足员工的需求，不仅会导致员工的不满，而且能力薪酬体系也难以维持。企业应当高度重视培训工作，在培训内容上应具有一定的前瞻性，既要满足当前工作所需的能力，又要满足企业未来发展所需的能力。在培训方法上可以采用企业组织培训和员工自主培训相结合的方式，以适应员工个性化的培训需要。在培训费用方面应形成培训费用合理分摊的机制，以免企业承担过高的培训成本。

企业在重视能力培养的同时还要解决能力利用的问题。只有让员工有机会应用自己掌握的技能或能力，才能激励员工继续学习新的技能与能力，企业也才有可能从员工的技能提高中获得实际的收益。一方面，企业可以通过工作再设计或流程再造，采用更加灵活的工作方式以实现工作丰富化，让员工承担新的工作任务，从而增强员工的灵活性，提高企业的适应能力。另一方面，企业还可以根据员工的能力实际运用状况对其能力薪酬进行调整，比如采取在支付薪酬时考虑员工的工作绩效和工作态度；在员工尚未应用某些技能时暂不发放与之相关的技能薪酬等措施，避免员工过于追求技能/能力的提高而忽视目前的本职工作。

(5) 建立科学合理的技能、能力评价体系，客观评价员工的能力。评价员工的能力是建立能力薪酬体系的关键环节。企业必须建立一套科学合理且动态发展的能力评价体系以保证能力评价的客观公正。实际上，并不存在一套适合所有企业的能力评价体系和评价方法，企业必须根据自身实际情况，逐步建立一套适合自己需要的能力评价体系。在成立评价机构时，可以邀请企业自身的专业人员与外部专家一起组成能力评价委员会。在确定能力评价要素时，要符合企业实际情况，突出企业特点，保证这些评价与目前和未来的工作紧密相关。在评价员工行为时应主要考察与工作相关的知识、技能、经验和行为，不要涉及那些与工作无关的方面。在选择评价方法时，可以在专家的帮助下，根据实际需要灵活选用知识考试、技能测试、行为事件访谈、评价中心技术等多种评价工具，保证评价结果的客观公正。

另外，企业还要不断调整、更新能力评价要素，并对员工的能力定期进行重新评价。这样才能保证能力评价体系适应企业不断发展的需要，并促进员工保持和提高自己的技能和能力。

(6) 企业在实施能力薪酬方案的同时有效结合其他薪酬方案。能力薪酬体系并不能完全替代传统的基于职位和基于绩效的薪酬体系。因为传统的薪酬体系反映的是员工工作的价值和过去的业绩，而能力薪酬体系主要反映的是员工未来创造价值的潜力，它们之间并不矛盾，只是各自的侧重点不同而已。

因此，企业应考虑任职者(Person)、职位(Position)、绩效(Performance)三方面的因素，将"3P"有机结合起来，形成优势互补，共同构成一套完整的薪酬方案。在对员工实施能力薪酬方案的同时辅以绩效薪酬方案或职位薪酬方案,这样员工可能更容易接受,实施效果也更好。比如,对生产技术人员可以根据其技能水平确定基本工资,再根据个人绩效和团队绩效确定其奖金;对研发类员工可以实施能力工资和项目奖金相结合的薪酬方案;对企业核心员工,在实施能力薪酬方案的同时辅以股权、期权等长期激励计划。多种薪酬方案的有机结合可以引导员工在重视技能、能力提高的同时更关注现实绩效的提高,从而让企业获得实实在在的收益。

(7) 在原有薪酬方案向能力薪酬方案转换时设立一段过渡期。在薪酬方案改变时,设立一段过渡期有助于减小阻力,缓和矛盾。在这段过渡期内企业应与员工充分沟通,让员工理解薪酬改革的意图和目的,消除员工的顾虑心理,为薪酬方案的顺利实施打好基础。在这段过渡期内,企业可以对员工的能力进行测试和评价,然后修改调整评价体系,以保证评价体系客观公正并被大多数员工接受。评价结束后要把结果及时反馈给员工,让员工明确自己未来的努力方向。在过渡期内,企业还可以做好工作再设计以及根据员工的能力适当调整其工作内容等基础工作。在过渡期内暂时不对目前的薪酬进行变动,等过渡期结束以后,再全面实施能力薪酬方案,将薪酬同员工能力联系起来。

总之,成功地实施能力薪酬体系不可能是一蹴而就的。由于它涉及企业整个人力资源管理方式的转变,因而对企业管理者来说是个不小的挑战。对于那些步履维艰的企业而言,这套薪酬方案可能不会给它们带来立竿见影的效果。然而,对于那些生机勃勃、目标远大、敢于变革,希望从优秀走向卓越的企业而言,这套薪酬方案将为企业的未来发展提供不小的帮助。

四、宽带薪酬体系设计

随着知识经济时代的到来,企业正面临着日益激烈的全球竞争和复杂多变的经营环境。为了更加灵活地适应环境的变化,越来越多的组织特别是知识型组织,正打破原有的基于固定职位的金字塔式组织结构而采用扁平化、网络化的组织结构。业务流程重组(BPR)、全面质量管理(TQM)、项目小组和自我管理团队(Self-managing Team)开始在越来越多的企业中应用。组织结构的改变导致了员工的工作方式和职业生涯的深刻变化。一方面,组织要求员工不断提高技能和能力以适应灵活多变的工作需要;另一方面,组织的扁平化又减少了员工职位晋升的机会。如果组织依然采用传统的基于职位的薪酬模式必然难以激励和保留知识型员工。企业为了更好地激励和保留知识型员工,必须对原有的薪酬体系进行改革。在这种情况下,宽带薪酬作为一种与企业组织扁平化、流程再造、团队导向、能力导向等新的管理战略相配合的新型薪酬设计方式应运而生。

根据美国薪酬管理学会的定义,宽带薪酬是指对多个薪酬等级以及薪酬变动范围进行重新组合,从而变成只有相当少数的薪酬等级以及相应的较宽薪酬变动范围。宽带中的"带"是指工资级别,宽带是指工资浮动的范围比较大。这个宽带的最高值和最低值之间的区间变动比率一般要达到100%以上。一种典型的宽带型薪酬结构可能只有不超过4个等级的薪酬级别,每个薪酬等级的最高值与最低值之间的区间变动比率则可能达到 200%~350%。而在传统薪酬结构中,这种薪酬区间的变动比率通常只有 40%~50%。宽带薪酬设计如图 4-15 所示。

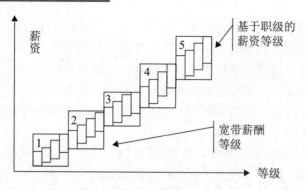

图 4-15　宽带薪酬设计

(一)宽带薪酬模式的特征

宽带薪酬模式最大的特点是减少薪酬级别,扩大浮动范围。在宽带薪酬体系下,员工随着自身能力的提高、绩效的改善,即使只是在原有的岗位上甚至在更低职位上工作,也可以获得更高的薪酬。宽带薪酬体系的特点决定了它在企业薪酬管理中表现出独特的功能和作用,如支持扁平化组织结构、引导员工重视个人技能的增长和能力的提高、有利于职位轮换、有利于消除"彼得现象"、宽带薪酬体系能密切配合劳动力市场上的供求变化等。宽带薪酬是主要基于岗位职位价值和市场薪酬水平分析的一种新型薪酬体系模式,其特征体现在以下几个方面。

1. 灵活性增强,有利于企业团队文化培养

宽带薪酬模式打破了传统薪酬结构所维护和强化的等级观念,减少了工作之间的等级差别,有利于企业提高效率以及创造学习型的企业文化,同时有助于企业保持自身组织结构的灵活性和有效地适应外部环境的能力。 而在传统等级薪酬制度下,公司的设计强调效率,经理决策和信息在公司自上而下地传播。一则来自基层的信息通过层层汇报,到达负责该信息处理的部门或人员那里可能需要七八层的审核。企业内部很容易出现层层推诿、相互扯皮的官僚作风。而宽带薪酬的设计模式打破了细致的职位等级划分,减轻了传统意义上的薪酬等级意识,有利于增强团队意识和合作精神。

宽带薪酬淡化了员工职位等级观念,强化了员工凭能力和贡献确立其在组织中的地位和价值的新观念,从而弱化了组织内部员工之间争夺头衔、等级和职位的非良性竞争,有利于员工之间的合作互助和知识共享,有利于组织团队精神的培养和人际关系的和谐,也有利于上级对绩效显著的下属提供及时的激励。

2. 引导员工重视个人技能的增长和能力的提高

在传统等级薪酬结构下,员工的薪酬增长往往取决于个人职务的提升而不是能力的提高,因为即使能力达到了较高的水平,但是在企业中没有出现职位的空缺,员工仍然无法获得较高的薪酬。而在宽带薪酬体系设计下,即使是在同一个薪酬宽带内,企业为员工所提供的薪酬变动范围也可能比员工在原来的五个甚至更多的薪酬等级中可能获得的薪酬范围还要大,这样,员工就不需要为了薪酬的增长而去斤斤计较职位晋升等方面的问题,而只要注意发展企业所需要的那些技术和能力就可以获得相应的报酬。

宽带薪酬模式有利于组织、引导员工将个人从业目标定位由职位晋升或薪酬等级的晋升转移到个人发展和能力的提高上，促使员工按组织发展战略和组织发展目标所需要的技能要求不断提高自身的知识技术和创新能力，有利于创造学习型企业组织，提高员工的工作绩效和组织的效率。

3．有利于职位轮换，培育新组织的跨职能成长和开发

在传统的等级薪酬结构中，员工的薪酬水平是与其所担任的职位严格挂钩的。同一职位级别的变动并不能带来薪酬水平上的变化，但是这种变化却使员工不得不学习新的东西，从而工作的难度增加，辛苦程度更高，这样，员工就不愿意接受职位的同级轮换。而在宽带薪酬制度下，由于薪酬的高低由能力来决定而不是由职位来决定，员工乐意通过相关职能领域的职务轮换来提升自己的能力，以此来获得更大的回报。

宽带薪酬制度将不同的职位纳入同一等级的薪酬中，减少了职位横向调动和纵向调动的阻力和成本，有利于组织内部人员职位的调动和轮换；同时也缓解了组织中高等级职位数量远低于员工晋级期望值的矛盾，使薪酬反映员工价值的观念和功能得到充分体现，稳定了员工队伍，降低了人才的流失率，提高了人力资源配置效率。

4．有利于提升企业的核心竞争优势和企业的整体绩效

宽带薪酬模式是以市场为导向的薪酬体系，它能对组织外部劳动力市场的供求变化和竞争态势做出及时的反应，有利于提高组织在劳动力市场的竞争力。同时，这也有利于开阔员工对薪酬分配公平性评判的视野，突破过多地从组织内部公平性角度审视分配公平标准的局限，减少与同事所得报酬相比较后所产生的怨愤心理、口角摩擦等负面影响，将更多的注意力集中于个人发展，以提高自身在外部劳动力市场的价值，从而提升自己在组织中的地位和价值。

在宽带薪酬体系中，上级对下级员工的薪酬有更大的决策权，从而增强了组织的灵活性和创新性，有利于提高企业适应外部环境的能力。同时宽带薪酬模式通过将薪酬变化与员工的能力和绩效表现挂钩，向员工传递一种以绩效和能力为导向的企业文化，引导员工之间的合作和知识共享，以此来培育积极的团队绩效文化，从而大大提升企业的凝聚力和竞争力。传统薪酬结构与宽带薪酬结构的综合比较如表 4-13 所示。

表 4-13 传统薪酬结构与宽带薪酬结构的综合比较

比较内容	传 统 型	宽 带 型
薪酬战略与企业发展战略	难配套	易配套
与劳动力市场关系	市场是第二位的	以市场为导向
直线经理的参与	几乎没有参与	更多地参与
薪酬调整的方向	纵向	横向及纵向
组织结构的特点	层级多	扁平
与员工的工作表现	松散	紧密
薪酬等级	多	少
级差	小	大
薪酬变动范围	窄	宽

(二)宽带薪酬体系设计流程

企业实施宽带薪酬体系时应分三个阶段进行。

1. 准备阶段

首先，要根据组织结构的特点和企业类型来选择是否引入宽带薪酬体系。不是所有企业都适用宽带薪酬模式，采用宽带薪酬模式的企业应该具备一些基本条件。其一，要求组织结构扁平化。宽带薪酬模式本身是一种层级较少的薪酬体系，更适用于管理层次较少、幅度较宽的扁平化组织结构。其二，要求配套管理制度规范健全。在宽带薪酬体系下，上级主管对下级员工的加薪决定权更大，可能造成随意性，所以需要企业建立一套健全的绩效考核制度、切实有效的审查体系以及通畅便利的员工抱怨与反馈途径等。其三，要求主管人员具备较高素质，以保证绩效考核的公正和薪酬确定的准确性。

其次，提前优化和改革企业的管理方式和文化等内部因素，为宽带薪酬的实施准备合适的土壤。一方面，应推行参与式管理机制。在宽带薪酬的制定和实施过程中，稍有不慎就有可能导致员工因不满而产生消极影响。因此在管理上要积极鼓励员工的参与，获得员工的认同和支持，唯有这样才能保证宽带薪酬的顺利实施。另一方面，弱化等级文化观念。中国传统的官本位思想根深蒂固，在实施宽带薪酬前必须在组织文化上做好相应的转变。要引导员工形成以绩效论成败、以贡献论英雄的价值观。

2. 实施阶段

进行薪资调查，保持外部公平性。市场薪资调查在确定员工报酬时具有关键作用。进行薪资调查的主要内容应包括以下几点。

(1) 了解同行业其他企业的薪酬水平，调查本地区的薪资水平，对工资结构进行调查，包括对发放薪水的形式、时间、范围以及其他非货币报酬的调查。

(2) 确定职位的相对价值，保持内部公平性。公正的职位评价是保持内部公平性的重要前提。职位评价的基本程序是对每一个职位所包含的内容进行相互比较，进而反映出职位的价值。

(3) 把不同的职位归类并确定宽带数量。经过上一步对职位相对价值的确定后，可以根据这些数据将各个不同职位归入同一工资等级，并结合前期薪资调查的数据决定薪资水平。一个工资等级一般应包括操作复杂程度或重要性大致相同的职位。另外，一个企业的薪酬结构到底设计几个宽带合适，目前还找不到统一的标准，大多数企业设计 4~8 个薪酬宽带，有些企业甚至只设计出两个薪酬宽带，一个针对管理人员，一个针对技术人员。不过，薪酬宽带数量的决策依据还应当是组织中不同员工的贡献差别。宽带之间的界限往往是在工作或技能、能力要求存在较大差异的地方，比如可以将某公司的薪酬宽带划分为事务助理类、专业技术类、职能管理类和领导类四个级别，如图 4-16 所示。

(4) 确定宽带内的薪酬浮动范围。薪酬宽带是建立在工资等级基础上的，因此宽带内薪资的浮动范围应当同样建立在前期确定的工资等级的薪资水平基础上。一种可行的做法是将宽带内最低工资等级的最低薪资水平作为薪资浮动的下限，将宽带内最高等级的最高薪资水平作为薪资浮动的上限，每级的工资差别一般都可超过 100%。

(5) 宽带的定价。在薪酬宽带的设计中，很可能在每一个宽带中都包括财务、采购、软件开发及市场营销等各类工作，但是在不同的宽带中要求的技能或能力层次会存在差异，同时还会存在同一宽带内各不相同职能工作之间薪酬水平的差异。如何给处于同一宽带之中但是职能各不相同的员工支付薪酬，现行的方法是参照市场薪酬水平和薪酬变动区间，在存在外部市场差异的情况下，同一宽带之中的不同职能或职位簇的薪酬要分别定价。具体如图4-17所示。

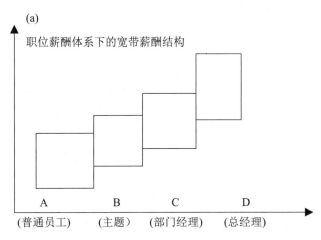

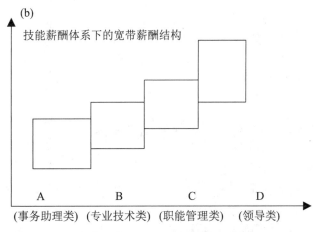

图4-16　薪酬结构宽带

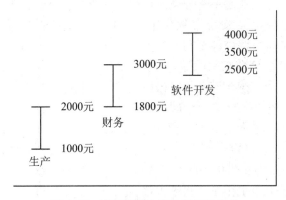

图4-17　宽带薪酬内部的差异性定价

(6) 确定员工在宽带中的特定位置。宽带设计要求采用不同方法将员工放入薪酬宽带中的不同位置上。对于强调绩效的企业来说，根据员工的个人绩效将员工定位于薪酬宽带中的某个位置上是一种较合适的做法；而对那些强调新技能的企业来说，则可严格按照员工新技能的获得情况来确定其在薪酬宽带中的定位，员工是否具备企业要求的新技能，则由培训、资格证书或员工在工作中的表现来决定。

3. 完善阶段

首先，应完善员工技能进步标准和轮岗机制。组织要将员工技能进步的指标进行量化，对员工所掌握的技能水平应有一个客观评价的标准。同时，在宽带薪酬模式下，促成员工更广泛和频繁的职务轮换，组织也要制定出一整套能提供员工掌握更多技能的轮岗机制。实际上，这些标准和机制可纳入企业的员工培训计划和职业发展体系之中，这有利于学习型组织的形成和发展。其次，制定配套的员工培训和开发计划。宽带薪酬制度为员工的个人成长及职业生涯发展提供了更大的发展空间，这种薪酬结构鼓励员工努力提高自身的技能和能力，以增强企业的竞争能力和适应外部环境的灵活性。对于组织内的员工来说，所能掌握技能的多少在很大程度上取决于组织能够提供多少学习和实践的机会。因此，企业需制定积极的员工培训和发展计划，使员工能够不断地获取新的知识和技能，帮助员工充分利用宽带薪酬结构所提供的薪酬增长空间，同时企业也能够不断获得更具有竞争力的员工队伍。再次，薪酬体系的适时调整和控制。根据企业内外各方面条件的变化，要及时控制与调整薪酬方案。宽带薪酬自身灵活性的特点增强了其对内外变化的应对能力，但灵活调整的同时潜藏着巨大的危险。这就需要在宽带薪酬实施推行过程中，及时收集和反映来自市场环境、行业、员工与管理等各方面的信息，用有效的调整和控制，及时化解可能发生的危机。

(三)宽带薪酬体系实施中可能存在的问题及解决措施

1. 存在的问题

宽带薪酬体系能够让企业消除旧有的层级制度的很多弊端，然而，在实施过程中也可能遇到一些新问题。具体内容如下所述。

(1) 宽带薪酬可能导致企业人力成本增加。一是由于工资具有刚性，一般只能升而不能降，二是因为宽带薪酬为绩效而不是为岗位付薪，导致企业的薪资费用总额可能逐年攀升。如果控制不力，不但起不到有效激励的作用，而且可能使企业人力成本负担更重。

(2) 宽带薪酬可能因绩效管理不利而导致不公平。宽带薪酬是一种基于绩效的分配体制，员工的收入、晋级、调薪都与绩效考核结果直接挂钩。如果绩效管理做不到位，会导致"大锅饭"现象，使员工感到不公平，激励效果大打折扣。

(3) 宽带薪酬对传统文化的冲击可能带来负面效应。在传统的等级制管理历史背景较深厚的企业，宽带薪酬体系给管理层尤其是中层管理人员，以及任职时间较长的老员工带来强烈的观念冲击。如果没有与企业员工进行很好的沟通和引导，可能造成较大的负面效应。

(4) 晋升的激励作用将被弱化。职级上升对员工来说可能有较强的激励作用，而宽带薪酬体系的实施使职位晋升更加困难，将令很多员工感到失望。

2. 解决措施

(1) 管理层与员工进行沟通。在宽带薪酬体系的设计和实施过程中，让管理层和员工及时全面地沟通，使全体员工能清晰地理解企业的报酬决定因素和企业的发展策略。得到全体员工的支持，有助于消除员工的抵触情绪，从而有利于新体系的引入和实施。

(2) 要有配套的员工培训计划和开发计划。宽带薪酬结构为员工的成长以及个人职业生涯发展提供了更大的空间，其重要特点之一就是鼓励员工努力提高自身能力，掌握更多的技能，以增强企业的竞争力和适应外部环境的灵活性。为达到这一目的，企业必须在实施宽带薪酬体系时，就各职位或各职级需要具备的能力以及配套的培训制定完善的培训开发体系。

宽带薪酬作为一种新的薪酬设计体系，为企业提供了一种良好的薪酬管理思路。然而，宽带薪酬的实施也会带来一系列相应的问题。这就要求企业必须根据自身的特点和发展方向合理选择薪酬体系，在实施过程中也要建立健全相应的配套制度，真正地使宽带薪酬体系为组织带来效益。

案例4-5　国有大型烟草企业宽带薪酬设计

某公司是一家位于我国西部地区的国有大型烟草企业，员工5000余人。长期以来，公司在人力资源管理，尤其是在以薪酬为核心的激励体系方面问题突出。"分配多少讲平均""职位轻重凭感觉""薪酬绩效不挂钩""业绩考核形式化"等问题日益成为企业发展的严重障碍。为此，该公司自2002年年底在全系统率先推行"宽带薪酬"制度，创建并形成了极具特色的国企激励体系。2003年9月因此受到行业表彰。

1. 打破传统，引进"宽带"

为了改变传统国企人事现状，使广大员工在思想上对宽带薪酬有个认识，以减少公司"三项"制度变革中的人为阻力，该公司高管层在工作步骤上做出了明智的安排。

首先，公司高管层明确列示出传统薪酬结构及其所带来的大量弊端。

(1) 等级多。一般的部门都有十几个甚至二十几个职位工资级别。过多职位工资级别调整导致大量的行政工作，并导致员工将注意力集中在调整级别工资上而非注重自身技能和自身绩效的提高。

(2) 级差小。相邻的两个职位工资级别的差异很小。员工晋升一级，所获得的激励并不大，高级别职位的薪酬与基层职位的薪酬拉不开差距。

(3) 级幅小。级幅是指每个职位级别内的工资浮动范围。通常每个职位级别只有一个工资点，没有浮动范围，即"一岗一薪"。这样，在同一职位的不同员工中，绩劣者，可与绩优者共"享"同一薪酬；而绩优者无论多么突出，则只能与绩劣者同"忍"一样的回报。

(4) 无叠幅。在传统的薪酬结构中，相邻职位级别的工资没有重叠部分。这就意味着员工不管工作多少年，绩效多优秀，如未能获得职位级别的晋升，工资都是一成不变的，因而不利于鼓励员工优秀的工作表现以及多技能的培养。

(5) 等级结构森严。传统薪酬结构因缺乏弹性，致使企业面对行业竞争、市场变化、人才流动等问题时常常束手无策。

随着宽带薪酬概念的明确，公司内部对其有了本质上的认识：①传统人事管理注重的是职位、职务概念，职位、职务薪酬；而基于"宽带薪酬"的人力资源管理注重的则是价值、绩效概念，价值、绩效薪酬。②职位讲价值，工作讲绩效，上岗讲竞争。③员工无须沿着传统的职位或职务等级走"单线"，只要工作能力、工作绩效有所提升，就能获得更高的薪酬激励。

其次，公司进一步指出，宽带薪酬的实施是个系统工程，它所解决的不仅是"工资"问题，同时也是一个系统问题——一个企业激励体系问题。这里说宽带薪酬的实施是个系统工程，是因为实施宽带薪酬，离不开组织优化、职位设计与价值评估等基础要件。同样，说它解决的是一个企业的激励体系问题，是因为它较传统薪酬模式更好地解决了广大员工的考核激励、薪酬激励和培训激励等问题。

2. 三位一体的激励体系，力促"宽带"

鉴于上述宽带薪酬模式的全新要求，该公司开展了"构建以'组织优化、职位设计与价值评估'为基础，以考核激励、薪酬激励和培训激励为主体的企业激励体系"的人力资源管理创新活动。

3. 梳理组织部门结构，优化职位职责体系

首先，按照国家和行业有关机构改革的工作部署，在全系统开展了机构改革和减员分流工作。全系统16个单位，机关科室由原来的176个精简为125个，减少51个，减幅29%，从业人员减幅35.28%。其次，在全面收集有关工作信息的基础上，对企业流程进行了优化整合，进而对所有职位的工作职责、任职条件与资格进行了细化和重新界定，形成了规范化、标准化的"职位说明书"。这不仅为员工的选聘、培训提供了标准，同时也为职位评价、绩效管理、薪酬管理和其他人力资源管理活动提供了科学的依据。

在传统的薪酬框架下，职位重要程度往往没有量的界定。因此，人们总以为自己的职位最重要，相互贬低他岗现象较为普遍。但是，通过借助"要素评分法"而首次推出的"职位价值测评"，则彻底打破了这种职位间自以为"重"的僵局。该方法将职位评价因素抽象为知识技能、责任、努力程度和工作环境四大方面，并赋予 300:290:260:150 的权重(总权数 1000)。最后依据职位职责大小，分别赋值打分，分值经过系统处理得到定量的职位价值数。

如此，职位价值测评的结果，不仅为公司内部的薪酬分配与调节提供了科学、合理的依据，也为职位等级数量及岗内工资变动范围的确定，进而为宽带薪酬设计，以及基于宽带薪酬的激励体系构建奠定了系统、理性的基础。

4. 量化细化考核指标，发挥考核激励功效

该公司依据宽带薪酬理念，在指标提取、赋值和计算出考核系数的基础上，重点突出了绩效考核的可激励性。

(1) 同一职位的不同员工，考核成绩优秀者，即使职位级别未得到晋升，但按照职务价值(系数)序列，其享受的价值系数可以得到提升，从而绩效薪酬得到体现。这样的同岗不同薪，有利于发挥考核激励作用。

(2) 不同职位的员工，当低职位员工由于考核成绩优秀而提升的价值系数，因为宽带薪

酬的重叠性与高职位员工的某一价值系数相等时，便可获得"不同岗也可同薪"的效果。如此考核，激励着职位间员工不再看重传统薪酬下的职位(职务)级别，而更看重自身的能力和所创造的价值。

5. 整合价值绩效尺度、强化薪酬激励管理

与传统薪酬制度相比，该公司更加注重薪酬本身的激励作用，在岗级薪酬激励、绩效薪酬激励和特区薪酬激励等方面创新彰显。

(1) 岗级工资激励。

该公司宽带薪酬模式在员工基本薪酬方面，主要体现在职位薪酬的设计上。由于岗级薪酬标准与职位价值系数挂钩，为了保持职位内在要求的动态适应性，公司定期对职位等级进行职位价值再测评、再排序，并根据经济效益设定岗级薪酬基数。员工岗级薪酬按照其所在的职位确定，并根据员工个人历史绩效予以调整。岗级工资标准的计算公式为

$$岗级工资=岗级工资基数×职位价值系数$$

(2) 绩效薪酬激励。

员工绩效薪酬等于"公司绩效薪酬发放基数×职位价值系数×绩效考核系数"。也就是说假定公司当月绩效薪酬发放基数为500元，某员工所在职位的价值系数为1.3，当月绩效考核系数为0.98，则该职位员工当月绩效薪酬为500×1.3×0.98，即637元。由此发挥了价值薪酬和绩效薪酬的激励作用。

(3) 特区薪酬激励。

虽然该公司宽带薪酬体系较好地起到了选、育、用、留的作用，但对公司内部价值贡献较大者或外部市场稀缺的人才，其效力仍然有限。为此，公司考核薪酬委员会还设立了薪酬特区，旨在使企业的薪酬政策与外部人才市场的薪酬水平接轨，进而提高企业对关键人才的吸引力，增强企业在人才市场上的竞争力。

6. 注重人力资本增值，追求员工培训激励

该公司高管层认为，实施员工培训，不仅是为了企业的价值提升，同时也是对员工人力资本价值的提升，特别是当培训机会、内容、种类与员工职位、职务升迁、考核成绩挂钩时，培训实质上更是一种激励。当然，增值培训最大的意义还在于它全面提升了公司人力资源管理的核心竞争优势。

(资料来源：徐斌. 薪酬福利设计与管理[M]. 北京：中国劳动社会保障出版社，2006)

五、现代薪酬体系设计的趋势

薪酬理念和薪酬管理原则的革命性变革，促使现代薪酬制度发生了重大的变化，从而导致薪酬体系设计呈现出一系列新的趋势。

1. 薪酬构成的多元化与激励的长期化

在劳动要素资本化、员工参与利润分享及整体薪酬新理念的影响下，现代薪酬体系的构成具有多元化特征。这集中表现在两个方面：其一，工资、奖金等传统的劳动性收入与

红利、股份、期权等资本性收入并存，体现了人力资本价值与劳动要素剩余索取权的有机结合；其二，现金和非现金等物质收益与员工的心理满意度和个人发展机会等精神收益并存，实现了物质激励和精神激励的统一。综观那些取得成功的现代企业，它们的薪酬制度无不具有多元化的特征。

多元化的薪酬构成不但更能满足员工的各种需求，更有助于调动员工的积极性，并且使企业获得了更为多样的激励手段。尤其是股份、期权等新型薪酬形式的创新，使现代薪酬制度又具有激励长期化的特征。它能较为有效地消除传统薪酬制度在激励功能上的三大弊端。

(1) 激励短期化。以工资、奖金为主的传统薪酬制度，是与员工即期的工作绩效挂钩，而与组织的远期发展目标脱节；员工经济利益与组织经济效益变动状况之间的相关性和敏感度较低，且工资又多具有能上能下的刚性或黏性特征，因而这种薪酬制度的短期激励力度较大，短期行为导向明显，但不利于组织核心竞争力的提高和长远发展。

(2) 激励成本高。传统的薪酬制度以固定薪酬为主，从企业的现金流中开支，而且激励效率受单一外在物质刺激的激励机制限制，使激励的直接成本和机会成本较高，薪酬成本的控制较为困难，薪酬支付的财务压力较大。

(3) 对经营管理者的激励功能弱化。根据委托——代理理论，由于经营管理者与所有者的目标函数不一致，在双方信息不对称的条件下，经营管理者有可能置自身利益于所有者利益之上，出现规避行为和机会主义行为，导致道德风险(代理风险)产生。为了规避代理人的短期行为和道德风险，必须使经营管理者的目标函数与所有者的目标函数相一致。而传统的薪酬形式与短期的激励机制却使经营管理者与所有者的目标函数脱节，导致经营管理者薪酬的激励效率下降，对经营管理者的监督成本上升。

2. 薪酬设计的战略性与个性化特点

长期以来，薪酬分配在企业内属于较低层级的常规管理，薪酬设计与企业的战略缺乏内在联系。而根据现代薪酬理念，薪酬是企业战略决策的重要组成部分和实现企业目标的关键因素。所以，战略性薪酬成为现代薪酬制度设计的出发点。战略性薪酬强调薪酬战略必须支持企业的经营战略，薪酬制度必须成为实现企业战略的重要工具。通过薪酬设计，企业向员工传递需要员工去做什么、如何做，以及员工从中能得到什么利益等信息，运用薪酬的激励导向引导员工的行为与企业的目标和战略保持一致。

战略性薪酬管理要求企业根据实际需要和可能，设计、创新一种或几种最适合自己的薪酬制度和薪酬模式，主要表现在两个方面。一方面，企业按照自己的发展目标和战略、组织结构和员工队伍的特点、行业和产品的性质、市场环境和竞争状况等因素来设计薪酬制度，因而企业的薪酬制度具有不同于其他企业的个性化特点。另一方面，企业还应根据其员工个人的个性、偏好、需求、目标价值和相应行为的差异，针对组织内不同类型的员工，实施不同的薪酬策略，设计不同的薪酬方案，量身定做不同的薪酬制度。例如，为营销人员、研发人员、经营管理者分别设计符合其特点、满足其价值目标的不同薪酬方案(如固定工资以外给予销售提成、科技分红、期权激励等)。分别为高级人才和普通员工设计不同的薪酬方案：要留住和激励高级人才，除了外在薪酬，还必须为其提供更多的内在薪酬，如发展机会；而普通员工可能更偏好于较高的工资和福利待遇。此外，针对员工的不同需求偏好，设计自助餐式组合薪酬方案，是薪酬设计个性化的一种有效手段和发展趋势。企业在严格遵守国家法律法规和严格控制薪酬总预算的基础上，设计出不同内容和不同比例的薪酬组合形式，每个员工可在其薪酬预算范围内自主选择能最大限度满足其需求偏好的薪酬组合。例如，年轻员工选择现金收入较高的薪酬组合；双职工夫妇一方选择子女教育津贴较多的福利组合，另一方选择住房津贴较多的福利组合；等等。这种自主选择按照经济学原理，即选择预算费用线与效用无差异曲线的切点的薪酬组合，可使个人效用最大化。薪酬设计的战略性和个性化，是现代薪酬制度区别于传统薪酬制度的一个极其鲜明的特征，也是其优越性的重要体现。

3. 计酬的绩效化和弹性化

传统的基于岗位、工作量测定或年薪的薪酬制度，由于其不合理的薪酬结构、刚性的薪酬标准、形式化的评估体系、论资排辈的观念等制度性缺陷，使薪酬给付与员工绩效呈现出一种非对称性，有悖于公平性原则，降低了薪酬效用，也增加了企业不合理的薪酬成本支出。为了改变这种状况，薪酬给付出现了绩效化和弹性化的趋势。薪酬给付的绩效化，是以员工个人或团队的绩效取代工作量测定作为计酬的依据，更普遍地采用绩效工资或以业绩为基础的收益分享薪酬体系。据业界调查，美国有 70%的大型企业采用了这种制度。

薪酬给付的弹性化，是指根据企业的经营状况和绩效水平确定薪酬水平，通过扩大变动薪酬的比率(研究表明，变动薪酬达到员工总薪酬 60%时会产生强大的激励效应)，实行多样化的薪酬形式(如绩效工资、奖金、红利、股权激励等)，使薪酬给付随企业经营状况和员工绩效的变化上下浮动。完善和严格执行绩效考核制度，是计酬绩效化和弹性化的必要前提。

计酬的绩效化和弹性化有助于软化工资的刚性，以利于控制人力成本，以动态化、利益分享的薪酬分配形式体现企业与员工之间"利、权、人"的合作伙伴利益与共关系，使薪酬真实反映员工的绩效、价值和贡献，有助于消除平均主义分配和员工的惰性，有助于促进企业内部的良性竞争，激发员工的积极性，提高薪酬的激励效率。

4. 薪酬制度的宽带化和透明化

传统的薪酬制度是以多等级、垂直型的薪酬结构为基础的，适用于传统的多层次、等级化的组织结构以及高度细化的组织分工的要求。随着组织理论的创新和知识经济的崛起，20 世纪 90 年代后，扁平化的组织结构取代了传统多层次、等级化的组织结构，企业发展也日益依赖于员工团队合作、个人技能水平与创新精神的高低，以人为本、注重人的发展的薪酬管理思想占据了主导地位。宽带薪酬制度就是一种能体现这种思想的新模式。

本 章 小 结

企业薪酬设计导向反映了企业的分配哲学，即主要依据什么原则确定员工的薪酬。组织薪酬设计主要包括两个方面：一是设计薪酬的纵向结构，即确定组织内各个不同职位、不同能力员工的薪酬等级和标准；二是设计薪酬的横向结构，即确定构成员工薪酬的各种薪酬比例，如基本薪酬、激励薪酬、福利津贴比例等。

企业在进行薪酬设计过程中必须遵循一定的原则，具体表现为公平原则、竞争原则、激励原则、经济原则、战略导向原则及合法原则。薪酬策略以一定的薪酬结构为基础，其中主要的结构策略为高弹性薪酬模式、稳定性薪酬模式及折中薪酬模式，薪酬水平策略主要包括领先型薪酬策略、跟随型薪酬策略、成本导向型薪酬策略及混合型薪酬策略。

根据布朗德薪酬设计——价值因素分析四叶模型，企业在设计薪酬时必须考虑四个价值因素，并通过评估确定相应因素的薪酬支付标准。第一，能力因素，依据企业战略所需的素质与能力支付，即基于能力的薪酬体系；第二，岗位因素，依据岗位价值支付，即基于职位的薪酬体系；第三，绩效因素，依据员工实际贡献支付，即基于绩效的薪酬体系；第四，市场因素，设计薪酬体系时需对市场进行薪酬调查，即依据市场需求支付。

宽带薪酬作为一种与企业组织扁平化、流程再造、团队导向、能力导向等新的管理战略相配合的新型薪酬设计方式，是指对多个薪酬等级以及薪酬变动范围进行重新组合，从而变成只有相当少数的薪酬等级以及相应的较宽的薪酬变动范围。

自　测　题

1. 企业薪酬设计时为什么要考虑战略导向原则？
2. 请简要描述企业薪酬设计的三种策略的适用范围。
3. 简要描述基于能力薪酬的设计流程。
4. 基于绩效的薪酬体系有什么优点和缺点？什么样的情况下适合采用为绩效付薪的薪酬设计方式？
5. 什么是宽带薪酬？它具有哪些特征？

案例分析

内容见二维码。

诺基亚薪酬体系的竞争优势.docx

阅读资料

内容见二维码。

阅读资料 4.docx

第五章　员工奖励——可变薪酬制度

【学习目标】

通过本章的学习，使学生熟悉可变薪酬类型，掌握个人层面和团队层面薪酬制度，能够熟练进行可变薪酬制度的设计与实施。

【关键概念】

薪酬管理(compensation administration)　可变薪酬(varible compensation)

【引导案例】

唐僧该如何分配百万元奖金？

主持人	邓羊格	《中外管理》杂志编辑部业务总监
嘉　宾	吴春波	中国人民大学公共管理学院组织与人力资源研究所教授
	王军宏	中关村科技发展有限公司人力资源总监
	景素奇	北京腾驹达管理顾问有限公司首席顾问
	沈东军	通灵珠宝(中国)有限公司 CEO

话说唐僧师徒四人历尽千辛万苦西天取经归来，以如来、观音菩萨为首的董事会经过研究决定，奖励唐僧师徒四人——西天取经项目小组 100 万元奖金；并决定由唐僧负责制定分配方案，董事会不干预，但要求唐僧必须把分配方案上报董事会。在财务备案后，由师徒四人分别到财务部门领取奖金。

奖金该由谁来分？

景素奇：唐僧怎么分都会挨骂。我觉得本案例中，以如来和观音菩萨为首的董事会知道奖金发放之难，所以采取矛盾下放策略。唐僧这个项目组长无论如何分，都不好办。很多企业老板都认为，即使唐僧不要一分钱，也会有矛盾。正确的方法应该是董事会先把唐僧应得的那一部分划出来，比如 35 万元，再让唐僧分配徒弟三人的 65 万元。这样唐僧就好分多了，他就只面临一种矛盾：如何把 65 万元分配公平。要不然，唐僧还面临着涉嫌徇私情以及和部分徒弟共谋的问题。

吴春波：董事会先定唐僧的奖金。我也认为，董事会这种要求唐僧决定分配奖金的方法不是一种好的办法，应该由董事会直接决定唐僧的奖金，再由唐僧决定其他三人的奖金。目前的办法确实是董事会在推卸责任，给下属制造矛盾，不利于未来人力资源的开发与管理。退而求其次，董事会也应该为唐僧发放奖金确定基本的原则。

王军宏：董事会找"外人"来分。依我看，让唐僧决定奖金分配是否合适，首先涉及唐僧作为团体负责人是否合格，他的部属是否甘愿受他的领导，他是否真正具有鼓舞士气、激励成员完成目标的能力。如果他合格，那奖金分配方案就应由董事会授权唐僧决定；反之，则不能由他决定。我们所看到的唐僧团队完全是成员自发地承担职责：由于孙悟空本领太大，所以每次降妖都非他莫属；猪八戒好吃懒做，并时常吵着回高老庄；沙和尚任劳任怨，所以每次都挑着重担。这实际上是团体负责人缺位的结果。在这一点上，我认为唐僧是不合格的。他既不能鼓舞成员士气，形成对使命的高度认同，在自己与其团体成员之间发生矛盾时表现也近乎幼稚，多次依靠观音才能维持取经小组的存在。所以唐僧没资格分配奖金。我认为，最好的办法莫过于由董事会委托一位超然于该团体的人士(如观音菩萨)主持奖金分配工作。另外，从某种程度上来讲，观音对孙悟空、猪八戒、沙和尚有知遇之恩，他们即使心中不满，也不至于打闹。

沈东军：变成"红包"就是错。我认为唐僧针对这 100 万元奖金无论制定何种分配方案，可能都无法获得良好的效果，问题的根本在于唐僧在西天取经计划实施前没有同三个徒弟约定明确的职责分工、考核指标及奖金分配标准，导致其在取经任务完成后发放奖金时缺乏依据，也无法准确衡量出三位徒弟的业绩，很难保证公正性。要想从根本上解决此类问题，我认为必须从根本上摒弃发放红包的传统，因为红包本身就代表着一种不透明和暗箱操作，这是与现代人力资源管理的宗旨相违背的。对于大多数热衷于春节发放红包或年终奖的国内企业来说，不要总是将问题积压在年底，应逐渐淡化传统的年终奖功能及发放形式。我想当这些都做到了，老板们"没钱发红包很愁，有钱发红包更愁"的尴尬将不复存在。

可以不发奖金吗？

景素奇：给奖状胜过给奖金。其实，董事会完全没必要采取奖金分配这一种形式，完全可以采用其他方式激励。比如，采取公开表扬、颁发荣誉证书及有针对性的荣誉称号等，给西天取经项目组颁发"最能解决难题和战斗的团队"，给唐僧颁发"最具领导艺术魅力的干部"，给孙悟空颁发"降妖除魔的大英雄"，给猪八戒颁发"坚持到底的关键英雄"，给沙僧颁发"无名英雄"的荣誉称号。并且召开大会给予隆重表彰，让取经组的每个人讲自己的感想，表一表继续干好工作的决心，号召其他项目组向西天取经项目组学习。同时也让其他项目组介绍他们排除困难的经验，不要让西天取经组感觉只有自己了不起。然后安排一次西天取经项目组集体探险的旅游度假，费用由董事会负责报销(费用控制在 10 万元以内)。其实，整个奖励和激励活动，所耗费用比 100 万元少多了，但激励的效果可能会比单纯发 100 万元好。奖金只是针对员工辛勤劳动肯定的一种形式，而不是唯一形式，也不是最好的形式，应该是多种形式的组合。只有用更多的精神鼓励，以及对比奖励，才能最大限度地减少矛盾。

沈东军：并入下次取经的奖金。如果事先没有明确公开标准，没有相应的绩效管理体系支持，唐僧与其模糊地发还不如不发。或者唐僧建议董事会拿出 100 万元中的一小部分用于加强团队建设，并将剩余的奖金并入下一次师徒四人去"南天取经"的项目奖金。当师徒四人再去"南天取经"时，若能事先建立以绩效为导向、公开的奖金分配机制，明确各自的目标，我想唐僧将比以前更有使命感、决策更有效，孙悟空将更加勇敢机智、更加服从命令，沙和尚也将更加勤奋踏实，而猪八戒可能也将不再偷懒、经不起诱惑、贪恋美色，毫无疑问，这项任务将比"西天取经"完成得更加顺利、更好！

(资料来源：周文成. 人力资源管理：技术与方法[M]. 北京：北京大学出版社，2010)

在动态环境下，可变薪酬更容易通过调整来反映组织目标的变化，还能够针对员工和团队所面临的变革和较为复杂的挑战做出灵活的反应，从而不仅能够以一种积极的方式将员工和企业联系在一起，为在双方之间建立起伙伴关系提供便利，同时还能起到鼓励团队合作的作用。可变薪酬一方面能够对员工个人所达成的有利于企业成功的绩效提供灵活的奖励；另一方面，在企业经营不利时可变薪酬还有利于控制成本开支。企业可以将集体可变薪酬、利润分享、一次性奖励以及个人可变薪酬等多种可变薪酬形式灵活运用于实际的工作中。

一、个人层面的奖励制度

个人奖励制度是根据员工个人的生产数量和品质来决定其奖金的金额，常见形式有以下几种。

(一)计件制

这是按产出多少进行奖励的方式，包括以下几种。

1. 简单计件制

$$应得工资=完成件数×每件工资率$$

此方法最大的优势在于容易为员工所理解和接受，直接将报酬与工作效率相结合，可激励员工勤奋工作。但每件工资率往往很难确定，容易引起员工猜忌。另外，还容易导致员工一味追求数量而忽视质量，因此必须有检验制度加以配合。

2. 梅里克多级计件制

梅里克多级计件制(merrick's premium system)是将员工分成三个以上的等级，随着等级变化，工资率递减 10%，中等和劣等的员工获得合理的报酬，而优等的员工则会得到额外的奖励。

$$\begin{cases} E_L=N \times R_L & \text{在标准的 80\% 以下时} \\ E_M=N \times R_M \qquad R_M=1.1R_L & \text{在标准的 80\%～100\% 时} \\ E_H=N \times R_H \qquad R_H=1.2R_L & \text{在标准的 100\% 以上} \end{cases}$$

其中，R_H、R_M、R_L 表示优、中、劣三个等级的工资率，一次递减 10%；N 代表完成的工作件数或数量；E_H、E_M、E_L 分别表示优、中、劣三个等级员工的收入。

3. 泰勒的差别计件制

这种计件制首先要制定标准产量，然后根据员工完成标准的情况有差别地给予计件工资。

$$\begin{cases} E=N \times R_L & \text{当完成量在标准的 100\% 以下时} \\ E=N \times R_H \qquad R_H=1.5R_L & \text{当完成量在标准的 100\% 以上时} \end{cases}$$

其中，E 代表收入，N 代表完成的工作件数或数量，R_L 代表低工资率，R_H 代表高工资率，通常为低工资率的 1.5 倍。

梅里克和泰勒(Taylor)的计件制的特点在于用科学方法对工作加以衡量，高工资率要高于单纯计件制中的标准工资，对高效率的员工有奖励作用，对低效率的员工改进工作也有一定的刺激作用。

(二)计效制

这种方法把时间作为奖励尺度,鼓励员工努力提高工作效率,节省人工和各种制造成本。主要方式有以下几种。

1. 标准工时制

这种奖励制度以节省工作时间的多少来计算应得的工资,当员工的生产标准要求确定后,按照节约的百分比给予不同比例的奖金。

2. 哈尔西 50~50 奖金制

此方法的特点是员工和公司分享成本节约额,通常进行五五分账,若员工在低于标准时间内完成工作,可以获得的奖金是其节约工时的一半工资的一半。

$$E=T \times R+P(S-T)R$$

其中,E代表收入,R代表标准工资率,S代表标准工作时间,T代表实际完成时间,P代表分成率,通常为1/2。

3. 罗恩制

罗恩制的奖金水平不固定,依据节约时间占标准工作时间的百分比而定,计算公式为

$$E=T \times R+[(S-T)/S]T \times R$$

其中,E代表收入,R代表标准工资率,S代表标准工作时间,T代表实际完成时间。

根据这种方法所计算出的奖金,其比例可以随着节约时间的增多而提高,但平均每超额完成一个标准工时的奖金额会递减,即节约工时越多,员工的奖金水平越低于工作超额的幅度,这不仅避免了过度高额奖金的发出,而且也使低效率员工能支取计时的薪金。

(三)佣金制

佣金制常用于销售行业。企业销售人员的薪金相当大部分是其产品所赚得的佣金。其具体形式有以下几种。

1. 单纯佣金制

收入=每件产品单价×提成比率×销售件数

对销售人员而言,单纯佣金制是一种风险较大而且挑战性极强的制度。

2. 混合佣金制

收入=底薪+销出产品数×单价×提成比率

3. 超额佣金制

收入=销出产品数×单价×提成比率-定额产品数×单价×提成比率

上述提成比率可以是固定的,也可以是累进的,即销售量越大,提成比率越高;比率也可以递减,即销量越大,比率越低。提成比例的确定应顾及产品性质、顾客、地区特性、计单大小、毛利率、业务状况的变动等情况。

佣金制的优点是富有激励作用;销售人员可以获得较高的报酬;控制销售成本较容易。

该制度的缺点是有销售波动的情况下不易适应(如季节性波动及周期波动);销售人员的收入欠稳定;增加了管理方面的人为困难。

个人层面的奖励制度在企业中被广泛应用并发挥了很大的激励作用,但这种普及的奖励制度也可能产生消极影响。表 5-1 概括了个人层面奖励制度的优点与不足。

表 5-1　个人层面奖励制度的优点与不足

优点	1.在提高生产率、降低生产成本和增加员工工资报酬方面能发挥实际作用
	2.同根据工时付酬相比,要求员工维持一个合理的产量水平只需要较少的直接监督
	3.在大多数情况下,如果能科学制定工作标准,就能更加精确地估算劳动成本,从而有助于成本与预算的控制
缺点	1.可能在追求产出最大化的员工和关注日渐下滑的产品质量的管理人员之间出现更大的冲突
	2.引进新技术的尝试可能受到部分员工的抵制,因为他们很在意新技术对产量标准的影响
	3.对于提高产品标准的忧虑会削弱员工提出生产方法革新建议的积极性
	4.可能加剧员工和管理人员之间互不信任、互不合作的态势

二、团队层面的奖励制度

团队层面的奖励制度是以团队的生产或绩效为单位,奖励团队内所有成员。这里的团队可以是一个全日制的工作团队,如某个部门;也可以是跨职能部门的兼职工作团队,如由不同部门专家组成的智囊团;还可以是短期的全日制工作团队,如为完成某个项目临时组建的团队。当工作成果由团队的共同合作所促成时,很难分别衡量每个员工的贡献,或当企业在急剧转型中,无法订立个人的工作标准时,皆宜采用团队奖励制度,具体内容如图 5-1 所示。

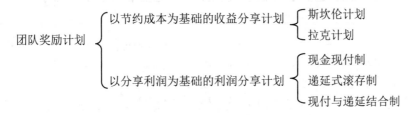

图 5-1　团队奖励计划类别

(一)斯坎伦计划

斯坎伦计划的目的是降低公司的劳动成本而不影响公司员工的积极性,奖励的标准主要根据员工的工资(成本)与企业销售收入的比例而定,鼓励员工增加生产以降低成本,因而使劳资双方均可以获得利益,其计算公式为

员工奖金=节约成本×75%

　　　　=(标准工资成本-实际工资成本)×75%

　　　　=(商品产值×工资成本占商品产值百分比-实际工资成本)×75%

其中,工资成本占商品产值的百分比由过去的统计资料得出。

(二)拉克计划

拉克计划在原理上与斯坎伦计划相仿，但计算方式复杂得多。拉克计划的基本假设是员工的工资总额保持在工业生产总值的一个固定水平上。拉克主张研究公司过去几年的记录，以其中工资总额与生产价值(或净产值)的比例作为标准比例确定奖金数目。

(三)现金现付制

现金现付制通常是将所实现利润按预定部分分给员工，将奖金与工作表现直接挂钩，即时支付、即时奖励。这里需要注意的是要将奖金与基本工资区分开，防止员工形成奖金制度化观念。

(四)递延式滚存制

递延式滚存制是指将利润中员工应得的部分转入该员工的账户，留待将来支付。这种制度对跳槽具有一定的约束力，但因为员工看不到眼前利益，因而会降低鼓励员工的作用。

(五)现付与递延结合制

即以现金即时支付一部分应得的奖金，余下部分转入员工账户，留待将来支付。它既保证了对员工有现实的激励作用，又为员工日后，尤其是退休以后的生活提供了一定的保障。

由于团队工作方式的兴起，给予团队的奖励制度也日趋流行，并不断得以创新。团队薪酬的目的在于鼓励合作，在这一点上它比基于个人的奖励制度更为成功，但团队薪酬也会带来一些消极影响。表 5-2 描述了团队层面奖励制度的优点与不足。

表 5-2　团队层面奖励制度的优点与不足

优点	1.比个人计划更易于进行绩效测评
	2.能促进团队成员的合作行为
	3.或许能够增加成员对决策过程的参与
缺点	1.难以在团队内部进行二次分配
	2.视线变得模糊，即员工更加难以发现他们的绩效最终如何影响他们的报酬
	3.可能会出现"搭便车"的现象，从而挫伤高贡献率员工的工作积极性
	4.由于收入的稳定性较低，增加了员工的薪酬风险

案例 5-1　发给员工妻子的"奖金"

"每一位成功的男人背后都站着一位伟大的女人。"日本麦当劳汉堡店总裁藤田就懂得如何帮助员工塑造"伟大"的女人，从而使自己的员工成为成功的男人。

每一位员工的太太过生日时，一定会收到总裁藤田让礼仪小姐从花店送来的鲜花。事实上，这束鲜花的价格并不昂贵，然而太太们心里却非常高兴："连我先生都忘了我的生日，想不到总裁却惦记着送鲜花给我。"总裁藤田经常会收到类似的感谢函及电话。日本的麦当劳除了 6 月底和年底发放奖金外，每年 4 月再加发一次奖金。这个月的奖金并不交给员工，而是发给员工的太太，先生们不能经手。

除此之外，日本麦当劳汉堡店每年都要在大饭店举行一次联欢会，所有已婚从业人员必须带着"另一半"出席。席间，除了表彰优秀的员工外，总裁藤田还郑重其事地对太太们说："各位太太们，你们的先生为公司做了很大的贡献，我已经做了各方面的奖励。但有一件事我还要各位太太们帮忙，那就是好好照顾先生的健康。我希望把你们的先生培养成为一流人才，帮助他们实现人生的梦想，从而使你们家庭更加幸福，可是我无法更多地、更细致地兼顾他们的健康。因此，我把照顾先生们身体健康的重任交给你们。"听了这番话，哪一位太太不心存感激呢？而这种感激对一个家庭又意味着什么呢？显然，儒家文化中"家"的概念在薪酬支付的艺术中发挥了激励员工、凝聚人心的作用。

(资料来源：朱飞. 绩效激励与薪酬激励[M]. 北京：企业管理出版社，2010)

三、企业层面的奖励制度——利润分享和股权激励

企业层面的奖励制度多采用利润分享和股权激励的形式。当企业的利润超过某个预定的水平时，将部分利润与全体员工分享。分享的形式包括现金分红(年终奖)和股权激励等。

利润分享旨在鼓励努力工作的员工，激励其帮助企业赚取利润，加强员工对企业的投入感并提高他们继续留在企业工作的可能性。利润分享较宜用在劳资关系良好的企业、小型企业或使用在行政管理人员身上。利润分享中的现金分红方式与上述的团队奖励方式大致相似，故不予赘述。下面主要就日益流行的股权激励制度进行介绍。

股权激励制度在国外的上市公司中使用得相当普遍，我国的股份制企业也开始采用。股权激励多用于对公司高级管理层的长期激励，其出发点是要使受激励的人和企业形成一个利益共同体，减少股份公司的代理成本，并聚集一批优秀人才，实现企业的持续、快速、稳定发展。也有的企业对全体员工都实行股权激励，但根据员工职位高低不同，给予的股权激励程度有差异。在实践中，股权激励通常有以下几种形式。

(一)限制性股票

限制性股票是专门为了某一特定计划而设计的激励机制。如公司为了激励高管人员将更多的时间精力投入某个或某些长期的战略目标中，公司会预期该战略目标实现后，公司的股票价格应当上涨到某一目标价位，然后，公司将限制性股票无偿赠予高管人员。只有当股票市价达到或超过目标价格时，他们才可以出售限制性股票并从中受益，但在限制期内不得随意处置股票，如果在此期间内辞职或被开除，股票就会因此而被没收。

(二)股票期权

股票期权是指公司给被授予者，即股票期权授权人按约定价格(行政价)和数量在授权以后的约定时间购买股票的权利。股票期权通常不能在授予后立即行权，公司高管需在一定时期以后，一次性全部或逐步获得执行的权利，这段等待的时期就是"获权期"，也叫"等待期"。按期权的行权价与授予日市场价格的关系，股票期权可分为以下三种类型。

(1) 零值期权或平价期权，即行权价等于股票市场价。

(2) 实值期权或折价期权，即行权价低于股票市场价。

(3) 虚值期权或溢价期权，即行权价高于股票市场价。股票期权不可以转让，但可继承。

(三)虚拟股票或股票增值权

虚拟股票是指公司给予高管一定数量的虚拟股票，对于这些股票，高管没有所有权，但是与普通股东一样可以享受股票价格升值带来的收益。虚拟股票和股票增值权都是在不授予公司高管股票的前提下，将公司高管的部分收益与公司股价上升联系起来。两者的区别在于虚拟股票可以享受分红而股票增值权不能。

(四)延期支付计划

延期支付计划是将公司高管的部分年度奖金以及其他收入存入公司的延期支付账户，并以款项存入当日公司股票公平市场价计算出的股票数量作为计量单位，然后在既定的期限(如5年)后或公司高管退休后，以公司股票形式或者依据期满时股票市值以现金方式支付给公司高管。

(五)业绩股票

业绩股票是指股票授予的数额与个人绩效挂钩，其运作机理类似限制性股票。公司确定一个股票授予的目标数额，最终得到的数额随公司或个人实现、超过或未能实现的业绩目标而变。最终得到的价值取决于挣得的股票数额和当时的股票价格。

业绩股票通常与延期支付计划联系较为紧密，很多公司综合两者的特点制定了混合型的股权激励计划。例如，根据业绩确定高管人员的货币或股票奖励，并将这些货币或股票奖励同时纳入延期支付计划，在既定的限期后予以支付。

案例5-2 微软：创造百万富翁的企业

在薪酬系统上，微软在严格的人才甄选基础上确定了内在报酬与外在报酬并重的薪酬支付体系。通过设立晋职途径和升迁级别满足人才在成就感、挑战性、影响力、胜任感等内在报酬方面的需要，通过建立与级别升迁机制相配合的外在薪酬方案来满足其物质性的需要。微软在每个专业里设立"技术级别"，既使员工们在内部升迁得到激励，又使不同的职能部门之间建立起可比性。

通常，微软的政策是低工资，包括行政人员在内，但用奖金和个人股权形式给予较高的激励性收入补偿。刚从大学毕业的新雇员(10级)工资为3万~5万美元。对于资深或非常出众的开发员或研究员，公司将给予两倍于这个数目或更高的工资，这还不包括奖金。测试员的工资要少一些，刚开始为3万美元左右，但对于高级人员，其工资则可达数十万美元。由于拥有股票，微软的18000名雇员中有3000多人是百万富翁，这个比例在相似规模的公司中是最高的。

在整个行业中，留住优秀的开发员是决定一个公司生存的关键，因此确定开发员的级别是最为重要的。在开发部门，开发经理每年对全体人员进行一次考核并确定级别。开发主管也进行考核以确保全公司升迁的标准统一。

(资料来源：朱飞. 绩效激励与薪酬激励[M]. 北京：企业管理出版社，2010)

(六)员工持股计划

一些公司针对全体员工或业务骨干，推出了涉及面广泛的员工持股计划，即公司内部员工出资认购本公司部分股权，委托员工持股会作为社团法人托管运作，集中管理，员工持股管理委员会(或理事会)作为社团法人进入董事会参与按股分享红利。员工持股计划作为完善公司治理结构、增强员工劳动积极性和企业凝聚力的一种手段，近年来越来越受到企业界的关注。

这些不同形式的股权激励模式，具有各自不同的特点，适应不同的企业，但它们之间时常交叉，形成新形态的股权激励模式。目前在我国使用较多的是针对全体员工的员工持股计划和针对高管的虚拟股票或股票增值权计划、业绩股票激励计划和延期支付计划以及股票期权计划。

此外，由于我国的具体情况和政策环境，也产生了一些有特色的股权激励模式，如对下属公司的股权激励计划、公司高管收购(MBO)、高管人员直接持有发起人股份或非流通股等形式。值得注意的是，我国的股票市场和政策环境尚不成熟，以致在探索过程中出现了很多问题。然而，股权奖励制度确实能在一定程度上将员工特别是高管的个人利益与公司的长远利益联系起来，因此这是股份制企业不可忽视的一种激励方式。

案例 5-3　微软公司薪酬体制

微软一直沿用的薪酬体制被证实是非常成功的。在微软的薪酬构成中，薪金部分只处在同行业的中等水平，很多中、高级人员加入微软时的工资都低于原来所在公司的水平。但是，"持有微软股权"的分量足够吸引大部分所需要的人才。它的设计是这样的：相当级别以上的员工被雇用即得到一部分认股权，按当时市场最低价为授权价，所授认股份分期在几年内实现股权归属，员工可以按授权价认购已归属自己的股权，实际支付的认购价与认购当时市场价的差价就是股权收益。被雇用后每年都可能得到新的持股权奖励——取决于个人的绩效和对于公司的长期价值。这实际上是公司在为员工投资而公司又不冒任何风险。对于员工也没有风险：股权归属时如果市价不高不必着急，尽可能等到升值再认购。唯一可能的风险是股票一路下跌再不升值，员工在较低工资方面的"损失"就补不回来了，可是，这在微软的历史上还没有过。这种方法在已经或快要上市的处于上升的公司中效果会很好，但很快就可能遇到新的问题：人员过于稳定，不称职的员工宁可降职也要留在公司里，这个问题十几年前就在微软出现了。因此，要激励鞭策富翁们自觉地努力工作，必须有一套强有力的绩效管理体制。

微软的绩效管理体制的核心是形成内部竞争，保持员工对绩效评定的焦虑，驱使员工自觉地寻求超越自己和超越他人。其主要成分有三个，即个人任务目标计划、绩效评分曲线以及与绩效评分直接挂钩的加薪、授股和奖金。个人任务目标计划由员工起草，由经理审议，再修改确定。制订计划有几个原则：具体、可衡量、明确时限(不能用"努力提高""大幅度改进"之类的模棱词语)、现实而必须具有较高难度。绩效评分曲线的形状和角度是硬性的，不许改变(各级分数的百分比是规定的，最佳和最差的比例都很小)。评分等级有最佳、较好、及格、不及格。实现任务目标计划并不一定意味着高分，你必须争取做英雄中的英雄，才有可能不落到最后。

微软的绩效体制能不断地驱使本来优秀的人群更努力地进取竞争，置优秀的一群于危

机感的压力之下，使其自觉保持巅峰竞技状态。年度加薪、授权、奖金与绩效评分直接挂钩，不及格就什么都得不到，还要进入"绩效观察期"。一个进入观察期的人通常就会主动辞职了，也就自然失去了所有未到期归属的股票认购权——这是最沉重的损失。

(资料来源: 周文成. 人力资源管理: 技术与方法[M]. 北京: 北京大学出版社, 2010)

问题:

微软公司的薪酬体制好在哪儿?

案例 5-4　美国西北航空公司的职工持股

西北航空公司是美国第三大航空公司，总资产近50亿美元，职工3万多人，主要经营美国—日本等东方航线。

20世纪80年代末至90年代初，美国政府解除了对航空业的管制，放开价格，取消政府补贴，再加上航空公司增加过多，市场竞争激烈，油价上涨，航空业出现了普遍亏损的现象。从1990年至1993年，亏损额超过了前20年美国航空业盈利的总和，其中西北航空公司是亏损最严重的企业。

两个私营投资者于1989年收购该公司时在管理方面作了些改进，但到1992年西北航空公司仍然亏损严重，资产负债率达到100%。由于债务负担沉重，企业的净收入逐年下降，1993年，公司的净收入只有1.6亿多美元，而需要偿还的本金就有3.3亿美元。

按照当时的法律，当企业处于资不抵债的状况时可以申请破产保护。但公司破产受以下两个主要因素的制约: 一是宣布破产后，以公司净资产偿还债务，银行和其他债权人的利益要受到损失，一大批飞行员、技师和空姐要面临失业; 二是西北航空公司的主要航线在亚洲国家，东方人对"破产"难以接受，大型企业破产在美国的影响也很大，从而申请破产保护会影响正常营业。

西北航空公司最初希望通过资产重组来挽救企业。经股东、雇员和银行之间的多次协商，曾达成以下一些重组协议: ①四大债权人(原收购公司的股东、荷兰皇家公司、澳大利亚持股人和银行)同意再贷2.5亿美元给公司，贷款协议规定一年后偿还贷款。②已欠的2.67亿美元债务延期一年支付。③7000万美元的购物卡暂停支付一年。④取消已订物资的订单。

然而，重组协议并没有使公司摆脱困境。1993年12月，公司负债高达47.36亿美元，其中银行长期贷款12.90亿美元，短期循环贷款4.93亿美元，政府特别贷款2.50亿美元，其他欠款17.80亿美元，飞机制造公司设备租赁费欠款9.23亿美元。

面对这种情况，西北航空公司的股东、债权人、职工在1993年决定，实行员工持股以挽回局面。

1993年，美国西北航空公司的债权人、股东、职工代表(飞行员、技师、空姐三个工会)三方经过激烈的谈判，在相互妥协的基础上达成了调整股权结构、实行雇员持股、加强公司管理、挽救企业的协议。协议的核心内容是实行雇员持股计划。

一、持股的实行办法

1. 西北航空公司的职工在3年内以自动降低工资的方式，购买公司30%的股权。

2. 按比例降低工资。由于公司职工的收入差异很大，因而采取按比例降低工资的办法。具体做法是年薪1.5万美元以下者不降低工资; 年薪2万~2.5万美元者降低5%的工资; 年

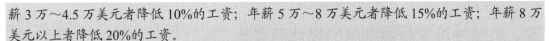

薪 3 万~4.5 万美元者降低 10%的工资；年薪 5 万~8 万美元者降低 15%的工资；年薪 8 万美元以上者降低 20%的工资。

3. 债权人重新确定还债年限，把还债高峰由 1993 年推移到 1997 年和 2003 年。

4. 2003 年全部偿还债务后，如果雇员想卖出股票，公司有义务从雇员手中全部回购股票。

二、职工持股后的产权关系

雇员持股后，西北航空公司的股权结构为公司原有两个股东持股占 52.5%；雇员持股占 30%；荷兰皇家公司及澳大利亚和美国的两个公司分别持股 14%、8.8%和 7%，合计持股占 29.8%；银行持股占 7.7%。

在 30%的雇员持股中，飞行员持股占 42.6%，技师持股占 39%，空姐持股占 9%，其他地勤人员持股占 9.4%。

雇员持股为有投票权的特殊优先股。职工股股息年利为 5%。职工股可由优先股转为普通股，并可以在股市上自由转让。公司在 2003 年之前可随时收回职工股，但必须提前 60~90 天通知职工。职工股也有投票权，由托管机构代理行使投票权。

西北航空公司的职工股托管机构每年向职工通报股票数量与市价。在每次召开股东大会前，托管机构把股东大会上要表决的问题印成表格发到职工手中，职工填好意见后交给托管机构，由托管机构根据职工意见行使投票权。

由于雇员持股的比例较高，雇员代表直接进入公司董事会。公司董事会由 15 人组成，其中雇员董事 3 人，分别由飞行员工会、技师工会和空姐工会选举产生。

三、实行职工持股的效果

西北航空公司实行雇员持股后，迅速扭转了亏损局面，后又成为上市公司，股票增值很快。一般来说，股票增值到每股 24 美元时，即可完全补偿所减少的雇员工资，现在每股已增值到 37 美元，持股雇员的收入大为增加。由于雇员将新增收入用于继续购买本公司的股票，雇员持股比例曾一度达到 55%，成为一个典型的雇员控股公司。后来由于资方回购股份和投资情况的变换，雇员持股份额发生变化，目前职工持股的份额为 35%。

（资料来源：朱飞. 绩效激励与薪酬激励[M]. 北京：企业管理出版社，2010）

案例 5-5 沃尔玛：员工是企业的合伙人

早在 1971 年，沃尔玛公司就开始实施利润分享计划，这一举措在很大程度上促进了沃尔玛公司的发展。这一计划可以保证每一个在公司工作了一年以上，以及每年至少工作 1000 小时的员工都有资格分享公司的利润。通过运用一个与利润增长相关的公式，把每个够格的员工工资的 1%归入他的计划份额，员工离开公司时可以取走属于自己的份额，或以现金方式，或以沃尔玛公司的股票方式。现在，沃尔玛本土公司 90%以上的员工或借助利润分享计划，或通过雇员认股计划直接拥有公司的股票。沃尔玛公司为使每个员工都像合伙人那样参与公司业务，还推行了许多奖励计划，并在管理中不折不扣地加以实施，使管理者懂得员工的重要性，以建立真正的伙伴关系，这也是沃尔玛面对激烈竞争的市场能够表现出色的原因之一。

（资料来源：朱飞. 绩效激励与薪酬激励[M]. 北京：企业管理出版社，2010）

四、奖励性可变薪酬制度的设计与实施

可变薪酬制度的设计与实施可以遵循以下步骤。

(一)体系设计的准备过程

任何组织变革都将面临众多障碍,所以可变薪酬体系的设计与实施必须有充分的准备,准备的过程有以下几步。

第一步,让管理层及其他风险承担者尽量详细地了解可变薪酬的意义。

第二步,确定可变薪酬是否能对组织的经营成果产生积极的影响,即是否与企业和组织战略相适应。

第三步,确定可变薪酬计划的参与者。

第四步,明确小组界限。奖金应该以整个公司的业绩为基础,还是以一个业务单元(例如一个部门或子公司)或工作团队为基础,或是以个人的绩效为基础。

第五步,试行可变薪酬计划。先在一个或几个工作地点试行可变薪酬计划。

第六步,评价组织准备的充分性。准备是否充分涉及的因素有管理层对变革的责任感、雇员的参与、信息分享方式、员工的信任、团队合作的范围、就业稳定性、变革的可接受性,以及经营状况。

第七步,设计过程决策,包括选择设计小组,确立指导方针和程序,与企业内其他成员、高级经理沟通获取支持等过程。

(二)选择基本计算公式

计算公式是可变薪酬制度的核心,因为它确立了需要改善哪些类型的业绩,这种改善可为参与的雇员提供何种报酬。公式的选择可以分为以下几步。

第一步,回顾管理层的商业计划、发展战略、期望和设计原则。

第二步,确认适合加入可变薪酬计划的业绩变量。变量的选择标准包括对企业的重要性、雇员的可控性、影响的广泛性。

第三步,决定基本的公式类型。基本的公式类型包括现金利润分享、收益分享和目标分享。基本公式类型的优点和缺点如表 5-3 所示。企业应根据不同的情况决定公式基本类型及组合,如表 5-4 所示。

表 5-3　不同公式类型的优点和缺点

公式类型	优　点	缺　点
现金利润分享	1.设计、管理简单 2.当经营业绩不佳时不用支付 3.有条件补偿的理想公式	1.雇员难以理解 2.对雇员行为几乎不产生影响
收益分享	1.对关键性经营变量更加重视 2.能够奖励"软"变量 3.支持行为改变的目标	1.设计复杂 2.当经营业绩不佳时仍要支付

续表

公式类型	优 点	缺 点
目标分享	1.对关键性经营变量更加重视 2.能够奖励"软"变量 3.容易理解 4.能将薪酬与商业计划书目标绑在一起 5.支持行为改变的目标	1.目标缺乏可信性 2.可能限制进一步改善 3.存在没有支付的高风险 4.当经营业绩不佳时可能仍要支付

表5-4 各股权激励模式的比较

激励模式	优 点	缺 点	适合的企业类型
1.股票期权	充分利用资本市场的有效性和放大作用	我国资本市场为弱有效性市场,股价和经营者业绩关联不大;高管抛售股票受到限制;手续烦琐,须报证券监管部门批示	初始资本投入较少,资本增值较快,在资本增值的过程中,人力资本的增值因素效果明显的公司
2. 虚拟股票	虚拟股票发放不会影响公司的总资本和所有权结构,无须证监会批示,只需股东大会通过即可	公司的现金压力较大,虚拟股票的行权价和抛售时的价格确定难度较大	现金流量比较充裕的非上市公司和上市公司
3. 股票增值权	激励对象无须现金付出;无须证监会审批	资本市场的弱有效性使股价和经营者业绩关联不大;公司的现金压力较大	现金流量比较充裕且股价比较稳定的上市公司或非上市公司
4. 业绩股票	激励高管人员努力完成业绩任务,实现股东和高管的双赢;无须证监会批示,只需股东大会通过即可	业绩目标确定的科学性很难保证,容易导致高管人员为获取业绩股票而弄虚作假;高管人员抛售股票受到限制	业绩稳定型上市公司及其集团公司、子公司
5. 储蓄—股票参与计划	吸引和留住高素质的人才并向所有的员工提供分享公司潜在收益的机会;无须证监会审批	激励力度可能不够,有平均化和福利化倾向,激励作用较小	高科技上市公司及其子公司;创业板上市公司及其子公司
6. 限制性股票计划	激励对象一般不需付钱购买;可以激励高级管理人员将更多的时间和精力投入长期战略目标中;无须证监会审批	业绩目标或股价目标的科学确定困难;现金流压力较大	业绩不佳的上市公司;产业调整期的上市公司;初创立的非上市公司
7. 延期支付计划	锁定时间长,减少了经营者的短期行为;计划可操作性强,无须证监会审批	高管人员持股数量较少,难以产生较大的激励作用;二级市场有风险,经营者不能及时把薪酬变现	业绩稳定型上市公司及其集团公司、子公司

续表

激励模式	优 点	缺 点	适合的企业类型
8. 账面价值增值权	激励效果不受股票价格异常波动的影响；激励对象无须现金付出；无须证监会审批	每股净资产的增加幅度有限，没有充分利用资本市场的放大作用，难以产生较大的激励作用	现金流量比较充裕且股价比较稳定的上市公司或非上市公司

(三)奖励性可变薪酬在实施中常见的问题

我国企业目前实行的可变薪酬制度主要是以个人层面为主的奖金制度，团队层面和企业层面的奖励较少，利润分享计划和收益分享计划更加鲜见，这是我国企业在奖励制度设计中存在的最大不足。另外，在实行奖励计划时也常常存在以下问题。

(1) 奖励福利化，即把奖金作为一种福利性待遇支付给员工。

(2) 奖励平均化，即奖金人人皆有，人人一样。

(3) 奖励工资化，即企业将奖金的数额固定并且每月定期与工资一起支付。

(4) 奖励职务化，即奖金按照职务等级高低发放，而不看工作绩效的差异。

(5) 奖励人情化，即奖金的支付受到人情关系的影响，如管理者按照自己的喜好和印象奖励其下属，或由员工相互评选先进给予奖励。表面上看，由员工评选先进的办法似乎很民主，但是并不科学，有违奖励的本质。因为企业奖励的目的是酬报和激励员工的工作绩效，而不是考核员工相互之间的关系。

本 章 小 结

随着社会的发展，企业和员工越来越关注可变薪酬的变化。个人层面的可变薪酬制度主要有计件制、计效制和佣金制；团队层面的可变薪酬制度主要有斯坎伦计划、拉克计划、现金现付制、递延式滚存制、现付与递延结合制；企业层面的奖励制度主要有限制性股票、股票期权、虚拟股票或股票增值权、延期支付计划、业绩股票和员工持股计划。

自 测 题

1. 简述个人层面奖励制度的类型。

2. 简述企业层面奖励制度的类型。

3. 简述奖励性可变薪酬制度的设计与实施。

案例分析

内容见二维码。

创维的薪酬思维.docx

阅读资料

内容见二维码。

阅读资料 5.docx

第六章　员工福利管理

【学习目标】

通过本章的学习，使读者了解福利的特点、种类；掌握福利对于员工、企业的功能；认识企业员工福利的发展趋势；把握弹性福利计划的特点及实施背景；掌握福利规划管理的必要性及如何进行规划管理。

【关键概念】

福利(welfare)　社会保险(social insurance)　社会保障(social security)

【引导案例】

上海贝尔福利计划——激励第一

上海贝尔始终把员工看成公司的宝贵资产、公司未来的生命线，并以拥有一支高素质的员工队伍而自豪。公司每年召开的董事会，都有相当多的时间用于专题讨论与员工切身利益相关的问题，如员工培训计划、奖金分配方案、工资调整和其他福利政策等，而且每年董事会用于讨论此类事项的时间不断增加。

上海贝尔的决策者深刻地认识到，人正日益成为高科技企业在市场竞争中取得胜利的决定性因素。只有抓住员工这条主线，其他战略部署才能成为有纲之目。因此，企业的福利政策应该与其总体的竞争策略保持一致。随着企业竞争策略的变化，相应的福利政策也应该随之调整。当然，意识到人在企业经营中的重要性并不困难，难的是在企业的日常经营中贯彻以人为本的经营方略。上海贝尔在这方面作了一些卓有成效的探索，自然地体现在公司的福利政策上。公司管理层为了塑造以人为本的理念，在实践中致力于以下几项工作。

力推自我完善

公司的福利政策应该是公司整体竞争战略的一个有机组成部分。吸引人才，激励人才，为员工提供一个自我发展、自我实现的优良环境，是公司提供福利的目的。同时，各类人才，尤其是高科技领域的人才，在专业和管理的知识及技能方面，自我更新和自我提升的需求日益高涨，这也是很自然的事。

从企业长期发展的愿景规划，以及对员工的长期承诺出发，上海贝尔形成了一套完善的员工培训体系。上海贝尔尽管不时从外部招聘一些企业急需的人才，但主要的人才来源是从高等院校毕业的本科生和研究生。他们进入上海贝尔后，必须经历为期一个月的入职培训，随后紧接着是为期数月的上岗培训；转为正式员工后，根据不同的工作需要，对员工还会进行在职培训，包括专业技能培训和管理专项培训。

此外，上海贝尔还鼓励员工接受继续教育，如 MBA 教育和博士、硕士学历教育，并为员工负担学习费用。各种各样的培训项目，不仅提高了公司对各类专业人才的吸引力，也极大地提高了在职员工的工作满意度和对公司的忠诚度。新近成立的上海贝尔大学，堪称公司培训员工方面的点睛之笔。

强调日常绩效

福利作为一种长期投资，管理上难就难在如何客观衡量其效果。在根据企业的经营策略制定福利政策的同时，必须使福利政策能促使员工去争取更好的业绩。否则，福利就会演变成平均主义的大锅饭，不仅起不到激励员工的作用，反而会助长不思进取、坐享其成的消极的思想倾向。

在上海贝尔，员工所享有的福利和工作业绩密切相关。不同部门有不同的业绩评估体系，员工定期的绩效评估结果决定着他所得奖金的多少。为了鼓励团队合作精神，员工个人的奖金还和其所在的团队业绩挂钩。在其他福利待遇方面，上海贝尔也是在兼顾公平的前提下，以员工所作出的业绩贡献为主，尽量拉大档次差距。其意在激励广大员工力争上游，从体制上杜绝在中国为害甚烈的福利平均主义的弊端。

培育融洽关系

卓有成效的企业福利需要和员工达成良性的沟通。要真正获得员工的认可，公司首先要了解员工的所思所想和他们内心的需求。员工的需求也随着人力资源市场行情的涨落和自身条件的改变在不断变化。所以，公司在探求员工的内心需求时，切忌采用静态的观点和手段，必须依从一种动态的观念。

上海贝尔的福利政策始终设法去贴近反映员工变动的需求。上海贝尔公司员工队伍的平均年龄结构仅为28岁。大部分员工正值成家立业之时，购房置业是他们生活中的首要事项。在上海房价高企的情况下，上海贝尔及时推出了无息购房贷款的福利项目，在员工购房时助其一臂之力。而且在员工工作满规定期限后，此项贷款可以减半偿还。当公司了解到部分员工通过其他手段已经解决了住房，有意于消费升级——购置私家轿车时，上海贝尔又为这部分员工推出购车的无息专项贷款。

很多中国企业在福利方面只做不说。只有当员工触及具体问题时，他才可能从同事或人事部门那里获得一些支离破碎的有关公司福利方面的信息。如此在福利方面缺乏沟通，首先使职员对公司福利政策含糊不清，员工对公司的忠诚度也会大打折扣；其次，内部员工尚且如此，局外人肯定更是如堕雾中，公司对外部人才的吸引力将大受影响。

上海贝尔计划在员工福利的设立方面加以创新，改变以前员工无权决定自己福利的状况，给员工一定的选择余地，使其参与自身福利的设计，如将购房和购车专项贷款额度累加合一，员工可以自由选择是用于购车还是购房；在交通方面，员工可以自由选择领取津贴，自己解决上下班交通问题，也可以不领津贴，搭乘公司安排的交通车辆。一旦员工在某种程度上拥有对自己福利形式的发言权，则对工作的满意度和对公司的忠诚度都会得到提升。

上海贝尔的"福利菜单"

和上海贝尔的员工谈及公司福利，他们会众口一词地夸耀自己享有的优厚福利。当上海贝尔的人事总监陈伟栋先生介绍公司主要的福利项目时，展现在眼前的确实是一张令人心动的清单。

奖金：各种与业绩挂钩的奖金，包括公司利润指标完成后和员工分享的红利。

法定福利：国家规定的各类福利。如养老金、公积金、医疗保险、失业保险和各类法定有薪假期。

衣食住行津贴：每年发服装费，免费提供工作餐，提供丰厚的住房津贴，免费提供上下班交通工具，为管理骨干提供商务专车。

员工培训：完备的培训内容，包括入职培训、上岗培训、在职培训、各类技术培训、管理技能培训、工作态度培训、海外培训、海外派驻、由公司支付费用的学历教育。公司每年用于培训的现金支出在千万元以上。

专项无息贷款：主要有购房贷款和购车贷款。

补充性保险福利：主要是商业补充养老保险。按员工在公司工作的年限，在退休时可一次性领取相当于数年工资额的商业养老金。

有薪假期：除法定有薪假期外，员工可享受每年长达14天的休假。

特殊福利：对有专长的人才，公司提供住房，其配偶在上海落实工作，子女解决就学问题。

员工业余活动：上海贝尔有30多个员工俱乐部，如棋牌、网球、登山、旅游等。由公司出资定期举行各类活动。

以上所列不一而足，仅是上海贝尔公司众多福利项目的主要部分。正是凭借优厚的福利待遇，上海贝尔吸引了大批人才、培养了大批人才、留住了大批人才，建立了一支一流的员工队伍，造就了一个内部富有良性竞争的上海贝尔大家庭。

（资料来源：周文成. 人力资源管理：技术与方法[M]. 北京：北京大学出版社，2010）

一、员工福利概论

(一)员工福利的构成

对企业员工而言，福利包括两个部分：一部分是政府通过立法形式，要求企业必须提供给员工的福利和待遇，称为法定福利；另一部分是企业提供给本企业员工的福利，称为企业福利。企业福利还可分为两种形式：一种是由企业提供的各种集体福利，另一种是企业为员工及其家庭所提供的实物和服务等福利待遇。

狭义的员工福利又称职业福利或劳动福利，它是企业为满足劳动者的生活需要，在工资收入之外，向员工本人及其家属提供的货币、实物及一些服务形式。企业薪酬的性质和管理模式决定了员工福利的性质与构成。

(二)员工福利的特点

按照传统的员工福利管理模式，补偿性、均等性和集体性是员工福利的三个主要特点。

1. 补偿性

员工福利是对劳动者为企业提供劳动的一种物质补偿，也是员工薪资收入的补充分配形式。一些劳动报酬，不宜以货币的形式支付，可以非货币的形式支付；不宜以个体的形式支付，可以集体的形式支付。

2. 均等性

员工福利的均等性特征，是指履行了劳动义务的本企业员工，均有享受各种企业福利待遇的平等权利。由于劳动能力、个人贡献及家庭人口等因素的不同，造成了员工之间在薪资收入上的差距，差距过大会对员工的积极性和企业的凝聚力产生不利的影响。员工福利的均等性特征，在一定程度上起着平衡劳动者收入差距的作用。均等性是就企业一般性福利而言的，但是对一些高层次福利，许多企业也采取了有差别对待的方式。例如，对企业高级经理和有突出贡献的员工，企业提供住宅、专车、旅游、度假等高档福利待遇，并以此作为一种激励手段。

3. 集体性

兴办集体福利事业，员工集体消费或共同使用公共物品等是员工福利的主体形式，因此集体性是员工福利的另一个重要特征。集体性消费除了可以满足员工的某些物质性需求之外，还有一个重要特点是可以强化员工的团队意识和对企业的归属感。例如，集体旅游、娱乐和健康项目的实施等，都可以起到这种作用。因此，许多企业文化都是以企业福利项目为载体的。

(三)福利的类别

广义的福利包括三个层次。首先，作为一个合法的国家公民，有权享受政府提供的文化、教育、卫生、社会保障等公共福利和公共服务；其次，作为企业的成员，可以享受由企业兴办的各种集体福利；最后，还可以享受到工资以外的福利，如企业为员工个人及其家庭所提供的实物和服务。狭义的员工福利又称职业福利或劳动福利，它是企业为满足劳动者的生活需要，在工资收入之外，向员工本人及其家属提供的货币、实物及一些服务形式。一般来讲，企业员工福利可分为集体福利和个人福利两种基本形式，内容有所不同。

1. 集体福利

集体福利是企业举办或者通过社会服务机构举办的，供员工集体享用的福利性设施和服务，这是员工的主要福利形式，如住宅、集体生活设施和服务、带薪休假、免费旅游等。

(1) 住宅。长期以来，我国实行的是福利分房政策，由国家或企业进行住宅建设，低租金分配给员工使用。这种制度已不适应市场经济发展的需要，目前正在实行住宅的商品化改革和企业货币化分房制度。例如，在一些外资和合资企业，推行员工住房计划。基本做法是，公司和员工共同承担住房公积金，员工将一定比例的基本工资和综合补贴作为住房基金，存入个人基金账户，企业也支付一定住房基金数额，参加住房计划或为公司服务满一定年限的员工可使用住房基金购买住房。

(2) 集体生活设施和服务。包括员工食堂、托幼设施、卫生设施及医疗保健、文娱体育设施、集体交通工具等，这些设施都对本企业员工提供集体免费或低费服务。目前在许多企业中，提供的免费工作餐、班车、年度体检等都具有集体福利的性质。

(3) 享受休假、旅游待遇。传统的企业集体福利主要是满足员工一些基本的生活需求，现代企业集体福利已经包括一些高层次的福利项目，例如，文化娱乐、旅游观光以及假日修养等。带薪休假是一些发达国家企业员工的法定福利项目，一般都在一周以上，并随着员工为企业服务年限的增加，假期延长，我国一些企业也已开始实施这一制度。

2. 个人福利

员工个人福利是指由员工福利基金开支的，主要是以货币形式直接支付给员工个人的福利补贴，它是员工福利的一般形式。其内容包括两地分居的员工享受探亲假期、工资补贴和旅费补贴待遇，上下班交通费补贴，冬季生活取暖补贴，生活困难补助，生活消费品价格补贴，婚丧假和年休假工资等。

员工个人福利从法律意义上讲，只具有任意性规范的性质，意为这些规定如果在集体合同、内部劳动规则和劳动合同中被规定，就具有约束力，否则没有法律效力，主要由员工和企业商定。

集体福利和个人福利内容丰富，各企业规定不尽统一。一般来讲，大型和效益较好的企业都比较重视员工的福利待遇，费用支出比例高；小型企业或者效益欠佳企业，员工福利待遇则相对较差。

案例6-1　广西移动为员工提供的"精神福利"

2008年，中国移动广西公司在南宁国际会展中心举办了一次员工心理援助专题讲座，为在场的500多名员工提供心理援助(EAP)，这在广西地区尚属首例。

据了解，现在的"上班族"大都存在着一些"心理亚健康"的问题。不管是在生活上还是工作中，往往容易与朋友或亲人同事发生矛盾和冲突，但又不知道怎么去与人沟通来缓解来自各方的压力。EAP是英文Employee Assistance Program的缩写，直译为"员工帮助计划"。EAP项目的实施和开展，将从心理层面逐步推进个体和谐、团队和谐、家庭和谐和企业和谐，使员工更加积极向上，更加阳光豁达，更加健康和自信。

本次心理援助专题讲座围绕"性格决定命运"的课题，邀请了心理咨询经验丰富的知名心理学者武志红先生主讲。演讲会上，主讲人通过大量的真实案例引导员工正确认识自身性格，从而改善员工个人的工作和生活方式，使员工更积极、更热情地全心服务客户。演讲会受到了广大员工的广泛关注并积极参与，许多员工听完后都感触颇多。来自10086的员工说："现在的工作是话务员，每天接到的都是客户的投诉，心理非常烦躁，有时候会跟同事诉苦，有时候也会与同事闹矛盾，但不知道怎么调节自身的压力。听完这节心理课轻松多了，相信自己以后也能学会自身的调整。"

据悉，中国移动广西公司2007年12月引进并启动了覆盖公司12 000名员工的心理援助项目。心理援助项目作为公司企业文化建设工作的一项重要内容，目前已相继开展员工深度访谈、员工心理状态调查、建立中国移动广西公司员工心理健康数据库；开展个体咨询、与心理咨询师面对面交流等员工关怀活动。

(资料来源：周文成. 人力资源管理：技术与方法[M]. 北京：北京大学出版社，2010)

(四)福利的作用

1. 福利对企业的作用

一方面，福利的成本通常都是由企业全部或部分承担的，当福利项目名目繁多时，福利的规则和管理会比基本薪酬和可变薪酬的管理变得复杂得多，因而可能耗费企业大量的时间和金钱；但是另一方面，福利对员工的激励作用显然不如基本薪酬和可变薪酬更直接。那么，企业为什么还要不遗余力地建立员工福利制度呢？企业设置福利虽然有很多强制性的原因(如国家立法、集体谈判等)和不利影响(如增加运营成本)，但是只要合理利用福利，效果还是利大于弊的。

1) 能吸引和保留人才

福利制度是一种能够很好地吸引和保留员工的制度，有吸引力的员工福利制度既能帮助企业招聘到高素质的员工，同时又能保证已经被招聘来的高素质员工继续留在企业中工作。这样就能以较少的费用，分散企业巨大的风险，稳定企业经营，为企业创造更大的利润。事实上，福利之所以在 20 世纪 60 年代逐渐开始流行，主要的原因就是其具有员工的吸引和保留作用。这是因为，在第二次世界大战期间及之后一段时间所实行的工资和物价管制以及劳动力市场的供给不足，导致企业不得不考虑采用直接薪酬之外的其他方式来提高员工的报酬水平，从而吸引并留住自己所需要的员工。而这些福利制度建立起来后，就作为一种企业惯例被沿袭下来。

此外，当企业希望吸引和雇用某些类型的员工，但是又因为某些方面的原因不能单方面提高这些人的薪酬水平的时候，福利就会成为一种非常有利的报酬形式。比如，假定有一家企业希望获得稳定可靠的员工队伍，因此希望增加本企业劳动力队伍中中年人的构成比例。但是如果企业单独根据这种特征向中年人提供较高的薪酬待遇，极有可能引起其他员工的不满，甚至会导致其向法庭提出歧视诉讼。在这种情况下，如果企业向它试图吸引的那些劳动力群体成员提供某些特殊的员工福利，就可能不会引致他人不满，也会有效地避免陷入法律困境。

2) 有助于营造和谐的企业文化，强化员工的忠诚感

企业通过福利的形式为员工提供各种照顾，会让员工感觉到企业和员工之间的关系不仅仅是一种单纯的经济契约关系，从而在雇佣关系中增加一种类似家庭关系的感情成分，以提高员工的工作满意度，降低员工的不满情绪，增加向心力，体现企业文化中以人为本的原则。而员工工作满意度的上升必然会导致员工生产率的上升以及缺勤率和离职率的下降。举例来说，美国有一家公司不仅仅为员工提供拥有两名医生和六名专业护士的免费诊所、有补贴的住房、乡村俱乐部的会员资格等福利，而且专门为员工的子女提供上私立学校的学费补助。结果，尽管该公司并未提供股票期权，薪酬水平在本行业中也不是最高的，但员工流失率却大大低于同行业的一般水平。

3) 享受国家的优惠税收政策，提高企业成本支出的有效性

在许多市场经济国家，员工福利计划所受到的税收优惠待遇往往要比货币薪酬所享受到的税收优惠待遇优惠。这就意味着，在员工身上所花出去的同等价值的福利比在货币薪酬上所支出的同等货币能够产生更大的潜在价值。对企业来说，尽管用于现金报酬和大多数员工福利的开支都可以列为成本开支而不必纳税，但是增加员工的现金报酬却会导致企业必须缴纳的社会保险费用上升，而用来购买或举办大多数员工福利的成本却是可以享受免税待遇。这样，企业将一定的收入以福利的形式而不是以工资的形式提供给员工更具有成本方面的优势。

2. 福利对员工的作用

从劳动经济学角度来说，如果同样的薪酬水平可以由不同的直接薪酬和间接薪酬所构成，但总的薪酬成本不变，那么对于企业来说，货币薪酬多一些还是福利多一些实际上是无关紧要的。企业是否提供某种福利或者福利的水平高低就要取决于员工的偏好了。员工之所以喜欢福利，是因为福利除了具有一般的薪酬功能之外，还有以下特殊功能。

(1) 对员工而言，可以使员工家庭生活及退休后的生活质量获得保障，无后顾之忧。福利不仅对于企业来说存在税收优惠，对员工来说同样如此，以福利形式所获得的收入往往也是无须缴纳收入所得税的，即使需要缴税，往往也不是在现期，而是等到员工退休以后，到那个时候，员工的总体收入水平就会比他在工作的时候低，从而所负担的税负也就更低，这样，他们还是能够享受到一定的税收优惠。因此，在企业薪酬成本一定的情况下，员工直接从企业获得福利，比自己用拿到手里的薪酬收入再去购买福利，其成本要低许多，这低出的那一部分就相当于所缴纳的税金。

(2) 集体购买的优惠或规模经济效应。员工福利中的许多内容是员工工作或生活所必需的，即员工福利具有其自身的实际价值，即使企业不为员工提供这些福利，员工自己也要花钱去购买。而在许多商品和服务的购买方面，集体购买显然比个人购买更具有价格方面的优势。例如，代表较大员工群体的企业可以因规模经济的原因而以较低的费率购买保险，企业在代表员工与保险服务提供商或者医疗服务提供商进行谈判时，其谈判力量显然比单个员工更强。此外，企业还可以较低的成本自己为员工提供某些项目的服务。因为它可以将固定成本分散到较多的员工身上，从而降低每位员工所承担的成本，如果每位员工自己去购买某种服务或商品，则投入的成本可能会很高。

(3) 员工偏好福利的稳定性。从经济学的角度来说，大多数劳动者都是风险规避型的，也就是说，他们在收入方面会追求收入的稳定性，不喜欢收入发生风险波动。与基本薪酬和浮动薪酬相比，福利的稳定性无疑更强，这样，那些追求稳定和安全感的员工对福利比较感兴趣。

(4) 平等或归属的需要。员工在一个企业中工作的时候并不仅仅是经济方面的需要，其还会产生心理方面的需要，比如受到尊重和公平待遇以及有归属感的需要等。由于直接薪酬更为偏重员工的能力和业绩，而福利则可以用于满足员工在平等和归属等其他方面的一些需要。事实上，福利水平的高低会直接影响到一家企业内部的雇佣关系到底是一种什么性质的关系，在那些力图培养企业和员工之间长期雇佣关系的企业中，福利的项目往往比较多，福利水平也比较高。而在那些雇佣型的企业中，企业往往不怎么重视福利，甚至会有意地淡化福利的概念。

二、员工福利的种类

从现代人力资源管理的角度来看，员工福利计划是指企业为员工提供的非工资收入福利的"一揽子"计划。它一般由以下部分组成：国家立法强制实施的社会保障制度，包括基本养老保险、医疗保险、失业保险、工伤保险等法定保险；企业出资的企业年金、补充医疗保险、人寿保险、意外及伤残保险等商业股权、期权计划；住房、交通保险计划；教育培训、带薪休假等其他福利项目。目前企业福利设计的一般做法，主要有以下几类。

第一类，基于相关法规和制度，这是比例最高的一类。有的企业，设计福利体系只是保证自己不违法，按照法律和制度的要求提供给员工相应的保障，比如四险一金。

第二类，基于企业的承受能力，在符合相关法规制度的基础之上，根据企业的承受能力做一些调整，或者补充。

第三类，基于行业的一般做法。根据行业内其他企业的一般做法，即其他企业设立了这个福利项目，我这个企业也要设。一般来讲，不同行业对福利的作用有不同的偏重：高科技行业更偏重激励性福利，而制造业提供更多的则是保障性福利。

第四类，基于企业文化，把企业建成一个家，让员工有归属感，让其认同企业。在这种情况下企业就会增加很多补充项目，比如集体性活动等。

(一)法定社会保险

大多数市场经济国家的企业都要面对很多法律要求必须提供的福利项目，我国规定的集中法定社会保险类型有五种，包括养老保险、失业保险、医疗保险、工伤保险以及生育保险。

1．养老保险

法律规定的养老保险又称老年社会保障，是社会保障体系中的重要内容。它是针对退出劳动领域的或无劳动能力的老年人实行的社会保护和社会救助措施。老年是人生中劳动能力不断减弱的阶段，意味着永久性"失业"。每个人都会进入老年，从这种意义上来说，由老年导致的无劳动能力是一种确定性的和不可避免的风险。随着工业化和现代化的发展，世界上大多数国家都已实行了老年社会保险制度。据联合国的统计资料表明：1940 年世界上只有 7 个国家和地区实行老年社会保险制度，而到 1995 年，世界上已经有个 165 国家和地区实行了这一制度。在许多社会保险项目中，老年保险的项目覆盖面最大，对社会稳定的保护作用也最大。

现代老年社会保险制度有以下几种基本模式，即国家统筹的保险模式、投保资助型的养老保险模式和自我保障模式。

国家统筹的养老保险模式，其主要特点是工薪劳动者在年老丧失劳动能力之后，均可享受国家法定的社会保险待遇，但国家不向劳动者本人征收任何老年保险费，老年保险需要的全部资金都来自国家的财政拨款。苏联和我国在计划经济体制下实行的就是这种保险制度。

自我保障模式也称为强制性储蓄模式。这种保险制度下的保险基金来自企业和劳动者两个方面，国家不进行投保资助，仅仅给予一定的政策性优惠。这种社会自我保障的做法，必然要求企业和劳动者的投保费较高，否则无法得到足够的基金，因此，必须在经济发展迅速而且水平较高的情况下才能实行。世界上只有少数亚非发展中国家实行这一制度，其中比较成功的是新加坡。

世界上大多数国家实行的是投保资助型的养老保险模式，这是一种由社会共同担负、社会共享的保险模式。它规定每一个工薪劳动者和未在职的普通公民都属于社会保险的参加者和受保对象；在职的企业员工必须按工资的一定比例定期缴纳社会保险费，在职的社会成员也必须向社会保险机构缴纳一定的养老保险费，作为参加养老保险所履行的义务，如此才有资格享受社会保险；同时还规定，企业也必须按企业工资总额的一定比例缴纳保险费。

2．失业保险

失业保险是为遭遇事业风险、收入暂时中断的失业者设置的一道安全网。它的覆盖范围通常是社会经济活动中的所有劳动者。我国于 1999 年 6 月颁布的《失业保险条例》规定：企事业单位按本单位工资总额的 2%缴纳失业保险费，职工按本人工资的 1%缴纳失业保险费，除企事业单位和职工缴纳的失业保险费外，失业保险基金还包括政府提供的财政补贴、失业保险基金的利息和依法纳入失业保险基金的其他资金。

失业保险的开支范围包括失业保险金、领取医疗保险金期间的医疗补助金、丧葬补助金、抚恤金；领取失业保险金期间接受的职业培训补贴和职业介绍补助；国务院规定或批准的、与失业保险有关的其他费用。享受失业保险待遇的条件为所在单位和本人按规定履行缴费义务满 1 年，非本人意愿中断就业，已办理失业登记并有求职要求，同时具备以上三个条件者才有申请资格。

3. 医疗保险

医疗保险是指由国家立法，通过强制性社会保险原则和方法筹集医疗资金，保证人们平等地获得适当的医疗服务的一种制度。为了实现我国职工医疗保险制度的创新，在总结我国医疗保险制度改革试点单位的经验，借鉴国外医疗保险制度成功做法的基础上，1993年，党的十四届三中全会决议中明确指出，要建立社会统筹和个人账户相结合的新型职工医疗保险制度。

4. 工伤保险

工伤保险是针对那些最容易发生工伤事故和职业病的工作人群的一种特殊社会保险。我国的工伤保险制度最初建立于 1950 年，最近一次关于工伤保险的规定是在 1996 年颁布的《企业职工工伤保险试行办法》。该办法于 1996 年 10 月 1 日起试行。新的工伤保险制度建立于基金体制基础之上，工伤保险费用完全由企业负担，按照本企业职工工资总额的一定比例缴纳，职工个人不缴纳工伤保险费。

与养老、医疗、失业保险不同，工伤保险除了遵循社会调剂、分配风险的社会保险一般原则外，还必须遵循企业责任原则，具体体现为工伤预防、减少事故或职业病的发生。因此，我国采取了与国际接轨的做法，对工伤保险费不实行统一的费率，而是根据各行业的伤亡事故风险和职业危害程度类别，实行不同的费率，主要包括差别费率和浮动费率两种形式。

5. 生育保险

我国自 20 世纪 60 年代末以来，一直采取由女职工所在单位作为保险责任主体的做法，即由女职工所在的单位承担女职工的生育费用和由于生育而带来的经济损失的保险办法。这在当时并不是一种完全意义上的社会保险，而是一种企业保险。但是这种做法逐渐开始不利于女性就业。因此，从 1986 年以后，我国理论界和实际工作部门开始了生育补偿方式的探索。1994 年 12 月国家颁发了《企业职工生育保险试行办法》，对生育保险制度提出了一些原则性的意见。这份文件基本上肯定和采纳了生育费用由社会统筹的模式，提出由企业按其工资总额的一定比例向社会保险经办机构缴纳生育保险费，建立生育保险基金。生育保险费由当地人民政府根据实际情况确定，但最高不得超过工资总额的 1%。企业缴纳的生育保险费列入企业管理费用，职工个人不缴纳生育保险费。

(二)企业补充保险计划

1. 企业补充养老金计划

如前所述，养老保险是社会保障的一部分，是法律所规定的退休福利。由于各方面的原因，法律所规定的养老保险金水平不会很高，很难保证劳动者在退休以后过上宽裕的生活。为此，很多国家都鼓励企业在国家法定的养老保险之外，自行制定企业的补充养老保险制度，其主要手段是提供税收方面的优惠。对员工的最主要的福利应该是为其退休后的生活提供经济保障。养老金计划有三种基本形式，分别是团体养老金计划、延期利润分享计划和储蓄计划。团体养老金计划是指企业(可能也包括员工)向养老基金缴纳一定的养老金；延期利润分享计划是指企业会在每个员工的储蓄账户上贷记一笔数额一定的应得利润；储蓄计划是指员工从其工资中提取一定比例的储蓄金作为以后的养老金；与此同时，企业通常还会付给员工相当于储蓄金金额一半或同样数额的补贴。在员工退休或死亡以后，这笔收入会发给员工本人或亲属。

2. 集体人寿保险计划

人寿保险是市场经济国家的一些企业所提供的一种最常见的福利。大多数企业都要为其员工提供团体人寿保险。因为这是一个适用于团体的寿险方案，对企业和员工都有好处。作为一个群体的员工，相对个人而言，可以较低的费率购买到相同的保险，而且团体方案通常适用于所有的员工(包括新进员工)，而不论其健康或身体状况如何。在多数情况下，企业会支付全部的基本保险费，承担金额相当于员工两年的薪酬收入，而附加的人寿保险则要由员工自己承担。

3. 健康医疗保险计划

健康医疗保险的目的是当员工生病或发生事故时减少本人或其家庭所遭受的损失。这种企业补充保险形式主要在美国等一些经济发达国家流行。在这种情况下，企业通常以两种方式提供这方面的福利，即集体投保或者加入健康维护组织。

集体投保是指企业向保险公司支付一定费用作为保险费，当员工或其家庭成员生病或遭受损失时，保险公司可向其部分或全部赔偿其损失。从长期来说，企业所缴的保险费应该等于保险公司向员工支付的赔偿金与保险公司的管理费用之和。但是保险项目必须界定清楚的范围以及赔偿金的比率。有些时候，有些企业还采取了自保的形式。也就是说，企业自己划出一部分资金作为员工的保险金，而不再向保险公司投保。这是一种控制健康保险成本的方式，但是，这种做法会将原来转嫁到保险公司的风险重新移回自己的头上。

此外，企业还可以采取加入健康维护组织的方式来为员工提供健康医疗保险和服务。健康维护组织在美国比较普遍，它是一种保险公司和健康服务提供者的结合。它提供完善的健康服务，包括对住院病人和未住院病人提供照顾等。和其他保险计划一样，它也有固定的缴费率，但是这种做法通常有助于降低企业的保险成本。

4. 对未成年的员工进行特殊的照顾

所谓未成年员工是指年满十六周岁但未满十八周岁的青年员工。如有个别部门因为特殊情况需要十六周岁以下的少年，必须经过当地劳动部门的批准方可招用。对这些少年的学习、培训应给予补贴或津贴。

5. 对特殊工种劳动者的保护与福利

所谓特殊工种，在我国是指在特别环境下从事体力劳动的工种，如井下采掘、地质勘探、高山野外作业、高温冶炼等。从事特殊工种劳动的员工除享受一般员工的劳动安全保护和福利待遇外，对其还要有特殊的营养补贴及津贴。

(三)法定休假

1．公休假日

公休假日是劳动者工作满一个工作周之后的休息时间。我国实行的是每周 40 小时工作制，劳动者的公休假日为每周两天。我国《劳动法》规定：用人单位应当保证劳动者每周至少休息一天。

2．法定休假日

法定休假日即法定节日休假。我国法定的节假日包括元旦、春节、五一国际劳动节、十一国庆节和法律法规规定的其他休假日。《劳动法》规定，法定休假日安排劳动者工作的，支付不低于工资 300%的劳动报酬。除《劳动法》规定的节假日以外，企业可以根据实际需要，在和员工协商的基础上，决定放假与否以及加班工资。

3．带薪年休假

我国《劳动法》规定，国家实行带薪年休假制度。职工累计工作已满 1 年不满 10 年的，年休假 5 天；已满 10 年不满 20 年的，年休假 10 天；已满 20 年的，年休假 15 天。

(四)员工福利计划

1．员工个人发展福利

员工个人发展福利包括与员工个人发展有关的一些福利项目。例如，企业对员工的职业生涯规划、培训规划、晋升计划、继续教育计划，甚至出国考察或深造等。这些福利对组织和员工双方都是十分有益的。

(1) 员工援助计划。员工援助计划是企业针对诸如酗酒、吸毒、赌博或压力等问题等向员工提供咨询或治疗的正式计划。基本模式有四种：①在内部模式中，由企业自行雇用全部援助人员。②在外部模式中，企业与第三方签订合同雇用援助人员，援助人员可在第三方提供的上班地点、本企业提供的上班地点或者是二者结合提供的上班地点提供援助。③在合作模式中，多个企业集中它们的资源共同制定一个员工援助计划。④在加盟模式中，第三方已经与企业签订了合同，但第三方将合同转包给一个有相关资质的专业机构，而不是利用自己的员工来履行合同。如果实施员工援助计划的第三方在客户公司所在地没有办公地点，就通常采用加盟模式向客户公司的员工提供服务。

(2) 咨询服务。企业可以向员工提供广泛的咨询服务。咨询服务包括财务咨询(如怎样克服现存的债务问题)、家庭咨询(包括婚姻问题等)、职业生涯咨询(分析个人能力倾向并选择相应职业)、重新谋职咨询(帮助被解雇者寻找新工作)以及退休人员社会化管理服务咨询(退休后相关问题的解决)。

2．教育援助计划

教育援助计划是针对那些想接受继续教育的员工实施的一种很普遍的福利计划。教育援助计划可分为内部援助计划和外部援助计划两种。内部援助计划主要是指企业内部的培训。外部援助计划主要指的是学费报销计划。学费的报销可以采取全部报销或部分报销的方式，也可以采取每年给予固定金额的补助等不同的方式。

3. 儿童看护服务

在美国，越来越多的公司开始向员工提供儿童看护服务。这种服务可以根据公司介入程度的不同划分为多种形式。企业参与程度最低的一种儿童看护服务是企业向员工提供或帮助员工查找儿童看护服务的成本和质量方面的一些信息。较高参与程度的企业对于那些已经购买了儿童看护服务的员工提供补贴。在最高的企业参与层次上，企业直接向员工提供工作场所中的儿童看护服务。多项调查显示，提供儿童看护服务的企业，员工的缺勤现象大大减少，生产率也有一定程度的提高。

4. 老人护理服务

随着人口平均年龄的提高，企业和个人都越来越多地关心老年人的护理问题。与儿童照顾有些类似，老年护理计划的目的是帮助员工照顾不能充分自理的年迈父母。从企业的角度来说，老年护理福利之所以如此重要，其原因与儿童照顾福利一样：帮助员工照顾他们年迈的家人会提高员工的工作绩效。企业提供的老年护理福利主要包括弹性工作时间、长期保健保险项目以及企业资助的老年人照顾中心等。

5. 饮食服务

很多企业为员工提供某种形式的饮食服务，它们让员工以较低的价格购买膳食、快餐或饮料。在企业内部，这些饮食设施通常是非营利性质的，有的企业甚至以低于成本的价格提供饮食服务。

6. 健康服务

健康服务是员工福利中被使用最多的福利项目，也是最受重视的福利项目之一。员工日常需要的健康服务通常是法律规定的退休、生命、工伤保险所不能提供的。在大多数情况下，健康服务包括为员工提供健身的场所和器械以及为员工举办健康讲座等。

案例 6-2　知名公司大打温情福利牌

Cisco 公司：提供紧急医疗救助

Cisco 公司有一项非常特别的福利项目，就是由一家医疗服务机构提供 24 小时紧急医疗救助。它保证员工可以在全球范围内享受全天候的安全保障，服务内容甚至超出了医疗保险的范围，包括由急病和社会不安全因素、人身意外等构成的伤害等，员工所遇到的任何问题都能够通过打对方付费电话获得帮助。

惠普：加班可以打的回家

惠普对员工的上班时间实行弹性管理，如果员工有私事，一般可以优先处理。员工可以以家中暖气试水为由晚到半天，甚至一天不上班。如果加班乘坐出租车回家，费用由公司报销，还可以享用免费晚餐。

星巴克：福利惠及家人

与零售业同行相比，星巴克员工的福利十分优厚。董事长舒尔兹给那些每周工作超过

20 小时的员工提供卫生福利、员工扶助方案和伤残保险。这种独特的福利计划使星巴克尽可能地照顾到员工家庭，对员工家里的长辈、小孩在不同状况下都有不同的补贴方法。

Valassis 公司：母婴福利全面周到

Valassis 公司是一家市场推广公司，员工中有一半是女性，而且其中有许多人是在职母亲。公司因此提供了托儿服务，还设全科医生为孩子服务。新任母亲有长达 68 周的产假，还可在哺乳室给婴儿喂奶；新任父亲也可享有带薪假期。

ASP 公司：开办免费瑜伽班

在 ASP 公司，牙科、医疗及人寿保险每一样都不缺，多余的带薪病假还可转发现金作为奖励。在瑜伽运动盛行时，ASP 公司及时开办了免费的瑜伽班，让员工闲暇时能够开开心心地玩。

宝洁公司：医疗和意外险齐全

宝洁公司为员工提供医疗福利，员工只需支付小部分门诊费用和极少的住院费用。公司为所有因公务出差的员工提供宝洁全球差旅意外保险。在发生人身意外死亡事故后，公司将赔偿员工的直系亲属三倍的年薪。

(资料来源：周文成. 人力资源管理：技术与方法[M]. 北京：北京大学出版社，2010)

案例 6-3 为什么留不住优秀员工

ZJ 公司是国有控股公司，公司薪酬福利机制沿袭了母公司的基本框架。依托集团公司强大的资源优势，ZJ 公司近年获得了快速发展，但公司这两年业务骨干离职现象越来越普遍，问题的症结在哪里呢？

我们来看看 ZJ 公司的薪酬福利安排：公司实行岗位绩效工资制，除了基本工资、绩效工资外，奖金也占有一定的比例，但相对于工资收入，奖金并不算多，只相当于两个月的工资而已；公司福利非常好，员工除了享受国家法定基本养老保险、医疗保险外，还享有企业补充养老保险、企业补充医疗保险、住房公积金等福利，每逢中秋、春节等重大节假日，每人还能得到数额不小的节日礼金。

以小唐为例，3 年前大学毕业来公司的时候，月工资只有 2500 元，国庆、中秋得到 8000元，加上相当于两个月工资的奖金收入，全年收入 4 万多元，这个时候小唐很满意，因为除了满意的经济收入外，小唐在工作中也逐渐得到锻炼和成长。3 年后，情况发生了变化，虽然小唐晋升过两次，月工资已经达到 3000 元，全年总收入达到 5 万元，但这时小唐已是业务骨干，不仅业务压力很大，还承担着培养新入职员工的任务，相对于刚入职时的总体收入，小唐感到不满意，在一个同行业民营企业的高薪诱惑下，小唐向公司递交了辞呈。

小唐的离职是必然的，其根本原因就在于公司的薪酬福利制度安排出现了较严重的问题。

(资料来源：赵国军. 薪酬设计与绩效考核全案(第三版)[M]. 北京：化学工业出版社，2020)

(五)弹性福利计划

弹性福利计划又被称为"自助餐福利计划"，其基本原理是让员工对自己的福利组合计划进行选择，它体现的是一种弹性化、动态化，而且强调员工的参与。但这种选择会受两个方面的制约：一是企业必须制定总成本约束线；二是每一种福利组合中都必须包括一些非选择项目，例如：社会保险、工伤保险以及失业保险等法定福利计划。它起源于 20 世纪 70 年代，这种福利计划可以划分为三种类型，即全部自选(全部福利项目均可自由选择)、部分自选(有些福利项目可以自选，有些则是规定好的福利项目)以及小范围自选(可选择的福利项目比较有限)。传统福利制度所带来的一个问题是企业提供的福利组合并非适用于每一个员工。在这种情况下，可能企业支付的福利成本很高，但提供的福利对有的员工没有价值，例如，对年龄大的员工提供儿童保健福利计划就是没有意义的，这样的福利计划不能很好地激励员工。

弹性福利计划则为员工提供了多种不同的福利选择方案，从而满足了不同员工的不同需要。自助餐式的福利计划从本质上改变了传统的福利制度，从一种福利保险模式转变为一种真正的薪酬管理模式，从一个固定的福利方案转变为一个固定的资金投入方案(由员工的福利收益固定转变为企业的福利投入固定)。这就使企业不再被福利所套牢，而可以根据实际需要控制资金的支出。

三、社会保障与社会保险

(一)社会保障体系

1. 员工社会保障

社会保障(Social Security)是一种公共福利事业和社会救助体系，其目的是保障社会成员在遇到风险和灾难之时，可以通过国家和社会的力量为其提供基本的物质保证。国际劳工局 1989 年对社会保障的定义为，社会通过一系列公共措施向其成员提供的用以抵御因疾病、生育、工伤、失业、伤残、年老、死亡而丧失收入或收入锐减引起的经济和社会灾难的保护、医疗保险的保护以及有子女家庭的补助。

社会保险是社会保障的核心，目的是使劳动者在因为年老、患病、生育、伤残、死亡等原因暂时或者永久丧失劳动能力时，或因失去工作岗位而中断劳动时，能够从社会获得物质帮助和福利保护。它的运作方式是国家通过立法形式，采取强制手段，对国民收入进行分配和再分配，形成专门的消费基金，在劳动者遇到风险时，提供基本生活保障。两者的主要区别是社会保险不包括社会救济和社会优抚，而一些社会保障项目则带有福利和救济的性质。

社会保障概念起源于 20 世纪 30 年代，1935 年美国最先建立了社会保障制度，颁布了第一部《社会保障法》。早期的社会保障和社会保险在概念和内涵上划分不很严谨，通常用社会保险代替社会保障，这是源于最初的社会保障具有社会救济的性质，救济对象主要是一些贫困者和失业者。西方一些国家实行多方位的社会福利政策，社会保障体系日益庞大，福利色彩越加浓厚。特定国家社会保险的范围和水平与国家经济实力和政府福利政策密切相关，从发展趋势来看，尽管发达国家的社会保障水平明显高于发展中国家，但是却极力淡化高福利色彩，以减轻政府开支。强化企业和个人保险意识是各国社会保障系统共同的改革目标和发展方向。

2. 社会保障体系结构

企业员工作为社会劳动者的主要构成部分，是社会主要的保障对象，也是社会保险的主体，享受社会保险待遇是企业员工的基本权利。目前，各国的社会保障体系并不相同，我国现行的社会保障体系如图 6-1 所示。

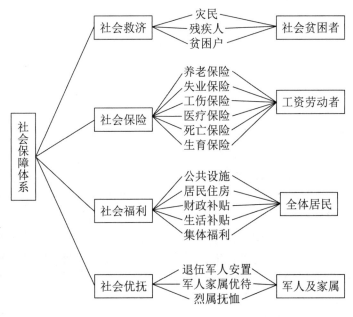

图 6-1　我国现行的社会保障体系

(二)社会保险

1. 福利制度

福利是员工的间接报酬。目前的趋势是福利占整个报酬体系中的比重越来越大。福利项目一般包括下述各项。

(1) 职工意外伤害保险。

(2) 职工失业保险。

(3) 职工养老保险。

(4) 职工医疗保险、大病统筹。

(5) 职工个人财产保险。

(6) 带薪休假。

(7) 提供职工住房或住房补贴。

(8) 免费午餐、职工食堂或伙食补助。

(9) 提供交通接送或交通补贴。

(10) 带薪培训或教育补助。

(11) 本企业股份、股票或期权优先权。

(12) 娱乐或体育活动。

(13) 厂区整洁园林化，有益员工健康。

(14) 家庭特困补助。

(15) 家庭红白事慰问金、抚恤金。

(16) 工伤残疾、重病补助。

(17) 组织集体旅游，或提供疗养机会。

(18) 节日礼物或优惠实物分配。

以上这些福利项目并非供所有职工全部享受，一般来讲，福利项目可分为以下几种。

(1) 全员福利，为所有职工享有。

(2) 特种福利，如针对高层人员的轿车、飞机、星级宾馆出差待遇。

(3) 特困补助，针对特别困难家庭。

福利项目众多，不同的企业应根据不同情况合理划分各类、各级员工的福利项目范围，既要雪中送炭，又要锦上添花。由于员工需求的差异性是客观存在的，为最大满足不同职工的差异性福利需求，我们可借鉴西方企业的做法，推行有弹性的职工自助福利计划。具体类型如下所述。

(1) 附加型。在现有的福利计划之外，再提供其他不同的福利措施，供员工选择。

(2) 核心加选择型。"核心福利"是每个员工享有的基本福利，"弹性选择福利"则附有价格供员工任意选择。

(3) 套餐。企业推出项目优惠水准都不同的"福利组合"，每个员工从中选择其一。

在给定每个职工福利开支总额已定的前提下，职工在福利菜单项目范围内自行决定福利结构。一般实际福利消费与福利限额的差异可折发现金或抵扣工资。

2. 社会保险基金

社会保险基金是国家通过强制征收，用于抵御劳动风险的一项基金。筹集对象包括政府、集体和个人，基金来源包括企业和投保人依法缴纳的社会保险费和社会滞纳金、社会保险基金的增值性收入、政府投入资金以及各种捐赠收入等。

社会保险基金通常采取统筹方式。所谓统筹，就是在社会范围内对社会保险基金的来源和用途做出统一的规定、计划和安排，以发挥社会保险的功能，促进保险基金的保值和增值的一种基金管理制度，或基金管理方式。统筹范围表明社会保险的社会化程度和保障水平，从以下四个角度衡量。

(1) 企业或用人单位。是全部企业，还是部分企业纳入统筹范围，我国传统的社会保险对象主要是国有企业和城镇集体企业，目前已逐步扩大到所有企业。

(2) 劳动者范围。是全部劳动者，还是部分劳动者纳入统筹范围，与投保企业相对应，我国纳入社会统筹范围的劳动者也在逐步扩大，由原来的企业和城镇集体企业劳动者扩大到所有工资收入者。

(3) 保险种类和保险项目。一般而言，养老、失业、工伤、医疗和生育保险是社会保险的基本险种，也是现代企业员工基本的福利待遇。特别是养老和医疗保险，各国都强制性地实行社会统筹。保险项目视国家经济发展水平和企业缴费能力有所不同。经济实力强的国家和企业，保险种类和保险项目相对宽泛，保障水平相对高；反之，则只能保障员工的基本需要。

(4) 地域范围，即在哪一级行政区域内统筹。例如，养老保险和医疗保险，目前在我国已经开始实行省一级的社会统筹。

按照统筹的原则，社会保险费用应由不同的主体承担。例如：在我国，目前由财政拨款的单位，养老、失业、医疗保险费用由国家负担大部分，个人承担小部分，工伤和生育保险由国家承担；非财政拨款的企业，养老、失业和医疗保险费用由企业和劳动者共同承担，一般企业承担大部分；工伤和生育保险费用，具体比例由地方政府规定。

目前，我国社会保险的统筹方式有以下三种。

(1) 现收现付式，又称统筹分摊式或年度评估式。先对近期(1 年或几年)社会保险基金需求量进行预测，按照以收定支的原则，将基金按比例分摊给企业和劳动者。按照这种方式，所筹集的基金与同期的保险金支出基本平衡。

(2) 半积累式，又称部分基金式或混合式。是指在现收现付式的基础上，按收大于支，略有节余的原则，按比例征收企业的投保费用。其收大于支的部分基金用于转投经营，用于保值和增值。这是目前采用较多的一种筹资方式。

(3) 完全积累式，又称全基金式。是指对被保险群体的生命过程和劳动风险及其影响因素进行远期预测，在此基础上计算出被保险人在保险期内所需保险金开支总和，然后按一定比率分摊到就业期的每一个年度，投保人按比率逐月缴纳保险费，同时将积累的保险基金有计划地转投经营，使其保值增值。

3. 员工社会保险

社会保险是企业员工主要的社会保障待遇，员工因为面临的劳动风险不同，所以享受到的保险待遇也有所不同。一般来讲，企业员工享受的社会保险待遇包括以下三大类。

第一类：永久无工作能力的保险，包括残疾保险和养老保险。

第二类：暂时无工作能力的保险，包括疾病保险或健康保险、伤害保险、生育保险和失业保险。

第三类：死亡后的保险，包括丧葬保险和遗嘱保险。

鉴于各国的经济发展水平和社会保险制度的完善程度不同，所提供的承保项目不完全一致，目前我国已经提供，或者正在建立的企业员工社会保险项目包括以下几种。

(1) 养老保险。老年丧失劳动能力是每一个企业员工面临的风险，养老保险是我国目前覆盖面最宽、社会化程度最高的社会保险形式。

(2) 失业保险。由于社会、企业和个人问题，员工也会面临着失业、短期失去工作机会的风险，企业必须为员工支付失业保险费，以备失业后生活必需和接受再就业训练之用。我国的失业保险改革正在启动，但不很完善。

(3) 工伤保险。员工因工受伤和死亡是企业难以避免之事，员工享受工伤保险待遇是基本权利，国家推行强制性筹集和发放工伤保险费制度。

(4) 医疗和死亡保险。医疗保险制度是解决员工非因工生病之后的治疗和生活保障；死亡保险是解决企业员工死亡之后，遗属的生活保障问题。我国已开展了大规模的职工医疗保险制度改革，推行新的医疗保险制度。

(5) 生育保险。生育保险是为企业女员工设置的专门保险项目，以解决妇女生育期间的生活保障问题，体现妇女和儿童的特殊权益。生育保险目前在我国只是开展小规模的试点工作，大规模的改革尚未启动。

4. 员工保险的特点

员工社会保险有五大特点，这些特点通过保障项目和保险险种加以体现。

(1) 强制性。社会保险是通过国家立法强制实施的，在法律规定的范围内，企业或用人单位都必须依法参加社会保险，按规定缴纳保险费；国家对无故迟缴或拒缴社会保险费的企业，要征收滞缴金或者追究其法律责任。在各险种中，工伤保险的强制性特征最为明显。

(2) 保障性。社会保险的主要目的是为失去生活来源的劳动者提供基本的生活保障，符合国家法律规定的劳动者均可享受国家所提供的各种社会保险待遇。社会保险的保障范围与社会保障不同，受经济发展水平所限，在一定时期内，只在法律规定的范围内实施。例如：我国目前享受社会保险的基本上是国家机关、全民所有制企业、事业单位及一部分民营企业员工，主要以劳动者为保障对象。而社会保障是在全社会范围内实施的，经济发展水平只决定其保障水平，不影响其保障范围。

(3) 互济性。社会保险是政府运用统筹调剂的办法，集中筹集和使用资金，以防范或解决不同层次、行业、职业劳动者由于各种劳动风险造成的生活困难。互济性与社会保险的社会性有密切的关系，是运用社会力量进行风险分摊和损失补偿。由于各种劳动风险涉及的劳动群体不同，也由于受国家社会统筹能力的限制，所以在一定时期内，只能对一些劳动风险进行一定程度和水平的防范和补偿。换言之，社会保险的互济性和社会性具有相对意义，它主要是补偿劳动风险对劳动者造成的直接收入损失，是维持劳动力再生产的特定手段。例如：工伤、失业、医疗和养老保险等险种社会统筹的范围较大，互济性也较强，而生育保险较弱。这一特点与社会保障有所区别，社会保障不仅要承担所有国民可能遇到的一切风险，而且还要承担社会发展方面的责任，例如义务教育、公共卫生和社会安全等。

(4) 差别性。社会保险具有一定的福利性，但在享受保险待遇上也体现出一定的差别性。当劳动者同样出现年老、患病、死亡、失业、生育等风险时，由于个人的工龄、工资和缴纳的保险费用不同，其享受的保险待遇也有所差别。例如一些国家企业员工的养老保险待遇，与企业和个人保险金缴纳数额有直接的关系，甚至为了保证员工年老时的生活水平和生活质量，大力发展多层次的社会养老保险制度，即鼓励企业缴纳补偿养老保险和个人储蓄养老保险，作为社会养老保险制度的补充。

(5) 防范性。政府所征集、企业和个人所缴纳的各种社会保险基金，是防范风险所用，是为了在劳动者遇到劳动风险时，有足够的物质基础来提供资助，防范性是社会风险的一个基本特征。总体而言，各种社会风险基金都有防范风险的作用，但是一些险种，如工伤保险、生育保险，风险概率基本稳定，所以采取"以支定收，收支平衡"的方式。但是对于一些风险周期长，风险概率不稳定，或者风险群体变化较大的险种，也会选择"积累式"等保险基金的筹集方式，以加大社会防范风险的能力。社会保险的防范性是与投保人的权利、义务相联系的，投保人的给付水平与投保金额直接相关，只是在一定的条件下根据保障对象的具体情况进行统筹。而社会保障分配一般不强调权利与义务的对应关系，多数情况下是国家、社会对受保障者的单方援助，以保障其基本生活需要为目的。

四、员工福利规划和管理

员工福利规划和管理是现代企业人力资源管理的重要组成部分。因为员工福利对于员工来说，可以得到周到全面的保障和长远的财务规划、投资和管理，免除后顾之忧，全身心投入工作、享受生活；员工福利对于单位来说，是吸引并留住人才的重要手段。员工福利规划和管理的重要目的在于使公司最重要的资产——员工，可以比其他公司的人更快乐、更健康，以某种最理想的形式实现自身成长。

(一)员工福利的规划与管理过程中存在的问题

一般来说，谈到福利问题，大家都会认为福利是好事情。其实福利对于企业和员工来说也不是只有好处，没有不足。员工福利存在的问题主要表现在以下方面。

1．企业和员工对福利认识上的分歧

企业和员工在对福利的认识上存在一些混乱。在实践中，到底企业应当提供何种福利，员工应当享受何种福利，大家的认识都很模糊。

从企业角度来说，什么样的福利能满足员工的需求；员工的哪些福利需要应当由企业来满足，哪些应当由社会保障系统或其他系统或员工自己来满足；企业如何保持福利制度的连续性；企业应当在福利项目中承担多大的成本；福利政策和制度对于企业竞争目标的支持程度如何；这样一些问题始终困扰着企业。在大多数情况下，企业实际上只是在被动地制定这些福利方案，对于这些福利方案存在的合理性及其实施效果，却并不是很清楚。

从员工的角度来说，员工只是知道自己对于某些福利存在需求，但是他们自己也不清楚到底企业是否应当满足自己这方面的需求。并且，由于福利条款及其操作过程的复杂性，许多员工都只是到了生病、残疾、被解雇或者是退休的时候，才真正开始对福利计划本身的规定感兴趣，大多数员工对于企业所提供的福利种类、期限以及适用范围是模棱两可、一知半解的。此外，企业为员工提供福利到底需要付出多大成本，或者说员工所享受到的企业福利的价值到底有多大，绝大多数员工更是根本不清楚，也很少去关心。

2．福利成本居高不下

福利成本问题几乎是每一家企业都会遇到的问题。在美国，由于福利开支相当于员工直接薪酬的30%～40%，因此，福利开支对于企业的人力成本影响非常大，许多企业都在千方百计地压缩福利成本和预算，许多企业都在使用招聘临时工或者是兼职员工的办法来减轻福利的成本压力，在降低经营成本的压力之下，福利很自然就成了众矢之的。在我国，抛开企业自办的福利不谈，仅仅从社会保障方面来说，由于我国的社会保障制度刚刚建立，加之政策设计上的一些缺陷，导致企业所承担的社会保障开支比例也非常大，许多企业采取虚报、瞒报工资的方法来减少自己所应缴纳的社会保障费用，另外一些企业根本不缴纳社会保障费。为此，国家出台了一系列的规定来督促企业按时缴纳社会保障费，而企业则在呼吁国家减少企业的负担。这说明福利成本对于企业来说，确实是一种很大的经济压力。

一方面，可能存在福利总成本过高的问题；另一方面，还存在企业的福利成本增长过快的问题。一种情形是企业在实施福利计划的初期阶段，没有预见到福利发展到一定的阶段之后，给企业所带来的成本可能会非常高，因而在初期制订福利计划的时候没有考虑到未来的风险，导致后来越来越不堪重负。另一种情形是由于外界环境变化所导致的，比如说，医疗成本的飞速上升很有可能导致企业在维护原有福利水平的前提下，必须缴纳的保险费大规模上升。而员工由于没有感受到所获得医疗服务价格的变化，因而并不会对企业心存感激。再如，在退休福利方面，随着人均寿命的延长，企业在支付员工退休金方面的负担也越来越重。在这种情况下，有些企业就会采取故意漏给、少给甚至不给的方式来逃避这种责任。

3．福利的低回报性

许多企业明显感到自己在福利方面付出了很大的代价，却没有得到相应的回报。按道理说，福利应当能够帮助企业加速实现目标，或者是能有效地实现企业和员工之间的沟通，从而培育起一支优秀的员工队伍，真正达到双赢的目的，但是目前的福利却未能获得这种理想的效果。一方面，员工将享受福利看成是自己的一种既定权利或正当利益，对企业所提供的福利越来越不满足；另一方面，企业看到自己的经济负担越来越重，管理方面的麻烦也越来越多，却并没有什么明显的收益。造成这种结果的一个重要原因可能是企业的福利计划缺少一些限制性的条款，此外，员工的道德风险也是一个不可忽视的问题。

4．福利制度缺乏灵活性和针对性

传统的福利制度大多是针对传统的工作模式和家庭模式的，而当前的社会发展已经导致工作方式和家庭模式发生了很大的变化。此外，劳动力队伍构成的变化，不同文化层次、不同收入层次的员工对于福利的要求也产生了较大的差异。而传统的福利制度则相对比较固定和死板，对有些人会出现重复保险的问题，而对另外一些人则存在保险不足的问题，并且很难满足多样化和个性化的福利需求。比如，一旦企业制定了某种福利计划，那么这种福利计划就会对所有的员工都开放，这样一方面又可能会出现企业花费了很多钱提供某种福利，但这种福利对一些员工来说却没有什么价值；另一方面，有可能会出现企业由于担心福利成本过大而放弃某种福利，结果导致对某种福利具有很高需求的员工无法享受这种福利。

案例6-4　取消额外福利引发员工不满

《纽约时报》刊文称，今年夏初，谷歌(Google)改变日托政策，大幅增加日托费用。闻此变化，员工纷纷表示不满。沃顿教授和福利专家认为，谷歌此举其实并不算非常突然。取消任何形式的额外福利都可能让员工感觉到被辜负，甚至对公司心生报复之意。但是目前在经济滑坡的影响下，更多的企业可能会减少员工额外福利。

谷歌的婴儿日托费用从每月1425美元涨至2500美元，幼儿每年的日托费用从33 000美元涨至57 000美元。原来有700人需要排队两年才能入托，涨价后这个数字下降了一半多。谷歌这个曾经在媒体享有盛誉的公司，现在被《纽约时报》称为"笨手笨脚"地改革日托政策。

沃顿教授和福利专家认为，人们对于谷歌改变日托政策的激烈反应折射出取消员工福利的难度之大。沃顿管理学教授南茜·罗思巴德说："一旦你给了员工福利，再把它拿走就似乎是违反了你和员工之间签订的心理合约。"

员工额外福利包括传统的公司派车、公司提供私人飞机、各种充裕的退休福利，以及一些极为个性化的福利，比如私人教练、洗衣服务和允许带宠物上班等。在谷歌，父母在小孩最初降生的几周内可以得到500美元用来买外卖食品。

2006年，美国证监会为约束过分慷慨的员工福利，出台更加严格的信息披露法规，导致企业的员工福利逐步缩水。证监会颁布这些新法规部分也是因为媒体对通用电气前CEO杰克·韦尔奇离婚官司的负面报道，包括公司支付给他的丰厚退休福利，比如月租金8万美元的曼哈顿公寓和观看纽约尼克斯队比赛的内场最佳座位。泰科前CEO丹尼斯·科佐洛

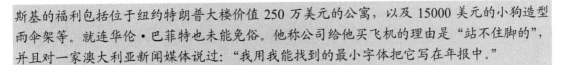

斯基的福利包括位于纽约特朗普大楼价值 250 万美元的公寓，以及 15000 美元的小狗造型雨伞架等。就连华伦·巴菲特也未能免俗。他称公司给他买飞机的理由是"站不住脚的"，并且对一家澳大利亚新闻媒体说过："我用我能找到的最小字体把它写在年报中。"

"属于我的福利"

眼下经济局势不佳可能引发新一轮"缩减福利"风潮。沃顿管理学教授彼得·卡普利说："董事会反对这种做法，因为他们认为削减福利有损公司形象。但现在的问题是这种做法对于人才招聘和保留是否具有重要意义。假如经济局势缓和，领取丰厚福利的风潮又会卷土重来。2001 年经济好转的时候我们曾经看到过这种现象。"

卡普利认为一些成本不高，甚至没有成本的福利，比如允许员工穿着休闲服上班，免费提供咖啡以及打折餐饮等，可能对提高员工士气和增加生产力的作用不大，但这些措施同样不会消耗利润。企业在削减或者取消福利的时候必须非常小心。"不论你要取消什么，你都必须向员工解释取消的理由。假如这个理由是外部因素，员工就会更容易谅解。为提高股价而削减福利通常都无法获得大家的谅解。"

沃顿管理学教授西格尔·巴塞德对此表示同意。他说："我不建议公司取消福利，但如果公司有迫不得已的理由，管理层一定不要忘记，取消员工福利会让员工觉得不公平。"因为他们通常认为哪怕再小的福利也是他们所"拥有的"。取消福利是最容易直接激怒员工的手段之一，感到愤怒的员工会失去努力工作的动力，甚至产生报复行为。报复可以是心理形式，比如减少对工作的热情；也可以在行为上表现出来，比如不如以前工作认真。"假如管理层确实选择取消福利，他们必须非常非常清楚地向员工解释这样做的必要性，并且要以一种让员工觉得公平的形式来解释"。

以前额外福利一般是发放给高级管理人员，但罗思巴德指出，盈利不错的时候企业福利也会惠及层级较低的员工。谷歌的问题部分在于以前的日托服务是很多员工都可以享受的，或者说至少公司是面向很多员工提供的，而现在员工认为日托价格大幅上涨减少了可以享受这个福利的人数。

《纽约时报》的文章称，谷歌最早是三年半以前通过一家公司承包开办日托服务的。一年以后，这家公司又开设了一家日托机构，这家机构比第一家更加高档，由谷歌自己经营。后来谷歌意识到自己每年为每名员工子女的日托要补贴 37 000 美元，而其他硅谷大公司平均补贴 12 000 美元。但它并没有逐步减少费用让更多的员工子女可以入托，而是选择关闭第一家相对便宜的日托中心，大肆扩张第二家昂贵的日托机构，造成价格大幅上涨。罗思巴德说："很难说他们是故意要将低级别的员工拒之门外。我认为他们应该是想强调质量，希望给员工提供档次更高的服务，只不过价格也上涨了而已。"

取消公司用车

哈佛商学院商业管理教授朱莉·沃尔夫认为，并不是所有的福利都需要很多的成本，而这些福利也能起到激励员工和提高员工生产力的作用。2006 年，朱莉还在沃顿当教授时曾与他人合著《福利是否纯粹为了满足管理层的奢侈需求？》。这篇论文对 1986—1999 年上市的 300 多家公司进行了调查研究，结果发现许多福利的目的是提高管理层的业绩和整个公司的业绩。沃尔夫说："我们发现虽然福利在人们眼中是满足管理人员的奢侈需求，但我们的结论显示，虽然有些极端情况下给予管理层的福利确实是奢侈无度，但也有证据表明公司提供福利的目的是改善他们的生产力。"

高管薪资福利咨询公司韬睿咨询的分析显示,财富500强企业中有11%透露它们在2007年股东签署的委托书中削减了福利,削减最多的就是公司用车,其次是俱乐部会员资格、财务规划服务、保险福利和安保措施。

美国证监会的新法规要求企业披露总价值超过 10 000 美元的额外津贴及个人福利。超过 25 000 美元(或超过所披露总价值 10%)的额外津贴必须以脚注形式注明金额。此外,证监会还明确了临时津贴或个人福利的定义,即授予任何个人的直接或间接福利,即使是与业务相关的支出也属于此范畴。

韬睿咨询位于康涅狄格州斯坦福德市,其高管薪资福利咨询师保拉·托德指出,多数公司已经"取消"了一些不必要的额外津贴。有时公司需要汇报作为高管个人福利发放的额外津贴,但这种津贴并不是员工要求或希望的。比如,有些公司经常在国外召开董事会,要求高管的配偶也参加,帮助主持一些社交活动。假如他们的配偶乘坐公司的飞机前往,那这部分飞机的花费就必须披露。她说:"许多配偶并不认为这样的出国是度假。坦白地说,有许多证监会称为'额外津贴'的福利,其实接受福利的人并不认为它是福利,他们会说,'谢谢你,可我不想要'。"

另一个常见的例子就是公司为保护高管的人身安全,也可以说保护公司的业务安全,安装在他们家里的造价高昂的安保系统。托德说:"安保系统的造价不菲,但这些高管却认为,'谢谢你,我情愿要现金'。"另一方面,合理的额外津贴却是"物有所值"。她曾经见过有些高管拒绝现金福利,希望获得公司派车,虽然公司派车的价值比现金福利少得多,原因只是因为他或她与这个额外福利之间具有情感联系。

选择合理的额外福利是有秘诀的。托德指出,要求额外福利个性化的呼声日益强烈,因为高管队伍现在越来越多样化。"以前的高管队伍都是清一色的白人男性,他们喜欢的东西也相同。而现在有些高管的孩子还年幼,比起俱乐部会员资格他们更喜欢公司提供的日托服务。"罗思巴德认为,员工和公司经常制定他们自己的"个性福利计划",即由员工提出他们需要的额外福利。她说:"通常这些计划都是不对外宣传的,因为大家会互相对比然后觉得自己的福利不如他人。"不论是对员工还是公司,这种个性化的福利计划比"给所有人提供完全一样的福利"要诱人得多。

在工作场所营造家庭般的氛围是吸引员工和提高生产力的重要工具。虽然最近媒体有关于谷歌的负面报道,但谷歌的确推出了许多旨在让员工安心工作的福利措施,比如在上下班的班车上安装无线上网端口,这样员工可以在车上继续工作,另外还有 24 小时开放的咖啡厅,为加班的员工服务。硅谷的高科技公司在提供创新福利方面一直走在前列,因为硅谷的竞争非常激烈,员工和公司之间的双向流动非常频繁。

食品、鲜花与电话

Perkspot.com 是芝加哥一家管理企业员工优惠计划的公司,其 CEO 克里斯·希尔指出,有些公司推出的额外福利计划是由员工自行选择接受或放弃。移动电话公司、本地餐厅、鲜花及礼品公司 1-800-FLOWERS 等企业希望向其提供折扣优惠,然后企业再把这些优惠转让给自己的员工。这样可以实现双赢,对企业而言,不花任何成本就可以向员工提供福利,对销售商来说他们可以借此招徕新顾客。"现在提供自愿福利的企业越来越多。随着医疗保险等传统福利的成本上涨,企业正在寻找一些不用花钱但深得员工欢心的福利。"

约瑟夫·戈拉克斯在他的沃顿博士学位论文中写道，其实公司高管是愿意以薪水换取退休福利的。戈拉克斯目前是芝加哥大学的会计学教授，2005 年他对标准普尔 500 家公司的 CEO 进行了抽样调查，结果发现这些人的工资每减少 48 美分可以换取增加 1 美元的退休福利。另外，他还发现与对董事会的控制较弱的高管相比，对董事会影响力大的高管以工资减少换取更多退休福利的更少。"我们应当考虑员工在多大程度上愿意以工资换取福利。鉴于没有纳税福利，员工可能宁愿要涨工资而不要福利，可能愿意少拿 1 美元的福利也不愿工资减少 1 美元。"

罗思巴德还提到企业不愿取消额外福利的另一个原因：它们希望自己被评为最佳雇主。"不提供额外福利的公司就不在最佳雇主的名单之列。"但她也认为"福利不是公司唯一的武器"。谷歌已连续两年当选《财富》杂志评选的"最佳雇主"。

卡普利认为，虽然废除额外福利要承担风险，但有些经理却希望公司这样做。他说多数额外福利都是由公司高层统一决定，但一线经理需要对这些福利的发放进行监督。"一线经理通常希望对员工进行更多直接的控制，他们不喜欢这种高层统一决定的福利以及管理的方式。"以弹性工作时间为例，其实直接对这种福利进行管理的是一线主管，假如多数员工都想在星期一上午和星期五下午享受弹性工作时间，他们就必须想办法保持公司的运作。"比起公司高管，这些主管的任务更艰巨。而且他们认为在经济下滑，没有员工辞职的时候无须提供这些额外福利。"

（资料来源：http://www.chinahrd.net/zhi_sk/jt_page.asp?articleid=147144）

（二）影响员工福利规划和管理的因素

1. 国家立法

国家立法要求企业为员工的健康和安全提供保障，同时还要为员工提供各种各样的福利以弥补员工生病、工伤、失业和退休时的收入损失。法律还规定了企业应该如何建立并运营某些特定的福利计划。无论企业是否愿意提供这些福利，也无论员工是否迫切需要这些福利，只要是法律规定的福利项目，企业就必须提供。或许有人认为企业的福利支出不应当被看作真正建立在雇佣关系基础上的薪酬支出，只不过是国家对每个公民基本生活进行保障的一种简单方式而已。但是就企业而言，福利支出就是来源于公司和员工的雇佣关系，是企业雇用员工的直接后果，福利就是直接薪酬的一种替代品。从某种意义上来讲，福利水平的提高实际上是以降低了直接薪酬水平为代价的。当然，法定福利在员工眼中可能也不能称为福利，因为他们认为直接薪酬是与雇佣关系直接联系在一起的，但是法律所规定的福利却与此不同。因此，如果不能让员工意识到企业的福利支出是要付出很大代价的，或者认为企业并未提供有价值的福利，那么企业的福利支出就不会得到任何回报。为此，企业必须就福利的成本问题加强与员工的沟通，使他们意识到企业所承担的福利成本。

2. 福利调查

在进行福利决策时，还要考虑到其他企业所采取的福利措施。企业要想吸引和留住员工，保持在劳动力市场上的竞争力，就必须了解其他企业所提供的福利水平。福利调查和薪酬调查的目的是一样的，这就是获得劳动市场信息。事实上，很多时候，薪酬调查本身就包括对福利种类以及福利水平的调查，这是因为福利本身就是一种薪酬，只不过是一种间接的薪酬罢了。一般的福利调查所要得到的是市场上普遍存在的福利项目的形式、内容及其覆盖范围方面的信息。

在薪酬调查中所了解到的直接薪酬信息和福利信息会有所不同，这是因为，通过对直接薪酬的调查，企业可以了解到自己的薪酬成本达到一个什么样的水平是合理的。至于单个福利计划的成本，不同的企业之间存在较大的差异。这些差异来源于不同企业的劳动力构成差异以及对福利的不同看法。因此，在进行福利决策时，企业应该计算其他企业所提供的福利在自己企业运营时可能导致的成本，并和员工偏好结合起来做出决策。

3．福利设置标准

(1) 员工是否喜欢。企业提供的福利必须满足员工的需要，为员工所喜欢，才能收到福利的预期作用，发挥福利的激励作用，调动员工的积极性和主动性。否则，福利只能增加企业的运作成本，降低福利机构在员工心目中的地位，变成了有福利不如无福利。

(2) 竞争性。福利具有满足员工平等和归属需求的作用，但是也不应完全搞一刀切，应该引入适当的竞争机制。例如，可以根据员工的绩效划分等级，不同等级的员工享受的福利有所不同，引导员工创造高绩效。完全的一刀切福利，容易使员工觉得享受福利是理所当然的，无法发挥福利的激励作用。

(3) 体现公平原则。同薪酬一样，福利也应当体现公平原则。员工的公平感一方面受其所得的绝对福利的影响，另一方面受相应福利的影响，并且员工的不平感是比较出来的，是社会比较的结果，且无绝对标准。古语云：不患寡而患不均。因此，福利应尽量做到公平；企业的福利制度要有明确一致的指导原则，并有统一规范的依据；福利制度要有民主性与透明性；领导要为员工创造机会均等、公平竞争的条件，并引导员工把注意力从结果均等转移到机会均等上来。

(4) 激励作用。设置福利使企业的运营成本大幅提高，并且有部分福利为强制性的，企业应该尽量发挥福利的积极作用，要使员工感受到企业对于员工的全方位的关注、照顾，并使员工产生感激之情，愿意为企业做出更大的贡献，使福利物有所值。

4．公司财务状况

对企业的财务进行分析的原因与薪酬水平决策是类似的，即它关系到企业的支付能力问题。如前所述，福利已经越来越多地被看成全面薪酬的一部分，并且福利成本日益上升，因此，企业必须从将成本与员工需要相结合的角度来对企业的直接薪酬和福利状况进行总体上的分析和比较既要尽量满足员工合理的福利需求，又要量力而行。

一方面，根据员工的需要和偏好来进行福利决策，有利于明确符合员工需要的福利类型，提高企业所提供福利成本的有效性；另一方面，一旦提供了某种福利项目，员工所关注的就是福利水平而不是企业为支付这种福利所付出的成本。但是，从企业的角度来说，既然福利已经成为全面薪酬的一个重要组成部分，那么，它就必须实现直接薪酬和作为间接薪酬的福利之间的平衡。这是因为，如果直接薪酬和福利互不干涉地各自增长，就很可能导致企业薪酬成本的过度上升。不仅如此，直接薪酬的增长，实际上也会对福利成本产生直接的影响，例如，休假的成本和节假日的薪酬支付以及养老保险费用的缴纳等。

5. 进行企业的福利规划与分析

对市场上流行福利的市场调查还有可能导致企业做出一些错误的决策，企业可能仅仅因为很多其他企业实施了这些福利项目而不是因为自己的员工需要，也去实施某些福利项目。事实上，市场上现存的福利结构大多是这样的状况。这说明，许多企业的福利决策是建立在一种对福利的模糊认识基础之上的，即认为多提供福利有助于企业吸引和保留员工，而不是建立在对企业员工的需要和偏好进行认真分析的基础之上。要对企业内部的福利实践进行分析，就需要对企业现存的福利项目和员工的需要以及偏好进行比较，把福利作为全面薪酬一个重要组成部分的做法，有助于企业把福利规划和吸引保留员工更好地结合起来。但是这种分析可能因为不同员工个体之间或群体之间的差异较大而变得更加困难。

要想了解员工对福利的偏好，可以在企业内部对员工进行问卷调查。问卷没有必要太复杂，可以只包含一系列可能提供的福利项目，让员工对其进行排序——从自己认为重要的到次要的。最好在问卷中包含有答卷人的个人特征，这样企业就可以看出什么类型的员工群体偏好什么类型的福利计划。对问卷调查的结果进行分析，就可以得出现存的福利模式和员工偏好的福利模式之间的差异。未能得到满足的员工福利需求可以被作为附加福利，而企业所提供的多于员工需求的那部分福利则属于一种资源的浪费。在一些双职工家庭中，这样的状况尤其明显。

(三)做好员工福利规划和管理的意义

今天，企业为员工所做的福利规划已从过去家长式(被动)的角色转化为激励(主动)的角色，其目的和意义在于以下几方面。

1. 减轻员工税赋的负担

每年公司员工的调薪幅度总是众所注目的焦点，原因不外乎员工对一年来对公司的贡献就看这一次的薪资调幅是否符合其期望，以决定留任或是另谋高就。然而加薪是否真的会增加员工的年度净所得！从另一个角度来看，加薪代表的是所得的增加(亦即开源)，然而加薪难免会有预算上的限制，而且员工可能因为加薪之故造成年度所得税率向上调整，反而增加赋税的负担，企业若是可以从员工赋税的减少来着手规划员工福利(亦即节流)，也就是所谓的薪资福利化，不但有双重加薪的效果，而且可以真正满足员工所需。

2. 增强企业招募的优势

一般求职者在决定是否加入一家企业时，其考虑的因素多半是公司的知名度、工作本身是否有挑战性与薪资福利等。一般而言，企业的知名度往往能够吸引优秀的成员，进而创造优厚的利润，更好地回馈社会，提升企业的知名度，因此工作的挑战性与薪资福利都可以纳入员工福利规划。由此可见，求职者在找寻工作时，不见得都是向钱看齐，因此只要企业妥善做好福利规划，不仅可以避免外部恶性挖角，而且可以将人事预算作最有效率的运用。

3. 加强核心员工的留任意愿

在企业逐渐将不具核心竞争力的业务转型为外包之际，组织内部人员的精简是可以被预期的，此时企业要想增强核心竞争力、创造更高的附加价值，根据80—20定律，即组织内部资源应该分配给 20%创造 80%利润的成员，就必须重视组织内部核心人员的福利设计(包括现金福利和非现金福利)。因此，建立一套符合企业特性的福利规划不仅可以适度地提升员工的士气，也可以留住核心员工为公司共同打拼。

4．避免年资负债

每到岁末年初，管理者最伤脑筋的就是加薪的问题了，这的确是两难的问题，加薪的幅度过大将会对企业的营运成本造成沉重的负担，倘若加薪的幅度过小，恐将造成人员的跳槽。的确，加薪绝不仅仅是账面上每月薪资的增加而已，其他如劳保、保健投保薪资的向上调整、退休金金额的增加(配合未来个人退休账户的实行，此部分的金额势必大幅增加雇主的负担)、员工请领退休金与加班费的计算基础均增加不少。企业主除加薪外，难道没有其他措施作为补偿员工的方法吗？此时，具有竞争性的员工福利规划就应运而生了，最常见的如员工分红入股、退休与医疗保险、购屋购车贷款与教育补助等，尽管有些实施竞争性员工福利规划的企业其薪资水准未必比同行业企业有竞争力，然而求职者却趋之若鹜，最大的原因即其所创造出的价值远超过一般企业加薪的价值。

(四)创新的薪酬与福利管理设计

大家比较熟悉以下两份福利报告。

国企的福利报告：车贴、餐费、过节费等传统福利项目详细罗列。较有新意的是每周的健身活动。虽然面面俱到，但对其是否有激励效果难以判断。

外企的福利报告："创意"两字贯穿报告全部。各式保险、健身、休闲、假期是主角，还有视力保障、定期补牙等"非常规"福利。

从这两份不同的福利报告对比中，我们可以感觉到国内企业确实应该向外企学习，在更大程度上发挥福利对员工的激励作用。

实际上，薪酬福利管理没有一个统一的模式，不同的企业会根据各自的实际情况做出不同运用。但无论怎样，对多数员工而言是一致的：他们都非常关心自己的薪酬水平，因为这直接关系到他们的生存质量。

1．创新的薪酬管理设计

1) 建立"岗位报酬"管理制度

开发型薪酬管理方案致力于改革传统的薪酬管理思想，以相对"等价交换"为核心，坚持以人为本，以"对员工的参与与潜能开发"为目标，其主要特点是将企业的工资计划建立在"薪酬、信任、编成工资分类和基于绩效"四个原则基础之上，其目的是通过加大工资中的激励成分，提升员工对企业的认同感和敬业精神。开发型企业薪酬管理的精髓表现为下述 4 点。

(1) 增强员工的责任感。

(2) 提高员工的自由度。

(3) 强调员工的能力和技能发挥。

(4) 增强员工对企业的认同感和团队意识。

传统的薪酬管理模式和非传统的企业薪酬管理模式在管理目标、管理要素和运行机制上有很大差别，它标志着企业管理在经历了由对人的管理阶段之后，开始进入现代人力资源开发阶段。

2) 提升"业绩报酬"管理能力

业绩报酬管理是企业制订的一项管理计划，或者说是一种薪酬激励项目，在实际实施中，有以下4种类型。

(1) 个性激励型。基于个人对企业的贡献发放的类似红利、额外奖金等奖励。

(2) 班组激励型，基于小组对企业的特殊贡献发放奖金的其他奖励形式。

(3) 收益分享型。基于企业整体效益而向员工提供的额外收入。

(4) 特殊分享型。基于员工对企业的特殊贡献，例如，对企业经营与管理提出的合理化建议等，而进行的嘉奖。

3) 适时运用激励计划

(1) 经营者激励计划。由于企业管理者，特别是总经理对企业的特殊作用，所以企业对他们都设计特殊的激励措施。

(2) 短期刺激计划——年度奖金。年度奖金主要是为了刺激现有资产的有效利用，奖励条件主要是企业的总体经营效益指标。年度奖金占各层次管理人员收入的比例不等，可根据总提成额进行确定，比如，第一层次的经理人员最高，大约占基本工资的50%～60%；最低层次的经理占30%～40%。

(3) 长期奖励计划——资本积累项目。长期奖励计划主要针对最高层经理人员，目的是激励企业经营者为企业较长时间的生产和经营做出贡献。主要的奖励方式包括股票购买特权、股票增值权、限定权、虚拟股票计划、股票转让价格等。调查表明，长期奖励计划的深层次作用，主要是能够促使高层经理更加重视企业的长期发展而不是短期利润。

(4) 对专业技术人员的激励计划。专业技术人员，包括专业人才和工程师等。他们的收入水平涉及许多特殊的因素。按照以往的观点，似乎这些人不需要特殊的工作激励，因为他们不太看中"金钱"的作用，而更重视工作的技术价值以及被同行的认可，而且收入水平一般也不是很低。但是，事实说明，收入刺激并不是对他们无效，关键是针对性和实效性。

(5) 企业范围的激励计划。从企业角度制订的激励计划主要包括利润分享计划，是指如果企业的利润超过某个水平，员工就可以得到奖金，数量根据效益程度而定。或采纳各类社会保险基金，包括提供商业性的保险计划。主要是充分体现利润分享和实施的目的——能够促使员工更加关心企业生产和经营活动。

(6) 员工持股激励计划。目的是促进员工关心企业生产和经营，促进劳资合作和关系的进一步改善，使员工成为与企业利润共享、风险同担的合作者，为共同的愿景而努力工作。

2. 创新的福利管理设计

1) "一揽子"薪酬福利计划。许多企业不再将薪酬与福利管理分成互不关联的两项管理工作，而是成为一个有机的组成部分和运用手段，做到相辅相成与互相配合，共同围绕企业目标运转。例如：一些工作报酬适宜货币工资的，就采用货币支付的方式；反之就采用非货币，即福利支付的形式。对一些奖励性报酬，可以采取货币与福利并用的方式。同时，逐步增大薪酬的不同组成部分之间的比例，有利于增强企业凝聚力。

2) 灵活的福利提供方式。灵活方式也称"自助餐式"的福利管理方式，即员工可以在多种福利项目中根据自己的需要进行选择。例如：未婚的不选择儿童保健，但可选择附加养老金福利；若是夫妻的可以选择不同的福利项目，比如一方选择子女保健，一方选择住房或休假。这种"自助餐"式的福利也可以分成两种类型：一种是基本保障型，让人人必须拥有。例如，一些法律规定的福利，必须执行。另一种是各取所需或根据自己的实际意愿兑现的福利。

3) 降低福利成本，提高效率。高福利的服务效率，能够减少许多不必要的浪费，有的企业也开始进行了一些改革和尝试。例如，为了有效控制保健福利开支，可以采取以下 3 种措施。

(1) 兴办员工合作医疗，弥补健康保险的不足。

(2) 通过其他福利计划，降低健康保险的成本。

(3) 针对一些对于企业和员工个人双方都有利的项目积极开发和引导。

例如：员工在职学习的学费资助，是许多企业提供的一项员工福利和激励手段，这对促进员工人力资本投资很有益处。但一些员工不甚了解，也不去关心，只有少数员工充分利用，多数员工不闻不问，对此，就需要企业有意识地引导和鼓励员工争取这些福利。

案例6-5　变革思维：除了重视硬福利管理也要重视软福利

美国《财富》杂志曾邀请数万名企业职工评选出最受欢迎的 100 家公司。上榜公司不仅在报酬和技能培训方面做得很好，而且都十分重视"软福利"。

所谓"软福利"，就是能够进一步协调工作和生活之间关系的各种福利。如在公司内部提供理发和修鞋等杂项服务，以及免费提供早餐、旅游休假等。这些福利虽然看起来都不太起眼，却使公司在严格的制度管理以外表现出富有人情味的一面。

相比之下，有部分国内企业往往只重视硬福利，不注重"软福利"，有的甚至借口企业效益不好，大肆削减硬福利。有些员工因此对企业产生不信任感，对前途失去信心，故而身在曹营心在汉，有技术的加紧跳槽，没技术的利用业余时间给人打计时工，上班时间则没精打采。更有甚者，将企业的技术资料和市场营销方面的秘密拿去换钱……他们为自己留下一条后路，却加速了企业的衰落。由此可见，职工福利不是可有可无的"阑尾"。相反，凡是注重长远效益的企业都十分注重为职工谋福利。软福利不是小恩小惠，用得好，则具有凝聚人心、维护企业形象、缓解职业压力等诸多功效。

国有企业的工资虽然与私企有距离，但由于它有一些充满人情味的福利，因此能给人以安全感。难怪在现在的就业市场上，有相当部分人员还是对国企情有独钟。有一家老国企，尽管这些年奖金发得少，却鲜有跳槽者，因为企业的经营者廉洁奉公，努力开拓市场，不仅保住了工资，还将原有的福利一直维持下来，包括免费为职工理发等小事。职工走到外面依然有归属感和自豪感。人心齐、泰山移，企业越困难越需要凝聚人心。而另外有一家名牌家电企业考虑到外勤维修人员出勤很辛苦，弄得不好，就会接受用户的吃请。为此，该企业特意为外勤人员安排了午餐，要求他们中午必须回到各地的维修分支机构用餐。如果确实因下乡路远，就发给一桶方便面。这样，外勤人员在帮助用户解决售后服务问题后，最多只是麻烦用户提供一杯开水，在用户心中树立了较好的社会形象。

软福利还具有缓解职业压力的作用。当前的就业问题是一个全球性的社会问题，在职者往往担心失业或担心不能胜任本岗位而降职，忧心忡忡，积劳成疾。日本有一家社会调查机构曾对此作过专项调查，发现日本国内 80%以上的在职人员患有或轻或重的职业恐惧症，影响了身心健康。为此，一些日本企业拿出部分利润，为职员提供旅游机会，借山水之美解除身心疲劳；有的针对部分职工借酒消愁已嗜酒成瘾，专门开办了"戒酒俱乐部"；有的办起"职工谈心部"，聘请专家为员工解除心理压力，企业负责人也抽出时间直接与职工面对面谈心，使职工在倾诉烦恼中化解心理压力；有的企业还根据谈心掌握的信息合理调配用工岗位，实现人尽其才。

（资料来源：http://finance.sina.com.cn/leadership/jygl/20041129/15351188167.shtml）

一套良好的薪酬福利体系，可以让企业在不增加太多成本的前提下提高员工对薪酬的满意度，这是大多数企业都愿意看到的。但在现实的薪酬福利管理中，不可能有一个万能的福利模式适合每一家企业，关键是从本企业实际出发，找到适宜的创新薪酬福利设计方案。

本 章 小 结

员工福利是企业薪酬管理过程中不可缺少的组成部分，它可以弥补其他薪酬的不足，发挥意想不到的作用。一般来讲，企业员工福利可分为集体福利和个人福利两种基本形式。补偿性、均等性和集体性是员工福利的三个主要特点。好的福利管理能吸引和保留人才，有助于营造和谐的企业文化，强化员工的忠诚感，享受国家的优惠税收政策，提高企业成本支出的有效性，同时也可以使员工家庭生活及退休后的生活质量获得保障，无后顾之忧。对于社会保险福利来讲，法定社会保险类型有养老保险、失业保险、医疗保险、工伤保险以及生育保险；当然有的企业也会有企业补充保险。弹性福利计划是 21 世纪福利规划和管理的新趋势。通过员工福利规划和管理，可减轻员工税赋的负担，增强核心员工的留任意愿，增强企业招募的优势。

自 测 题

1. 试从企业和员工两个角度分析福利的功能。
2. 是否应当提倡尽量将福利货币化？试述原因。
3. 试述员工福利的发展趋势，并说明弹性福利计划日益受到欢迎的原因。
4. 为什么要进行福利规划管理？

案例分析

内容见二维码。

没有无缘无故的公司福利.docx

阅读资料

内容见二维码。

阅读资料 6.docx

第七章 特殊群体的薪酬管理

【学习目标】

学习本章之后，读者应当能够了解管理人员的工作所具有的特征以及在管理人员的薪酬管理中应当注意的问题。明确高层管理人员的薪酬决定及其管理所具有的特征以及在高层管理人员的薪酬战略、薪酬管理中应当注意的主要问题。掌握销售工作的特征以及这种特征对于销售人员薪酬管理的启示。了解经常针对销售人员采用的薪酬方案所包括的类型及其特点。掌握销售人员薪酬方案的设计步骤与要点。了解知识型员工的工作所具有的特征以及这些特征对于知识型员工的薪酬管理所产生的影响。掌握知识型员工的成熟曲线与知识型员工的薪酬决定之间的关系，明白知识型员工的双重职业发展通道所具有的重要性。掌握外派人员的工作特点以及在外派人员的薪酬管理中可能遇到的困难及解决方案。

【关键概念】

管理人员(manager)　　知识型员工(knowledgable worker)　　外派员工(expatriates)

【引导案例】

泰斗网络公司三种岗位薪酬体系

泰斗网络公司是一家网络服务商，成立于1998年，现有员工200多人，许多人都是在某一领域富有专长的专家，80%的技术人员都具有博士学位，公司新产品年更新率达到30%。是什么样的利益回报有如此巨大的吸引力，致使大批优秀人才对泰斗网络公司投入如此大的热情呢？答案就是泰斗网络公司的薪酬水平和薪酬构成。

在泰斗网络公司有三个重要的岗位，即项目管理、研究开发和系统工程。

这三种岗位总体薪酬水平都比较高，年度平均总薪酬都超过10万元。公司高利润在这三种从业人员的薪酬水平上得到充分体现，如表7-1所示。

表7-1　岗位薪酬水平　　　　　　　　　　　　　　　　　　　单位：万元

岗位名称	薪酬范围/年
研究开发经理	23～29
系统工程经理	15～20
项目管理经理	11～14

从表中可以看出，在薪酬总体水平比较高的基础上，对于不同性质的岗位，薪酬水平也存在一些差距。项目管理人员平均薪酬水平最低，系统工程人员收入较高，研究开发人员的薪酬最高。这也从侧面反映出了泰斗网络公司对不同岗位人员的重视程度的差异。这种薪酬差异是由该公司系统集成业的行业特点所决定的。

泰斗公司主要靠技术服务和提供解决方案获利，因此对岗位技术水平要求的高低对薪酬有直接影响。研究开发人员对企业的贡献在于通过技术研究和技术实践为公司积累技术资本，是保持企业长期、稳定发展的基础，是增强企业市场竞争力的前提。对于系统工程人员，主要通过具体的工程实施和技术支持保证工程项目的顺利执行，但往往使用成熟的技术工具，在技术上没有太多研究突破。至于项目管理人员，工作中已经包含部分行政管理的成分，技术含量最低，因此薪酬水平低于研究开发人员和系统工程人员。表7-2揭示了上述三种岗位薪酬构成的成分及其比重。

表 7-2　岗位薪酬构成及比重　　　　　　　　　　　　　　　　单位：%

岗位名称	基本现金总额	补贴总额	变动收入总额	福利总额
系统工程经理	71	2	18	9
研究开发经理	81	2	6	11
项目管理经理	80	2	10	8

从薪酬构成比例来讲，不同性质的岗位差异明显。最突出的特点是系统工程人员的固定现金收入比例明显低于项目管理人员和研究开发人员，而变动收入比例却最高。这是由各个岗位所承担的工作任务的不同性质所决定的。

系统工程人员的工作任务是完成整个工程的实施，工程周期可能是几周、几个月，甚至跨年度。在实施过程中可能出现种种问题，从而导致企业受到损失，企业的通用做法是减小系统工程人员的固定收入比例，加大具有奖励作用的变动收入比例，用来激励员工通过努力保证工程项目的顺利实施，有效降低项目执行的风险性。相反，对于研究开发人员和项目管理人员，工作的失败风险性比较小，因此通过增加固定收入的方法起到保留员工的作用。

(资料来源：http://www.edu24ol.com/web_news/html/2009-2/200921295428542.html)

在第一章已经说过，企业岗位不同，岗位对员工能力、素质要求也不同，不同岗位的员工其工作本身对企业贡献不同。因此，根据员工在企业的职位高低与贡献大小可以将企业员工分为四类，即高贡献高职位、高贡献低职位、低贡献高职位和低贡献低职位。同时也可以根据企业不同类型员工的不同特征，对其采取侧重点也有所不同的激励方法。

如果根据员工价值高低与是否普遍两个指标来分析企业的员工，可以将企业员工分为核心人才、独特人才、辅助人才以及通用人才四类。

通过图7-1可以发现：由于员工在企业的岗位不同，企业对员工的能力素质要求不同，因而不同岗位的员工薪酬管理方式也应有所不同。本章按不同岗位及不同需求技能分别介绍管理人员的薪酬管理、销售人员的薪酬管理、知识型员工的薪酬管理及外派人员的薪酬管理。

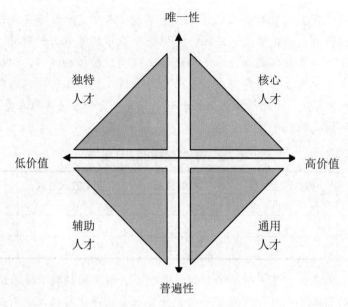

图 7-1　企业员工岗位模型

一、管理人员的薪酬管理

(一)管理人员的概念和类别

一般来讲，管理人员通过别人来完成工作任务。他们做出决策、分配资源、指导别人的活动从而实现工作目标。也就是说，管理人员是这样的人，他通过协调其他人的活动达到与别人一起或者通过别人实现组织目标的目的。通常情况下，我们可将管理人员分为以下三大类。

(1) 高层管理人员。高层管理人员是指对整个组织的管理负有全面责任的人，他们的主要职责是制定组织的总目标、总战略，掌握组织的大方针，并评价组织的整体绩效。

(2) 中层管理人员。中层管理人员是指处于高层管理人员和基层管理人员之间的一个或若干个中间层次的管理人员，他们的主要职责是贯彻执行高层管理人员所制定的重大决策，监督和协调基层管理人员的工作。

(3) 基层管理人员。基层管理人员又称第一线管理人员，也就是组织中处于最低层次的管理者，他们所管辖的仅仅是作业人员而不涉及其他管理者。他们的主要职责是给下属作业人员分派具体工作任务，直接指挥和监督现场作业活动，保证各项任务的有效完成。

(二)管理人员的薪酬管理

与其他员工群体相比，管理层可能是企业在进行薪酬管理时需要关注的诸多特殊群体中最为重要的一个。管理人员受激励水平的高低会直接作用于组织的经营绩效和员工的工作满意程度，进而影响到企业的竞争力。管理人员作为企业的重要组成部分，不仅会直接作用于企业的经营方向和生产营销策略，而且其自身的工作作风和领导风格也会对企业的工作气氛、人际关系等产生举足轻重的影响

同时，管理人员的薪酬管理又是一个甚为敏感的问题，毕竟组织里的各种决策，包括

薪酬决策,都是由管理层一手做出的,他们必须让员工相信自己没有以权谋私的嫌疑。此外,尽管管理层在数量上只占到组织中员工总数的很小一个部分,但企业对他们的薪酬支付往往要占去企业薪酬总额相当大的部分。正是由于以上原因,为管理人员制定合适的薪酬方案就成了一件至关重要的事情。

与其他职位类似,管理者的薪酬体系主要也由基本薪酬、奖金(又可以进一步分为短期奖金和长期奖金)和福利三部分构成。其中,从基本薪酬与奖金之间的比例来看,基本薪酬一般可能占到薪酬总额的1/3~2/3,具体情况取决于管理者在组织层级结构中的位置:位置越靠近上层,则基本薪酬在薪酬总额中所占的比例也就越低;而对于基层管理者而言,基本薪酬几乎就是其所领取的全部薪酬收入。

1. 基本薪酬

在确定管理层基本薪酬水平的时候,组织往往会考虑多种因素,这些因素包括企业规模、组织盈利水平、销售状况、所占市场份额、组织的层级结构、其他员工群体的薪酬水平等。当然,不同的管理层级所侧重的参照因素是有所不同的:高层管理者的基本薪酬水平主要会受到组织规模的影响,中层管理者往往会受到企业层级结构的制约,而基层管理者的基本薪酬水平则更多地会和其所管理的普通员工的人员类型、数量以及他们的薪酬水平有关。通常情况下,基层管理人员与所属员工之间的平均薪酬差距在30%左右。

总体上来说,绝大多数企业都会选择使管理层的基本薪酬水平超出,至少相当于市场平均水平。无疑,选择这种做法是出于多方面的考虑:管理者的工作对于企业而言至关重要;管理者往往都有很长的工作年限和丰富的工作经验;管理层相对于员工总数而言人员甚少;管理者和外部市场打交道比较多,因此追求外部公平性的意识较强烈。此外,由于企业对管理层的要求往往比较高,而劳动力市场上的供给又相对较为紧张,因此企业管理人员的薪酬水平需要具有一定的市场竞争力。当然,管理者个人的薪酬水平在很大程度上还是取决于其实际的管理能力和绩效水平的高低。

2. 短期激励

一般情况下,企业向管理人员支付短期奖金,是意在对其在特定的时间段里(通常是一年)为组织做出的贡献进行报偿和奖励。通常意义上的短期奖金都是以组织的总体经营绩效为基础的,由于管理人员对于企业总体经营绩效目标的实现有着比普通员工更大的影响力,因此,管理人员的短期奖金与企业总体经营业绩之间的关系会更为紧密。在具体计算方面,管理人员的短期奖金往往以管理者的基本薪酬为依据,其具体数额取决于管理者对于经营结果的实际贡献大小。当然,上年度企业的利润水平、组织的生产率高低、具体管理行为的成本节约情况、资本和资产的回报率等因素也会对短期奖金的数量产生影响。

在对管理人员的短期绩效进行衡量时,企业既有可能使用总体盈利水平单一指标,也有可能使用对于企业成功而言同等重要的多重指标。在后一种情况下,企业必须把握好不同指标之间的权重。比如,在某公司的短期奖金方案中,管理人员的短期奖金取决于四个方面的测量结果,即每股收益率、权益收益率、资本收益率和资产收益率。

在这种短期激励方案中,企业会预先在每个公司绩效维度上都设立组织实现的预期目标,一旦这些目标被实现或超过,管理者就能够得到相当于其基本工资一定比例的短期奖金。

3．长期奖金

短期奖金大多是在周期为一年的前提下以现金的方式向管理人员进行支付，而长期奖金则通常是延期支付的，它与组织的长期经营绩效具有紧密的联系，其主要目的在于通过经济上的利益关系促使管理层和企业的经营目标保持一致，从而激励管理者关注企业的长期发展以及持续性地达到更高的绩效水平。也是为了预防"委托——代理"问题的出现。

从使用范围上讲，短期奖金比长期奖金的适用范围更大一些。一般来说，短期奖金适用于各个管理层级，而长期奖金则是针对高层管理者的一种奖励。这在很大程度上是由于高层管理者的管理行为与组织的长期绩效之间的联系更为直接和紧密的缘故，此外，对高层管理人员的工作进行有效监管和激励的难度也更大一些。近些年来，长期奖励方案越来越多地受到欢迎。这一方面是由于高层管理者的绩效表现对于组织经营状况的重要性已经日渐显露出来，而长期奖金是对其进行有效激励的最佳方式之一；另一方面，长期奖金也给企业提供了一种短期降低薪酬负担的机会，采用这种支付方式，企业可以在获得同样或更好激励效果的同时节约较大的薪酬开支，进一步巩固本企业在劳动力市场上的竞争优势。最后，以各种股票计划为内容的长期奖励制度对于吸引和保留管理人员尤其是中高层管理人员所起的作用越来越大，这些中高层管理人员持股计划被很多人称为"金手铐"。

4．福利与服务

管理者，尤其是高层管理者，通常都能得到名目众多的福利和服务。它们中的一部分针对企业里的所有员工，但还有一部分则是专门针对管理人员的(后者往往被称为补贴)。企业之所以选择这种做法，很大程度上是由于保留管理者对于组织而言是至为重要的，而特定内容的福利和服务在吸引和挽留这些核心员工方面又有不可低估的功效。

在管理者能够得到的各种福利中，退休福利通常是其中数额最大的一种。这一方面是由于管理者本身的薪酬水平就高，另一方面则是因为他们的工作年限也较长一些。在很多企业里，高层管理者还会与企业事先签署雇佣协议：如果企业拒绝向其提供一定的经济补偿，它就无权直接解雇高层管理者。由于这种协议无形之中给管理者提供了甚为坚实的就业保障，所以又有"金色降落伞"的说法。

目前，企业通行的一般管理人员年薪酬结构包括固定薪资、绩效薪资、年终奖金、福利与津贴四部分，具体如图7-2所示。

参考依据：市场工资率(本次调查数据)、公司历史记录。

奖金：

(1) 对管理人员完成季度或年度目标的鼓励——年终奖金。

(2) 总部管理人员的奖金与业务挂钩，总体上为业务人员奖金水平的90%。平时只有基本工资，年末按年度考评结果一次性结清。管理人员平时应参加月统计、季考核，统计考评结果作为年末考评的重要依据。

(3) 管理人员按月统计、季考核、年终考评兑现。

(4) 分部、分公司管理人员属于分部分公司管理的，其奖金分配发放办法可参照总部管理人员的奖金分配发放办法执行。

福利：带薪休假、养老保险、社会保险、健康保险、培训等，并向重点岗位倾斜。

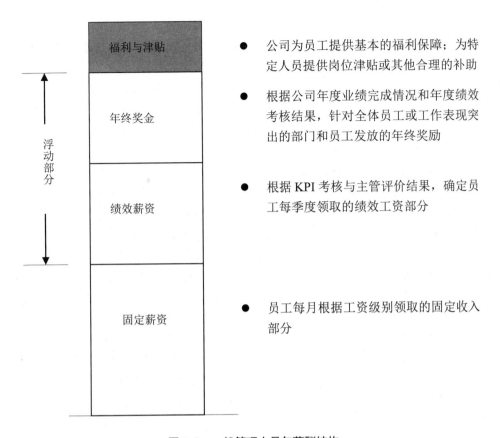

图 7-2 一般管理人员年薪酬结构

(三)高层管理者的薪酬管理

1. 高层管理者的薪酬构成

如果说管理层是企业里很重要的一个特殊群体，那么高层管理者则更是这一特殊群体里的特殊群体。企业高层管理者的绩效表现在相当大的程度上直接决定了企业经营状况的好坏，而向其支付的薪酬数目也在组织的薪酬总额中占据了相当大的比重。举例来说，有调查显示，1996 年度，美国企业里 CEO 的平均年薪已经达到了 230 万美元。

对企业高层管理者的薪酬水平产生影响的因素有很多，包括企业规模的大小、企业所处的经营领域、高层管理者的工作经验和历史经营业绩、企业的盈利状况以及高层管理者担负的职责等。但是高层管理者的薪酬水平在更大程度上还是取决于管理者自身的绩效表现和他们创造出来的价值。因此，在最终确定企业的高层薪酬策略的时候，组织除了要保证它的支付依据和标准是合理的、有效的，与组织的文化、价值观匹配外，还必须确认这种薪酬制度能够促使高层管理者给组织带来确实的价值增值，使股东在高层管理人员身上的投资能够带来更大的回报。总体来说，在高层管理人员的总体薪酬中，基本薪酬所占的比重较小，短期奖金和长期奖金所占的比重往往非常大。比如，20 世纪 70 年代时，企业高层管理人员的薪酬构成中，基本薪酬大约占到 60%左右，短期奖励占到 25%，长期奖励占到 15%；到了 20 世纪 90 年代，基本薪酬的比重已经降到 7%，短期奖励上升到 43%，长期奖励上升到了 23%，另外还有 7%是以福利的形式支付的。

首先，企业高层管理人员的基本薪酬通常都是由以董事会主席为首的薪酬委员会来确定的，决策的依据是上一年度的企业总体经营业绩以及对外部市场薪酬调查数据的分析。在实践中，不同行业的高层管理人员的基本薪酬水平相差很大。

其次，以年终奖形式出现的短期奖金在高级经营管理者的薪酬当中起着非常重要的作用。年终奖的数量在不同行业中的差异也是很大的。此外，有些企业基本上完全依靠直接的基本薪酬来支付高级经营管理人员的报酬，比如在那些股票所有权受到严格控制的企业、非营利性机构以及一些受管制行业中的企业。

再次，长期奖金在高级经营管理人员的总报酬中所占的比重也越来越大，其中主要是各种各样的股票选择权计划，但是这种计划也受到了强烈的批评。这种批评的一个主要论据是股票价格的上涨主要是因为市场本身的作用，而不是高级经营管理人员的努力所左右的，因此在实践中，一些新的长期奖励计划在开始制订的时候，往往都会要求高级经营管理人员必须实现某种既定的业绩目标才有资格享受。

最后，福利和服务在高级经营管理人员的薪酬收入中也起着越来越不可忽视的作用。由于许多高层管理人员的福利都是与其收入水平联系在一起的，因此，高级经营管理人员的福利(人寿保险、伤残保险、养老金计划)高于大多数其他员工。这些福利主要体现在三个方面：第一种福利是企业内部福利，包括豪华的办公室、高级管理人员餐厅、特定的停车位、免费体检等。第二种福利是一些企业外部福利，包括公司付费的俱乐部会员证，旅馆、度假、飞机以及汽车方面的费用。第三种福利属于个人福利，其中包括低成本或无息贷款；由公司付费的个人财务或法律咨询；使用公司的财产，如车载电话、家庭保安系统；收入所得税的申报帮助；等等。

2. 高层管理者的薪酬

一般来说，任何组织在确定它的高层经营管理人员的薪酬策略时，都必须对以下四个问题进行充分考虑：一是风险程度，即绩效薪酬方案希望高层管理者能够承担多大风险，而他们实际承担了怎样的风险。二是绩效的衡量，即绩效目标的制定和测量方法是否合理，是否能够激励管理者实现优良绩效。三是所有权，即高层管理者能够持有公司多大份额的股份。四是全面报酬，即高层管理者所获报酬的各种薪酬构成如基本薪酬、可变薪酬、福利以及各种补贴等是否能够传递恰当的信息，营造出与公司有利的文化。下面我们分别对上述四个问题加以阐述。

1) 将高层经营管理人员的薪酬与经营风险联系在一起

在绝大多数企业里，高层管理者的薪酬都是和他们的绩效表现联系在一起的。事实上，在美国最大的1000家企业里，有3/4以上的CEO都是根据自身的绩效表现获得薪酬的。这种做法在一定意义上是有道理的，因为高层管理者对于企业的经营绩效往往有着不可推卸的责任。然而，在具体实施将高层管理人员的报酬和业绩风险联系在一起的时候，很多企业却采取了利润分享或者短期奖励的方案。这种薪酬战略的缺陷在于在组织经营取得成功的时候，组织可以通过红利对高层管理者进行奖励；但在经营状况不如人意的时候，高层管理者却不必为此承担任何风险。这是因为如果企业经营不利，它的CEO尽管在年终拿回家的红利可能并不是很多，但由于他的基本薪酬仍然很高，同时还有丰厚的福利和补贴，所以他的经济收入实际上并不会受到什么严重的影响。

今天，当企业逐渐意识到高层管理人员的薪酬方案中包含有一定的风险因素时，它才能给这些人提供最大的激励。因此，越来越多的企业开始选择实施高风险的薪酬方案。一种比较普遍的做法就是在传统薪酬方案的基础上，提高以绩效为依据的直接薪酬在全面薪酬体系中所占的份额。当然，具体的操作程度取决于多种因素，由于企业所在行业、规模大小、经营状况的好坏等不同，所以不同的薪酬方案在确定薪酬水平和业绩风险之间的联系紧密程度时会存在一定的差异。不过，一般的情况是，高层管理人员的薪酬总额越高，则他们所获得报酬中与风险相联系的那部分所占的比例也应当越高。

2) 确定正确的绩效评价方法

很多企业都发现，它们传统上使用的对高层经营管理人员的绩效衡量方法已无法与组织的文化和经营战略匹配。那些单一的绩效评价指标，比如投资收益率，往往都倾向于强调某方面的要素，因而无法把握当今企业的经营环境以及管理实践的变化。

事实上，不同类型的企业在对高层管理人员的绩效评价方面有着不同的需求。具体来说，职能型的组织需要明确自身在市场上的可靠性程度；流程型组织通常会根据产品质量和客户满意度来衡量自己的绩效表现；时间型组织强调速度，因此要根据企业开拓新市场的能力和潜力来测量绩效；而网络型组织则通常从整体上评判自己事业的成功程度。

为了提高绩效，很多组织已经选择了一些更为全面和广泛的经济指标，包括经济附加价值(EVA)、市场份额和市场占有率等绩效评价指标。这些指标不仅能更为准确地衡量绩效，同时也能够更好地平衡组织、股东和高层管理者之间的利益关系，因而代表着企业管理领域的新趋势。

3) 实现高层管理者和股东之间的平衡

高层管理者和企业所有者之间的目标可能存在差异，股东希望实现收益的最大化，而高层管理者则会对巩固自己的当前地位更为在意一些。为了使二者之间的目标协调一致，企业通常会要求高层管理者承担更多的风险、经历更长的决策期，并通过赋予他们一定的所有权以增强其参与意识。

很久以来，这种理念都是通过相对简单的、没有严格限定的股票选择权来体现的。尽管这种举措有可能赋予高层管理者以真正的所有权并将他们的薪酬和风险相结合，但其效果却很有限。举例来说，由于很少会有股票方案明确规定管理者需要持股达到多长期限，在短期利益的驱动下，有很多管理者都会尽早出手自己的股票；还有一部分人则会在短期绩效实现的时候把股票卖出去。显然，这种激励方法和行为方式对于实现组织的长期发展目标没有什么好处。

4) 更好地支持企业文化

与企业中的其他职位类似，高层管理者的薪酬也包括以下几个部分：基本薪酬、奖金、福利和补贴等。为了更好地支持企业的经营目标，必须在高层经营管理人员的各个薪酬组成部分之间实现良好的平衡。一般来说，大多数企业的薪酬战略都会着眼于企业的经营业绩和管理者的所有权，并以此对高层管理者进行激励。但另一方面，企业的价值观、经营目标和文化也必然会对组织的高层薪酬战略产生影响。事实上，当一个组织的企业文化发生变化时，改变其针对高层管理者的薪酬战略是很必要的。这是因为高层管理者的薪酬不仅要支持组织的文化变革，在很大程度上还要能够引导这种文化变革。高层管理者不能因为迎合了现有的文化和价值观就得到薪酬，他们应该凭借领导了组织的变革、给组织确立了新的愿景和经营目标而得到回报。从本质上来说，高层管理者的任务之一就是要给组织里的其他职位制定新的行为方式和确立新的价值观。

例：某高层管理人员薪酬管理方案设计。

由于高层管理人员的报酬更倾向于强调绩效，因为相对于基层员工而言，组织的成果更直接地反映出高层管理人员的贡献，因此高层管理人员采用年薪制较为合适，具体如图7-3所示。

年薪组成：基本工资+绩效报酬+贡献报酬。

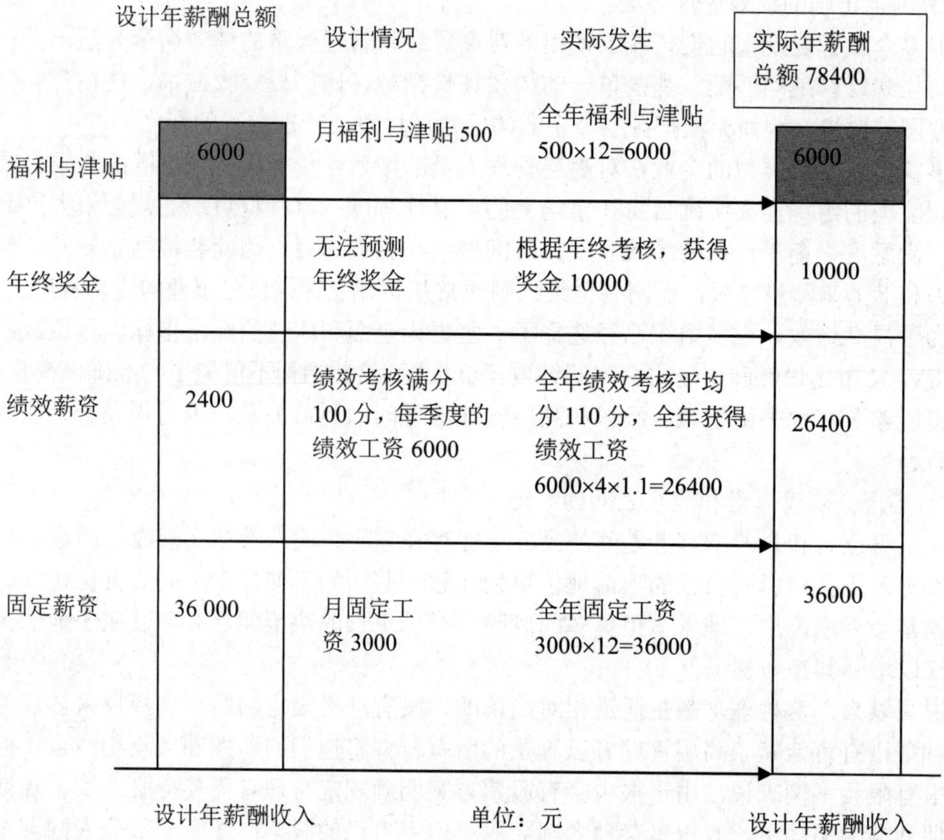

图7-3　年薪收入

适用范围如下所述。

(1) 总经理。

(2) 总监(执行副总)：品牌总监、行销总监、市场总监、服务总监、人力资源总监、行政总监、财务总监。

(3) 副总经理、副总监、总经理助理。

(4) 大区分部总经理。

(5) 分公司总经理。

考核依据：目标责任制，合同书中的各项指标。

薪酬水平：要和一般管理人员拉开档次，但又不能太高，太高会削弱公众的信任。

实施方案如下所述。

(1) 为补偿高层管理人员的付出，可以依照职务工资的标准预付部分年薪。

(2) 半年或年终考核决定是否继续执行年薪，是否兑付剩余年薪。

(3) 超额完成全年指标者，可以按事先达成的目标责任书给付年薪以外的权益，包括股票期权、赠予股份和年终分红。

(4) 为使更优秀人才和企业之间达成长期的战略合作，企业可以给予优秀高级管理人才折价股票或赠送股票，并且允许其每年将这两种股票按公司事先与其达成的年交易比例出售其中一部分，交易所得作为其对公司业绩的一种回报。

案例 7-1 万科的高管薪酬

2008 年 3 月，万科推出股权激励计划，成为中国主板市场第一个吃螃蟹的上市公司。同年 7 月，联想调整高管人员薪酬，与国际接轨，高管薪酬激增 12.8 倍。中国企业正在加快步伐，效仿国外高管的薪酬制度。但效仿的对象是否正确，还需打上一个问号。早在四年前，股神巴菲特就已经炮轰了美国公司首席执行官的薪酬制度："美国公司的首席执行官们只关心他们能从公司拿到多少钱！"他还坚决反对滥用期权。这位在商业市场摸爬滚打了 70 多年的老人认为，正是这些不合理的薪酬和奖励制度，导致了美国接二连三的公司丑闻。

对万科、联想的争论还未停歇，下一批想吃螃蟹的企业便已经摩拳擦掌。在此要提醒企业的是，国外的高管薪酬制度固然有好的一面，但在效仿的同时，要小心提防与精华如影随形的糟粕。Chief Excutive 日前发表了《挑战最佳薪酬实践》(*Pay for Performance: Beating "Best Practices"*)，分析了几种流行的薪酬方案对股东价值创造的实际影响，揭示出这些最佳薪酬实践光环下的阴影，可供中国企业借鉴。

只重结果

企业在支付经理人的薪酬时，眼睛盯着的往往都是营业额和资本回报。按营业额、成本节约、市场份额、客户满意度等客观指标来付酬，有助于激励经理人达成期望的指标，比如营业额的提升，但这种方法就股东价值来说，好处并不明显。而且，按业绩付酬仍然是以结果为导向的薪酬方案，在实现主要目标的同时，也会带来意料之外的负面影响，包括短期行为、冒大风险，甚至人为篡改结果等。因此，按业绩付酬还需要在考核数量、质量、成本等客观业绩指标的基础上，同其他与价值没有直接关系的指标结合起来，比如时间效率和资源利用效率。

股权激励

绝大多数股东认为，股票期权是对经理人最好的激励。但绝大多数经理人，包括 CEO，也会告诉你，若干年内，股价的变动更多地取决于外界环境的变化而不是企业内部的管理。在股票市场全面上涨时，即使是绩效处于中下等的经理人也能从期权中大捞一笔。而在股市行情整体下跌的时候，绩效再好的经理人也可能颗粒无收。当然这并不是说管理的好坏对股价的变动没有影响。影响当然有，但并不直接，而且需要较长的时间或是受到一些偶发事件影响较大。因此，股票期权需要与其他方法结合在一起，才能够激励经理人致力于提升股东价值。

鉴于此，万科对其股权激励计划作了一定的改进——它没有实行规范股票期权，而选择了限制性股权激励计划。这里的限制性体现在提取激励基金的最低要求上——"当年净利润增长率超过 15%、全面摊薄的净资产收益率超过 12%，而且对净利润的计算，要选择非经常性损益扣除前和扣除后中低的那个"。其中，净利润增长率可以说明公司的盈利能力和成长性，反映公司经营管理的好坏，因此在一定程度上规避了单纯股票期权的缺陷。

以预算定薪酬

运用得最普遍的薪酬方案是经理人薪酬的多少根据预算目标的实现与否来决定。但是，预算流程却被通用电气的前任 CEO 韦尔奇形容成"谈判式的解决"和"虚伪的笑容"。韦尔奇从自身经历中发现，经理人在做预算时，其潜意识总是要最小化自己的风险，最大化自己的红包。有谁愿意提出一个自己没有把握实现的目标，结果与奖励失之交臂呢？韦尔奇提出了他的解决方案："对于个人和部门的奖励并不是根据实际业绩与预算目标的对比来决定，而主要是通过实际业绩与以前的业绩以及竞争环境的对比来决定，并把现实的战略机会和困难的因素考虑进来。" 旁观了商业市场 70 余年的管理大师杜拉克说："在每次繁荣期，高管薪酬的处理方式都略有不同，要么是股票期权，要么是影子股票或一些其他工具。高管总是承受着巨大的压力，为提高股价而进行管理……我们没有找到一种给高管支付薪酬的办法，以便使他们一方面没有动机为自己的利益进行管理，而另一方面又把他们的薪酬与业绩挂钩。我们不知道该怎么办，还不完全知道。"不论是中国企业，还是外国企业，在高管薪酬合理化之路上都任重而道远。

（资料来源：http://www.ehr800.com/Article/view.asp?cid=7&vid=3096）

二、销售人员的薪酬管理

研究销售人员的薪酬，首先要研究销售人员的特点。销售人员作为企业员工中相对独立的一个群体，有其明显的特点。

(一)销售人员及其管理的特点

1. 销售人员的群体特点

(1) 工作时间自由，单独行动多。

(2) 工作绩效可以用具体成果显示出来。

(3) 工作业绩具有不稳定性。

(4) 对工作的安定性需求不大，一方面销售人员经常想到跳槽以改变自己的工作环境。另一方面，他们也试图通过不断地跳槽来找到最适合自己的工作从而使自己对未来的职业生涯有所规划。

2. 销售人员管理的特性——松散管理

销售人员的管理具有松散管理的特性，希望工作制度富于弹性，能够获得较多的自由，希望得到独立行事的机会以证明自己。销售人员日常工作行为必须用科学有效的业绩考核制度来约束才能得到规范。

销售人员独立开展销售工作，管理人员无法全面监督销售人员的行为，销售人员的工作绩效在很大程度上取决于销售人员愿意怎样付出劳动和钻研销售，管理人员很难用公式化的硬性规定来约束销售人员的行为。因此，只有用科学有效的绩效考核制度和薪酬福利制度来作为指导销售人员从事销售活动的指挥棒，才能真正规范销售人员的行为，使销售人员全身心地投入销售工作中，提高工作效率。

3. 销售工作的特性——岗位进入壁垒较低

和财务人员、研发人员、生产人员、技术人员等岗位相比，销售工作的平均岗位进入壁垒较低。岗位进入壁垒，就是非本岗人员转换到本岗位并从事本岗位工作的难易程度。如证券分析员、外科手术医生、新产品开发研究员等岗位，从事其他岗位工作的人员要转换到本岗，可能性极小，其岗位进入壁垒较高。而销售人员，从事其他工作的人员——无论是从事技术性工作或服务人员，只要身体健康，年龄适当，就可能转到销售岗位上，所以说销售岗位的岗位进入壁垒较低。

较低的岗位进入壁垒，使一些并不从事销售工作的人员或新生劳动力随时有可能转入销售队伍，进而使销售队伍日益庞大。现有的销售人员，如不重新学习新技术(如财务、计算机操作等)转行，则有三种职业出路。一是成长为高级销售经理，能实现这一目标的销售人员为数很少；二是转换到管理岗位；三是自己创业。可以看出，从销售队伍中走出来远不如走进去那样容易，所以销售人员之间的竞争也是十分激烈的。

(二)决定销售人员薪酬的权变因素

(1) 员工的劳动量及效果。任何企业的任何时期，员工的薪酬水平都要受到他所提供的劳动量的影响。这包含两方面的含义：其一，员工只有为企业劳动才可能得到工资性的收入；其二，员工劳动能力的大小有别，同等条件下，所能提供的现实劳动量的多少不同。这种现实的劳动量的差别是导致薪酬水平高低差别的基本原因。如安利化妆品在中国市场的销售部门，采用销售额(或开单量、回款额)作为衡量销售人员付出劳动的指标，销售人员只有售出产品才会有收入(或提成)，并根据销售额的大小而不同。

(2) 担负的职位责任。职位的高低是以责任为基础的，责任是由判断或决定能力而产生的。通常情况下，职务高的人权力大，责任也较重，因此其薪酬较高。这样就可以说明为什么销售经理的薪酬高于一般销售人员，因为销售经理决定和判断的正误对于公司产品的市场、信誉与盈利等具有重大的影响，必须支付与其责任相称的适当的薪酬水平。

(3) 个人的基本素质。销售人员作为企业与客户(包括终端客户与经销商)的纽带，代表企业与客户接触，其本身的一言一行表现出企业的文化层次。使销售人员的基本薪资与其受教育程度挂钩，一方面是对销售人员前期投资的回报，另一方面体现出企业对知识和文化的认可，对于留住高文化层次的销售人员可以发挥积极的作用。

(4) 相关的销售经验。薪酬水平(一般是薪酬中的固定部分)和员工的岗位经验成正比，这有利于促使员工不断地学习产品知识，不断接受培训，提高销售能力和工作效率。

(5) 工龄。工龄长的员工薪酬通常高一些。这主要是为了减少人员流动。连续计算为企业服务的年限并与薪酬挂钩有利于稳定员工队伍，降低流动成本，并提高员工对企业的忠诚度。但对于销售人员来说，这个权变因素不能占有过高的比重。销售人员的正常流动是必要的，如果工龄占权重过高，可能造成老员工和新员工的基本工资差异过大，产生内部不公平。

(6) 企业的盈利能力。有的公司(如 Cisco 公司)盈利能力强，其销售人员的薪资与福利水平也居于同行业前列；而我国家电行业因利润空间较小，其销售人员的平均薪酬相应偏低。

(7) 地区差异。薪酬水平应同企业当地的经济发展水平成正比。这也是外派销售人员的薪酬比较难于管理的原因之一。

(8) 行业差异。在诸如医药、IT 行业的销售工作中，销售人员薪酬水平较高，因为这些行业的销售工作中包含了一定的技术因素，如医药行业的销售人员必须有医药类的教育背景，IT 销售人员必须具备一定的科技知识，相比其他销售人员，其岗位进入壁垒高，薪酬也相应较高。

(9) 劳动力市场的供求状况。当市场上某些销售人员(如高级销售经理)供给不足时，其薪酬水平就会提高。相反，当市场上某些销售人员需求大于供给(如普通销售人员)时，其薪酬水平就会下降。

(三)销售人员薪酬管理的原则

在销售人员的薪酬管理中，要遵循以下原则。

1. 公平性

企业员工对薪酬的公平感，也就是对薪酬发放是否公正的认识和判断，是设计薪酬制度和进行薪酬管理时要考虑的首要因素。为了保证企业中销售人员薪酬制度的公平性，企业的高层主管应注意以下几点。

(1) 薪酬制度要有明确一致的指导原则，并有统一的、可以说明的规章制度作为依据。

(2) 薪酬制度要有民主性和透明性。当员工能够了解和监督薪酬制度的制定和管理，并能对制度有一定的参与和发言权时，猜疑和误解便易于冰释，不平感也会显著降低。如天津 TCL 电器销售有限公司设计并实施了销售人员绩效与奖金挂钩的方案，并将方案与员工共同探讨、修正，使员工了解奖金的发放办法。销售人员每个月的奖金是在员工监督下计算出来的，不是老板"拍脑门拍出来"的，具有民主性和透明性。

(3) 销售经理要为员工创造机会均等、公平竞争的条件，并引导员工把注意力从结果均等转到机会均等上来。如果机会不均等，单纯的收入与贡献比均等并不能代表公平。如北京 TCL 电器销售有限公司就没有给销售人员创造均等的机会，使销售人员在付出同等努力和劳动的条件下，彩电的销售人员平均月薪在人民币 10000 元左右，而白色家电的销售人员平均月薪只有 4000 元。机会不均等，收入也不均等，使企业的薪酬制度失掉公平性，就会带来很多负面影响。

2. 竞争性

它是指在社会上和人才市场中，企业的薪酬标准要有吸引力，有吸引力才足以战胜竞争对手，招到企业所需的销售人员，同时也能留住优秀的销售人员。

企业薪酬的竞争力直接和企业的外部薪酬政策相联系。企业外部薪酬政策主要是处理企业与外部市场的关系。薪资政策的制定，反映了企业决策层是否将薪资作为提高企业竞争力的一种有效手段。在分析同行业的薪酬数据后，企业可以根据企业状况选用不同的薪酬水平。同产品定位相似的是，在薪酬定位上，企业可以选择领先策略或跟随策略。薪酬上的领头羊未必是品牌最响的公司。因为品牌最响的公司依靠其综合优势，不必花费最高的工资也可能招到最优秀的人才。往往是那些后起之秀最易采取高薪政策，它们多数在创业初期或快速上升期，希望通过挖到一流人才来快速缩短与巨头公司的差距。

3．激励性

在企业内部，不同职务、不同级别、不同销售业绩的销售人员之间的薪酬水平应该有一定的差距，从而不断地激励员工提高工作绩效，因为当他们因业绩突出时，将获得更高的薪酬水平。除此之外，适当拉开不同销售业绩销售人员之间的薪酬差距，还可以吸引其他企业，有时甚至是竞争对手中的优秀销售人员到本企业来工作。如此此消彼长，不仅增强了自身的实力，而且削弱了对方的竞争力，从而使本企业在竞争中处于有利地位，不断扩大市场份额，不断成长。

4．经济性

销售人员的薪酬一般包括基本薪资(保底薪资或固定薪资)和佣金(或奖金)。基本薪资应计入企业的人力成本，而佣金或奖金往往计入销售费用。由于基本薪资在大部分销售人员的薪资中所占比重不高，且产生的激励性作用较小，所以这里所指的经济性主要指销售人员的佣金(或奖金)部分。提高销售人员的佣金水准，可以提高其竞争性与激励性，同时也不可避免地导致企业销售费用的上升和销售利润的下降，这一点在销售类企业中尤为重要。因此，佣金水平的高低不能不受经济性的制约，即要考虑销售的毛利率的大小。此外，行业的性质及成本构成也影响着销售佣金的高低。在诸如家电等毛利率比较低的行业中，销售佣金在总销售费用中的比重可高达 50%，这时，佣金水平稍有提高，就会使销售成本明显提高；但在手机等销售毛利率较高的行业中，佣金却只占销售成本的 10%～20%，而销售人员的工作热情与革新性、开拓性，却对企业在市场中的生存与发展起着关键作用。当然，企业的高层主管在考察销售费用时，不能仅看佣金水平的高低，还要看员工的绩效水平。实际上，员工的绩效水平对企业产品竞争力的影响会大于销售费用的因素。总之，经济性的原则就是花最少的钱办最多的事。

5．合法性

合法性是指企业销售人员的薪酬制度必须符合现行的法律法规。如一些中小企业销售人员的薪金往往是一二百元的底薪加提成，销售人员如果该月没有业绩，就只有那一点点底薪，这就不符合我国最低工资标准的规定。有的老板更加黑心，不仅不为销售人员缴纳社会保险，而且在员工到岗 25 天时以"试用期不合格"为由炒掉员工，克扣销售人员的收入，这些做法都严重违反了薪酬制度的合法性原则。《劳动法》虽然是我国一项重要的法律，但在目前的情况下，企业很难真正落实《劳动法》及各地的相关劳动法规，这主要是由于劳动力的供求失衡造成的。劳动用工的法治化建设，还有很长的路要走。

例：某企业营销人员薪酬设计。

报酬形式：基本工资+奖金。

业务人员有基本收入，可以维持其基本的生活开支；奖金主要用于激励业绩较好的业务人员，按业绩提成。这样，既可以促进业务人员发掘和培养长期顾客，又可以促使其扩大销售额，具体如图 7-4 所示。

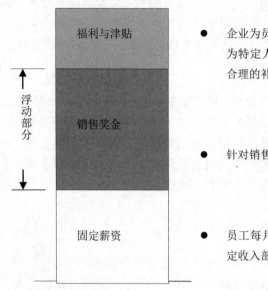

福利与津贴 — ● 企业为员工提供基本的福利保障，为特定人员提供岗位津贴或其他合理的补助

浮动部分 销售奖金 — ● 针对销售人员的销售提成奖励

固定薪资 — ● 员工每月根据工资级别领取的固定收入部分

图 7-4　业务人员年薪酬结构

考核依据：应分摊的指标任务，按月分解指标、完成进度和完成质量(如回款额、回款销售率等)。

实施方案如下所述。

(1) 基本工资由总部统一制定，并由总部统一提取、划拨。奖金分配由分部、分公司制定具体实施方案，并由总部人力资源部备案。

(2) 奖金由总部按奖金的提取比例提取。总部按分部、分公司应提奖金的 70%按季返给分部、分公司。下季度第一个月 15 日前由分部、分公司发给员工。年终考评清算，总部分给分部、分公司的奖金按当年实现业绩和提成比例计算，扣减已发奖金总额，余额划拨至各分部、分公司。

案例 7-2　三家企业销售人员的薪酬激励组合比较

薪酬激励设计是企业人力资源管理的重要工作，"薪情"会影响"心情"，它的好坏直接影响着员工的效率，而直接创造有形价值的销售人员的薪酬激励设计在企业薪酬激励设计工作中更是居于重要地位，它在很大程度上直接影响企业的业绩与未来发展。在现实企业中，销售人员的薪酬设计除具有薪酬激励设计所共有的误区如内部不公平、外部不公平、脱离企业实际等外，销售人员薪酬激励设计的误区还具有其独特性的一面，这些误区突出表现在以下几个方面。

(1) 销售人员的薪酬激励设计没有与企业的发展阶段、规模、产品生命周期及企业的经济承受能力相结合，这种薪酬激励设计误区在现实企业中最常见。由于买方市场的形成，销售几乎成为所有面向市场的企业的首要工作。企业为了迅速打开市场，提升销量，往往不顾自身实际情况，以提供具有竞争力的薪酬激励来吸引销售精英。但是，企业往往没有对薪酬总量进行测算，以保证在提供有竞争力的薪酬激励条件的同时，能有充足的资金支

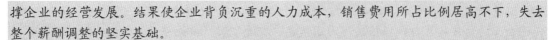

撑企业的经营发展。结果使企业背负沉重的人力成本，销售费用所占比例居高不下，失去整个薪酬调整的坚实基础。

(2) 销售人员的薪酬激励不具有成本效益性。在任何竞争型企业里，一切与薪酬激励有关的东西首先都是投入，也即成本，既然是投入就要有产出与之匹配，否则就不符合成本效益性原则，对企业来讲是不经济的。销售人员的薪酬激励同样如此，企业在以高价引进销售精英后，因企业或销售人员自己的原因不能换来销售业绩或企业的长远利益，这些薪酬激励投入就是无效投入，不具有成本效益性。

(3) 没有将与销售人员相关的隐性报酬与销售人员的整体薪酬激励设计结合起来。销售人员本身的薪酬激励报酬是很容易测算的，但是与之相关的一些隐性报酬多数企业在设计销售人员薪酬激励时却没有详细测算，这些隐性报酬包括除销售人员薪资激励之外的保险、福利、加班费、补助(贴)、津贴等，如果企业不将其纳入薪酬激励设计范畴综合考虑就可能使企业整体人力成本失控。

(4) 在销售人员的薪酬激励构成上，有的企业表现为销售人员薪酬模式的单一与僵化。多数企业经营多年仍是成立时的薪酬模式，不管是高层还是中基层仍是采用月薪制，除此之外，其他与绩效、年资等相关的支出却没有体现出来，固定化与缺乏弹性是企业的通病。

(5) 销售人员的薪酬水平与同行、市场价位脱节，失去外部公平性。有的企业对销售人员没有一项科学、合理的调薪政策，为避免调薪所带来的风险(如经营业绩不确定风险、调薪负面作用风险等)，干脆不调整薪酬，导致工作多年的销售人员仍是入职时的工资，调薪无望。在当前销售精英供不应求的需求形势下，多数销售人员可能就会用跳槽的方式来谋求更高的薪水。

(6) 奖金固定化，变相成为销售人员薪酬的一部分。这是目前多数企业普遍存在的问题。管理者为激励销售人员，往往会有年终双薪或按等级规定相应的奖金额，由于一直以来都有年终奖，销售人员已将年终奖作为收入的一部分，认为是理所应当。但是，企业经营又存在不确定性，当经营状况不佳时，就陷入了两难境地。发吧，没赚到钱，发奖金就等于额外增加企业负担；不发吧，销售人员的积极性受到重挫，可能引起销售人员的离职。为避免销售人员薪酬设计中的失误，企业应根据自身所处的行业、人才市场及业内薪资行情、企业的发展阶段、规模，企业产品的生命周期、产品边际贡献等设计适应企业实际情况的动态调节的薪酬激励模式，以期获得理想效果。

下面将介绍三家企业对销售人员设计了三种不同的薪酬激励组合，可以看出不同的企业应根据自身实际对销售人员采取合理的薪酬激励方式。

甲企业是一家成立不久的生产、销售汽车清洗用品的民营企业，企业的规模较小，整个销售队伍主要以企业销售员为主体，尚无设立驻外分支机构，品牌与销售渠道尚处于建设状态，企业的任务是尽快让消费者了解自己的产品，为渠道建设提供良好的市场条件。因此，该企业为迅速打开市场，采用了人员促销的方式，快速发展各类代销客户，并与代销客户配合广泛开展促销活动。在对销售人员的薪酬考核方面采用"高基薪低奖金"的方法，具体如表7-3所示。

乙企业是一家成立已有10年的民营高新技术企业，主要设计、研发、生产、销售智能及娱乐玩具，其产品在市场上有一定的品牌优势，销售模式采用代理制。总部成立销售部，统揽国内的销售业务，并基本以各行政区划设立销售大区，大区下面又在全国主要城市都设有分公司、办事处，办事处分管若干省份的业务，办事处直接向销售大区负责。每个办事处配备若干名业务代表，这些业务代表的主要工作是拜访客户，配合客户开展推广活动，传递企业的销售政策与市场信息，沟通信息，增进了解。由此可见，该企业的销售人员主要是推广人员，因此，在薪酬结构上采用"高奖金/提成，低基薪"的薪酬模式，目的是以此稳定营销人员队伍，使企业经营快速平稳发展。表7-4、表7-5分别是销售部经理、销售大区经理、办事处主任、业务主办、业务代表的薪资结构。

表7-3　甲企业销售人员的基本薪酬与奖金

单位：元

职　位	基本薪酬	奖　金	说　明
业务经理	3000	超过目标销售额×5%	目标销售额即为当月的基础薪，销量达不到目标销售额的，只发基本薪酬，奖金额超过基薪时只发奖金
业务员	2000	超过目标销售额×5%	目标销售额即为当月的基础薪，销量达不到目标销售额的，只发基本薪酬，奖金额超过基薪时只发奖金

表7-4　销售经理与办事处主任薪资结构

职　位	基本薪酬	年终绩效奖金
销售部经理	年薪×50%	年薪×50%
销售大区经理	年薪×60%	年薪×40%
办事处主任	年薪×70%	年薪×30%

表7-5　业务主办与业务代表业务薪资结构

职　位	月基本薪酬占比	季度绩效奖金占比	发放方式
业务主办	85%	15%	每月发放一次基本薪酬；
业务代表	90%	10%	季度绩效奖金：每季发放，并与季度销售目标挂钩

丙企业是一家生产家用电器的上市集团企业，白色家电及小家电产品基本都在国内市场名列前茅。企业的商标被国家工商总局认定为"中国驰名商标"，品牌价值经权威机构评估高达百亿元，名列全国最有价值品牌之列，2002年入选中国十大公众喜爱商标。拥有遍布全国的市场营销网络，并在美国、欧洲、日本、中国香港、韩国等地设有分支机构。在销售人员的薪酬激励方面，高层采用"基本薪酬+年终收益"薪酬模式，其中，年终收益包括提留一定比例的工资、效益分红、超额经营成果贡献、股票收益。中基层销售人员采用"月薪+年终绩效奖+超额奖金"的薪酬模式。基层销售人员采用"基本薪资+年终奖"的薪资模式。表7-6是该公司销售人员的薪资结构表。

由以上三家企业对销售人员的薪酬激励方案可以看出来，甲企业产品刚刚上市，产品没有什么知名度，最好的方式就是采用固定薪酬模式，或者采取"高固定，低奖金/提成"的模式，因为这个时候，产品销售风险性很高，销售人员的努力很可能得不到足够的市场回报，因此，这个时候就不能让销售人员来承担风险。这种薪酬设计模式突出的是风险共担、利益共享的经营理念，使企业快速成长与发展，激励销售人员与企业共同成长与发展。然而，经过一段时期的努力，产品得到了客户的认可，逐渐在市场上打开了销路，销售的风险程度逐渐降低，销售额处于增长时期，这时，企业就可以适当降低销售人员薪酬中的固定部分，也即基本薪酬部分，提高浮动部分，即奖金或提成部分，以鼓励销售人员更为积极地扩大销售份额，增加销售额。乙企业的薪酬模式即是这种方式。最后，随着产品达到成熟期，产品品牌或企业品牌对于消费者的购买行为产生的作用比销售人员的说服作用显得更为重要时，就可以将销售人员的薪酬方案仍改为"高固定＋低浮动"的薪酬模式，丙企业就是这种方式。

表 7-6　丙公司销售人员的薪资结构

职　位	基本薪酬	年终绩效工资(奖金)	效益分红	超额奖金	股票收益	薪酬构成
营销总监	年薪×80%	年薪×20%	与团队绩效挂钩	按比例对超额部分提成	收入中超过一定额度的部分以流通股的形式发放	①基本薪酬。按月发放。②年终绩效工资与个人绩效挂钩，年终发放。③效益分红。与团队绩效挂钩，年终发放。④超额奖金。按比例对超额部分提成，年终发放。⑤股票收益。超额部分以流通股发放(高层才有)
营销经理	年薪×80%	年薪×20%	与团队绩效挂钩	按比例对超额部分提成	收入中超过一定额度的部分以流通股的形式发放	
驻外销售经理	年薪×80%	年薪×20%	与团队绩效挂钩	按比例对超额部分提成	无	
销售人员	月薪	与个人绩效挂钩	与团队绩效挂钩	按比例对超额部分提成	无	

综上所述，销售人员薪酬激励模式设计的核心在于个人和企业同步发展，在选择薪酬激励方案时要慎重评价各种方案，要综合各种激励手段，而不仅仅是薪酬分配的杠杆。这样才能使企业的目标与员工个人的目标相结合，也才不会使企业的各种努力与投入打水漂。

(资料来源：http://www.boraid.com/darticle3/list1.asp?id=31037&pid=1171)

三、知识型员工的薪酬管理

(一)知识型员工的工作特征

知识型员工的工作通常是利用既有的知识和经验来解决企业经营中所遇到的各种技术或管理问题，帮助企业实现经营目标。这里提到的知识，一般是指通过大学或更高程度的正式学习方式可以掌握的知识。因此，知识型员工的工作大多以脑力工作为主，需要特定员工在工作过程中充分发挥自己的积极性和主动性，利用已掌握的知识和工作经验做出决策或进行创新。知识型员工的职位大致可以分为三大类，即需要在特定领域具有一定造诣的工作职位，如律师；需要有创新精神和创造力的职位，如艺术家和设计人员；需要具备经营知识和市场洞察力的职位，如财务人员。综上所述，我们可以把知识型员工认定为具有专门的技术知识和经验或者是专业技术资格证书的工程师、会计师、律师、科学家、经济学家等。知识型员工主要从事的是脑力劳动工作，他们或者把握企业的整体运行情况，为企业的发展提供咨询建议或谋略支持；或者直接从事专业技术研究开发工作，对企业的相对技术竞争优势产生重要的影响。

与组织中的其他各类人员，比如生产人员、职能管理类人员以及行政事务类人员相比，知识型员工的一个很重要特征就是他们对专业和技术的认同程度往往要比对企业的认同程度高。同时，知识型员工往往与事物比如数据、信息、材料、图纸或者机器设备等打交道较多，而与人打交道较少。在一些极端情况下，知识型员工和企业之间甚至可能是相互独立的，企业只是员工为之提供专业知识和技能的一个客户而已。而知识型员工在企业中经常遇到的一个问题是坚持对技术本身完美性的追求，还是坚持企业对利润或其他目标的追求。比如，一家制药企业可能希望一种性能并不是很稳定的药品尽快上市抢占市场，而药物研制人员却希望药物的稳定性更强一些，在对人体健康更有利一些的前提下再上市。再如，研发人员可能希望研制一种所代表的技术水平更高但是未来的市场前景并不是很确定的新产品，而企业则对产品所代表的技术水平并不是十分感兴趣，相反，它可能更关心新的产品是否能够盈利。

企业中的知识型员工所遇到的一种非常大的挑战是知识和技术的更新问题。由于知识型员工是凭借已经掌握的技术知识和经验来创造性地为企业解决问题，而当今世界，许多领域中的知识更新其速度都非常快，因此，很多知识型员工除了要完成日常的工作任务之外，还必须抓紧一切时间学习新涌现出来的理论和各种技术知识。所以，在企业对技术人员的报酬中，除了货币性的薪酬之外，能否有机会更新技术知识或者企业是否提供学习新的知识和技能的机会，也是对知识型员工非常有吸引力的一种报酬。

企业在对知识型员工进行管理时遇到的主要困难是知识型员工的工作往往要么是专业化程度很高的工作，要么是创造性很强工作。因此，对他们的工作活动进行监督有时候不仅成本很高——尤其是在管理者不具备知识型员工所具有的那些知识和能力的情况下，而且毫无意义。事实上，有些时候根本没有办法去监控他们的工作过程，而只能对工作结果进行评价。比如，对于软件开发人员的工作，去观察他们的工作过程可能不会有什么意义，关键是要看他们开发产品的时限性以及产品的市场销售状况。当然，有些时候，考察知识型员工的工作过程也是有益的，比如评价技术人员在研究开发过程中与其他技术人员之间的合作性以及知识的开放性，或者是技术资料的积累情况等。

(二)知识型员工的薪酬水平

由于知识型员工所掌握的知识与技能是人力资本投资的结果，这种投资与作为劳动力载体的劳动者在很多时候是无法分离的，很容易跟随劳动者本人转移到其他组织当中去。因此，一方面，知识型员工对技术的认同性较高而对组织的认同性较低，因而流动的可能性比其他类型的员工可能要大一些；另一方面，知识型员工的劳动力特点也决定了他们很容易在不同的组织之间流动而不会导致较大的生产率损失。在实践中，知识型员工的劳动力市场价格不仅非常清晰，而且受供求影响的波动非常明显，如果其他企业所支付的薪酬水平明显较高，而且在知识和技能开发方面也不差，则知识型员工出现流动的可能性是非常大的。

因此，在确定知识型员工的薪酬水平的时候，通过市场薪酬调查得到外部劳动力市场上的薪酬水平数据是非常关键的一个步骤。然而，关于知识型员工的薪酬调查并不是很容易做的一件事情。一方面，尽管获得关于某一特定类型的知识型员工(如工程师或是会计师)

的薪酬数据乍看上去不是很难，但是这些数据的可用性有时候却并不是很好。这是因为尽管知识型员工在企业中看上去都在从事同样的工作，但事实上他们的工作内容和工作效果却很可能相差很大。另一方面，与其他职位类型相比，知识型员工的工作内容在不同企业之间的差异可能会比较大，并且发生变动的可能性也相对比较高，因此，从其他企业获得的知识型员工的薪酬数据往往并不适用于本企业。正因如此，所以在通常情况下，企业一般会选用知识型员工的事业成熟曲线和外部市场的相应薪酬数据为依据，同时再考虑员工个人的知识技能水平以及经验状况来确定他们的薪酬水平。当然，有时候，知识型员工所从事的具体工作可能也是一个参考因素。

对于雇用知识型员工较多的企业而言，这些员工的绩效好坏对于企业的经营状况以及竞争能力的强弱影响非常大。但是由于知识型员工薪酬的市场敏感性比较高，因此，为了挽留和有效激励组织中的这些核心力量，有实力的企业一般会选择成为特定劳动力市场上的薪酬领导者，至少也会支付与竞争对手持平的薪酬。并且，当企业薪酬的内部一致性与外部竞争性之间产生冲突的时候，对于知识型员工的薪酬决策来说，外部竞争的重要性会远远超过内部一致性的重要性。

(三)知识型员工的薪酬结构

1. 基本薪酬与加薪

如上所述，知识型员工的基本薪酬往往取决于其所掌握的专业知识与技术的广度与深度以及运用这些专业知识与技术的熟练程度，而不是所从事的具体工作的重要性。这一方面是因为知识型员工对于企业的价值差异主要不是体现在所从事的具体工作内容上，相反，很多时候，同类知识型员工在同一个企业中所从事的工作内容是极为相似的，但是他们所创造的价值却差异极大；另一方面也是因为要对知识型员工所从事的工作进行工作评价是非常困难的，比如在对科研人员、艺术工作者、专业工作者的工作岗位进行评价时，管理者往往需要熟悉相当多的专业知识，并需要与被评价职位的承担者进行大量深入细致的交流，尽管如此，管理人员仍然无法像知识型员工那样熟练地驾驭专业词语。因此，对知识型员工所从事的具体工作进行评价就变得非常困难，尤其是知识型员工在企业中所从事的具体工作内容要随着外部市场情况的变化而灵活调整的时候。

在基本薪酬一定的前提下，知识型员工的加薪也主要取决于他们的专业知识和技能的积累程度以及运用这些专业知识和技能的熟练水平的提高。因此，通过接受各种培训以及获得相应的学习机会提高自身的知识水平和能力是知识型员工获得加薪的一个主要途径。由于在知识水平一定的前提下，知识型员工的工作经验是对其生产率的一种很好的预测变量，因此，知识型员工的薪酬随着工作年限延长而上升的现象是非常常见的。此外，知识型员工的绩效评价结果对于其的加薪也会产生一定的影响。

2. 奖金

一般来说，在知识型员工的薪酬体系中，奖金的重要性不大，由于知识型员工主要是靠知识和技能的存量及其运用挣钱，而在很多时候，他们的这种专业知识和技能本身有明确的市场价值。因此，知识型员工通常可以获得较高的基本薪酬，即使有一定的奖金发放，奖金所占的比重通常也比较小。一种可能的例外是对从事技术或产品研发工作的知识型员工,对于研发出为企业带来较多利润的新产品的知识型员工或知识型员工团队,企业往往会给予一定金额的一次性奖励,或者是让其分享新产品上市后一段时期中所产生的利润。

3. 福利与服务

在福利和服务方面,知识型员工对于一些常规性的福利往往不是很感兴趣,但是他们却非常看重继续受教育和受培训的机会。因此,在知识型员工比较多的企业中,企业除了尽力为知识型员工的工作提供各种物质条件上的便利之外,还会尽量为员工提供一些在国内外进修深造的机会,为他们参加各种学术活动,诸如专业学术讨论会、科技发明认证会等提供费用和时间上的便利。企业这样做,一方面是为了满足员工个人发展的需求,提高其对组织的忠诚度;另一方面也是要使他们有机会吸收新的科技知识,接触本学科的前沿技术,学习其他企业同类人员的科研方法,同时建立企业间的技术合作关系,从而为员工个人和企业的未来发展创造条件。

四、外派人员的薪酬管理

(一) 外派人员概述

1. 外派员工的含义

企业为了扩展国际视野、寻找新的商业机会、培训当地雇员,会派出工作人员前往外地主持工作,于是就有了常说的外派工作人员。外派人员一般由两种人组成:一种是母国外派员工,另一种是第三国外派员工。

2. 外派人员选择

1) 界定外派人员范围

哪些人需要外派,哪些人不需要外派,一方面要考虑工作需要与安排,避免员工无谓地外派到当地浪费时间;另一方面也要考虑外派人员可能发生的高额成本。对于任何初期开张、建设、并购的企业而言,总经理和财务总监是必需的外派核心人员。规模稍大的企业则需要派出人力资源总监。这些人是一个企业管理的核心团队,派出这些人能够真正在新的企业中形成有利于母公司的价值理念和管理体系。其他人员则可以根据企业的不同周期派出,比如建设期需要派出采购总监、工程总监,进入投产期需要派出营销总监、生产总监等,而不需要同期派出。至于需要的中低层骨干员工,则可以用短期借调的形式来满足。

2) 以团队形式外派

为了避免外派人员在外产生的一些自主权过大、失去现场监督等不利因素,每次外派至少两个人,形成一个能够互相支持和互相监督的外派团队。这些团队成员最好实行分线管理,财务总监直接隶属于母公司财务总监,人力资源总监双重隶属于公司总经理和母公司人力资源总监。这种三线分立管理模式容易形成权力制衡机制,便于互相监督。

3) 在派出的顺序上实行错位制

外派人员派出时间错开,而不是同期派出、同期调回,这样有利于保持员工对管理团队稳定性、连续性的感觉,而新老成员的交叉,也有利于保持工作的延续性,不会出现工作断档，同时也有利于比较各成员之间配合的默契度，发现更好的团队组合。某种程度上，也会发挥后任对前任的监督作用。

4）选择合适的外派候选人

很多企业在战略扩张期，大批招聘外来人员从本部派出，这些新人在公司本部工作时间甚短，对公司的管理理念和管理模式了解不够深入，也没能形成对公司的心理契约，而公司对这些人也缺乏一定时间的深入考察，对于这些人未来的发展并没有很好的筹划。所以，外派人员应当选择那些长期在公司工作，对公司有一定忠诚度，同时又深刻了解公司的管理理念和管理模式的人员，这些人员出去后能够更好地维护公司的利益并且有力地推行公司的管理理念。

在候选人的选择上要充分考虑候选人的家庭困难，诸如家属处于怀孕期、产期、哺乳期的员工不宜外派，子女处于小考、中考、高考期的员工不宜外派。因为这些时期的员工承担着较为重要的家庭责任，如果不能充分地履行为人夫妻、为人父母的责任，不仅在外工作期间牵挂较多，不能安心工作，而且未来可能受妻子儿女的责备，后悔终身。在越来越重视工作与生活平衡的今天，尽量考虑员工的生活质量是企业人力资源管理的新要求。

案例7-3　员工外派为何失败

在人力资源咨询公司美世的一份外派员工的研究报告中，有一份关于外派失败的分析报告，美世指出，外派员工及其家庭不能成功地适应新的环境成为失败的主要原因。

这让很多公司将许多外派工作的重点移至最前端，公司更愿意花时间和精力在选拔和培训员工上。

美世研究显示，许多跨国公司为帮助外派员工及其家庭适应新的工作环境提供解决方案，约有72%的调查参与者提供语言学费，60%的调查参与者提供跨文化培训。除了上述的语言学习和跨文化学习外，还包括协助外派安排、签证、访问工作所在国、咨询税收顾问，以及过渡时期住宿等。

5）对外派人员的待遇问题充分考虑，从优安排

外派人员与其他人员相比，一般承担着更直接、更重要的职责，付出更多的代价。所以必须从有利于其更好地维护公司利益和有利于其更安心地工作两个方面考虑待遇问题。

案例7-4　企业外派、年轻员工之选

6个月、1年、2年、3年……时间不等的发展中国家工作机会正摆在中国员工面前。随着他们所在公司的海外扩张，特别是向发展中国家市场的扩张，他们不得不在离开故土还是留下来两个答案中选择一个。而年轻的、没有家眷的同事对去留没有任何心理压力，迅速做出了到海外工作一年的决定，很快就办好了签证。

这种现象与早前《经济学人》中一篇文章的观点不谋而合，文章指出，跨国公司倾向于选派30岁左右的员工或者50岁以上的老员工到海外工作。原因在于前者没有子女的负担，后者则基本完成了教育抚养子女的任务，其配偶甚至愿意同行。

在中国，30岁左右的员工是被外派到发展中国家的主流。他们少有家庭负担，毕业时间不长，工作热情高，获取新知识和与当地文化相融合的能力强。

(二)外派人员的薪酬组成

外派人员的薪酬构成=基本薪酬+奖金+补贴+福利,具体内容如下所述。

1. 基本工资及激励工资

基本工资和激励工资的确定标准包括三类,以总部的(母国)薪酬体系为标准、以东道国为标准、以国际化员工薪酬体系为标准。前两种类型很容易理解,即把外派人员的基本工资和激励工资纳入总部的薪酬体系或东道国的薪酬体系。而第三种所谓国际化员工薪酬体系,主要针对那些具有高度流动性、经常在国外工作的人员,根据他们的工作特点而专门给他们设计的一套薪酬体系。

三种类型的标准各有优缺点,适用对象也不同。基于总部外派人员的薪酬体系主要是用于那些外派时间较短,外派任务结束后马上就回国工作的人员。这种薪酬结构有利于外派人员与总部保持联系,也能使外派人员回国后较快地找回原有的工作状态;不足之处是当东道国的工资高于外派人员的工资时,容易导致外派人员不满,甚至跳槽。基于东道国外派人员的薪酬体系主要适用于那些外派时间较长,而且东道国薪酬水平与母国薪酬水平相近的人员。使用该种薪酬体系不易造成在该公司工作的东道国员工的不满。国际化薪酬体系只适用于那些具有高度流动性、经常在国外工作的人员。

2. 商品服务补贴

商品服务补贴主要针对外派人员的衣、食方面,目的是使外派人员保持与在本国等同的购买力。特别是东道国的物价指数高于母国时,这项补贴更是必不可少。

3. 住房补贴

在外派人员的补贴和津贴中,住房补贴是必不可少的一部分。公司通常鼓励外派人员租房,这样有利于在外派人员结束外派任务时,较便利地把房屋处理掉。在支付住房补贴时要考虑到这两个因素:第一,外派人员的家庭人数;第二,外派人员工作所在地的房价水平。根据这两个因素支付给外派人员适量的住房补贴。

4. 个人纳税补贴

外派人员通常要缴纳两次个人所得税,外派人员在国外取得收入首先要缴纳收入发生地的个人所得税;另外,外派人员还必须向其母国纳税。这就涉及税务补贴的问题。

税务补贴通常有两种方式:一种叫税务保障法,另一种叫税务平衡法。税务保障法,即先以母国的标准支付外派人员税务补贴,当外派人员在东道国实际缴纳的个人所得税高于母国标准时,公司补足差额;当外派人员在东道国实际纳税额低于母国标准时,外派人员可得到一笔额外的奖金。税务平衡法,也是先以母国纳税标准支付外派人员税务补贴,当外派人员在东道国实际缴纳的个人所得税高于母国标准时,公司补足差额;当外派人员在东道国实际纳税额低于母国标准时,公司收回这部分差额或将这部分差额冲减外派人员个人收入。相比起来,第一种方法更受员工青睐,而第二种方式更有利于公司节省成本。

5. 教育补助金

对于有孩子的外派人员来说,到国外工作,还面临他们孩子上学的问题。他们愿意自己的孩子找那种讲母国语言且教育水平较高的学校，以使自己的孩子能接受到与国内同样水平的良好教育。而这样的学校收费通常是较高的。因此，公司还得为外派人员支付一笔教育补助金。

6. 困难补助金

困难补助金是指支付给外派人员适应工作所在地特殊的自然环境、特殊的政治和社会环境的补贴。识别困难地区通常有以下三种标准：第一，生活条件艰苦，没有好的住所，缺乏食物或消费服务，缺少娱乐设施，没有便利的交通工具。第二，恶劣的自然环境，包括气候条件恶劣、高纬度或高海拔地区。第三，不稳定的社会、政治局势，如该地区经常发生暴乱、内战等。公司根据不同地区的不同困难情况支付给外派人员不同的困难补助金。

案例 7-5　外派人员的福利之重

对于在海外工作的员工，薪酬福利对于确保其积极性和稳定性至关重要。多数向发展中国家派遣员工的企业都会为员工提供海外派遣津贴，其中包括国外服务津贴、艰苦条件津贴、安置迁移津贴、安家津贴、归国度假津贴等。

需要特别指出的是，根据各个阶段区域市场战略目标的不同，海外员工的激励有所不同，对处于引入阶段的市场，企业以增强激励为主，而对成熟阶段的市场，则以控制成本为主，浮动奖励为辅。具体而言，越艰苦的市场，越可能获得每天数十美元的补贴，而在越成熟的诸如欧洲市场，员工每天获得的补贴仅够维持当日的基本支出。

为预防员工在当地可能出现的各种疾病，中国公司也会在派驻员工前帮助员工完成各种疫苗的注射，苗克的黄色疫苗注射记录本上，就清晰地记录着他当时注射的疫苗情况，事实上，正是借此，多数派驻员工躲过了当地高发疾病的威胁。

额外的商业保险可以帮助员工及其家属预防风险，华为为派驻海外的员工购买商业人身意外险，而根据不同国家的情况，派驻海外的员工购买相应的保险，如战争险、医疗险等。

根据当地的实际情况，不少公司采取统一提供住所甚至统一提供饮食的做法，预防可能出现的风险。新科公司甚至专门从国内招聘了一位大厨到海外，并且从国内空运诸如辣椒、十三香、龙口粉丝等食品，许意强称，这也成为稳定海外员工"军心"的重要举措。

---

7. 工作外调津贴

工作外调津贴即因为员工外调而给予员工的一种奖励方式。通常可分为两种奖励形式：一种是在员工外派时就一次性支付给员工一定数量的奖金，以示公司对其外派的鼓励；另一种是在员工外派时先支付给员工较少的奖金，在员工外派结束后，再根据其外派期间的业绩，支付给员工另外一笔奖金。相比，第一种奖励更类似于公司给外派人员的一项福利，它不与员工的绩效好坏挂钩；而第二种奖励更能对员工起到激励作用，若他们在外派期间的工作绩效较好，就能得到更多的工作外调津贴。当然第二种奖励方式对外派人员来说也更具风险性，若他们在外派期间工作表现不佳，就可能得到较少的工作外调津贴。

案例 7-6　中国企业外派员工：赚钱赚经验一举两得

4 年前，工作 5 年的苗克被公司派驻到拉美，在墨西哥、委内瑞拉、巴西之间辗转了 1

年半后，苗克才回到国内。

"海外经历，可以开阔人的眼界，为个人的职业发展打下良好的基础。"苗克这样分析自己当时去的主要目的。

事实上，类似华为这样的海外派驻员工的先行者的实际经验也表明，大部分员工更看重的是通过在海外的历练和经验积累，使个人业务能力得到提升。

后来的事实证明，苗克在海外面临的的确是全方位的挑战，"面对的人群、语言、文化都发生了巨大的变化，这些挑战会让你思考更多的问题"。

刚刚做了父亲的赵宏魁正在做去阿尔及利亚的准备。他和苗克有着颇为相似的想法："我们这么年轻，要抓住这些对职业发展有帮助的机会。"

至于赚钱，似乎不是苗克和赵宏魁的主要或者是重要的目的。赵宏魁的太太为了他能安心地出国工作，选择放弃工作全职照顾家庭，这几乎抵消了他在海外的补助。

不过苗克承认，对于刚刚毕业的年轻员工来说，在发展中国家工作，待遇的确对人有不小的吸引力，既赚钱，又赚经验，可谓一举两得。

新科空调品牌总监许意强的观点证实了苗克的看法，新科派往海外的员工，以技术岗位为例，年薪比国内多出6~7倍，从2万元人民币到2万美元的升级，给员工提供了一个在两年内赚到第一桶金的机会。待遇的提升成为激励员工积极参与海外工作的主要因素之一。

凯图咨询(Cartus)中国区负责人邵丹建议，企业也应更多地关注上述苗克与赵宏魁这样的员工的需求，将海外工作经历与升职结合起来，有效地帮助员工规划职业生涯。

另一种令人意想不到的附加价值是海外工作经历消除了员工在国内长期工作带来的惰性。"给思想带来了一种冲击。"苗克说，特别是对那些有一段工作经历、在国内的工作环境中有着很强的适应性的员工，派驻海外的经历让他们发生了很大的变化，"这让公司抑或组织能够流动起来。"

(三)确定外派人员薪酬的原则

1. 同级外派人员薪酬高于总部人员的原则

外派人员的薪酬一般应高于总部同级人员的薪酬水平，一方面是对外派人员外派的鼓励，另一方面也是对外派人员在外工作、生活上的困难补助。

2. 薪酬水平的就高原则

外派人员可能被派往经济欠发达的贫困地区，也可能被派往比母国经济更发达的地区。当被派往贫困地区时，不仅要保留外派人员在总部的原薪酬待遇，而且，还要根据工作所在地的困难程度，发给外派人员一定的困难补助金。在被派往经济很发达的地区时，在保持原有薪酬水平的基础上，要通过发放各种薪酬补助的形式，使外派人员的薪酬不低于当地的薪酬水平。

3. 生活成本公司支付原则

外派人员在当地租房、购置安家的生活用品的费用，年度的探亲假费用，以及子女的教育经费等，原则上公司都应予以制度化安排。

(四)确定外派人员薪酬的方法

为了充分发挥外派人员的工作积极性，满足业务发展需要，企业在制订外派人员薪酬计划时，既应该考虑外派人员不同的职位性质，也应该考虑企业外派人员相对于母国企业可能需要额外增加的生活等方面的支出。就非物质方面来说，企业主要应该认真处理好圆满完成外派任务人员的激励机制和职位再安排问题。成功的企业通常采取直接而公开的方式来对外派人员再安排。

不管企业的组织策略、决策风格如何，驻外员工永远都会把自己的薪资和国内的作比较。要解决公平性问题，最好的策略并不是无止境地花钱，而是采用适当的薪资政策。综观国际上的企业实践，企业一般采用以下薪酬方法。

1. 一般企业常用的方法

将员工在国内的薪资基准，再加上生活、房屋津贴，定为海外的薪资，是企业最常用的计算方法。这种方法注重的是维持该员工的生活水准，让外派人员能够具有与在本国相同的购买力。从企业角度来看，这种方法非常复杂，需要大量的信息收集计算，如果薪资计算标准不同，可能会引发员工的不满。此外，这种方法对于文化的融合也很不利，派驻员工通常会以观光客的身份自居，很难融入当地的生活。但由于这套方法对一些短期的重要项目较为有效，因而仍然被很多企业采用。

2. 属地化薪资方法

越来越多的企业采用这种方法。派驻人员的薪资基础与当地的员工一样，只是在房屋补助方面作一些调整。如果当地与本国的国民生产总值相差不多，这种方法特别方便。然而，一旦两地水准相差悬殊，特别是从高薪的国家调到低薪的国家，员工就很难接受了。

3. 以区域为基础的统一方法

这种方法可以将员工薪资的差异降到最低。例如，整个东南亚国家适用同一个政策。长期以来，这种做法有助于公平性，也能够留住专业人才，适合没有成家的员工，以及处在国际化初期阶段的企业。

(五)制定外派人员薪酬时的注意事项

1. 外派薪酬要具有竞争力

外派薪酬要具有竞争力，竞争力具体又表现在两方面。第一，对内具有竞争力。即外派人员的薪酬水平要高于总部同级人员的薪酬，这样才能鼓励员工承担外派工作。第二，对外具有竞争力。即外派人员的薪酬水平要高于东道国的薪酬水平，否则，可能使外派人员跳槽。那样公司的损失可是巨大的，因为外派人员一般为公司的核心员工，在其成长过程中，公司对其投资颇巨；若其辞职，公司可不是再招一个替代者那么简单。公司在用替代者时，要支付招聘费、培训费，虽然这两项费用可能较小，但在该职位空缺时和在新进替代人员适应工作期间，给公司造成的损失可能是巨大的。因此，外派人员的薪酬一定要具有竞争力。

2. 对外派人员的各种补贴要说明其用途

对外派人员来说，各种补贴包括商品服务补贴、个人纳税补贴、住房补贴等，占据其薪酬的相当的部分。外派人员的各种补贴是用于鼓励外派人员外派工作和解决他们在外派工作时工作与生活方面的困难，在支付外派人员各种补贴时，一定要说明公司支付这些补贴的用意；否则，外派人员在回国工作后，会感觉他们的薪酬毫无理由地下降了。

3. 外派人员薪酬中要包含一定比例的长期激励薪酬

长期激励对公司来说具有以下三方面的好处：第一，长期激励便于把外派人员的薪酬与其一段时期内的绩效挂钩，这样可使支付给外派人员的薪酬更合理；第二，"金手铐"作用，长期激励对外派人员具有约束性，能更有效地留住外派人员；第三，长期激励有利于公司节省人力成本，因为长期激励是用未来的钱支付员工现今的薪酬。

4. 外派人员的薪酬要建立在有效绩效评估体系上

外派人员的薪酬支付要建立在有效的绩效评估基础上，而且外派人员的绩效评估指标有其特殊性。从分配外派人员的外派目的我们知道，公司外派员工的重要目的是扩展国际视野、寻找新的商业机会。因此，在构建外派人员的 KPI 指标时，不仅要关注其财务指标，还要使其 KPI 指标与外派工作的目的以及公司的长期战略挂钩，这样才能使对外派人员绩效的评估有效，支付的薪酬合理。

本 章 小 结

不同类型的员工，薪酬管理的特点及其规律有所不同，应该实施不同的薪酬计划。本章单独介绍了五种典型的企业员工，分别讨论企业管理人员、销售人员、知识型员工和外派人员在薪酬方面的需求特征和差异，以及不同的薪酬解决方案。

自 测 题

1. 高层管理的薪酬有何特点？
2. 举例说明哪些因素会影响销售人员的薪酬。
3. 我国知识型员工的薪酬管理存在哪些问题？
4. 外派人员的薪酬由哪些方面的内容组成？

案例分析

内容见二维码。

阅读资料

内容见二维码。

高层管理员工薪酬的制定与公司战略.docx

阅读资料 7.docx

第八章 薪酬预算、控制、调整与沟通

【学习目标】

通过本章的学习，学生可以认识到薪酬预算的特点及其规律，了解预算的作用与功能；掌握各种薪酬控制的方法，使企业能够经济有效地实行薪酬的合理设计；薪酬调整的内容表述了解薪酬沟通的特点，进行有效的薪酬沟通。

【关键概念】

薪酬预算(compensation budgeting)　薪酬控制(salary control)　薪酬调整(salary adjustment)
薪酬沟通(salary communication)

【引导案例】

金融危机下中小企业如何控制人力成本

寒流来袭，浙江经营服装企业的姚老板口气中透着无奈："人民币升值 1%，服装行业利润下降 4%，而整个纺织服装行业平均利润率仅有 3.3%～3.4%。现在很多订单一般都是三个月以后交货，但三个月以后的价格很难确定。只能按预计来定价，但客户又很难接受产品价格包含未来人民币升值的因素。再加上美国经济下滑，需求下降。订单越来越少，而我的员工工资可是月月要支付，成本高啊，我能没单就裁员吗？"

东莞做家具出口的老张说："公司可以考虑产品提价，但提价的风险则是很可能导致产业转移，现在已经有很多单子转移到印度、越南、孟加拉、巴基斯坦、印尼等国。我们已经没有成本优势，而只能靠质量、效率优势。我每天面对 1000 多名员工期盼的眼神，急得就像热锅上的蚂蚁啊！"……我们的耳边每天充斥着"救救我的企业"的呼声，到处心如火燎。据国家发改委中小企业司的统计资料表明，2008 年上半年，全国有 6.7 万家以上的中小企业倒闭，超过 2000 万工人被解聘。老板们纷纷裁员，抱着控制成本的强烈意愿，他们绞尽脑汁地在想：我们能不能减少 10%的员工以控制人力成本？ 其实，裁员不是解决问题的办法。我们更应该从另一个角度去思考：在现有员工的基础上，我们能不能让他们增加 10%的价值创造？如何才能合理控制人力成本？人力成本控制从薪酬预算开始，中小企业老板最想看到的是自己的钱到底用在了什么地方？人力成本上需要支付给员工的报酬是多少？实现公司最高业绩目标时能支付多少？实现公司最低业绩目标，公司又可以支付多少？什么样限度的人力成本在企业的可控范围内？

老板们的疑惑是因为当前大多数企业都没有明确的薪酬预算，在销售额不断攀升的时候，没有意识到成本浪费，当业绩下滑时才发现入不敷出。薪酬预算是企业在薪酬管理过程中的一系列开支方面的计划、权衡、取舍和控制行为，薪酬预算规定了预算期内可以用于支付薪酬费用的资金，其对象便是人力成本。狭义的人力成本控制又称为薪酬控制，即企业将人力成本控制在可以接受的范围内，这也是老板们最关心的。在设计薪酬预算时，要确保遵循以下几项基本的原则。

第一，薪酬的增长机制与人力成本的控制机制，薪酬平均水平逐年增长的同时人力成本率却是下降的。

第二，员工个人工资增长机制。对员工个人工资的增长幅度，要根据市场价位、员工个人劳动贡献和个人能力的发展来确定，对贡献大的员工，增薪幅度要大，对贡献小的员工，不增薪或减薪。

第三，确定人力成本的支出与销售额、销售利润的比例关系。只要控制好薪酬预算，就可以大大降低企业在用人上的直接资金风险。现实中，我们经常看到企业在抱怨缺乏人才，一旦企业处于逆境，便不惜高薪外聘人才，并祈求高手立即为企业解困。人才固然是企业所青睐的，但如果用错了，就无疑是在增加成本，增大用人风险。

其实，对于大部分企业，大量需要的是合适的人才，而不一定是高精尖人才，只要是符合岗位规范要求、能胜任工作岗位需要并且具有创新能力的员工就是适用人才。所以，企业尤其是中小企业在面临危机和生存考验时，更要花大量精力来完成的不是拼命往外觅高人，而更多的是反思、调整自身的用人策略。需要做到以下几个方面。

第一，优化组织架构，明确部门职能。在调查中，很多企业的组织架构要么纵向过于冗长，影响决策效率；要么过度横向化，造成机构重叠无效；或者组织架构以职能为主导而非以业务流程为主导。企业应改变金字塔式的组织结构，尽量构建扁平式的组织结构。通过架构调整，最大限度地减少人员内耗。同时明确规定每一个部门的职能，规定实现这些职能应当设立的岗位，规定每一个岗位应承担的工作责任；并且部门之间、岗位之间必须衔接，从而形成整个组织合理的业务流程，提高工作效率。企业在开展业务流程优化管理的过程中可分为三个步骤，即现状流程的梳理、关键流程的优化以及建立并完善企业的流程管理体系。通过现状流程的梳理，企业可以明确自身的流程现状，并通过现状问题以及业务需求的分析，对关键的流程进行优化，同时在企业内部建立流程管理体系，从而实现流程的持续优化与管理。

第二，明确岗位任职资格，确定选才标准，把合适的人选放在合适的岗位上。企业中每一个职位都要有明确的职位说明书，要做到各个岗位职责清晰、权责到位、分工明确、考核有据，只有如此，才能够进行有效和科学的考核。要强化培养人才观，岗位的设置要利于员工施展才干，并为培养人才提供足够的空间，使企业成为个人发展的平台，充分发挥员工的主观能动性，提高劳动生产率，真正做到"人人有事干，事事有人干"。

第三，营造组织气氛，稳定士气。近段时间寒流袭击经济环境，与部分企业大裁员并存的是大量的人员流动。人员一旦过度流动，不仅会带走技术、市场、客户等各种资源，甚至会对企业的核心技术和业务发展带来威胁。应加强企业文化建设，物质上力求使员工的付出与所得相符，精神上更应该尊重人才、关心人才、爱护人才，增强员工对企业的认同感，提高企业凝聚力。同时也要采取有效的措施保持骨干队伍的稳定，伴随企业的发展，也要使企业内部人才流动的渠道畅通，促进各类人才的合理流动，在流动中实现企业人员结构的优化组合和科学配置。唯学历聘人才、外来的和尚好念经，都是多数企业的通病。人才高消费、人才凑合着用，都是浪费人力成本的表现，最终会影响到企业目标的实现。

所以，科学调整用人策略，降本增效，才是控制人力成本的正确之道。人力成本控制需向培训要效益。中小企业碰到业绩难以提升时，往往把责任归咎于销售部，有些则直接内部处分或关起门来高层密谋对策。其实，企业不妨把困难信息透明化，借助内部各种渠道，告诉每一个员工，我们的业绩提不上去，很可能影响到企业下季度、下半年甚至全年的销售任务，任务没完成，将影响到企业及所有成员的利益。从每个员工的身上找问题，除了外在因素外，员工自身可以从哪方面提升素质？需要帮助员工加强哪方面的知识学习和技能提高？与其一味裁员，不如使员工素质与岗位匹配，让从业人员有扎实的业务功底、熟练的操作本领，并掌握最新的知识信息和使用现代化工具的技能，以提高企业的效益。这里，培训是一个关键的因素。有效的培训要求在制订培训计划时应当遵循拟定的管理程序，先由人力资源管理部门(或者培训主管单位)分发培训需求调查表，经各级单位人员讨论填写完毕直属主管核定后，人力资源管理部门汇总，拟定培训草案，提请上一级主管审定，在计划会议上讨论通过。在培训方法方面，应当考虑采用多种方式，对演讲、座谈、讨论、模拟等方法善加运用，以增强培训效果。同时在培训内容上，最好能够采用自主管理的方式，由员工与主管或讲师共同制定培训目标、主题，场地开放自由化，以增加员工学习意愿，提升学习效果。同时，我们别忘了向培训要效益，最好的办法是培训评估。培训的成效评估一方面是对学习效果的检验；另一方面是对培训工作经验的总结。

　　成效评估的方法可分为过程评估和事后评估。前者重视培训活动的改善，从而达到提升实质培训成效的目的；后者则供人力资源管理部门的决策参考。从合理化的观点来看，最好是将两者结合起来。人力成本控制重在确保 HR 管理技术落地。人力成本控制必须通过技术来解决，那么落实到操作中，技术的运用便极为重要。"2008 年 HR 工作现状调查"结果显示，参与调查的 2319 名 HR 人，只有 26%HR 是人力资源专业科班出身，其中 74%的 HR 从业者为非人力资源专业出身。这体现了当前大多数国内企业 HR 知识不扎实，不少HR 在企业不景气的压力下临时抱佛脚，上岗之后才来学习科学的 HR 管理知识，必然导致其在技术实际操作、评估、改善方面的经验欠缺。临时外聘有经验的 HR 高管，又怕水土不服，无法真正落地。　最有效最快速的办法是迅速搭建项目小组，请外脑——咨询公司实地调研指导。咨询公司的专业和经验，不但可以省掉自己摸索的大量时间，更能快速、完整、系统地帮助企业建立自己的 HR 体系，从整体上控制成本，确保以后的稳固发展。　当下，客观经济环境紧张，中小企业纷纷寻求突围，希望最大限度降低人力成本、提高生产效率，对人力资源部门的确是一大挑战，只有迅速采取适当的人力成本控制措施，方能助力企业渡过难关并获得长青。

(资料来源：http://www.ccedisp.com/save/savepar.asp?id=1224)

一、薪酬预算

　　薪酬预算是指企业在薪酬管理过程中一系列成本开支方面计划、权衡、取舍的控制行为。薪酬预算规定了预算期内可以用于支付薪酬费用的资金。薪酬预算的对象为人力成本，因此，薪酬预算具有对人力成本的控制功能。

(一)薪酬预算的环境分析

　　影响企业确定薪酬预算的因素很多，只有在做好分析的基础上，才能制定出合理的薪酬预算方案。一般可从外部环境与内部环境两个方面来分析。

1. 薪酬预算的外部环境分析

1) 经济成长情况与劳动生产率

经济发展水平和劳动生产率的高低是企业薪酬水平的决定性因素，也决定了企业预算的基础水平。发达国家与发展中国家之间薪酬水平的巨大差异主要是因为劳动生产率的不同；现代产业与传统产业的技术水平和劳动生产率的差别，也决定了它们薪酬水平之间存在难以跨越的鸿沟。

2) 劳动力市场的供求、竞争状况

企业应根据劳动力市场的供求和竞争状况来确定自己员工的薪酬水平。如果企业工资水平太低，企业就不能招聘到需要的人才，同时也不能留住现有的人才；如果企业工资水平太高，则有可能因成本过高而失去竞争优势。因此，企业工资水平应与劳动力市场供需平衡时确定的"市场出清工资率"相当。当劳动力市场某种人才的供给大于需求时，企业为了获得该种人才，确定的工资水平可以高于"市场出清工资率"；而当该种人才的需求大于供给时，企业确定的工资水平低于"市场出清工资率"也可以获得该种人才。

3) 当地物价的变动

企业发给员工的货币薪酬，在物价变动，尤其是生活消费品变动的情况下，会发生员工实际薪酬水平的反向变动。但从一个国家经济的长期发展趋势来看，物价往往呈刚性上涨。当物价有大幅度变化时，企业若不调整员工的货币薪酬，员工的实际收入水平就会下降，那么原有薪酬制度就可能失去其应有的作用。企业在设计薪酬制度时，应该把薪酬与一定的宏观物价指数挂钩，以保证员工实际薪酬水平的基本稳定。

4) 政府的宏观调控

政府调节其他经济行为和社会行为的宏观政策，如财政税收政策、价格政策以及产业政策等，虽不是专门用来调节薪酬变动的，但客观上可对企业薪酬水平产生一定的影响。在制定薪酬预算时，这些因素应该引起企业管理者的关注。

2. 薪酬预算的内部环境分析

内部环境分析有两个重点，即历史薪酬增长率和企业当前薪酬支付能力。

1) 历史薪酬增长率

分析企业历史薪酬增长率可以了解企业薪酬发展规律，为企业薪酬预算做好准备。

历史薪酬增长率=(年末平均薪酬−年初平均薪酬)/年初平均薪酬×100%

2) 企业薪酬支付能力

企业薪酬支付能力源于企业经济附加价值和劳动分配率。企业附加价值越高，薪酬支付能力越高；劳动分配率越高，薪酬支付能力越高。附加价值的计算方法有以下两种。

扣除法：附加价值=销售额−外购部分=销售额−(直接原材料+购入零配件+外包加工费+间接材料)

相加法：附加价值=利润+人力成本+财务费用+租金+税金+红利+内部留存收益+折旧

附加价值率=附加价值/销售额

附加价值增长率=(年末附加价值率−年初附加价值率)/年初附加价值率×100%

平均每人附加价值率=附加价值增长率/本年平均人数×100%

劳动分配率=人力成本/附加价值×100%

企业薪酬支付能力的分析步骤如下所述。

(1) 依照过去 3 年的财务损益表，计算各年度的附加价值。

(2) 分析各年度的附加价值，以掌握其趋势与效率。

(3) 检查各年附加价值和劳动分配率是否恰当。

(4) 观察平均每人附加价值增长率与平均每人薪酬增长率，如果前者高于后者，说明企业薪酬支付能力较强；如果后者高于前者，那么企业薪酬支付能力较弱。

(二)薪酬预算的原则

在设计薪酬预算时，要遵循以下几项基本原则。

1．双低原则

双低原则指薪酬的增长机制与人力成本的控制。薪酬水平在逐年增长的同时人力成本率是下降的。设计薪酬预算时，要确保双低原则。一是企业工资总额增长幅度低于本企业经济效益增长幅度，二是职工实际工资增长幅度低于本企业劳动生产增长率。

2．增长原则

增长原则指员工个人工资增长幅度。对员工个人工资的增长幅度，要根据市场价位、员工个人劳动贡献和个人能力的发展来确定，对贡献大的员工，增薪幅度要大；对贡献小的员工，不增薪或减薪。

3．恰当原则

确定人力成本的支出与销售额、销售利润的比例关系。只要控制好薪酬预算，就可以大大降低企业在人力成本上的直接资金风险。人力成本控制下的人才策略中，我们经常会听到企业在抱怨缺乏人才，一旦企业处于逆境，便不惜高薪外聘人才，并祈求高手立即为企业解困。人才固然是企业所青睐的，但如果用错了，就无疑是在增加成本、增加用人风险。

(三)薪酬预算的方法

一般来说，薪酬预算的方法有两种：一是从下而上法；二是从上而下法。名称虽然很普通，却形象地反映了两种方法各自的特点。

1．从下而上的薪酬预算法

顾名思义，从下而上法中的"下"指员工，"上"指各级部门，以至企业整体。从下而上法是指从企业的每位员工在未来一年薪酬的预算估计数字，计算出整个部门所需要的薪酬支出，然后汇集所有部门的预算数字，编制企业整体的薪酬预算。

通常，自下而上的方法比较实际，且可行性较高。部门主管只需按企业既定的加薪准则，如按绩效加薪，按年资或消费品物价指数的变化调整薪酬，分别计算出每个员工的增薪幅度及应得的薪酬额。然后计算出每一部门在薪酬方面的预算支出，再呈交给高层的管理人员审核和批准，一经通过，便可以着手编制预算报告。

2. 从上而下的薪酬预算法

与从下而上法相对照，从上而下法是指先由企业的高层主管决定企业整体的薪酬预算额和增薪的数额，然后将整个预算数目分配到每一个部门。各部门按照所分配的预算数额，根据本部门内部的实际情况，将数额分配到每一位员工。

由此可见，从上而下法中的预算额是每一个部门所能分配到的薪酬总额，也是该部门所有员工薪酬数额的极限。至于部门主管将这笔薪酬总额如何分派给每一个员工，就由部门主管自己的决定了。

部门主管可以按企业所定的增薪准则来决定员工分配的薪酬数额。根据员工不同的绩效表现来决定增薪率的高低，或者采取单一的增薪率，不过，这样会导致底薪较高的员工薪酬增加较多，而底薪较低的员工实际得益较小。

一般来说，从下而上法不易控制总体的人力成本；而从上而下法虽然可以控制住总体的薪酬水平，却使预算缺乏灵活性，而且确定薪酬总额时主观因素过多，降低了预算的准确性，不利于调动员工的积极性。

由于两种方法各有优劣，通常大多数企业会同时采用这两种方法。首先决定各部门的薪酬预算总额，然后预测个别员工的增薪幅度，并确保其能配合部门的薪酬预算总额。如果两者之间的差异较大，也要适当调整部门的预算总额。

自上而下的薪酬预算步骤：首先，企业对其总体业绩指标进行预测；其次，确定企业所接受的总人力成本总额或薪酬总额；最后，按照一定比例把它分配给各个部门，由管理人员进一步分配到员工身上。

自上而下的薪酬预算方法包括劳动分配率基准法、销售净额基准法、损益平衡点法等。

1) 劳动分配率基准法

利用劳动分配率基准法合理计算人力成本支付限额的公式为

预算的劳动分配率=1 年人力成本预算/(1 年人力成本预算+

1 年固定费用预算+1 年必得利益)×100%

平衡点劳动分配率即在企业无损益的前提下的人力成本支付率。

平衡点劳动分配率=人力成本/(人力成本+固定费用)×100%

当实际的劳动分配率低于平衡点劳动分配率时，表明企业处于财务安全状态，因此，企业当时预算的劳动分配率会低于平衡点劳动分配率。

2) 销售净额基准法

销售净额基准法即根据实际人工费比率、本年平均人数、上年度平均薪酬和计划平均薪酬增长率，求出本年目标销售额，并以此作为本年最低销售净额。其计算公式为

人工费比率=人力成本/销售额

目标人力成本=本年平均人数×上年度平均薪酬×(1+计划平均薪酬增长率)

目标销售额=目标人力成本/人工费比率

有时因为竞争激烈，企业在销售额上没有上升空间，这需要在预计销售收入的前提下进行薪酬预算，其计算公式为

经营所需人数=年度人工费用预算支付限额/调薪后平均人力成本

=计划附加价值×合理劳动分配率×[预计销售收入/现在每人平均人力成本×

(1+计划调薪率)]

当现有人数大于经营所需人数时，可考虑适当降低薪酬成本或裁员。从这个角度来看，销售净额基准法也是一种人力资源规划的有效措施。

3) 损益平衡点法

利用损益平衡点法计算人力成本的支付限额其公式为

$$人力成本的支付限额=人力成本/损益平衡点的销售收入×100\%$$

损益平衡点，也称为损益分歧点，是指在单位产品价格一定的前提下，与产品制造、销售及管理费用相等的收益额，或者说达到一定销售收入的产品数量。因此，损益平衡点可以概括为公司利润为零时的销售额或销售量。

损益平衡点的计算公式为

$$损益平衡点=固定费用/附加价值或边际利益率$$

$$固定费用=销售费用及一般管理费用+折旧费用+营业外支出$$

(四)人力成本及其构成

人力成本的高低，在很大程度上决定着产品成本和价格，因而它既影响着企业产品在市场上的竞争能力的大小，又影响着企业经济效益的高低。因此，计算合理的人力成本，并把人力成本控制在合理的限度之内，是现代企业参与激烈的市场竞争并取得发展和壮大的一项重要经营管理措施。

1. 人力成本的概念

企业人力成本，也称用人费(人工费)或人事费用，是指企业在生产经营活动中用于和支付给员工的全部费用。它包括从业人员劳动报酬总额、社会保障费用、福利费用、教育费用、劳动保护费、住房费用和其他人力成本等。可以看出，人力成本并不仅仅是企业成本费用中用于人工的部分，还包括企业税后利润中用于员工分配的部分。

按照国际惯例，企业人力成本是指企业在生产经营活动中支付并列入成本的人工费用。国际劳动组织1966年对人力成本的定义为人力成本是指雇主因雇用劳动力而发生的费用，它包括对已完成工作的报酬，对相关工作而应有的报酬、红利和赏金，食品、饮料费用的支付以及其他实务支付，雇主负担的住房费用，为雇主支付的社会保险费用，员工技术培训费用，福利服务和其他费用(如公认的上下班交通费、工作服务费和招工费用)。

2. 人力成本的构成

根据国家有关规定，我国企业人力成本的构成范围及列支渠道如下所述。

(1) 产品生产人员工资、奖金、津贴和补贴(制造费用——直接工资)。

(2) 产品生产人员的员工福利(制造费用——其他直接支出)。

(3) 生产单位管理人员工资(制造费用)。

(4) 生产单位管理人员的员工福利费(制造费用)。

(5) 劳动保护费(制造费用)。

(6) 工厂管理人员工资(管理费用——公司经费)。

(7) 工厂管理人员的员工福利费(管理费用——公司经费)。

(8) 员工教育经费(管理费用)。

(9) 劳动保险费(管理费用)。

(10) 失业保险费(管理费用)。

(11) 工会经费(管理经费)。

(12) 销售部门人员工资(销售费用)。

(13) 销售部门人员的员工福利费(销售费用)。

(14) 子弟学校经费(营业外支出)。

(15) 技工学校经费(营业外支出)。

(16) 员工集体福利设施费(利润分配——公益金)。

在计算人工费用总额时，我们可以将上述各项工资支出汇总，或在"应付工资"科目中核算工资总额。员工的福利费用也可在工资总额基础上按规定的 14%计算。

一般来说，人力成本包括从业人员的劳动报酬(含不在岗员工生活费)、社会保险费用、住房费用、福利费用、教育费用、劳动保护费和其他人力成本七个组成部分。

(1) 从业人员劳动报酬。从业人员劳动报酬包括在岗员工工资总额，聘用、留用的离退休人员的劳动报酬，人事档案关系保留在原单位人员的劳动报酬，外籍及我国港澳台地区人员的劳动报酬。其中，在岗员工工资总额是指企业在报告期内直接支付给在岗员工的劳动报酬总额，包括基本工资、职务工资、级别工资、工龄工资、计件工资、奖金、各种津贴和补贴等。

从业人员劳动报酬还包括不在岗员工生活费。不在岗员工生活费是指企业支付给已离开本人的生产或工作岗位，但仍由本企业保留劳动关系的员工的生活费用。不在岗员工生活费的采集可参考统计局劳动情况报表。

(2) 社会保险费用。社会保险费用是指企业按有关规定实际为实用的劳动力缴纳的养老保险、医疗保险、失业保险、工伤保险和生育保险费用。包括企业上缴给社会保险机构的费用和在此费用之外为实用的劳动力支付的补充养老保险或储蓄性养老保险，支付给离退休人员的其他养老保险费用。社会保险费用按企业列支数统计。

(3) 住房费用。住房费用是指企业为改善本单位使用的劳动力的居住条件而支付的所有费用，具体包括企业实际为实用的劳动力支付的住房补贴、住房公积金等。

(4) 福利费用。福利费用是指企业在工资以外实际支付给单位实用的用于劳动力个人以及集体福利费的总称。主要包括企业支付给劳动力的冬季取暖补贴费(也包括企业实际支付给享受集体供暖的劳动力个人的部分)、医疗卫生费、计划生育补贴、生活困难补助、文化宣传费、集体福利设施和集体福利事业补贴费，以及丧葬抚恤救济费等。该指标资料来源于两个方面：一方面是企业净利润分配中公益金用于集体福利时的费用；另一方面是在成本费用中列出的福利费(不包括上缴给社会保险机构的医疗保险费)。福利费用按照实际列出数统计。

(5) 教育经费。教育经费是指企业为劳动力学习先进技术和提高文化水平而支付的培训费用(包括为主要培训本企业劳动力的技工学校所支付的费用)。教育经费的来源一方面是财务"其他应付款"科目中的有关支出；另一方面是营业外支出中的"技工学校经费"。教育经费按照实际列支数统计。

(6) 劳动保护费用。劳动保护费用是指企业购买的劳动力实际享用的劳动保险用品、清凉饮料和保健用品等费用支出。在工业企业中，它来源于制造费用中的"劳动保护费"科目。劳动保护费用按照实际列支数统计。

(7) 其他人力成本。其他人力成本是指不包括在以上各项成本中的其他人力成本项目，如工会经费、企业因招聘劳动力而实际支出的招工招聘费用、解聘辞退费用等。

(五)确定合理人力成本应考虑的因素

合理的人力成本一般是就企业所能合理负担的人力成本而言的，因此，为了企业的稳定发展，自然不允许人力成本无限地增长。但如果企业所付员工的工资不足以维持生计，员工的劳动力再生产得不到保证，不但劳动者本身的积极性将受到影响，而且企业也将无法发挥出应有的生产能力。

再有，如果企业支付员工的工资低于市场行情，即市场工资率，有才能的人将被吸引到薪资水平较高的企业，而一旦企业丧失了企业发展所需要的人才，就会衰败下去。由此可见，确定合理的人工费用，应以企业的支付能力、员工的标准生计费用和工资的市场行情三个因素为基准。

当然在确定合理人工费用时，以上三个因素不一定要有同等的权数，有些情况下以企业的支付能力为主，有些情况下应以市场行情为主，哪个因素重要，还需要企业与代表员工一方的工会共同协商。

1. 企业的支付能力

虽然企业的薪酬水平由各种生产率所决定，但是，应当掌握的一个重要原则是生产率的增长先于薪资的增长。

影响企业支付能力的因素有以下几个。

(1) 实际劳动生产率。是指某一时期内平均每一位员工的产品数量。它是衡量企业人力成本支付能力的一般尺度。

(2) 销货劳动生产率。是指某一时期内平均每一位员工的销货价值。它是衡量企业人力成本支付能力的一般尺度。

(3) 人力成本比率。是指企业人力成本占企业销货劳动生产率的比重。它是衡量企业人力成本支付能力的重要尺度之一，也是分析企业人力成本支付能力最简单、最基本的方法之一。

(4) 劳动分配率。是指企业人力成本占企业净产值(也称企业增加值或附加值)的比率。它是衡量企业人力成本支付能力的重要尺度之一。该比率相对于净产值劳动生产率而言较高，则代表人力成本过高。

确定企业适当的劳动分配率，既要把企业报告期的分配率与上一时期比较，也要与同一时期其他公司劳动分配率相比较。企业报告期的劳动分配率与上期比有所降低，与同期同行业其他公司相当，可视为合理适当的分配率。当企业的利润和折旧费增长率快于人力成本的增长率时，劳动分配率就会降低。

(5) 附加价值劳动生产率。也称净产值劳动生产率，指平均每一个员工生产的附加价值或净产值，是衡量企业人力成本支付能力的一般尺度。

(6) 单位制品费用。指平均每件或每单位制品的人力成本。理想的结果是平均费用比其他公司高，但单位制品费用比其他公司低。它是衡量企业人力成本支付能力的一般尺度。

(7) 损益分歧点。指企业利润为零时的销货额，是企业盈亏的分界点。在损益分歧点中，人力成本是不能超额支付的，如超额支出，就会造成企业亏损。

2. 员工的生计费用

员工要领取薪酬来维持生计，因此，薪酬必须能够保障员工某一水准的生活。能够保障这一生活水准的费用称为生计费用。生计费用是随着物价和生活水平两个因素变化而变化的。如果物价水平不变，生活水平提高，则生计费用将提高；如果生活水平不变，物价水平提高，则生计费用也将提高。因此，用于保障员工某一生活水准的生计费用的工资，是企业"非支付不可的薪资"，是合理用人费的下限，而不管企业的支付能力如何。即使企业经营不善，也不能支付低于员工生计费用的工资。因此，企业应把按支付能力计算所能支付的适度工资与员工的生计费用所需要的工资相均衡后确定合理的人力成本。

由于生计费用是随着物价和生活水准的变化而变化的，所以在由生计费用测定人力成本时，先要掌握物价的变动情况。物价的变动可以从政府公布的物价指数中获得，但要注意地域的差异。了解了物价指数，也就可以确定货币薪酬的最低增长幅度了，起码要使二者保持一致，以保持原有的生活水准不下降。关于生活水准的提高程度，如果由个别企业确定是极为困难的，可以参照国民经济计划确定的实际工资提高幅度确定，但要注意参照本地的一般情况。由于生活水准应提高到何种程度缺乏客观标准，所以水准的确定应由企业和员工充分协商。

3. 工资的市场行情

工资的市场行情，也称市场工资率。为什么还要考虑工资的市场行情呢？因为所支付的薪酬即使在企业支付能力的范围之内，并且符合生活水准，但如果本企业支付的薪酬低于同类企业，有才能者也会外流。因此，确定合理薪酬还要考虑一般市场行情。

在把本企业的薪酬与市场行情比较时，一般所用的方法是把本企业某一类型劳动者的个别薪酬与其他企业同类型劳动者的个别薪酬相比较，然后在考虑员工构成的基础上推算出平均薪酬，以此作为判断全体薪酬水平的资料。对此，最好的参考资料是政府统计部门公布的行业工资资料。

确定薪酬水平考虑工资的市场行情，这一条也称为同工同酬原则。在这里是指在不同的行业、企业，从事同业或同等价值的工作，应当得到同样的工资。

(六)核算人力成本的基本指标

核算人力成本的基本指标包括企业从业人员年平均人数、企业从业人员年人均工作时数、企业销售收入(营业收入)、企业增加值(纯收入)、企业利润总额、企业成本(费用总额)、企业人力成本总额等。

(1) 企业从业人员年平均人数。本指标按国家统计局规定的范围和方法进行统计，在岗员工年平均人数单列其中。

(2) 企业从业人员年平均工作时数。本指标可用于核算企业从业人员实际发生的年人均实际工时。其核算公式为

$$企业从业人员年平均工作时间=\frac{企业年制度工时+年加班工时-损耗工时}{企业从业人员平均人数}$$

(3) 企业销售收入(营业收入)。它是核算企业在报告期内生产经营中通过销售产品、提

供劳务或从事其他生产经营活动而获得的全部收入。销售收入或营业收入可以反映企业在一定时间内的全部销售或产出价值，其中既包括转移价值，也包括新创造的价值。

(4) 企业增加值(纯收入)。其是核算企业在报告期内以货币表现的企业生产活动最终成果。它的核算方法有两个。

① 生产法：增加值=总产出-中间投入。

② 收入法：增加值=劳动者报酬+固定资产折旧+生产税净额+营业盈余。

(5) 企业利润总额。它是企业在报告期内实现的盈亏总额，反映的是最终的财务成果，核算企业"税前会计利润"。它可以取自《企业会计状况表》(国家统计局 103 表)中的"利润总额"。根据国家财会制度的要求，企业利润总额要逐渐从"税前会计利润"过渡到"税后会计利润"。

(6) 企业成本(费用)总额。核算企业在报告期内为生产产品、提供劳务所发生的所有费用。它在财务损益表上表现为销售成本(直接材料、直接人工、燃料和动力、制造费用)和期间费用(销售费用、管理费用和财务费用)的本年累计数。

(7) 企业人力成本总额。企业人力成本反映的是一个企业在一定时间内所支出的人力成本。它的核算公式为

人力成本=企业从业人员劳动报酬总额+社会保险费用+福利费用+教育费用+
劳动保护费用+住房费用+其他人力成本

案例 8-1　人力成本控制从薪酬预算开始

M 企业经过十几年的艰辛创业和发展，已成长为一家集技术投融资、项目建设和项目托管于一体的综合性专业环境工程公司。凭借雄厚的技术力量，公司拥有多项国家重点环境保护实用技术示范工程，并在印制线路板、废水治理、电镀废水治理、印染废水处理、食品等高浓度有机废水处理和生活污水处理等领域形成了一套成熟、稳定的处理工艺。M公司的人员也由最初的十几人发展到现在的 300 多人。由于 2002 年以后发展速度很快，部门也逐渐增加，组织架构也处于经常的调整之中，投资公司、子公司、独立托管项目部也在短短的几年相继成立和运营。

在企业快速成长过程中，老板很困惑：成立一个投资/子公司/项目部，各负责人就会说人不够，逼着我签字招人，而且人总是不够。负责人力资源的总经办也拿不出很好的建议，能压就压，压不住就逼到我这里来了。财务中心年底利润核算，看不到预期利润。出现营销中心"签单很热闹"，财务中心"资金运营紧张"，总经办"工资成本逐年水涨船高"，员工抱怨"收入偏低"。

部门也很困惑。下属和管理人员抱怨："老板真小气，销售额越来越高，怎么发的工资没见涨多少？"来自财务的利润核算："管理费用太高，能发的工资就这么多，总经办怎么不控制人员？"总经办："老板要扩展业务，我能不花钱招人进来吗？再说平均工资涨的很少啊？"

那么到底人力成本多少才合适？

国内很多民营企业发展速度很快，业务、人员、销售收入、组织结构、分公司/办事处发展都很迅速。一开始企业更看重的是占领市场，粗放式的管理，对人力成本的控制比较模糊。年初摸摸口袋，有多少钱；年底再摸一摸口袋，还有多少钱。随着公司业务的相对

稳定和品牌的提升，他们把利润看得重要了，而不再仅仅关注规模、收入。源于高科技企业的特点，企业对知识型人才的依赖性越来越强，这时，人力成本的支出成为企业支出的一个重要方面。民营企业老板迫切地想看到"我的钱到底用在了什么地方，人力成本上我能支付的是多少；达到公司最高业绩目标时能发多少；达到公司最低目标时，我又能发多少"。因此，薪酬预算便成为重中之重，它是人力成本控制的重要方式之一，属于人力成本的事前控制。

很多公司常犯的最严重错误就是力图把不同系统的薪酬放在一起，看上去似乎是"集团式管理"，很标准化，其实是最不合理和最不公平的，集团控制什么，控制到哪一个层级，都必须分别对待。对月度奖的标准公司完全可以是一套系统，而对季度奖金、年终奖、成本节约奖等其他奖励不必完全控制。集团只需控制下属公司/项目部的薪酬总额，而不必精确到某个人发多少。

对 M 企业目前的薪酬进行分析发现，该企业的总公司 DY、投资公司 HY(规模 20 人左右)、设备公司 NP(60 人左右)、独立运作的项目部 GP(运营某大型工业园的废水处理，20人左右)的整个薪酬都在总公司核算和发放。

专家支招：薪酬预算五步法

第一步：确定薪酬类型：A. 年薪类；B. 提成类；C. 其他类(与效益不直接挂钩)

第二步：各薪酬类型的具体人员划分

A. 年薪类人员划分：如总经理、副总经理、总工、技术中心经理/副经理、营销中心经理/副经理、商务中心经理/副经理、工程中心经理。

企业的高层管理人员、影响企业盈利的业务核心人员(营销中心、技术中心、商务中心、工程中心)正职实行年薪制。考虑到部门内部的协调性和配合性，对副职岗位(营销中心副经理、技术中心副经理、商务中心副经理)也实行年薪制，让副职与正职共同努力，做好配合和分管工作。

B. 提成类人员划分：如 B1 营销中心业务员/营销助理、B2 技术中心部长、B3 技术中心设计员、B4 调试技术员、B5 化验员、B6 商务中心预算员、B7 研发中心维修部全体人员。

上述把 B 类人员分为 B1/B2/B3/B4/B5/B6/B7 类人员，以便于做各类别 B 类人员的薪酬预算，因为要考虑 B1/B2/B3/B4/B5/B6/B7 类人员的年度总额的市场竞争性、月标准工资的延续性、月标准工资和提成的比例关系，以后逐年在保证年度收入逐步增加的同时加大提成的比例，降低月标准工资的占比。这是 M 公司薪酬策略的一个重要方面。B 类人员没有年终奖。

C. 其他类(与效益不直接挂钩)人员划分：如 C1 总经理助理、总经办全体管理人员、财务部全体、商务中心采购人员、网络管理员，C2 后勤工人，C3 工程中心管理人员。

比如技术中心的网络管理员，因为该岗位是对整个公司负责的，不享受技术中心提成分配，虽然该岗位在技术中心工作。C1/C2/C3 类人员对公司价值大小不一样，他们享受的年终奖总额不同，所以对 C 类进行了 C1/C2/C3 的分类。

第三步：A/B/C 类人员薪酬结构

薪酬结构为月标准工资、津贴、年终奖、提成、其他 5 部分。其中标准工资包含岗位工资和绩效工资。

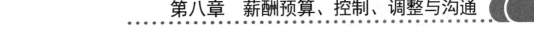

A 类: 年薪。

B 类: 标准工资(岗位工资+绩效工资)、津贴、提成、其他。

C 类: 标准工资(岗位工资+绩效工资)、津贴、年终奖、其他。

第四步: 薪酬预算的方法和内容

依据公司年度经营目标、历史工资水平、B 类人员《提成类人员管理办法》、最高/考核/最低毛利额目标值、各类人员的年薪总额收入相对比例(比如年薪占工资总额的比例)、工资总额的计提比例(工资总额与毛利额的比例)测算确定各类人员的薪酬总额的预算。

薪酬总额预算内容: 标准工资总额、津贴总额(住房、电话、夜班、出差等)、其他(加班、福利等)总额、提成、年终奖。

津贴、其他类的总额预算是企业相对固定的支出,不与企业的效益直接相关。故对这两项的支付单独预算。薪酬预算主要是测算工资总额(标准工资、提成、年终奖)的分类预算,工资总额预算的确定是依据毛利额的一定比例 R(工资计提比例)提取,体现员工与企业同享成功、共担风险。

标准工资总额预算方法如下。

自上而下的测算: 依据工资总额预算(R 与毛利额计算出来)减去年薪制人员薪酬总额、提成类人员的提成总额、年终奖总额,余下部分即为标准工资总额,基于此再确定 A/B/C 类人员的工资占比(比如 A 类总额占工资总额的比例)。

自下而上的测算: 参照历史工资水平(各类人员的年度收入)、市场水平、历史 A/B/C 类人员的工资占比确定 A/B/C 类人员的年度总额进行标准工资总额预算。

这两个过程需要反复多次测算才能确定一个合理的薪酬预算总表。特别对于第一次进行薪酬预算的企业。

第五步: 各类人员的薪酬总额预算

A. 年薪类人员

依据公司年度经营的最高/考核/最低目标确定最高/考核/最低的年薪发放总额。依据年薪制岗位的重要性确定合理的标准年薪。实际年薪=完成经营业绩对应的标准年薪×年度考核系数(季度考核平均值)。

B. 提成类人员

依据 B 类人员现有的职务、标准工资总额、年度薪酬水平、B 类《提成类人员管理办法》、公司业绩目标,分别测算出 B1/B2/B3/B4/B5/B6/B7 类人员的年薪总额。

C. 其他类人员年薪预算

C 类人员的标准工资总额依据历史平均值和增长比例确定标准工资总额。重点是确定 C 类人员年终奖总额预算。为了体现年终奖与公司效益挂钩,依据经营业绩确定年终奖总额。

最高业绩目标: 2 个月 C 类人员标准工资

考核业绩目标: 1 个月 C 类人员标准工资

最低业绩: 0

经过以上的薪酬预算,老板、总经办(人力资源部)、财务中心、各业务部门都清楚地知道公司的人力成本是如何构成的,各部门取得什么程度的业绩需要的人力成本是多少,薪酬预算不再神秘和不可控,一切都在预算之中。这样,案例中描述的困惑就不存在了,而薪酬预算则变成了推动各级管理者、员工工作的动力。

(资料来源: http://www.boraid.com/article/81/81260_4.asp)

二、薪酬控制

所谓控制，是指为确保既定方案顺利落实而采取的种种相关措施。在企业的实际经营过程中，正式的控制过程往往包括下面几步：①确定相关标准以及若干衡量指标；②将实际结果和既定标准进行比较；③如果二者之间存在差距，明确并落实补救性措施。具体到薪酬管理方面，可以这样认为：企业通过薪酬预算，一般已经对自己在薪酬方面的具体标准和衡量指标有了比较清晰的认识；而薪酬控制的主要功用就在于确保这些预定标准的顺利实现。

(一)薪酬控制的原则

在市场中，人力资源作为一种特殊的社会资源，是通过由外部人力资源供求关系决定的薪酬水平竞争机制来进行配置的。薪酬水平的高低对企业的人力资源流动起着引导作用，人力资源总是由薪酬水平较低的企业向薪酬水平较高的企业流动，形成了人力资源的动态流动机制。内部人力资源市场是近20年来西方劳动经济学的最新理论成果。内部人力资源市场有不同于外部市场的特征及资源配置效率，并对企业薪酬设计的思想和方法提出了新的要求。

1. 外部竞争力原则

外部竞争力强调的是本企业的薪酬水平同其他组织薪酬水平的比较优势。薪酬比较优势是企业优化人力资源配置的保证：一方面，薪酬的比较优势对外部的人力资源具有吸引力，可以保证企业的人才供给；另一方面，薪酬的比较优势有利于树立企业形象、稳定员工队伍和减少市场雇佣风险。当然，外部竞争力的保证不能完全以提高企业的薪酬成本为代价。

2. 效率性原则

强调企业在外部人力资源市场上的人力资源配置效率。在外部市场上如何高效率地找到适合的人选，一方面取决于外部市场的供给水平；另一方面与企业的包括薪酬政策在内的整体形象密切相关。效率性原则与外部竞争力是相关的，竞争力的提升有利于提高配置效率，但竞争力并不直接导致配置效率。人力资源配置效率与企业的薪酬水平直接相关，在保证效率的基础上，可以针对不同供给水平的人力资源，建立不同的薪酬政策，以此来控制企业的薪酬成本。

3. 公平性原则

传统理论将公平的概念绝对化，这实际上是对在能力上有差异的员工的不公平。区别于传统的平均分配，公平是指企业员工对薪酬制度的认同感，也就是对薪酬是否公正和合理的认识和判断。在组织中工作的员工都希望自己被公平地对待，企业内分配的不公平往往比企业之间的差距更受到员工的关注。"公平"不等于"平等"，它要求企业按照员工的贡献大小进行分配，适当拉开分配差距，体现薪酬差别，这也是薪酬内在激励和促进良性竞争的要求。

4．经济原则

薪酬是企业使用人力资源所必须付出的成本，经济性是最基本的原则。薪酬设计要全面考虑企业的薪酬状况，以求在满足公平与效率的基础上实现薪酬成本最小化目标。

(二)薪酬控制的难点

对任何一个企业而言，就日常经营活动(包括薪酬管理)进行监督和控制都不是一件很轻松的事情，实际的控制要受到多种因素的制约甚至阻碍。而这种问题之所以会出现，主要是因为控制行为本身的复杂性所致。具体来说，这种复杂性主要体现在以下几个方面。

1．控制力量的多样性

在一定程度上，每个人都有控制他人的欲望，当他们作为企业中的员工时也是如此。在企业中，每个人都为实现组织的整体目标而完成自己的手头工作，同时也为实现自己的个人目标而进行种种努力，他们不可避免地要因为受控而承受来自企业和其他员工的压力，同时也在向他人施加一定的压力。概括来说，企业里的控制力主要有三种，即企业里现有的正式控制体系、来源于小团体或特定个人的社会控制及员工的自我控制。为了对企业里的各项事宜(包括薪酬)进行有效监控，通常要求这三种控制力量必须被整合在一起，对员工发挥相同方向的作用。但事实上，真正实现这种和谐的可能性是小之又小的，员工在大多数时候都必须在各种冲突力量之间进行选择，这也是企业里的控制体系总是处于次优状态的一个重要原因。

2．人的因素的影响

企业的控制体系在不同的时候，处在不同的环境下，面对不同的对象会发挥出不同的作用。举例来说，如果各项工作职责的设计和履行之间彼此独立，工作周期本身又比较短，那么控制体系的作用效果就比较明显；如果从事工作的是一名新员工，对于控制力量本身有着较强的需求，控制的效果也应该不会太差。但是，如果某项工作职责在最终结果出来以前要求在职者接受多年的培训、在很长的时间里与不同的职位打交道，那么对其进行监控就不会有很明显的效果了，这种情况下，借助于社会控制和自我控制的力量往往能收到更为理想的效果。

3．结果衡量的困难性

在企业的日常运营过程中，对一些工作行为(例如管理人员经营决策的正确与否)进行观察往往是很困难甚至是不大可能的，出于有效控制的目的，企业往往会针对其希望得到的结果制定出若干衡量指标。在一定程度上这种做法是有效的，但它容易使员工把注意力集中在衡量指标而不是目标本身之上。举例来说，一名管理者可能会把他所有下属的绩效表现都评定为优秀。之所以这样做，可能并不是因为他们的绩效表现真的很优秀，而只是因为获得优秀评价能够加薪，而管理者希望他的下属得到这个加薪机会。在这种情况下，衡量指标的制定和评价也就成为控制行为的一部分了。

(三)薪酬控制的措施

1．薪酬控制的对象

在企业的经营过程当中，薪酬控制在很大程度上指的是对于劳动力成本的控制，大多数企业也都存在着正式的薪酬控制体系。一般情况下，企业的劳动力成本可以用下面的公式表示。

$$劳动力成本=雇佣量×(平均薪酬水平+平均福利成本)$$

因此，我们可以认为劳动力成本主要取决于企业的雇佣量以及在员工基本薪酬、可变薪酬和福利与服务这三个方面的支出，它们自然也就成了企业薪酬控制的主要着眼点。同时，企业所采用的薪酬技术，例如工作分析和工作评价、技能薪酬计划、薪酬等级和薪酬宽带、收益分享计划等，在一定意义上也能够对薪酬控制发挥不小的作用。

这样来说，我们主要可以从以下几个方面来关注企业的薪酬控制：第一，通过控制雇佣量来控制薪酬；第二，通过对平均薪酬水平、薪酬体系的构成进行调整以及有目的地设计企业的福利计划以达到控制薪酬的目的；第三，利用一些薪酬技术对薪酬进行潜在的控制。

2．通过雇佣量进行薪酬控制

众所周知，雇佣量取决于企业里的员工人数和他们相应的工作时数，而通过控制这两个要素来管理劳动力成本可能也是最为简单和最为直接的一种做法。很显然，在支付的薪酬水平一定的前提下，企业里的员工越少，企业的经济压力也就相应越小。然而，如果薪酬水平能够保持不变，但是每位员工的工作时间却可以延长，那么企业就会更有利可图了。

(1) 控制员工人数。事实上，已经有证据表明，对公司股票价格而言，无论裁员还是关闭工厂都可以算得上利好信息。因为在市场看来，这些做法有助于改善企业的现金流量，有效控制企业的成本开支。当然，这种做法的副作用也很明显：裁员不当可能导致熟练工人的大量流失，直接影响到企业的人力资本储备。有鉴于此，为了更好地管理企业的劳动力成本，许多企业会选择和不同的员工团体之间建立不同性质的关系：与核心员工之间的关系一般是长期取向的，而且彼此之间有很强的承诺；与非核心员工之间的关系则以短期取向居多，只局限于特定的时间段内。同时，非核心员工与核心员工相比，其成本相对较低，而流动性却更强。因此，采用了这种方式之后，企业可以在不触及核心员工利益的前提下，通过扩张或收缩非核心员工的规模来保持灵活性并达到控制劳动力成本的目的。

(2) 控制工作时数。由于和变动员工的人数相比，控制变动员工的工作时数往往来得更加方便和快捷，所以这种方法在企业里的使用更为频繁些，这里值得一提的是有关工时的法律规范方面的问题。举例来说，在很多国家都有明文规定，员工的工作时间在超过正常周工作时数以后，额外工作时间里的薪酬应该按照原有薪酬水平的 1.5 倍来计算。因此，对企业而言，就需要在调整员工人数和调整工作时数两种做法之间选择，选择的依据则是哪一种调整方式的成本有效性更高。事实上，在实践中，当一个国家的劳动法管辖效力不高的时候，许多企业都会通过变相增加员工的工作时数来达到降低自己的劳动力成本的目的，这种现象在我国经济发达地区的一些劳动密集型加工企业中也经常能够看到。

3．通过薪酬水平和薪酬结构进行薪酬控制

对薪酬的控制，更主要的还是要通过对薪酬水平和薪酬结构的调整来实现。此处的薪酬水平主要是指企业总体上的平均薪酬水平；而薪酬结构则主要涉及基本薪酬、可变薪酬和福利支出这样一些薪酬的构成以及各个具体组成部分所占的比重大小。各种薪酬组成的水平高低不同和所占的份额大小不同，对于企业薪酬成本的影响也不同。

(1) 基本薪酬。基本薪酬对于薪酬预算与控制的最主要影响体现在加薪方面，而原有薪酬水平之上的增加一般是基于以下几个方面的原因：原有薪酬低于理应得到的水平；根据市场行情进行的调节；更好地实现内部公平性。而任何一次加薪能够发挥的效用直接取决于加薪的规模、加薪的时间以及加薪的员工参与率。由于原有薪酬不足而导致的加薪意味着起码要把基本薪酬提高到其应处薪酬等级的最低水平线上。因此，这种做法的成本会和以下几种因素有关：基本薪酬所得存在不足的员工的数量；理应加薪的次数；实际加薪的规模。举例来说，如果企业存在着对每次加薪幅度的政策规定，那么管理者就需要决定，为了弥补某员工的薪酬差额，究竟是进行一次加薪还是两次或更多次加薪，不同的抉择显然会对企业的财务状况产生不同的影响。

根据市场行情或是企业内部的公平情况来对基本薪酬水平进行调整，则更多的是为了确保和强化企业的地位，不管这种地位是相对于竞争对手的地位还是指员工心目当中的地位。以后者为例，企业中的不公平感既可能源于同事之间的同工不同酬，也可能源于上级和下属之间的紧张关系，在某些情况下还会与工会、管理层之间的争端有关。因此，为了更为准确地进行薪酬预算，就需要管理者根据不同的情况进行区分，选择合适的预算方式。

(2) 可变薪酬。越来越多的企业开始在组织内部使用这样或那样的可变薪酬方案，它们的支付形式包括利润分享、收益分享、团队奖励、部门奖金等。它们给组织所带来的成本也是进行薪酬预算与控制时不得不考虑的一项内容。在提高薪酬水平给企业的薪酬控制带来的作用方面，可变薪酬与基本薪酬既有相同点也有不同之处。一方面，可变薪酬所能发挥的作用同样取决于加薪的规模、加薪的时间以及加薪的员工参与率。另一方面，由于大多数可变薪酬方案都是一年一度的，通常是在每个财务年度的年底进行支付，因此它们对组织的影响也只是一次性的，并不会作用于随后的年份。

因此，从劳动力成本方面来看，可变薪酬相对于基本薪酬所占的比例越高，企业劳动力成本的变化余地也就越大，而管理者可以采取的控制预算开支的余地也就越大。这对今天这类崇尚灵活性和高效率的企业来说，无疑是一种不错的选择。

(3) 福利支出及其他。根据对薪酬预算与控制的作用大小，我们可以把企业的福利支出分为两类：与基本薪酬相联系的福利以及与基本薪酬没有什么联系的福利。前者多如人寿保险和补充养老保险这样比较重要的福利内容，它们本身变动幅度一般不大，但是由于与基本薪酬相联系，因而会随着基本薪酬的变化而变化；同时由于它们在组织整体支出中所占份额较大，因而会对薪酬预算和薪酬控制产生较大的影响。而后者则主要是一些短期福利项目，如健康保险、牙医保险及工伤补偿计划等。比较来说，后者对于企业的薪酬状况所能发挥的作用要相对小得多。值得一提的是福利支出的成本还应该考虑到有关管理费用的问题。举例来说，当组织内部实施的保险并非为自保险制度时，企业就必须向保险商缴纳一定的管理费用，这也应该被考虑在薪酬预算和控制的范围之内。

除去我们上面提到的基本薪酬、可变薪酬及福利支出之外，可以对薪酬预算产生影响的因素还有很多。比如带薪休假，这种额外休假时间的成本取决于劳动力本身的性质：当不享受加班工资的员工暂时离开职位的时候，一般不需要其他员工来代替，因此没有什么额外损失；而当享受加班工资的员工休假时，必须把承担其工作任务的人力成本计算在内。

4．通过薪酬技术进行潜在的薪酬控制

(1) 最高薪酬水平和最低薪酬水平。一般来说，每一薪酬等级都会具体规定出该级别内的最高薪酬水平和最低薪酬水平。其中，最高薪酬水平对于企业薪酬控制的意义是比较大的，因为它规定了特定职位能够提供的产出在组织里的最高价值。一旦由于特殊原因而导致员工所得高于这一限额，就使企业不得不支付"赤字薪酬"。而当这种现象在组织里很普遍时，对薪酬等级和职位说明书进行调整也就很必要。由于最低薪酬水平代表着企业中的职位能够创造出来的最低价值，因而它一般会支付给那些尚处于培训期的员工。当然，如果员工因为绩效突出而晋升速度过快，也有可能出现这种问题。

(2) 薪酬比较比率。在薪酬控制过程中，一项经常会被用到的统计指标是薪酬比较比率。这一数字可以告诉管理者特定薪酬等级的薪酬水平中值，以及该等级内部职位或员工薪酬的大致分布状况。该数值的表示公式可以写为

$$薪酬比较比率=实际支付的平均薪酬/某一薪酬等级的中值$$

因此，当薪酬比较比率值为 1 时，意味着等级内员工的平均薪酬水平和薪酬中值是恰好相等的。其中，薪酬中值是绩效表现居中的员工理应得到的薪酬水平。在理想状态下，企业支付薪酬的平均水平应该等于薪酬中值。因此，当比较比率大于 1 时，就说明因为这样或那样的原因，企业给员工支付的薪酬水平偏高：也许是因为人力成本控制不当，也许是多数员工的绩效表现确实很突出，或是因为其他别的种种原因。而当该数值小于 1 时，薪酬支付不足的问题就显而易见了。当然，对于为什么会出现这种结果，企业需要进行进一步的深入分析。

(3) 成本分析数字的说服力往往是最强的，这也是成本分析为很多企业所青睐的主要原因。在决定一次新的加薪之前，企业一般都会对加薪所带来的经济影响进行深入和透彻的分析，以期了解事情的全貌。同样，企业在制订像销售人员奖励计划这样的薪酬方案时，也可以通过对该计划的成本测算来达到合理控制成本的目的。

案例 8-2　惠悦的薪酬成本控制

从整体奖酬的角度，人力资源费用主要由固定薪酬、变动奖金、长期激励、福利等项目构成。明确项目内容，特别是薪酬与激励在整体奖酬中的定位及其预算形成机制，是确保人力资源资本投入效益最大化的前提条件。

1. 固定薪酬

固定薪酬的主要作用是体现岗位价值，保障对市场人才的吸引。市场化固定薪酬体系的建立有赖于以下方面。

(1) 比对市场的选择：从组织发展战略的角度出发，哪些公司群体是主要的竞争对手？公司所需人才主要从哪里来，会到哪里去？这一系列问题决定公司人才的比对市场构成。

(2) 在明确的目标市场中，公司需要哪个层次的人才？这个问题决定了在目标市场中的薪酬定位。如果公司需要市场上优秀的人才来支持业务目标的实现，那么与之匹配的薪酬定位与水平，就是不可缺少的基础条件。

(3) 短、中、长期公司人力资源规划的明确：确定比对市场与薪酬定位后，公司各部门、各层级岗位的薪酬水平也得到了明确，结合与业务发展策略匹配的编制规划，就可针对固定薪酬形成精确的预算编制。

2. 年度变动奖金

短期激励机制的建立，着眼于建立有形的激励导向以鼓励业绩与发展目标的达成。一

个激励性与绩效导向兼备的短期激励机制，需要考虑以下方面。

(1) 激励机制不只是一个分钱的制度，它必须连接公司、业务、部门、岗位所期望的绩效标准。就目前市场实践而言，如何规避市场波动所导致的"靠天吃饭"影响，将变动收入切实连接到业务发展所需达成的目标，是各业务线普遍面临的问题，增加"相对指标"权重，准确衡量实际努力成果，则是目前较多采用的手段。

(2) 激励机制的建立，需要结合不同业务性质差异、业务的发展阶段差异以及具体业务在公司策略中的定位。以投行为例：目前行业内投行部门激励分成的比例从部门利润的15%(以公司整体平台资源为主开展的成熟业务,盈利是首要目标)到项目净收入的70%(全成本核算下，以打响品牌，快速建立业务基础而非盈利为主要目标)，差异极大。然而，从公司各自业务发展阶段以及投行业务在公司发展策略中的定位来看，均具备一定的合理性。

(3) 绝对数额只是达成与公司业务地位与激励策略匹配的变动收入水平定位的手段，而非最终目的。因而需要在明确公司激励策略选择的基础上，结合员工收入水平测算，以及目标市场水平分析比较的基础上进行，这样才能较好地保障公司投入产出效益以及员工价值实现两个角度的平衡。

3. 长期激励

如，面对外资券商高度国际化运作模式与高效运作效率的竞争，长期激励机制在人才挽留(强调长期贡献)以及利益捆绑(成果共享)方面的作用，被视为国内券商在人才竞争上可能采取的有力手段。然而，受限于监管、政策方面的限制以及和谐大背景下的舆论导向等因素作用，长期激励机制在国内券商的普遍应用尚有待时日。在客观环境受到明显制约的情况下，在整体人力资源费用中明确日后用于长期激励基金的资金提取，充分利用盈利能力突出的时期，先建立长期激励资金储备，不失为较为务实的选择。

随着市场的发展与逐步成熟，凭借历史数据的积累以及行业数据更具时效性的参考，国内券商将能够很快形成具备中国证券行业特点的人力资本预算与管控机制，在行业发展向好的趋势下，更有效地利用人力资本促进整个行业新一轮的进步和发展。

案例 8-3　薪酬总额控制

以下是某集团公司对下属子公司薪酬总额控制的有关规定。

1. 对子公司总经理、生产厂长、主管销售总经理、财务总监岗位等高管人员实行年薪制，年薪制具体实施办法根据集团公司薪酬管理制度执行。

2. 对子公司除总经理、生产厂长、主管销售总经理、财务总监以外的员工，实行工资总额控制为主、过程指导为辅，实际总额与子公司目标任务完成情况挂钩的政策。二次分配权下放子公司，从而完成子公司人权、事权的统一，保证子公司经营管理者责权利的统一，使其有足够的权力与动力去完成集团公司下达的生产经营目标。

3. 子公司工资总额=职能员工工资总额+工厂员工工资总额+销售公司工资总额。

4. 职能员工工资总额：集团公司总部根据定岗定编方案及各岗位工资标准，结合各子公司当地工资水平，核定子公司职能岗位工资总额，年终根据子公司目标任务完成情况，核算实际工资总额。

(1) 职能岗位人员包括财务部、综合管理部、品质管理部员工。

(2) 核定工资总额=编制内所有岗位工资的总和×区域系数。

(3) 实际工资总额=核定工资总额×子公司年度绩效考核系数。

(4) 各地的区域系数如表 8-1 所示。

表 8-1　区域系数设置

子 公 司	区域系数
上海公司、深圳公司、北京公司	1.2
南京公司、天津公司、重庆公司	1.1
山西公司、贵州公司、山东公司、唐山公司、邯郸公司、衡水公司、承德公司、保定公司、邢台公司	1.0

5. 工厂工资总额

(1) 包括生产厂长、生产技术部、收瓶部、酿造车间、灌装车间、动力设备车间所有岗位人员。

(2) 工资总额按产量、质量、税前利润等因素提取一定比例。

(3) 提取比例应考虑子公司产能规模和区域因素。

6. 销售公司工资总额

(1) 包括主管销售总经理、销售管理部、市场部、区域分公司所有岗位人员。

(2) 工资总额按销售额、税前利润等因素提取一定比例。

(3) 提取比例应考虑子公司产能规模和区域因素。

7. 各子公司应在集团公司总部的监督、指导下，制定适合企业实际情况的薪酬绩效管理方案，充分发挥薪酬的激励作用，促使集团公司绩效提升。

(1) 对职能部门人员实行岗位绩效工资制。

(2) 对技术工人实行技术等级工资制，对普通操作类工人实行岗位工资、计件工资与计时工资相结合的工资体系。

(资料来源：赵国军. 薪酬设计与绩效考核全案[M]. 3 版. 北京：化学工业出版社，2020)

三、薪酬调整

企业薪酬体系运行一段时间后，随着企业发展战略以及人力资源战略的变化，现行的薪酬体系可能不适应企业发展的需要，这时应对企业薪酬管理作系统的诊断，确定新的薪酬策略，同时对薪酬体系进行调整。

薪酬调整是保持薪酬动态平衡、实现组织薪酬目标的重要手段，也是薪酬管理的日常工作。薪酬调整包括薪酬水平调整、薪酬结构调整和薪酬构成调整三个方面。

(一)薪酬水平调整

薪酬水平调整是指在薪酬结构、薪酬构成等不变的前提下，将薪酬水平进行调整的过程。薪酬水平调整包括薪酬整体调整、薪酬部分调整及薪酬个人调整三个方面。

1. 薪酬整体调整

薪酬整体调整是指企业根据国家政策和物价水平等宏观因素的变化、行业及地区竞争状况、企业发展战略变化、公司整体效益以及员工工龄和司龄变化，而对企业所有岗位人员进行的调整。

薪酬整体调整就是整体调高或调低所有岗位和任职者薪酬水平，调整方式一般有以下几种。

1) 等比例调整

等比例调整是指所有员工都在原工资基础上增长或降低同一百分比。等比例调整可使工资高的员工调整幅度大于工资低的员工。从激励效果来看，这种调整方法能对所有人产生相同的激励作用。

2) 等额调整

等额调整是指不管员工原有工资高低，一律给予等幅调整。

3) 综合调整

综合调整考虑了等比例调整和等额调整的优点，同一职等岗位调整幅度相同，不同职等岗位调整幅度不同。一般情况下，高职等岗位调整幅度大，低职等岗位调整幅度小。

2. 薪酬部分调整

薪酬部分调整是指定期或不定期根据企业发展战略、企业效益、部门及个人业绩、人力资源市场价格变化、年终绩效考核结果，而对某一类岗位任职员工进行的调整，可以是某一部门员工，也可以是某一岗位序列员工，抑或是符合一定条件的员工。

年末，人力资源部门根据企业效益、物价指数以及部门、个人绩效考核结果，提出岗位工资调整方案，经公司讨论后实施。一般情况下，个人绩效考核结果是员工岗位工资调整的主要影响因素。对年终绩效考核结果优秀的员工，进行岗位工资晋级激励；对年终绩效考核结果不合格的员工，可以进行岗位工资降级处理。

根据人力资源市场价格变化，可以调整某岗位序列员工薪酬水平。薪酬调整可以通过调整岗位工资，也可以通过增加奖金、津贴补贴项目等形式来实现。

根据企业发展战略及企业效益情况，可以调整某部门员工薪酬水平。薪酬调整一般不通过调整岗位工资实现，因为那样容易引起其他部门内部的不公平感，一般情况下是通过增加奖金、津贴补贴项目等形式来实现。

3. 薪酬个人调整

薪酬个人调整是由于个人岗位变动、绩效考核或者为企业做出突出贡献，而对岗位工资等级的调整。

员工岗位变动或者试用期满正式任用后，要根据新岗位进行工资等级确定；根据绩效管理制度，绩效考核优秀者可以晋升工资等级，绩效考核不合格者可以降低工资等级；对公司做出突出贡献者，可以给予晋级奖励。

(二)薪酬结构调整

一方面，在薪酬体系运行过程中，随着企业发展战略的变化，组织结构应进行相应的调整，尤其是在组织结构扁平化趋势下，企业的职务等级数量会大大减少；另一方面，由于受到劳动力市场供求变化的影响，企业不同层级、不同岗位薪酬差距可能发生变化，这些都会对薪酬结构的调整提出要求。

　　一般情况下，通过调整各岗位工资基准等级，就能满足不同岗位、不同层级薪酬差距调整的要求；但当变化较大，现有薪酬结构不能适应变化后的发展要求时，就需要对公司的薪酬结构进行重新调整设计。薪酬结构的调整设计包括薪酬职等数量设计、职等薪酬增长率设计、薪级数量设计及薪级级差设计等各方面。

　　需要指出的是，在进行薪酬体系设计时，要充分考虑薪酬结构变化的趋势和要求，通过调整各岗位工资基准等级，就能实现薪酬的结构调整，这样操作简单、方便。不到万不得已，不要轻易进行薪酬结构的重新设计。

(三)薪酬构成调整

　　薪酬构成调整就是调整固定工资、绩效工资、奖金及津贴补贴的比例关系。

　　一般情况下，固定工资和绩效工资是通过占有岗位工资比例来调整的。在企业刚开始进行绩效考核时，往往绩效工资占有较小的比例，随着绩效考核工资落到实处，绩效工资可以逐步加大比例。

　　津贴补贴项目也应根据企业的实际情况进行调整，如那些津贴补贴理由已经不存在的津贴补贴项目，应该取消。

　　奖金应根据企业效益情况及人力资源市场价格，进行相应调整，或增加，或降低。

(四)薪酬调整注意事项

1. 薪酬调整要注意系统性、均衡性

　　薪酬调整是牵一发而动全身的工作，无论是薪酬的整体调整、部分调整、个人调整，还是薪酬结构调整、薪酬构成调整，都涉及员工的切身利益。因此，薪酬调整要慎重，注意系统性，同时注意不同层级、不同部门员工薪酬的平衡。另外，薪酬调整应保持常态，不能一次调整幅度过大。

2. 要建立薪酬调整长效机制

　　建立薪酬调整长效机制，可使员工收入增长与企业效益、物价上涨水平保持同步，使业绩优秀者得到晋级，使业绩低下者的薪酬不能晋级。

　　以下是国家烟草专卖局在深化行业收入分配改革的指导意见中，有关建立工资收入正常调整机制的条款。

　　一是通过岗位变动调整工资，通过公开选拔、竞争上岗、择优聘用等实现"岗变薪变"。

　　二是通过岗位等级变动调整工资，通过专业技术职务评聘、职业资格认证以及工作业绩考核等实现"等级能升能降"。

　　三是通过岗位档次变动调整工资，通过年度绩效考核，确定进退档比例，对考核优秀者直接晋升一档；对连续两年考核称职者晋升一档；对考核基本称职者不调档；对考核不称职及连续两年考核基本称职者降一档。

　　从以上条款可以看出，国家烟草专卖局对薪酬个体调整做了明确说明，在岗位变动、职务晋升、年度考核等方面对薪酬调整都做出了规定。

　　从这个文件可以看出，国家烟草专卖局的目的是改变过去事业单位工资两年一次整体调整的做法，根据绩效考核作部分调整，业绩好的每年可以晋升一级，业绩一般的两年晋

升一级，业绩较差的不晋级甚至降级。

案例8-4　薪酬调整、计算与支付

(一)薪酬调整

第三十八条　薪酬调整可分为整体调整、个人调整。

第三十九条　整体调整是指公司根据国家政策和物价水平等宏观因素的变化、行业及地区竞争状况、企业发展战略变化以及公司整体效益而对岗位工资基准等级进行的调整，包括薪酬水平调整和薪酬结构调整。薪酬整体调整由人力资源部提出方案，公司总经理批准执行。

第四十条　个别调整是个人岗位工资相对岗位工资基准等级的调整，包括初始定级调整、岗位变动调整、年度调整。

- 岗位任职者岗位工资最多可以比基准等级高9个等级。
- 岗位工资等级调整过程中，若该职等晋级等级不够，可套入高一职等继续晋级，达到规定最高等级后不可继续晋级，除非岗位发生变动。

第四十一条　一般情况下，试用期满经考核合格员工岗位工资就定在基准等级上，根据考核结果可高定或低定1级；某些管理岗位员工在代理任职期间，可低定1～3级。

第四十二条　由于岗位变动，岗位工资进行相应调整。岗位变动可分为同职等岗位变动、职等晋升岗位变动、职等降低岗位变动三种情况。

- 员工岗位发生同职等岗位变动，若新岗位工资基准等级高于原岗位工资基准等级，那么员工岗位工资相应上调几级。若新岗位工资基准等级等于原岗位工资基准等级，员工岗位工资等级不变。若新岗位工资基准等级低于原岗位工资基准等级，如果是因为工作需要进行的岗位变动，应该以该员工工资不能降低为原则套入新的工资等级；如果是因为员工不胜任岗位工作而进行的调整，则应对岗位工资进行相应等级的向下调整。
- 员工发生职等晋升岗位变动，那么岗位工资应进行调整，直接按初始定级进行。若新岗位工资基准等级标准低于原岗位工资标准，应该将该员工岗位工资上浮一定薪级以便不低于原工资标准。
- 员工发生职等降低岗位变动，岗位工资应进行调整，直接按初始定级进行。

第四十三条　年末，由人力资源部提出岗位工资调整(晋级或降级)方案，该方案应充分考虑公司经济效益、物价上涨水平以及部门、个人绩效考核结果，经公司总经理批准后实施。

第四十四条　考虑老员工对企业发展的历史贡献，本次薪酬调整实行套改政策。

- 资历因素：同级别岗位任职连续时间超过4年上浮一级(适用于三、四、五、六职等员工)。
- 司龄因素：司龄超过15年上浮3级，司龄超过10年上浮2级，司龄超过5年上浮1级(适用于一、二职等员工)。
- 技能因素：对于一、二、三、四职等员工，根据个人技能情况上浮0～3级；对于技术岗位人员，特殊人才最多可以加8级。

(二)薪酬的计算、支付

第四十五条　工资的计算周期为月度，部门员工实行每周5个工作日制度，车间工人实行综合工时制。

第四十六条 下列情形的员工薪酬计算方式如下。

1. 事假：事假员工不享受基本工资、绩效工资及激励工资。

2. 病假：病假员工不享受基本工资、绩效工资及激励工资。

3. 旷工：旷工按实际旷工天数3倍核减工资。对于计件工资及提成工资制员工，核减基数为基本工资，对于实行岗位绩效工资制员工，核减基数为岗位工资。

4. 组长补贴、特殊工种补贴：以实际出勤天数计算。

5. 驻外补贴：以实际驻外天数计算。

第四十七条 当60%≤出勤率≤140%,使用扣加法计算岗位绩效工资制员工月度工资，工资=基本工资底薪+绩效工资底薪×绩效考核系数±(岗位工资/25)×加班缺勤天数+补贴。

- 基本工资=基本工资底薪×(实出勤天数/应出勤天数)
- 绩效工资=应发工资-基本工资-补贴-加班工资
- 加班工资=(实出勤天数-应出勤天数)×(岗位工资/25)

第四十八条 当出勤率<60%或出勤率>140%时，使用出勤比例法计算岗位绩效工资制员工月度工资，工资=(基本工资底薪+绩效工资底薪×绩效考核系数)×(实出勤天数/应出勤天数)+补贴。

- 基本工资=基本工资底薪×(实出勤天数/应出勤天数)
- 绩效工资=绩效工资底薪×绩效考核系数×(实出勤天数/应出勤天数)
- 加班工资=应发工资-基本工资-补贴-绩效工资

第四十九条 计件工资制员工工资=基本工资底薪×(实出勤天数/30)+计件工资+补贴。

第五十条 每月25日前公司从指定的银行以法定货币(人民币)形式向员工支付上月工资。

第五十一条 下列各款项直接从工资中代扣除。

- 应由员工交纳的个人所得税。
- 应由员工个人缴纳的社会统筹保险金及住房公积金。
- 与公司订有协议应从个人工资中扣除的款项。
- 司法、仲裁机构判决、裁定中要求代扣的款项。

(资料来源：赵国军. 薪酬设计与绩效考核全案(第三版)[M]. 北京：化学工业出版社，2020)

四、薪酬沟通

(一)薪酬沟通概述

薪酬沟通是指为了实现企业的战略目标，管理者与员工在互动过程中通过某种途径或方式将薪酬信息、思想情感相互传达交流，并获取理解的过程。

薪酬沟通主要是指企业在薪酬战略体系的设计、决策过程中就各种薪酬信息，跟员工全面沟通，让员工充分参与，并对薪酬体系执行情况予以反馈，再进一步完善体系；同时，员工的情感、思想与企业对员工的期望形成交流互动，相互理解，达成共识，共同努力推动企业战略目标的实现。薪酬沟通不仅是薪资的沟通，更可以引导员工放眼未来，灵活动态地看待薪酬体系。

(二)薪酬沟通的常见误区

1．口头解释足矣，缺乏薪酬目标

如果薪酬或奖金体系不复杂，就不必书面化，简单的口头解释足矣。管理层忽略了健全和完善合理的分配制度的重要性，往往不做书面化、规范化的工作，认为只要发钱时跟员工讲一下就可以了，根本没有明确的薪酬目标，也没有清晰的规划。而这种做法往往会带给员工不确定和不稳定的感觉。没见过正式的制度，也没成文的文件，看不到明确的考评依据和确切的计算细节，不清楚下次的评定方式会不会变，不肯定明年还有没有这奖金，也不晓得上司这次的激励承诺会不会兑现……

如果员工的心里有这么多的"不清楚"和"不明确"，而仅仅只是管理者心知肚明，那么这钱就拿得不明不白，这薪资或奖金的激励效果也就会大打折扣。所以，薪酬和奖金方面的政策信息是个郑重的话题，即使复杂程度低也有必要规范化和成文化，还应明确易懂并充分沟通。比如，调薪加薪的原则和流程应该有正规的书面沟通；再比如，奖金发放时，要提供依据显示相关的考核和计算信息。这样，员工拿到奖金时，才能够知其然，也知其所以然，还知道自己以后要达到什么样的期望值，获取什么样的回报，同时实现薪酬发放的目标。

2．不谈员工的职业发展

业绩评估和薪酬是紧密挂钩的，公司考评什么，员工就会在什么方面努力，取得公司期望的绩效。所以，很多管理人员在和下属谈薪酬时都能对其过去的成绩评头论足一番。但仅仅这样是不够的。不提或少提员工个人发展的话题，可能是因为对此有所避讳，似乎讨论个人发展就是鼓动员工不安分于本职工作，是违背公司的利益；也可能是管理人员本身不善于驾驭有关职业发展的话题，不知如何交流沟通。不管是何种缘由，管理层应该认识到薪酬和奖金不仅为了"肯定过去"，更是为了"激励未来"。避而不谈员工的个人职业发展只会产生更多的负面影响。

公司不谈员工的未来，但员工自己"琢磨"。与其不知道而且无法控制员工心里的"小算盘"，还不如开诚布公地和员工一起探讨如何共同"激励未来"，如何在企业的战略目标和员工的职业发展之间寻求一种"共赢"局面。

3．谈话走过场

由于时间紧迫，谈话变成一刀切和走过场的套话。正规的薪酬或奖金沟通一般应选在两类日子：员工加入公司的满周年日期，或是全公司统一地集中在某一天或几天内。若公司员工人数达到一定规模，显然采用前一种方式会带来操作上的烦琐和费时。多数公司都采用后者，且通常选在公司的一个财年结束后，以便于结合公司的上年业绩和下年目标进行薪酬调整和奖金考核。而这种方式最易带来的弊端是在薪酬沟通的那段日子，主管们的工作量剧增，时间不够用。这样能分给每个员工的关注就很少，谈话内容偏于标准化、应付任务和走形式。因此，沟通的质量就会受到影响。

有的企业总经理会亲自和每个员工进行一年一度的薪酬和奖金沟通，以示重视和关注。但要对员工的工作成绩进行贴切和细致的评估，只有其直线上司才更适合。比如，和某个基层操作工的谈话，就需要拉上生产线领班和生产部经理，再加上总经理，一起"三堂会

审"。在层层领导的唬人阵势下，不但员工本人难以畅所欲言，只怕中层的管理者也不敢放胆评论。

4. 员工只当听众

有效的沟通应该是双向的，薪酬和奖金方面的沟通也不例外，员工不应仅是听者。现在企业中各员工的薪酬往往是不相互公开的。但对于分配制度、薪酬政策的信息，大家都普遍认可要公开、透明和沟通。企业只把和当事人相关的信息告诉他，员工不说话只是听，这样并不算是沟通，充其量只是被告知个人的薪酬信息而已。

不管是员工的业绩评价、薪酬奖金情况，还是职业发展的内容，员工都有话可讲，也应该讲。同时，薪酬沟通还是个上司对下属进行指导的机会，管理人员不要自己滔滔不绝，而应懂得聆听，鼓励员工表达看法和感受，然后给予认可或提出建议，帮助员工持续改进，也自然坦诚地交流员工个人发展的话题。这样才能建立起有效的双向沟通和反馈渠道，既有利于薪酬体系的逐步完善，又能增强员工的受重视感和对公司的归属感。

(三)有效的薪酬沟通

1. 用明确的薪酬目标进行沟通

薪酬沟通是企业薪酬管理中不可或缺的组成部分，也是企业激励机制中极为重要的一项内容。薪酬目标的背后隐含着企业的价值标准和激励导向。因此，薪酬沟通可以围绕如下问题进行：企业的薪酬战略是什么，领先、落后还是跟随战略；目标是什么，吸引、保留还是激励；侧重于内部公平还是外部公平；企业的付薪要素是什么，岗位、资历、能力还是业绩；薪酬标准是如何制定的；如何将付薪要素设计到薪酬体系中。

用明确的薪酬目标进行薪酬沟通可以把企业价值理念、企业目标有效地传达给员工，把企业目标分解成员工个人成长目标，使企业和员工融为一体，引导员工行为与企业发展目标保持一致，从而极大地调动员工的工作积极性与热情，使企业效益得到提高。

2. 收集相关信息

在沟通目标确定下来以后，下一个步骤是从决策层、管理者以及普通员工中间收集他们对于薪酬体系的有关看法：既包括对现有体系的评价，也包括对未来变革的设想和期望。只有把这些信息和薪酬沟通目标结合在一起，才可以确保企业和员工们的需要都得到关注和满足。同时，询问员工对于薪酬体系的观点、看法以及相关态度，这本身已经表明了企业对员工所想所思的重视。同时，员工们也能由此获得参与感，并增强对企业的承诺，这些对于企业的经营成功都十分重要。

首先，从所要收集的信息的内容看，尽管不同企业在经营状况方面的差异很大，想要实现的目标也不尽相同，但还是有些信息是值得所有企业都加以重视的，如员工们对企业现有薪酬体系的了解程度如何；管理者和员工是否掌握了与薪酬方案有关的准确信息；在薪酬沟通方面，管理者是否掌握了就薪酬和福利进行有效沟通的技巧；管理者和员工认为哪些沟通手段对薪酬沟通来说是最有效的：书面文件、光盘、小型集会还是大型会议。

当然，上面列举出来的问题只是应该收集的信息当中的一小部分。取决于特定的沟通要求，在不同的情况下需要就不同信息进行收集。

其次，从信息收集的方式来看，企业可以采取若干种不同的方式收集相关信息，主要包括问卷调查法、目标群体调查法、个体访谈法等。

比较而言，问卷调查法是一种应用甚为广泛的信息收集方式。当需要面对为数众多的对象收集大量信息的时候，这种方式往往最为有效。目标群体调查法，只是针对意欲调查的对象整体，即企业里的员工和管理者，随机抽取的一个小型样本。一般来说，每一个目标群体都要能够涵盖企业里的各个部门，从而保持样本的充分代表性。个人访谈法，主要是指针对企业决策层以及首席执行官进行的访谈。它的主要功能在于通过了解企业高层对薪酬问题的看法，给企业薪酬沟通事先定下基调和风格，从而节约时间和精力。

除去上面的这些方法之外，其他一些方法也都有可取之处。例如，利用企业中的非正式组织收集信息；根据员工们对薪酬方案提出的质疑来发现问题；通过绩效面谈了解员工以及管理者的看法。在不同的情境之下，不同的信息收集方式会发挥不同的作用，满足企业不同的需要。

3. 制定沟通策略

在收集到有关员工对薪酬方案和心理感受的信息之后，企业就可以着手在既定的目标框架之下制定薪酬沟通的策略。虽然已有研究对于企业应该和员工就什么进行沟通、怎样进行沟通并不曾有过明确的限制，但我们还是能够对企业中的沟通策略进行大致的分类。

具体说，有些企业采取的是"市场策略"：与向客户推销商品很相似，把目标员工和管理者当成客户，而企业的沟通目标在于有效控制客户对于薪酬方案的预期和态度，提高客户满意度。因此，这方面的相应措施可以包括就客户对项目薪酬体系的反映进行调查；准确告知客户企业现有薪酬制度的优势和不足；以最新的薪酬举措进行宣传。也有一些企业立足于"技术策略"。这种策略不太重视薪酬政策本身的质量或优缺点，而是着眼于向客户提供尽可能多的技术细节。这些细节可能会包括企业里的具体薪酬等级、特定薪酬等级的上限和下限、加薪的相关政策等。通过这种做法，可以加深目标员工和管理者对于薪酬体系本身的认识和理解，更好地实现沟通的目标。

4. 选择沟通形式进行薪酬沟通

当企业开始着手确定沟通方式的时候，一般都会面临多种备选方案。由于沟通类型不同，不同形式的沟通应该采用不同的沟通媒介。一般集体沟通可以采取会议沟通、网络沟通等方式。针对员工个人的沟通一般以采取书面沟通和面对面沟通方式为主。

5. 评价沟通结果

薪酬沟通的最后一个步骤是就整个沟通流程的效果进行评价。对薪酬沟通结果进行评价的最佳时期是沟通结束后两个月左右，而这段时间间隔则为员工消化薪酬信息、适应新的薪酬体系提供了一个缓冲机会。

本 章 小 结

本章介绍了薪酬预算，对企业薪酬预算产生影响的环境因素，制定薪酬预算的原则、方法。重点介绍了薪酬控制的原则、决定因素及相关措施；薪酬调整的相关表述明确了薪酬沟通的特征、误区及有效进行薪酬沟通的方法。

自 测 题

1. 环境因素对企业进行薪酬预算有哪些影响？
2. 薪酬成本受哪些因素影响，如何控制？
3. 薪酬沟通存在哪些误区，如何进行有效的薪酬沟通？

案例分析

内容见二维码。

杰克·韦尔奇：一个差点改写历史的薪酬故事.docx

阅读资料

内容见二维码。

阅读资料 8.docx

第九章 薪酬管理展望

【学习目标】

通过本章的学习，学生能够了解现代薪酬管理的思想以及当前市场薪酬动态，掌握未来薪酬发展的特点和趋势。

【关键概念】

薪酬管理(salary management)　发展(development)

【引导案例】

星巴克咖啡公司的薪酬管理与文化

1. 公司背景

星巴克咖啡公司创建于 1987 年，现任董事长兼首席执行官是霍华德·舒尔茨，他于 1982—1985 年与公司的最初创始人一起共事，后来买下了这家公司。在 1987 年时，星巴克公司有 11 家店。最初的商业计划是向投资者承诺在 5 年内达到 125 家店铺。

1982—1992 年，该公司仍是私营企业，却以令人震惊的年均 80% 的增长速度增加到 150 家店。1992 年 6 月，该公司上市并成为当年首次上市最成功的企业。今天，星巴克公司是北美地区一流的精致咖啡零售商、烘烤商及一流品牌的拥有者。在北美、英国及环太平洋地区拥有 1800 家分店，和布瑞尔公司(生存咖啡冰淇淋)及百事可乐公司(生产一种叫富拉普西诺的瓶装咖啡饮品)达成了战略伙伴关系。1997 年财政年收入是 9.67 亿美元，比上一年几乎增长了 39%。公司雇用了 25000 多名合伙人(该公司对雇员的称呼)。公司目标是到 2000 年在北美地区拥有超过 2000 间店铺的规模。公司的使命"是使自己成为世界上最好的咖啡的主要供应商，并在发展过程中不折不扣地保持商业原则"。

星巴克公司的文化和价值观：人力资源及薪酬体系的驱动因素

星巴克公司是一家价值驱动型的企业，公司内有一套被广泛接受的原则。这家公司总是把员工放在首位并对员工进行大量投资。这一切全都出于首席执行官的价值观和信念。舒尔茨曾说道："如果公司能给人们带来主人翁意识并且能够提供全面的医疗保险，人们便认为该公司是一家能给他们带来自尊的公司，能尊重他们所作的贡献，不管员工的教育程度和工作地点在哪里。"

公司坚信若把员工放在第一位，将带来一流的顾客服务水平。换言之，有了对服务相当满意的顾客后，自然会有良好的经营业绩。

2. 通过人力资源及全面薪酬体系强化企业文化与价值观

为了强化企业文化，公司实施了一系列薪酬激励计划。

(1) 对于全职和兼职职工(符合相关标准)，公司提供卫生、牙科保险以及员工辅助方案、伤残保险。此外，一家叫工作解决方案的公司帮助员工处理工作及家庭问题。这种现象在零售行业里并不常见，大多数企业不会为兼职职工的福利支付成本。尽管星巴克支付兼职员工福利的成本增加了公司的总福利成本，但平均福利成本和对手相比仍然很低。虽然投资巨大，但公司仍支付大量红利。那些享受这些福利的员工对此心存感激，因而对顾客服务得更加周到。

(2) 所有员工都有机会成为公司的主人。为此，公司设计了两种方案：第一种方案是公司在 1991 年设立了股票投资方案，允许员工以折扣价购买公司股票；第二种方案称为"咖啡豆方案"，即每年提供一定的期权，总金额是基本工资的 14%。那些达到最低工作量的兼职职工两个方案均可享受。满足下列条件的员工可以得到期权：从 4 月 1 日到整个财政年度末在公司工作，这期间至少有 500 个小时工作，到 1 月发放期权时仍在公司工作的员工。由于星巴克公司的股价持续不断地上涨，给员工的期权价值就很大；更重要的是配合公司对员工的思想教育，使员工产生自己是公司股东的想法。

然而，加强文化和价值观的培养不是一个薪酬体系的全部问题。全面薪酬体系尽管是推动业务的强有力杠杆，但它只是其中的一个因素，不能与其他正在实施的关键性的人力资源杠杆分裂开来。这些其他杠杆包括广泛的员工培训、公开沟通的环境及一个叫作使命评价的方案，这是一个叫作合伙人快照方案的一部分。合伙人快照方案是想尽量从公司伙伴那里得到反馈，这和意在得到顾客反馈的顾客快照方案是平行的。合伙人快照方案包括公司范围内的民意调查、使命评价及一个相对较新的对公司和员工感兴趣的关键问题进行调查的电话系统。

使命评价是于 1990 年制定的正式方案，以确保公司按其使命前进。公司在每个地方放置了评论卡谈论有关使命评价的问题，员工可以在他们认为相关决策不支持公司的使命时填写评论卡。相应的部门或人员会在两周内对员工的问题做出回应。此外，一个跨部门的小组在公开论坛上探讨员工对工作的忧虑，并找出解决问题的方法及提交相关报告。这样做不仅使公司的使命更具有生命力，也加强了企业文化的开放性。所有招聘进来的新员工在进入公司的第一个月内能得到最少 24 小时的培训。培训项目包括对公司的适应性介绍、顾客服务技巧、店内工作技能。另外还有一个广泛的管理层培训计划，它着重于训练领导技能、顾客服务及职业发展。

公开的沟通方式也是星巴克公司原则的一部分。公开论坛一年要举办好几次，告诉员工公司最近发生的大事，解释财务状况，允许员工向高级管理层提问，同时也给管理层带来新的信息。此外，公司定期出版员工来信，这些来信通常是有关公司发展的问题，也有员工福利及股东方案的问题。

3. 星巴克公司人力资源和薪酬的发展

另外一件星巴克公司关注的事是公司已走过发展的许多阶段，人力资源和全面薪酬体系也应该随之发展。比如，在 20 世纪 80 年代后期，该公司还是只有一个重点产品的区域性公司。公司的人力资源部主要由行政管理人员组成，但他们同时常常忙于日常事务的处理，大部分工作由外部咨询师作指导。在 20 世纪 90 年代早期，星巴克发展成真正的全球性公司，拥有多条产品线。人力资源经理发展成为项目经理，他们从行政职能转变为人力资源管理职能。一些不能为公司提供核心竞争力的东西开始采用外购的方式进行。公司继续进行人力资源职能更新的自动化服务。薪酬和福利成为全面薪酬的一部分，包括额外医疗福利、医疗照顾、同工同酬及员工辅助方案等。

进入 20 世纪 90 年代后半期之后，公司在业务范围和业务重点上更加国际化。同时，人力资源部门已确立起业务领导的职能，为公司的长期发展提供业务咨询和战略管理。公司执行一体化的国内及国际人力资源计划，以支持业务战略的发展。

4. 最新的结果

这种使人力资源和全面薪酬体系一体化的结果提升了公司的文化和价值观，但是它是否值得投资呢？当然是，星巴克公司在采取这种一体化的决策后，被《财富》杂志评为 100 家"最值得工作"的公司之一。公司的财务业绩也十分优秀，1997 年财政年度的收入近 10 亿美元。若包括两次股票分拆在内，股价已比最初上升 30 多倍。员工的流失率，尤其是在商店里的流失率远远低于行业一般水平，仅为普遍水平的 1/3～1/2。对员工的满意度调查表明：员工非常喜欢为公司工作，对公司的领导很满意。某家专业调查公司的调查结果显示：星巴克公司的经营业绩和员工满意度指标与其他大多数公司相比好很多。

他们能定量分析人力资源的结果而与全面薪酬体系之间的相关关系吗？这是不可能的。然而，公司的高级主管、经理、人力资源及普通员工都能强烈地感受到这些方案对公司及员工的发展贡献多多。

5. 未来将会怎样

随着公司继续在国际国内市场上增设新店，员工数量持续高速增加，人力资源和薪酬体系面临挑战。在公司日益分散化、多元化、巨型化的时候，如何继续提升公司的文化和价值体系并保持活力？随着公司规模的扩大，如何能拥有小公司的灵敏性？过去成功实施的方案，如咖啡豆方案，该如何保持活力？怎样与业务的变化和员工的需求相适应？

人力资源管理及全面薪酬体系现在和未来的工作重点就是找到上述问题的答案，想办法提升公司的文化和价值观，体现员工第一的思想。若能做到这些，在未来，星巴克就能保持令人激动的独一无二的发展势头。

(资料来源：徐斌. 薪酬福利设计与管理[M]. 北京：中国劳动社会保障出版社，2006)

简评：

该案例表明，薪酬管理的视野须开阔，也就是要站在大薪酬的角度去理解薪酬设计与管理，包括尊重员工的思想等。薪酬管理是人力资源管理的核心部分，如何艺术化和科学化地处理好薪酬管理中的各类问题，是人力资源的新课题。

一、现代薪酬管理思想

随着社会生产力的高度发展，世界进入经济全球化和知识经济时代，管理也正由科学管理进入人本管理时代，相应的，传统的薪酬管理理念也在发生着深刻的变化。在此基础上形成的现代薪酬管理思想包括如下内容。

1. 薪酬管理最根本的就是对劳动生产率的管理，即对劳动效率的管理

我们判断一种薪酬制度、薪酬策略的优劣，不是看人力成本的高低，而是看劳动生产率的高低。一种成功的薪酬管理，必然导致激励因素的提高，员工效率的提高。反之，没能促使劳动效率提高的薪酬管理，就不能被认为是成功的。

2. 精神激励的作用不可忽视

现代管理者已经认识到，优厚薪酬只能用来留住员工，却不能发挥任何激励作用，而内在精神激励往往更能发挥员工的积极性。

3. 薪酬公平化的"可比价值"公平

用"可比价值"来解释公平付薪理论，将公平化建立在更为广大的基础上，可以引导人们将报酬公平与否的注意力放在对相似职位的工作评价上，使薪酬的内涵更加深化。

4. 重视员工自我激励的能动性

许多管理学家指出，员工都有自我激励的能动性。企业管理者的任务是爱护和激发员工的自我激励能动性，甚至无须花分文。员工自我激励能力基于这样一个事实，即每个人都对归属感、自尊感、成就感并对驾驭工作的权力充满渴望。恰当地满足员工的这些需求，就会激发员工旺盛的自我激励能动性。

5. 薪酬管理和绩效考核管理密不可分

任何优秀的薪酬管理若想成功，必须有一个科学有效的考核制度和考核方法与之配合。在一些企业，往往由于绩效考核管理上的漏洞，使优良的管理功亏一篑。

6. 薪酬结构应随行业、企业而改变

薪酬结构作为薪酬策略选择的一部分，日益成为薪酬管理的重要内容。薪酬结构主要是指工资、奖金、津贴、股权、福利之间的比例关系，以及固定工资与活动工资(业绩)之间的比例关系。这些比例关系像调节阀，可整合和变化出许多新的薪酬格局。

(1) 总体来讲，活工资的比重不应太少，但也不是越大越好。活工资不足，难以推动业绩的提高；活工资比例过高，则有可能导致短期行为。

(2) 一般而言，工资仍是薪酬的主体部分，奖金和津贴应该少而精。

(3) 福利是十分重要的因素。作为一种薪酬支付手段，福利这种薪酬支付方式有其独特的价值：首先，由于减少了以现金形式支付给员工的薪酬，企业可通过这种方式达到适当避税的目的；其次，福利为员工将来的退休生活和一些可能发生的不测事件提供了保障；最后，福利也是调整员工购买力的一种手段。因此，福利在国外许多企业中的增长速度相当快。

(4) 员工持股和股票期权。这一环节属于长期激励，但影响因素十分复杂。比如股票期权，既要看到其显著的长期激励效果，又要看到其负面影响——助长贫富两极分化，诱发经营层的短期行为，也应看到其局限性——一旦股票市值的高速增长不再继续，其激励作用就会一落千丈。

7. 薪酬管理应与企业文化、企业形象建设相得益彰

薪酬管理意在启动企业内部的物质发动机，企业文化建设意在启动企业内部的精神发动机。优厚的薪酬可以吸引和留住优秀的人才，而优秀的企业文化以及由此而塑造出的优秀企业形象，则可以使人才迸发出高度热情和创造性，甚至可以用中等竞争力的薪酬把一流人才吸引过来、留住他们，并使其积极工作。

8．薪酬管理过程鼓励和强调公平竞争

薪酬管理的本质是提高劳动生产力，而提高劳动生产力的杠杆就是竞争。如果一项薪酬政策鼓励和造就了公平竞争环境，则这种薪酬管理就充满了活力。为达到此目的，必须与公平、科学的考核制度相结合，必须强调薪酬与贡献挂钩，与个人、团队、组织的绩效挂钩，并且适当地拉大薪酬差距，表现出"奖勤罚惰，奖优罚劣"的明显功能。

二、现代企业薪酬管理的特点

随着中国加入 WTO，中资企业与外资企业之间的人才争夺战将日趋白热化。怎样才能吸引人才、留住人才？中国的薪酬制度及其管理机制正面临着前所未有的挑战。加入 WTO后，中国的薪酬管理与员工福利都进一步与国际市场接轨，也只有这样才能在日趋激烈的国际人才竞争中取得优势。这几年，中国企业的薪酬管理呈现以下几种特点。

1．岗位评价越来越成为企业制定工资制度、衡量劳动报酬的重要依据

岗位评价是根据工作分析获得的工作资料来确定每种工作对于组织的相对价值，并对不同工作进行比较，从而确定每种工作的货币价值。岗位评价"对岗位不对人"，是制定工资结构的重要科学依据。从 20 世纪 60 年代中期以来，德国在职工工资制度的制定和推行过程中，就广泛采用了劳动岗位评分的方法，并且不断地在组织机构、人员配置、实施的程序和方法以及评价内容上逐步加以完善，使岗位评价在缓和劳资双方矛盾，降低人力成本，提高劳动效率，促进企业在生产发展等方面发挥了很重要的作用。中国企业也要大力推广岗位评价制度，使员工薪酬体系建立在科学的基础之上。

2．集体谈判越来越在员工薪酬福利的决定中扮演重要角色

集体谈判工资，是指职工代表与企业代表依法就企业内部的工资分配制度、工资分配形式、员工收入水平等事项进行平等协商，在协商一致的基础上签订工资协议的行为。集体谈判增强了员工民主参与管理的意识，有助于企业劳动关系的稳定。中国已经在非国有企业和部分改制的企业中试行多种形式的工资集体协商制度，劳动和社会保障部在 2000 年11 月公布了《工资集体协商实行办法》。但是，在我国集体谈判制度的实施过程中仍存在不少障碍。国有企业的集体谈判大都流于形式；就非国有企业来说，主要的问题是工会组织不健全，大多数民营、三资企业没有建立工会，有些即使建立了工会，但是作用有限；就非国有企业来讲，行业、地区一级的工会组织更没有建立，也没有同级的雇主组织，致使劳动关系双方主体无法在行业和地区范围内形成对等的谈判和协商机制。集体谈判是国外薪酬的一项重要内容，在西方有几百年的历史，积累了相当丰富的经验，值得我们借鉴。中国企业需要不断完善集体谈判的程序，进一步加快构建集体谈判机制的进程。

3．中国企业经理人的收入越来越规范化

职业经理人"年薪制"，是企业以"年度"为周期单位确定经营者的基本收入，并视其经营成果浮动发放风险收入的经营者工资制度。这一制度是从国外引进的，中国国有企业在 20 世纪 90 年代初已开始实行。经过十多年的实践，这种分配形式在一定程度上起到了把经营者的收入与国有资产保值增值挂钩、与企业的规模和经营责任及风险相联系、与企

业职工的收入分配相分离的作用，突出了经营者的地位，充分肯定了经营者特殊和复杂的劳动。但年薪制实行多年，仍存在许多问题，例如：经营者的业绩考核办法不完善，年薪的计算很复杂，考核指标很烦琐，考核的科学性和真实性非常欠缺，年薪制以货币形式为主但同时职位消费十分混乱，容易激化企业内部的矛盾，传统的干部人事制度没有与经营者劳动力市场相配套等。加入 WTO 以后，外国在华企业增多，有利于职业经理人市场的形成和职业经理人收入的规范化。

4. 企业的核心员工持有股票期权和期股越来越为人关注

股票期权和期股制度始于 20 世纪 70 年代，西方发达国家常常采用这种长期激励机制使员工与企业结成利益共同体。股票期权是指购买股票的约定权利，具体来说，是指按事先约定的日期、约定的价格、约定的条件完成股票购买行为的权利。股票期权适用于上市公司。期股是指按既定价格购买一定量的股份，先行取得所购买股份的分红权等部分权益，然后再分期支付购股款项。购股款项一般以分红所得分期支付，在既定时间内支付完购股款项后，取得完全所有权。期股主要用于效益较好的非上市股份有限公司和有限责任公司。企业中高层核心员工持有期权和股权，是一种把经营者个人利益与投资者利益相捆绑的形式，极大地促进经营者增加资产经营利润。《财富》杂志评出的世界 500 强企业中已经有 89% 的企业对经理等核心员工实行了股票期权的报酬制度。不少中国企业在改制中试行过期权和期股制，但是由于中国证券市场还不完善，股票期权和期股的兑现没有充分的法律保障。加入 WTO 后，期权期股的设计更加科学，证券市场法律制度的完善也更有助于期权期股计划的规范化实施。

5. 多元化、符合中国特点的福利项目不断推出

企业要留住人才，不仅要提供给员工有市场竞争力的薪资，优厚的福利也是必不可少的。上海贝尔公司就是凭借其优厚的福利，吸引了大批人才，培养了大批人才，留住了大批人才，建立了一支一流的员工队伍，造就了一个内部富有良性竞争的企业大家庭。许多企业在经营初期为外部环境所制约，福利更多地承袭了计划经济体制下的大锅饭形式。随着企业的发展和中国市场体系日益和国际接轨，企业在福利管理方面已日趋成熟，其中重要的一条就是真正做到了福利跟随战略，使企业的福利管理摆脱了原先不得已而为之的被动窘境，主动设计出独具特色的福利政策，营建自身的竞争优势。一些著名企业众多的福利项目就包括优厚的奖金、法定福利、衣食住行补贴、完备的员工培训、购房购车无息贷款、补充性养老保险、有薪假期、特殊福利、员工俱乐部活动等。可见企业福利政策应该是企业整体竞争优势战略的一个有机组成部分。加入 WTO 后，为加强与国际企业的竞争，中国企业不断推出多元化的符合中国特点的福利项目，为员工营造一种自我发展、自我实现的优良环境。

三、薪酬管理的发展趋势

薪酬制度对企业来说是一把"双刃剑"，使用得当能够吸引、留住和激励人才，而使用不当可能给企业带来危机。建立全新的、科学的、系统的薪酬管理系统，对于企业在知识经济时代获得生存和竞争优势具有重要的意义。而改革和完善薪酬制度，也是当前企业面

临的一项紧迫任务。与传统薪酬管理相比较，现代薪酬管理有以下几种发展趋势。

1．全面薪酬制度

薪酬既不是单一的工资，也不是纯粹的货币形式的报酬，它还包括精神方面的激励，比如优越的工作条件、良好的工作氛围、培训机会、晋升机会等，这些方面也应该很好地融入薪酬体系中去。内在薪酬和外在薪酬应该完美结合，偏重任何一方都是跛脚走路。物质和精神并重，这就是目前提倡的全面薪酬制度的内涵。

2．薪酬与绩效挂钩

单纯的高薪并不能充分起到激励作用，这是薪酬管理学者反复强调的观点，只有与绩效紧密结合的薪酬才能够充分调动员工的积极性。而从薪酬结构上看，绩效工资的出现丰富了薪酬的内涵，过去那种单一化僵死的薪酬制度已经越来越少，取而代之的是与个人绩效和团队绩效紧密挂钩的灵活的薪酬体系，固定工资所占的比重已经越来越低。

3．宽带型薪酬结构日益流行

工资的等级减少，而各种职位等级的工资之间可以交叉。宽带的薪酬结构可以说是为配合组织扁平化而量身定做的，它打破了传统薪酬结构所维护的等级制度，有利于企业引导员工将注意力从职位晋升或薪酬等级的晋升转移到个人发展和能力的提高方面，给予绩效优秀者比较大的薪酬上升空间。

4．雇员激励长期化、薪酬股权化

这样做的目的是留住关键的人才和技术，稳定员工队伍。具体方式主要有员工股票选择计划(ESOP)、股票增值权、虚拟股票计划、股票期权等。

5．重视薪酬与团队的关系

以团队为基础开发项目，强调团队内协作的工作方式正越来越流行，与之相适应，应该针对团队设计专门的激励方案和薪酬计划，其激励效果比简单的单人激励效果好。团队奖励计划尤其适合人数较少，强调协作的组织。

6．薪酬制度的透明化

关于薪酬的支付方式到底应该公开还是透明，这个问题一直存在比较大的争议。从最近的资料来看，支持透明化的呼声越来越高，因为毕竟保密的薪酬制度使薪酬应有的激励作用大打折扣。而且，实行保密薪酬制的企业经常出现这样的问题：强烈的好奇心理使员工通过各种渠道打听同事的工资额，使刚制定的保密薪酬很快就变成透明的了，即使制定严格的保密制度也很难杜绝这种问题。既然保密薪酬起不到保密作用，不如直接使用透明薪酬。

7．有弹性、可选择的福利制度

公司在福利方面的投入在总的成本里所占的比例是比较高的，但这一部分支出往往被员工忽视，认为不如货币形式的薪酬实在，有一种吃力不讨好的感觉；而且，员工在福利方面的偏好也因人而异，非常个性化。解决这一问题，目前最常用的方法是采用选择性福利，即让员工在规定的范围内选择自己喜欢的福利组合。这样既可以使员工满意，也可以在一定程度上节约企业成本。

8. 薪酬信息日益得到重视

现代企业在制定薪酬制度的时候越来越注重参考多方面的信息，既包括外部信息也包括内部信息。外部信息是指相同地区和行业内的相似性质、规模的企业的薪酬水平、薪酬结构、薪酬价值取向等，外部信息主要是通过薪酬调查获得的。内部信息主要是指员工满意度调查的数据和员工的合理化建议。满意度调查的功能主要不是了解有多少员工对薪酬是满意的，而是了解员工对薪酬管理的建议以及不满到底是在哪些方面，进而为制定新的薪酬制度打下基础。

总之，薪酬管理将随着企业的发展和创新、现代薪酬管理理念的进步、市场环境的变化而不断发展和变化。企业必须适时而动，设计并实施有竞争力的薪酬管理体系，确保企业人才竞争优势，从而实现企业的战略目标。

本 章 小 结

随着社会的发展，传统的薪酬管理方式也在发生着深刻的变化。现代企业薪酬管理特点表现为岗位评价越来越成为企业制定工资制度、衡量劳动报酬的重要依据；集体谈判越来越在员工薪酬福利的决定中扮演重要角色；中国企业经理人的收入越来越规范化；企业的核心员工持有股票期权和期股越来越为人所关注；多元化、符合中国特点的福利项目不断推出。现代企业薪酬的发展趋势是全面薪酬制度；薪酬与绩效挂钩；宽带型薪酬结构日益流行；雇员激励长期化、薪酬股权化；重视薪酬与团队的关系；薪酬制度的透明化；有弹性、可选择的弹性福利制度；薪酬信息日益得到重视。

自 测 题

1. 简述现代薪酬管理思想。
2. 试论述现代薪酬管理的发展趋势及其特点。

阅读资料

内容见二维码。

阅读资料 9.docx

第十章　薪酬管理常用法规

【学习目标】

通过本章的学习，可使学生了解与薪酬管理有关的最低工资标准、工资支付规定、工资协商制度和经济补偿金等法律法规，以便在工作过程中依法办事。

【关键概念】

最低工资(minimum wages)　集体协商(collective bargain)　经济补偿金(Financial Compensation)

一、关于最低工资标准和工资支付问题的法律规定

(一)最低工资标准

最低工资标准是指劳动者在法定工作时间或依法签订的劳动合同约定的工作时间内提供了正常劳动的前提下，用人单位依法应支付的最低劳动报酬。最低工资标准一般采取月最低工资标准和小时最低工资标准两种形式，月最低工资标准适用于全日制就业劳动者，小时最低工资标准适用于非全日制就业劳动者。一般包括奖金和一些补贴。

最低工资保障制度是我国一项劳动和社会保障制度。《最低工资规定》(中华人民共和国劳动和社会保障部令〔第 21 号〕)已于 2003 年 12 月 30 日颁布，2004 年 3 月 1 日起施行。最低工资标准的确定和调整方案，由各省、自治区、直辖市人民政府劳动保障行政部门会同同级工会、企业联合会/企业家协会研究拟订，并报经劳动保障部同意。

确定最低工资标准一般要考虑的因素包括当地城镇居民生活费用支出、职工个人缴纳的社会保险费、住房公积金、职工平均工资、失业率、经济发展水平等。确定的方法通常有比重法和恩格尔系数法。比重法是确定一定比例的最低人均收入户为贫困户，再统计出其人均生活费用支出水平，乘以每一就业者的赡养系数，加上一个调整数。恩格尔系数法就是根据有关数据，计算出最低食物支出标准，除以恩格尔系数，再乘以赡养系数，加上调整数。

表 10-1 为各省市 2010—2020 年最低工资标准调整情况。

表 10-1　各省份最低工资标准调整情况　　　　　　　　单位：元

地区	月最低工资标准				小时最低工资标准			
	第一档	第二档	第三档	第四档	第一档	第二档	第三档	第四档
北 京	2200				24			
天 津	2050				20.8			
河 北	1900	1790	1680	1580	19	18	17	16
山 西	1700	1600	1500	1400	18.5	17.4	16.3	15.2
内蒙古	1760	1660	1560	1460	18.6	17.6	16.5	15.5
辽 宁	1810	1610	1480	1300	18.3	16.3	15	13.2
吉 林	1780	1680	1580	1480	17	16	15	14
黑龙江	1680	1450	1270		16	13	12	
上 海	2480				22			
江 苏	2020	1830	1620		18.5	16.5	14.5	
浙 江	2010	1800	1660	1500	18.4	16.5	15	13.6
安 徽	1550	1380	1280	1180	18	16	15	14
福 建	1800	1720	1570	1420	18.5	18	16.5	15
江 西	1680	1580	1470		16.8	15.8	14.7	
山 东	1910	1730	1550		19.1	17.3	15.5	
河 南	1900	1700	1500		19	17	15	
湖 北	1750	1500	1380	1250	18	16	14.5	13
湖 南	1700	1540	1380	1220	17	15	13.5	12.5
广 东	2100	1720	1550	1410	20.3	16.4	15.3	14
其中：深圳	2200				20.3			
广 西	1810	1580	1430		17.5	15.3	14	
海 南	1670	1570	1520		15.3	14.4	14	
重 庆	1800	1700			18	17		
四 川	1780	1650	1550		18.7	17.4	16.3	
贵 州	1790	1670	1570		18.6	17.5	16.5	
云 南	1670	1500	1350		15	14	13	
西 藏	1650				16			
陕 西	1800	1700	1600		18	17	16	
甘 肃	1620	1570	1520	1470	17	16.5	15.9	15.4
青 海	1700				15.2			
宁 夏	1660	1560	1480		15.5	14.5	13.5	
新 疆	1820	1620	1540	1460	18.2	16.2	15.4	14.6

注：本表数据时间截至2020年3月31日。

(二)工资支付暂行规定

第一条　为维护劳动者通过劳动获得劳动报酬的权利，规范用人单位的工资支付行为，根据《中华人民共和国劳动法》有关规定，制定本规定。

第二条　本规定适用于在中华人民共和国境内的企业、个体经济组织(以下统称用人单位)和与之形成劳动关系的劳动者。

国家机关、事业组织、社会团体和与之建立劳动合同关系的劳动者，依照本规定执行。

第三条　本规定所称工资是指用人单位依据劳动合同的规定，以各种形式支付给劳动者的工资报酬。

第四条　工资支付主要包括：工资支付项目、工资支付水平、工资支付形式、工资支付对象、工资支付时间以及特殊情况下的工资支付。

第五条　工资应当以法定货币支付。不得以实物及有价证券替代货币支付。

第六条　用人单位应将工资支付给劳动者本人。劳动者本人因故不能领取工资时，可由其亲属或委托他人代领。

用人单位可委托银行代发工资。

用人单位必须书面记录支付劳动者工资的数额、时间、领取者的姓名以及签字，并保存两年以上备查。用人单位在支付工资时应向劳动者提供一份其个人的工资清单。

第七条　工资必须在用人单位与劳动者约定的日期支付。如遇节假日或休息日，则应提前在最近的工作日支付。工资至少每月支付一次，实行周、日、小时工资制的可按周、日、小时支付工资。

第八条　对完成一次性临时劳动或某项具体工作的劳动者，用人单位应按有关协议或合同规定在其完成劳动任务后即支付工资。

第九条　劳动关系双方依法解除或终止劳动合同时，用人单位应在解除或终止劳动合同时一次付清劳动者工资。

第十条　劳动者在法定工作时间内依法参加社会活动期间，用人单位应视同其提供了正常劳动而支付工资。社会活动包括：依法行使选举权或被选举权；当选代表出席乡(镇)、区以上政府、党派、工会、青年团、妇女联合会等组织召开的会议；出任人民法庭证明人；出席劳动模范、先进工作者大会；《工会法》规定的不脱产工会基层委员会委员因工作活动占用的生产或工作时间；其他依法参加的社会活动。

第十一条　劳动者依法享受年休假、探亲假、婚假、丧假期间，用人单位应按劳动合同规定的标准支付劳动者工资。

第十二条　非因劳动者原因造成单位停工、停产在一个工资支付周期内的，用人单位应按劳动合同规定的标准支付劳动者工资。超过一个工资支付周期的，若劳动者提供了正常劳动，则支付给劳动者的劳动报酬不得低于当地的最低工资标准；若劳动者没有提供正常劳动，应按国家有关规定办理。

第十三条　用人单位在劳动者完成劳动定额或规定的工作任务后，根据实际需要安排劳动者在法定标准工作时间以外工作的，应按以下标准支付工资：

(一)用人单位依法安排劳动者在日法定标准工作时间以外延长工作时间的，按照不低于劳动合同规定的劳动者本人小时工资标准的150%支付劳动者工资；

(二)用人单位依法安排劳动者在休息日工作，而又不能安排补休的，按照不低于劳动合同规定的劳动者本人日或小时工资标准的200%支付劳动者工资；

(三)用人单位依法安排劳动者在法定休假节日工作的，按照不低于劳动合同规定的劳动者本人日或小时工资标准的300%支付劳动者工资。

实行计件工资的劳动者，在完成计件定额任务后，由用人单位安排延长工作时间的，应根据上述规定的原则，分别按照不低于其本人法定工作时间计件单价的150%、200%、300%支付其工资。

经劳动行政部门批准实行综合计算工时工作制的，其综合计算工作时间超过法定标准工作时间的部分，应视为延长工作时间，并应按本规定支付劳动者延长工作时间的工资。

实行不定时工时制度的劳动者，不执行上述规定。

第十四条　用人单位依法破产时，劳动者有权获得其工资。在破产清偿中用人单位应按《中华人民共和国企业破产法》规定的清偿顺序，首先支付欠付本单位劳动者的工资。

第十五条　用人单位不得克扣劳动者工资。有下列情况之一的，用人单位可以代扣劳动者工资：

(一)用人单位代扣代缴的个人所得税；

(二)用人单位代扣代缴的应由劳动者个人负担的各项社会保险费用；

(三)法院判决、裁定中要求代扣的抚养费、赡养费。

(四)法律、法规规定可以从劳动者工资中扣除的其他费用。

第十六条　因劳动者本人原因给用人单位造成经济损失的，用人单位可按照劳动合同的约定要求其赔偿经济损失。经济损失的赔偿，可从劳动者本人的工资中扣除。但每月扣除的部分不得超过劳动者当月工资的 20%。若扣除后的剩余工资部分低于当地月最低工资标准，则按最低工资标准支付。

第十七条　用人单位应根据本规定，通过与职工大会、职工代表大会或者其他形式协商制定内部的工资支付制度，并告知本单位全体劳动者，同时抄报当地劳动行政部门备案。

第十八条　各级劳动行政部门有权监察用人单位工资支付的情况。用人单位有下列侵害劳动者合法权益行为的，由劳动行政部门责令其支付劳动者工资和经济补偿，并可责令其支付赔偿金：

(一)克扣或者无故拖欠劳动者工资的；

(二)拒不支付劳动者延长工作时间工资的；

(三)低于当地最低工资标准支付劳动者工资的。

经济补偿和赔偿金的标准，按国家有关规定执行。

第十九条　劳动者与用人单位因工资支付发生劳动争议的，当事人可依法向劳动争议仲裁机关申请仲裁。对仲裁裁决不服的，可以向人民法院提起诉讼。

第二十条　本规定自一九九五年一月一日起执行。

对《工资支付暂行规定》有关问题的补充规定

根据《工资支付暂行规定》(劳部发〔1994〕489 号，以下简称《规定》)确定的原则，现就有关问题作出如下补充规定。

一、《规定》第十一条、第十二条、第十三条所称"按劳动合同规定的标准"，系指劳动合同规定的劳动者本人所在的岗位(职位)相对应的工资标准。

因劳动合同制度尚处于推进的过程中，按上述条款规定执行确有困难的，地方或行业劳动行政部门可在不违反《规定》所确定的总的原则基础上，制定过渡措施。

二、关于加班加点的工资支付问题。

1.《规定》第十三条第(一)、(二)、(三)款规定的符合法定标准工作时间的制度工时以外延长工作时间及安排休息日和法定休假节日工作应支付的工资，是根据加班加点的多少，以劳动合同确定的正常工作时间工资标准的一定倍数所支付的劳动报酬，即凡是安排劳动者在法定工作日延长工作时间或安排在休息日工作而又不能补休的，均应支付给劳动者不低于劳动合同规定的劳动者本人小时或日工资标准150%、200%的工资；安排在法定休假节日工作的，应另外支付给劳动者不低于劳动合同规定的劳动者本人小时或日工资标准300%的工资。

2．关于劳动者日工资的折算。由于劳动定额等劳动标准都与制度工时相联系，因此，劳动者日工资可统一按劳动者本人的月工资标准除以每月制度工作天数进行折算。

根据国家关于职工每日工作 8 小时，每周工作时间 40 小时的规定，每月制度工时天数为 21.5 天。考虑到国家允许施行每周 40 小时工时制度有困难的企业最迟可以延期到 1997 年 5 月 1 日施行，因此，在过渡期内，实行每周 44 小时工时制度的企业，其日工资折算可仍按每月制度工作天数 23.5 天执行。

三、《规定》第十五条中所称"克扣"系指用人单位无正当理由扣减劳动者应得工资(即在劳动者已提供正常劳动的前提下用人单位按劳动合同规定的标准应当支付给劳动者的全部劳动报酬)。不包括以下减发工资的情况：①国家的法律、法规中有明确规定的；②依法签订的劳动合同中有明确规定的；③用人单位依法制定并经职代会批准的厂规、厂纪中有明确规定的；④企业工资总额与经济效益相联系，经济效益下浮时，工资必须下浮的(但支付给劳动者工资不得低于当地的最低工资标准)；⑤因劳动者请事假等相应减发工资等。

四、《规定》第十八条所称"无故拖欠"系指用人单位无正当理由超过规定付薪时间未支付劳动者工资。不包括：①用人单位遇到非人力所能抗拒的自然灾害、战争等原因，无法按时支付工资；②用人单位确因生产经营困难、资金周转受到影响，在征得本单位工会同意后，可暂时延期支付劳动者工资，延期时间的最长限制可由各省、自治区、直辖市劳动行政部门根据各地情况确定。其他情况下拖欠工资均属无故拖欠。

五、关于特殊人员的工资支付问题。

1．劳动者受处分后的工资支付：①劳动者受行政处分后仍在原单位工作(如留用察看、降级等)或受刑事处分后重新就业的，应主要由用人单位根据具体情况自主确定其工资报酬；②劳动者受刑事处分期间，如收容审查、拘留(羁押)、缓刑、监外执行或劳动教养期间，其待遇按国家有关规定执行。

2．学徒工、熟练工、大中专毕业生在学徒期、熟练期、见习期、试用期及转正定级后的工资待遇由用人单位自主确定。

3．新就业复员军人的工资待遇由用人单位自主确定；分配到企业的军队转业干部的工资待遇，按国家有关规定执行。

二、关于工资集体协商的法律规定

第一章　总则

第一条　为规范工资集体协商和签订工资集体协议(以下简称工资协议)的行为，保障劳动关系双方的合法权益，促进劳动关系的和谐稳定，依据《中华人民共和国劳动法》和国家有关规定，制定本办法。

第二条　中华人民共和国境内的企业依法开展工资集体协商，签订工资协议，适用本办法。

第三条　本办法所称工资集体协商，是指职工代表与企业代表依法就企业内部工资分配制度、工资分配形式、工资收入水平等事项进行平等协商，在协商一致的基础上签订工资协议的行为。

本办法所称工资协议，是指专门就工资事项签订的专项集体合同。已订立集体合同的，工资协议作为集体合同的附件，并与集体合同具有同等效力。

第四条　依法订立的工资协议对企业和职工双方具有同等约束力。双方必须全面履行工资协议规定的义务，任何一方不得擅自变更或解除工资协议。

第五条　职工个人与企业订立的劳动合同中关于工资报酬的标准，不得低于工资协议规定的最低标准。

第六条　县级以上劳动保障行政部门依法对工资协议进行审查，对协议的履行情况进行监督检查。

第二章　工资集体协商内容

第七条　工资集体协商一般包括以下内容：

(一)工资协议的期限；

(二)工资分配制度、工资标准和工资分配形式；

(三)职工年度平均工资水平及其调整幅度；

(四)奖金、津贴、补贴等分配办法；

(五)工资支付办法；

(六)变更、解除工资协议的程序；

(七)工资协议的终止条件；

(八)工资协议的违约责任；

(九)双方认为应当协商约定的其他事项。

第八条　协商确定职工年度工资水平应符合国家有关工资分配的宏观调控政策，并综合参考下列因素：

(一)地区、行业、企业的人力成本水平；

(二)地区、行业的职工平均工资水平；

(三)当地政府发布的工资指导线、劳动力市场工资指导价位；

(四)本地区城镇居民消费价格指数；

(五)企业劳动生产率和经济效益；

(六)国有资产保值增值；

(七)上年度企业职工工资总额和职工平均工资水平；

(八)其他与工资集体协商有关的情况。

第三章　工资集体协商代表

第九条　工资集体协商代表应依照法定程序产生。职工一方由工会代表。未建工会的企业由职工民主推举代表，并得到半数以上职工的同意。企业代表由法定代表人和法定代表人指定的其他人员担任。

第十条　协商双方各确定一名首席代表。职工首席代表应当由工会主席担任，工会主席可以书面委托其他人员作为自己的代理人；未成立工会的，由职工集体协商代表推举。企业首席代表应当由法定代表人担任，法定代表人可以书面委托其他管理人员作为自己的代理人。

第十一条　协商双方的首席代表在工资集体协商期间轮流担任协商会议执行主席。协商会议执行主席的主要职责是负责工资集体协商有关组织协调工作，并对协商过程中发生的问题提出处理建议。

第十二条　协商双方可书面委托本企业以外的专业人士作为本方协商代表。委托人数不得超过本方代表的三分之一。

第十三条　协商双方享有平等的建议权、否决权和陈述权。

第十四条　由企业内部产生的协商代表参加工资集体协商的活动应视为提供正常劳动，享受的工资、奖金、津贴、补贴、保险福利待遇不变。其中，职工协商代表的合法权益受法律保护。企业不得对职工协商代表采取歧视性行为，不得违法解除或变更其劳动合同。

第十五条　协商代表应遵守双方确定的协商规则，履行代表职责，并负有保守企业商业秘密的责任。协商代表任何一方不得采取过激、威胁、收买、欺骗等行为。

第十六条　协商代表应了解和掌握工资分配的有关情况，广泛征求各方面的意见，接受本方人员对工资集体协商有关问题的质询。

第四章　工资集体协商程序

第十七条　职工和企业任何一方均可提出进行工资集体协商的要求。工资集体协商的提出方应向另一方提出书面的协商意向书，明确协商的时间、地点、内容等。另一方接到协商意向书后，应于 20 日内予以书面答复，并与提出方共同进行工资集体协商。

第十八条　在不违反有关法律、法规的前提下，协商双方有义务按照对方要求，在协商开始前 5 日内，提供与工资集体协商有关的真实情况和资料。

第十九条　工资协议草案应提交职工代表大会或职工大会讨论审议。

第二十条　工资集体协商双方达成一致意见后，由企业行政方制作工资协议文本。工资协议经双方首席代表签字盖章后成立。

第五章　工资协议审查

第二十一条　工资协议签订后，应于 7 日内由企业将工资协议一式三份及说明，报送劳动保障行政部门审查。

第二十二条　劳动保障行政部门应在收到工资协议 15 日内，对工资集体协商双方代表资格、工资协议的条款内容和签订程序等进行审查。

劳动保障行政部门经审查对工资协议无异议，应及时向协商双方送达《工资协议审查意见书》，工资协议即行生效。

劳动保障行政部门对工资协议有修改意见，应将修改意见在《工资协议审查意见书》中通知协商双方。双方应就修改意见及时协商，修改工资协议，并重新报送劳动保障行政部门。

工资协议向劳动保障行政部门报送经过 15 日后，协议双方未收到劳动保障行政部门的《工资协议审查意见书》，视为已经劳动保障行政部门同意，该工资协议即行生效。

第二十三条　协商双方应于 5 日内将已经生效的工资协议以适当形式向本方全体人员公布。

第二十四条　工资集体协商一般情况下一年进行一次。职工和企业双方均可在原工资协议期满前 60 日内，向对方书面提出协商意向书，进行下一轮的工资集体协商，做好新旧工资协议的相互衔接。

第六章　附则

第二十五条　本办法对工资集体协商和工资协议的有关内容未做规定的，按《集体合同规定》的有关规定执行。

第二十六条　本办法自发布之日起施行。

三、关于经济补偿与赔偿问题的相关法律规定

经济补偿金是用人单位解除劳动合同时，给予劳动者的经济补偿。主要有以下几种情况。

一是经劳动合同当事人协商一致，由用人单位解除劳动合同的，用人单位应根据劳动者在本单位的工作年限，每满一年发给相当于一个月工资的经济补偿金，最多不超过十二个月。工作时间不满一年的按一年的标准发给经济补偿金。

二是劳动者患病或者非因工负伤，经劳动鉴定委员会确认不能从事原工作，也不能从事用人单位另行安排的工作而解除劳动合同的，用人单位应按其在本单位的工作年限，每满一年发给相当于一个月工资的经济补偿金，同时还应发给不低于六个月工资的医疗补助费。

三是劳动者不胜任工作，经过培训或者调整工作岗位仍不能胜任工作，由用人单位解除劳动合同的，用人单位应按其在本单位工作的年限，工作时间每满一年，发给相当于一个月工资的经济补偿金，最多不超过十二个月。

四是劳动合同订立时所依据的客观情况发生重大变化，致使原劳动合同无法履行，经当事人协商不能就变更劳动合同达成协议，由用人单位解除劳动合同的，用人单位按劳动者在本单位工作的年限，工作时间每满一年发给相当于一个月工资的经济补偿金。

五是用人单位濒临破产进行法定整顿期间或者生产经营状况发生严重困难，必须裁减人员的，用人单位按被裁减人员在本单位工作的年限支付经济补偿金。在本单位工作的时间每满一年，发给相当于一个月工资的经济补偿金。

经济补偿金应由用人单位一次性支付给劳动者。经济补偿金的工资计算标准是指企业正常生产情况下劳动者解除合同前十二个月的月平均工资。第二、四、五种情况，劳动者的月平均工资低于企业月平均工资的，按企业月平均工资的标准支付。

《劳动合同法》第四十七条规定：经济补偿按劳动者在本单位工作的年限，每满一年支付一个月工资的标准向劳动者支付。六个月以上不满一年的，按一年计算；不满六个月的，向劳动者支付半个月工资的经济补偿。

劳动者月工资高于用人单位所在直辖市、设区的市级人民政府公布的本地区上年度职工月平均工资三倍的，向其支付经济补偿的标准按职工月平均工资三倍的数额支付，向其支付经济补偿的年限最高不超过十二年。

本条所称月工资是指劳动者在劳动合同解除或者终止前十二个月的平均工资。

《劳动合同法实施条例》第二十七条规定：劳动合同法第四十七条规定的经济补偿的月工资按照劳动者应得工资计算，包括计时工资或者计件工资以及奖金、津贴和补贴等货币性收入。劳动者在劳动合同解除或者终止前 12 个月的平均工资低于当地最低工资标准的，按照当地最低工资标准计算。劳动者工作不满 12 个月的，按照实际工作的月数计算平均工资。

附录　公司薪酬管理制度

公司薪酬管理制度见二维码。

公司薪酬管理制度.docx

参 考 文 献

[1] 谢丽华. 我国国有控股商业银行人力资源配置效率[M]. 北京：经济管理出版社，2017.

[2] 冯涛. 企业薪酬设计管理实务[M]. 北京：中国铁道出版社，2020.

[3] 孙宗虎. 中小企业绩效考核与薪酬体系设计全案[M]. 北京：人民邮电出版社，2014.

[4] 弗布克管理咨询中心. 中小企业薪酬福利设计实务[M]. 北京：化学工业出版社，2019.

[5] 加里·德斯勒. 人力资源管理(第 14 版)[M]. 北京：北京中国人民大学出版社，2017.

[6] 乔治·米尔科维奇，杰里·纽曼，巴里·格哈特. 薪酬管理设计(第 11 版)[M]. 北京：中国人民大学出版社，2014.

[7] 刘昕. 薪酬管理(第五版)[M]. 北京：中国人民大学出版社，中国人民大学出版社，2017.

[8] 赵国军. 薪酬设计与绩效考核全案(第三版)[M]. 北京：化学工业出版社，2020.

[9] 张霞，胡建元，王一帆. 薪酬设计与薪酬管理案例教程[M]. 大连：东北财经大学出版社，2017.

[10] 孙静，林朝阳. 企业薪酬管理(第 2 版)[M]. 北京：清华大学出版社，2015.

[11] 伊万切维奇，赵曙明. 人力资源管理(原书第 12 版)[M]. 北京：机械工业出版社，2016.

[12] 朱飞. 绩效激励与薪酬激励[M]. 北京：企业管理出版社，2010.

[13] 张勇，龙立荣. 薪酬激励与员工创新绩效[M]. 北京：人民出版社，2016.

[14] 孙晓平，李阳. 薪酬激励新实战：突破人效困境[M]. 北京：机械工业出版社，2019.

[15] 任康磊. 人力资源管理实操从入门到精通[M]. 北京：人民邮电出版社，2018.

[16] 丁守海. 人力资源管理实操十一讲[M]. 北京：中国人民大学出版社，2019.

[17] 贺清君. 企业人力资源管理全程实务操作(第三版)[M]. 北京：中国法制出版社，2018.

[18] 弗布克管理咨询中心. 绩效考核管理业务流程与制度[M]. 北京：人民邮电出版社，2020.

[19] 苏中兴. 薪酬管理[M]. 北京：中国人民大学出版社，2019.

[20] 白睿. 薪酬管理全流程实战方案[M]. 北京：中国法制出版社，2019.